달아고
문화사

안대회 지음

THE CULTURAL HISTORY OF TOBACCO IN KOREA
1609-1910

문학동네

담바고를 말하다

'담바고 문화사'는 100년 이전 한국 사회에서 크게 유행한 '담바고' 이야기다. 인류 역사에서 비슷한 사례를 찾아보기 힘든 희한한 물질 담바고가 조선 땅에 출현한 1610년 어름으로부터 현대적 흡연으로 바뀌어가는 1910년 전후까지 300년 동안의 역사다. 왜 굳이 빈티지 느낌을 풍기며 낯설기까지 한 '담바고'라는 말을 표제로 내거는가? 책을 쓰는 지금 시대의 담배와 일정한 거리를 두고 싶어서다. 담바고는 담배가 이 땅에 처음 도래한 이후 오랜 세월 사용된 명칭이다.

지금 세상에서 담배는 인류의 건강을 해치는 암적 기호품이자 공공장소에서 퇴출돼야 할 혐오품으로 내몰리고 있다. 애연과 금연의 해묵은 논쟁은 금연론의 절대적 우세로 귀결되는 모양새다. 그럼에도 불구하고 애연가 수는 13억 명에 이른다. 최근 금연정책은 흡연자를 고상하지 못하고 덜 진보한 인류로 몰아가는 폭력적 방법을 구사한다. 이런 시대에 담배의 역사를 깊이 살펴보려는 시도는 왠지 모르게 흡연의 미화에 동조하는, 불온하고도 퇴행적인 짓으로 비칠지 모른다는 조바심을 갖게 만든다.

그러나 그런 논란과는 별개로, 담배는 인문학을 공부하는 내게 문화사적인 면에서 꼭 한번은 제대로 탐구해보고 싶은 유혹이었다. 문화를, 취향을, 문물의 전파와 정착을, 사회상을, 담배를 빼놓고는 실감나게 말하기 어렵다. 자칫 의도치 않은 엉뚱한 논란을 일으키지 않을까 못내 걱정하면서도 담배의 문화사를 파고들 수밖에 없었던 이유다. 나는 20세기 이후의 흡연 문제와는 거리를 두고 조선 사회의 문화와 사회현상으로서 담배와 흡연의 문제를 살피려는 것이다. 그러니 독자분들도 '호랑이 담배 먹던 시절'의 담론이므로 현재 눈앞에 벌어지는 현상과 관점만을 기준 삼아 재단하지 말아주시기 바란다.

사람들의 시선도 곱지 않고 위상도 예전보다 오그라든 담배를 주제로 책을 쓰려는 이유가 무엇인가? 담배는 17세기 초기 이래 한반도의 절대다수가 즐긴 기호품의 제왕이자 경제의 블루오션이었고, 일상 삶에서 가장 중요한 물질이었다. 조선만이 아니라 아시아 모든 나라와 세계 대부분 지역에서 그랬다. 담배는 문화와 예술, 사회와 경제, 의식과 풍속에 막대한 영향을 끼쳤다. 담배는 조선 후반 300년 역사를 비춰 보여주는 거울이다!

수백 년 동안 거의 유일한 기호품으로 각광을 받은 담배는 박물관마다 수많은 담배용구를 남겨놓았고, 허다한 문헌마다 그와 관련한 숱한 기록을 숨겨놓았다. 그런데 이상하리만큼 그 시대의 맥락에서 담배를 체계적으로 연구한 이들이 거의 없고, 자료조사도 거의 안 되어 있다. 한마디로 담배를 무관심의 공간에 버려두고 있다.

옛 문헌을 두루 공부하며 곳곳에서 담배를 만날 때마다 그러한 상황에 불만을 품고 나라도 나서서 연구해야겠다고 의욕을 냈다. 기회가 닿는다면 17세기 이후 담배와 그에 얽힌 문화를 조사하고 분석하여 담배가 이뤄놓은 사회의 변화와 문화를 깊숙이 들여다보고 싶었다. 2008년, 정조 치세의 이옥李鈺이 쓴 『연경烟經』을 중심으로 담배 관련 문헌을 수집하고 번역하여 『연경, 담배의 모든 것』을 출간한 것이 그 첫번째 결과다. 그 이후로도 적지 않은 자료를 꾸준하게 수집했다.

지난해는 마침 처음 맞이하는 연구년이라 그동안 준비해온 자료를 바탕으로 저술 작업을 실행에 옮겼다. 문학동네 네이버 카페에서 2013년 9월부터 10개월 동안 매주 한 번씩 서른네 번에 걸쳐 연재를 진행했다. 연재를 마치고 보완하고 수정하여 이제 책으로 출간한다. 제한된 글의 분량상 미처 쓰지 못하고 버려둔 사료도 적지 않고, 다루고 싶었던 주제를 다 담아내지 못한 아쉬움이 있으나 의미가 깊은 중요한 사료와 큰 주제는 대체로 짚어냈다고 자평한다. 이 책이 한국의 흡연 문화사를 본격적으로 연구한 첫번째 저술이라 자부하며 욕심의 끈을 내려놓는다.

연구하고 연재하는 중에 많은 지인들이 미처 보지 못한 자료와 도판을 하나둘씩 제공해주셨고, 카페 독자들 역시 글을 읽고 성원과 조언을 보내주셨다. 『궁극의 시학』에 이어 구민정 편집자는 또 연재를 하는 내내 글을 읽고 조언을 해주었다. 도움을 주신 모든 분께 감사드린다.

2015년 3월
안대회

차 례

6부 예술 속 담배

7부 구한말 흡연 문화의 격변

1부

담배의 도래

담바고, 그 연기의 이름

담배를 누가 담파괴痰破塊라 불렀나?	誰號痰破塊
억지로 이름을 붙인 것일 게야.	蓋亦强名旊
연다烟茶란 그 말은 제법 기이하고	烟茶語頗奇
남령초南靈草란 명칭은 틀리지 않아.	南靈稱不慸
누가 말하더군. 담파고淡婆姑는	或云淡婆姑
바닷속 섬에서 처음 얻었노라고.	初得海島邊

−윤기尹愭,「연초가烟草歌」

담바고란 말의 유입

사람들은 시시각각 새로운 문화와 접촉하여 이를 자기 삶의 영역으로
끌어들이고, 이제는 낡아서 의미를 상실했다고 느끼는 것은 떨쳐 내보낸

다. 인류는 문화의 신진대사 과정을 단 한순간도 멈추어본 적이 없다.

담배는 인류 문화에 침투한 수많은 '새로운 것' 중 하나였다. 아니, 담배는 다른 어떤 물질보다 낯설고 새롭고 충격적인 수입품이었다. 기호품으로 자리잡고서 오랜 시간이 흐른 뒤에도 담배는 늘 신기한 물질로 여겨졌고, 이국적 느낌을 주었다. "세상에 어떻게 저런 물질이 존재하는가?" "이 신기한 것은 어떻게 우리 앞에 나타났을까?" 이상한 물질에 대한 경탄과 의문은 담배를 부르는 명칭에 고스란히 반영되었다.

담배를 부르는 이름은 각양각색이다. 평범한 물건이나 기호품과 비교해보면, 담배의 명칭이 얼마나 다채로운지 바로 알 수 있다. 담배가 수많은 이름을 거느리고 있는 데는 그에 합당한 이유가 있다. 담배가 전래된 과정과 담배를 받아들이며 형성된 인상은 대륙마다 나라마다 지역마다 달랐다. 담배를 받아들인 각계각층은 담배에 대한 서로 다른 생각과 시선을 이름을 달리 부름으로써 표현하였다. 그러나 그 명칭은 제각기 너무 특이하고 많아서 사람들은 헷갈려했다. 담배에 관한 저술을 남긴 한국과 중국, 일본 학자들부터 담배를 주제로 정책안을 제출하라고 명령했던 국왕 정조正祖에 이르기까지, 모두 담배라는 물질을 궁금해했고, 어떤 이름으로 담배를 불러야 좋을지 어리둥절해했다.

담배가 수입될 때 따라 들어온 '담바고'란 이름은 무슨 뜻인지 알 수도 없고, 왠지 모르게 개밥에 도토리처럼 일상어와는 따로 노는 느낌이 들었다. 사정은 일본이나 중국도 마찬가지였다. 우리말의 담배는 담바고에서 나왔고, 담바고는 포르투갈어의 'tabaco영어로는 tobacco'에서 나왔다. 타바코란 말의 어원에 대해서는 유럽 학자들도 오랫동안 의문을 품었다. 스페인 사람들이 쿠바 사람의 담배 발음을 타바코로 잘못 들었다고

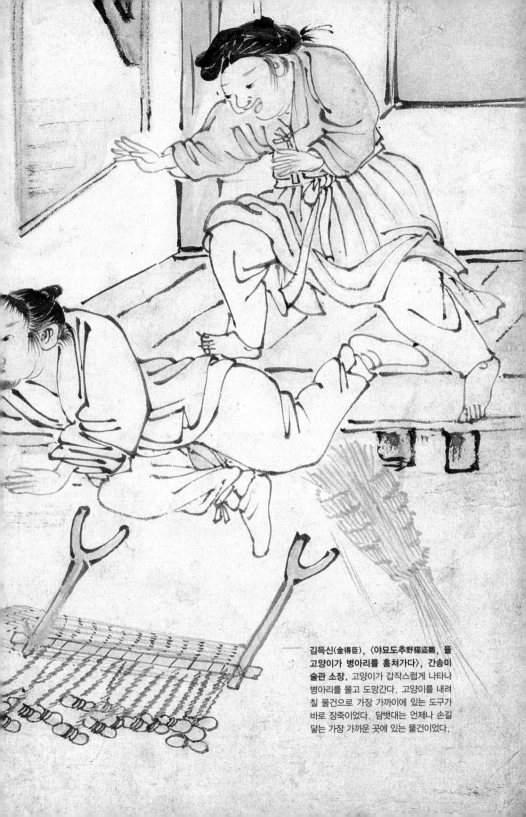

김득신(金得臣), 〈야묘도추野猫盜雛, 들고양이가 병아리를 훔쳐가다〉, 간송미술관 소장. 고양이가 갑작스럽게 나타나 병아리를 물고 도망간다. 고양이를 내려칠 물건으로 가장 가까이에 있는 도구가 바로 장죽이었다. 담뱃대는 언제나 손길 닿는 가장 가까운 곳에 있는 물건이었다.

도 하고, 타바코는 담배를 피우는 관이나 파이프를 가리키는 인디언 말이었다고도 한다. 아무튼 아메리카 토착어를 유럽의 음성 기호로 나타낸 것임은 분명하다.

그런데 똑같은 과정이 동아시아에서도 일어났다. 타바코는 일본에서는 '다바코たばこ'로 발음했고, 베트남에서는 '투억'이라 발음하여 원래의 발음과 큰 차이가 없다. 두 나라는 동아시아에서 담배를 널리 확산시킨 거점이었다. 그런데 이 이해할 수 없는 말과 발음을 한자로 표기하는 과정에서 나라마다 다양한 어휘가 생겨났다.

널리 쓰인 것 위주로 대충만 들어보면, 한국에서는 담파고淡婆姑, 痰破姑, 痰破膏, 담파괴痰破塊, 담마고淡麻古, 담박淡泊, 담박괴澹泊塊, 담파淡婆, 湛巴, 覃婆, 담배痰排라 썼고, 중국에서는 담파고淡巴菰, 淡把姑, 담육과淡肉果, 담불귀擔不歸, 타무파고打姆巴古, 대자고大孖古, 단백계丹白桂라 썼으며, 일본에서는 다파고多波古, 달발곡怛跋穀, 다엽고多葉古, 단파분丹波粉이라 썼

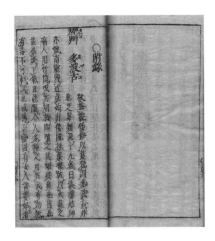

가스키 규잔(香月牛山)이 쓴 『권회식경勸懷食鏡』, 1716년 일본 간행, 김시덕 교수 소장. 이 책에는 연초를 설명한 부록이 실려 있는데 여기서 연초가 '다바코(たばこ)'로 불리고 있으나 잘못된 호칭임을 이수광의 저술 『지봉유설』권19의 기사를 근거로 밝히고 있다. 담바고 또는 남령초가 일본에서 수입되었다고 밝힌 『지봉유설』의 주장을 일본 학자들은 권위 있는 문헌적 근거로 받아들였다. 『권회식경』의 담배 관련 내용은 한일 양국을 통틀어 학계에 처음 보고되는 것이다.

다. 'tabaco'를 소리 나는 대로 표기한 것인데 나라마다 한자 발음의 차이에 따라 조금씩 달라졌다.

세월이 흐르면서 명칭이 정착되어 흡연자들은 담바고란 말에 별다른 의문을 품지 않고 이를 일상적으로 쓰게 되었다. 하지만 식자층은 담바고란 말이 일상용어나 식물의 일반 명칭과 다른 이유를 궁금해했다. 특히나 어떤 옛 문헌에서도 그 존재를 확인할 수 없다는 사실에 굉장히 혼란스러워했다. 일부 지식인들은 말이 생겨난 연원을 파고든 후에야 이 특이한 어휘가 음차音借한 서양말이라서 사람에 따라 조금씩 다르게 표현한다는 사실을 깨닫기도 했다. 한 가지 사례를 들면, 18세기 중엽의 박물학자 서명응徐命膺은 '담박귀'나 '담파고'가 발음도 글자도 다르지만 같은 어원에서 나왔다는 사실을 또렷하게 인식하고 있었다. 어원이 'tabaco'임을 아는 단계까지는 이르지 못했으나 같은 말에서 파생된 어휘임을 포착한 것이다.[1]

담바고 계열의 다양한 파생 어휘들은 담배를 보는 흥미롭고 독특한 시각을 나타내고 있다. 예컨대, '담백한 할머니'라는 뜻의 담파고淡婆姑처럼 할머니 '파婆'나 시어머니 '고姑'를 쓴 표기는, 담배는 여성의 영혼이 풀로 변한 것이라는 전설에다 담배의 성이 여성이라는 의식을 반영한다. 담배를 피우는 것은 곧 여성의 넋과 교감하는 행동이라는 잠재의식은 당시 흡연자들에게 상당히 널리 퍼져 있었다.

또 '담을 부수는 할머니'라는 뜻의 담파고痰破姑는 담배가 가래(痰)를 삭여주는(破) 기능을 가진 풀이라는 의학적 치료 효과에 대한 믿음을 반영하고 있다. 이 밖에 담파淡巴로 쓴 것은 담배가 중국 아래쪽에 있는 섬나라 담파국淡巴國[2]에서 자라던 식물이라는 그릇된 인식을 표현한다.

부산 또는 동래를 통해 담배가 처음 조선에 수입되었을 때는 소리 나는 대로 담바고라고 불렀다. 한자로 표기할 때는 담파고痰破姑 내지 담파괴痰破塊라고 많이 썼다. 당시에 담배는 기호품이 아니라 가래를 삭여주는 약초로 수입되었기 때문이다. 담배의 수입과 유행을 기록한 가장 빠른 문헌이 유몽인柳夢寅이 1612년을 전후하여 쓴 「담파귀설膽破鬼說」이다. 그 글에서 담배를 담파괴痰破塊라고 쓴 것이 그 유력한 증거다. 반면 1614년에 완성된 이수광李睟光의 『지봉유설芝峯類說』에는 담배가 담파고淡婆姑로 표기되기도 했다.

복잡하게 뒤엉켜 있는 한자 표기와 달리, 한글 표기는 상대적으로 단순한 변화 과정을 거쳐 지금의 담배라는 말로 정착되었다. 17세기 문헌에 담바고, 담바괴라는 한글 표기가 처음 모습을 드러냈는데[3] 담비, 담

바, 담파고, 담바구, 담바귀, 담박고, 담베, 담베, 담파귀 등으로 사용되다가 담배로 정착되었다.[4]

고정된 표기 없이 여러 가지 한자 어휘로 혼란스럽게 사용된 '담바고'는 발음도 의미도 한자를 중심으로 사유하는 식자층에게는 낯설고도 저급하게 느껴졌다. 일반인들이야 뭐라 부르든 개의치 않았으나 식자들은 달랐다. 이옥은『연경』에서 담바고를 시골에서나 쓰는 말이라고 낮춰 말했는데,[5] 그 말이 식자들이 늘 참고하는 사전에도 올라 있지 않고 옛 문헌에도 보이지 않아 뿌리가 없는 말이라는 인식이 깊게 박혀 있어서였으리라.

서양말에 뿌리를 둔 담바고란 말을 탐탁지 않게 여긴 것은 조선, 중국, 일본 세 나라 식자들이 다 마찬가지였다. 그래서 그 대안으로 나온 연초煙草란 말이 더 광범위하게 쓰였다. 담배가 수용된 이후 얼마 되지 않은 시기부터 일본에서는 담배를 연기 나는 풀이라 하여 연초라 불렀다. 연초란 말은 조선과 중국에 그대로 통용되었다. 연煙 또는 연烟은 세월이 흘러 담배를 뜻하는 한자로 확고하게 굳어졌다.

그런데 연煙은 담배가 들어오기 전에는 연기를 뜻하는 글자였을 뿐, 담배와는 전혀 무관했다. 연기가 나는 성질 때문에 담배를 가리키는 글자로 전용하기는 했지만 어학적 근거가 있는 것은 아니다. 19세기 말엽까지 사전에서는 연을 담배와 연관된 글자로 설명한 일이 없다. 흡연이 확고하게 풍속으로 굳어진 이후에 만들어진『강희자전康熙字典』에서도 그렇다. 간혹 일부 학자들은 중세 이전부터 중국에서 담배를 피웠다고 주장하며 그 근거를 연이란 글자를 통해 입증하려는 엉뚱한 노력을 기울였다. 어불성설이다.

식물의 일종인 담배를 연煙으로 표기하자 다른 문제가 발생했다. 차茶, 화花, 파菩, 약藥처럼 식물과 관련된 글자는 초두草頭 밑에 쓴다는 제자製字 원칙이 있었는데 연은 그 원칙에 부합하지 않았다. 그래서 찾아낸 대안이 연과 발음이 비슷하고 제자 원칙에 부합하는 언蔫이나 연菸이란 한자를 사용하는 것이었다. 하지만 그 글자는 거의 쓰이지 않는 벽자여서 공부깨나 한 식자들 위주로 사용하였다. 우리나라에서는 박제가朴齊家가 처음으로 연菸을 사용한 뒤부터 이옥, 조수삼, 서유구, 이상적, 황현 등 학자들이 이를 사용하였다.

하지만 어느 글자를 사용하든 기왕에 다른 의미로 쓰던 글자를 빌려쓴다는 점에서는 차이가 없었다. 담배란 새로운 식물을 표현한 글자는 새로 만들어지지 않았기에 불만스러움에도 불구하고 연烟을 사용하지 않을 수 없었다. 그리하여 20세기 들어와서는 한자 사전에도 담배를 뜻하는 어휘로 자리를 잡게 되었다.

담배, 연초, 남초

한편, 우리나라에서는 남방에서 온 풀이라는 의미의 남초南草란 말도 널리 사용했다. 여기서 남방은 넓게 보아 조선의 남쪽 나라라는 뜻도 되지만 구체적으로는 남만南蠻 또는 남번南番을 가리킨다. 이는 포르투갈, 스페인, 네덜란드와 같이 배를 타고 무역하는 서양 세력을 두루 가리키는 말이다. 남만 사람들이 전해준 풀이거나 또는 남만이 원산지인 풀이라고 파악하여 담배를 남초라고 부른 것이었다. 그리고 실제로 그들은 아시아에 담배를 보급한 장본인이었다. 담배와 비슷한 시기에 비슷한 경로로 전해진 호박의 옛 이름이 남과南瓜이고, 고추의 옛 이름이 남초南椒 또는 남번초南番椒다. 담배를 남초라고 부르는 것과 같은 작명법이다.

이는 마치 중국에서 수입한 물건에 당唐 자를 붙이고, 일본산에 왜倭 자를 붙여서 당판唐板. 중국에서 간행된 서적이니 왜호박이니 부르고, 구한말 이후 서양에서 들어온 물건에는 양洋 자를 붙여서 양복洋服이니 양말洋襪 이니 부르는 현상과 비슷하다. 그러므로 남초라는 말에는 어딘지는 분명히 알 수 없지만 아주 먼 남쪽 미지의 세계에서 온 신비로운 풀이라는 이미지가 담겨 있었다.

한편, 남초와 함께 사용된 명칭으로 남령초南靈草나 남만초南蠻草가 있는데 남만초는 담배가 남만에서 왔다는 점을 분명히 밝혀서 말한 것이다. 그보다는 남령초가 일반적인 어휘로 많이 사용되었다. 이 말은 남쪽 나라에서 전해온 신비로운 풀이라는 뜻으로 담배를 찬미하는 의미를 담고 있다. 남령초는 담배가 전래된 초기부터 거의 300여 년 동안 많이 사용되었다.

그리하여 조선에서는 담배를 가리키는 말로 담배와 연초, 남초란 세 가지 어휘가 널리 쓰였다. 다만 담배는 촌티 나는 저급한 말로 취급되었고, 연초는 조금 생소한 말로 취급된 반면, 남초가 가장 일반적인 말로 사용되었다. 이옥이 『연경』에서 "대부분 담배를 남초로만 알고 있을 뿐 연초로도 불리는 줄을 모른다"라고 말한 것을 보면 남초란 말이 사람들의 입에 굳어졌음을 잘 알 수 있다. 실제로 우리의 옛 문헌에는 남초가 가장 많이 사용되고 있다. 뜻밖의 현상이다.

담배는 동아시아에서 서로 깊이 영향을 주고받으며 급속도로 전파되었으므로 담배를 지칭하는 용어가 상당히 유사하다.[6] 그런데 조선에서

는 이웃 나라와 달리 독특한 어휘가 더 널리 사용되었다. 남초와 남령초
란 말은 중국이나 일본에서는 전혀 사용하지 않았다. 앞서 소개한 오스
키 겐타쿠의 『언록』에도 남초와 남령초를 담배의 별명으로 올리고서 모
두 조선말이라 밝히고 있는 데서도 잘 알 수 있다.

정감 있는 담배의 이름

담배를 가리키는 말은 이 밖에도 적지 않았다. 자주 쓰인 것 위주로 살
펴보면, 연다烟茶와 연주烟酒, 망우초忘憂草, 상사초相思草가 있다. 담배의
기능은 그동안 기호식품의 양대 산맥을 이루던 차나 술과 비슷하다고
하여 연다와 연주로 불렀다. 담배를 처음 받아들인 사람들이 그 기능과
성격을 제대로 이해할 수 없어 기왕에 즐기던 차와 술의 대용품으로 받
아들인 탓이다.

우리 고전을 번역한 책에서 연다를 '담배와 차'로, 연주를 '담배와 술'
로 번역하는 경우가 종종 보이는데 대부분 오역이다. 담배는 특히 차와
비슷한 것으로 받아들여져서 연다란 말을 흔히 썼다. 또 남초라는 말을
흔하게 쓴 여파로 남다南茶나 남파南婆라 부르기도 했다. 새로운 차라는
뜻으로 신다新茶라 부르기도 했고, 아예 그냥 차茶라 부르기도 했다. 그래서
차를 마신다는 행다行茶란 말을 담배를 피운다는 말로도 전용하여 썼다.

망우초는 시름을 잊게 해주는 풀이란 의미고, 상사초는 그 맛을 한번
들이면 끊지 못하고 늘 갈구하는 중독성이 있는 풀이란 의미다. 반혼향
返魂香이란 별명도 있는데 담배가 죽은 담파국 공주의 넋이 되살아난 것

이라는 전설에서 나온 명칭이다. 그 밖에도 담배의 기능과 모양, 성질, 생산지, 품질에 따라 다양한 이칭이 있다.

기호품의 제왕으로 확고한 지위를 획득한 뒤로 조선에서는 담배를 아예 풀(草)이라 불렀다. 남초나 연초의 약자로 썼겠으나 모든 풀보다 뛰어난 풀이라는 의식이 생기면서 그냥 풀이라 불렀다. 이옥과 정약용은 담배농사를 짓는 사람을 초농草農이라 했고, 담배밭을 초전草田이라 불렀다. 골초를 초벽草癖이 있다고 하거나 초부草夫라 부르기도 했고, 담배 피우는 것을 흡초吸草라 하기도 했다. 명칭의 변화는 실상을 보여준다. 이름의 다양함과 변화의 과정은 담배의 위상이 가면 갈수록 풀 중의 풀로 거듭 높아져간 지난 수세기의 상황을 잘 보여준다.

담배를 한 글자로 만든다면

담배를 표기하는 모든 한자는 원래 다른 뜻으로 사용되던 글자를 빌려 쓴 것이다. 그런데 18세기 조선의 한 언어학자가 글자의 제자 원리를 탐구하는 과정에서 담배를 표기하는 한자를 새로 만들었다. 다름 아닌 훈민정음을 연구하는 과정에서 새로운 글자를 만드는 사례로 시도한 것인데 그 시도가 매우 흥미롭다.

글자를 만든 학자는 이사질李思質, 1705~1776이다. 그는 인천부사를 지낸 실학자다. 한글이 앞으로 공용문자로 널리 사용될 것을 예견한 「세계설世界說」이란 글을 쓴 이규상李奎象이 바로 그의 맏아들이다. 당대의 권력자인 홍봉한洪鳳漢과도 친분이 있었다. 시와 문장도 잘 지었고, 실용적 학문에도 관심이 많았다. 그는 특히 훈민정음을 연구한 『훈음종편訓音宗編』이란 단행본을 저술했다. 이 저술은 18세기 훈민정음 연구에서 중요한 업적으로 평가받고 있다. 훈민정음 발음의 원리를 설명한 제10장에는 다음과 같은 내용이 있다.

> 내가 살펴보니, 천지가 생겨난 지가 오래되어 생겨나는 사물도 갈수록 불어난다. 그런 까닭에 이름과 글자를 부여받지 못한 사물이 많아지고, 옛날에는 없었는데 지금 만들어진 글자도 많아졌다. 내가 시험 삼아 두 가지 사례를 꺼내어 위에서 내가 주장한 것이 황당무계하지

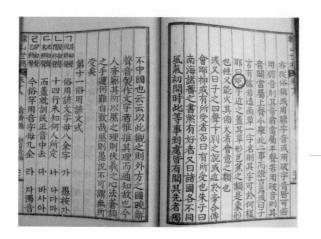

이사질, 「흡재고 翕齋稿」(「한산세고 韓山世稿」 수록) 권 18, 「훈음종편」, 1935년 간행, 필 자 소장.

않다는 점을 증명하고자 한다. (…)

또 남초南草는 근세에 출현한 풀로 지금까지 하나의 글자로 만들어진 적이 없다. 오로지 세상에서는 그 이름을 '담파膽破'라 부른다. 이제 만약 글자를 만들어 그 이름을 기록하고자 한다면, 그 풀의 모양을 본뜨거나 풀의 의미를 조합하여 글자의 형태를 만들 수 있다.

또 그 글자의 소리는 세상에서 발음하는 것을 따라서 '담'의 소리를 쓰거나 '파'의 소리를 쓰는 것이 모두 가능하다. 만약 '담'의 소리를 선택한다면 그 소리는 닫힌 소리이므로 평성平聲이 되어야 하고, '파'의 소리를 선택한다면 그 소리는 열린 소리이므로 상성上聲이 되어야 한다.

지금 이상 두 가지 사례를 꺼내어 지난 것을 증명하였다. 그러자 누가 이런 의문을 제기하였다.

"당신의 말이 근거가 있군요. 만약 남초를 한 글자로 명명하여 만든다면 그 글자는 어떤 모양으로 만들 수 있나요?"

그 질문에 나는 이렇게 답하였다.

"'파焿' 자가 그 모양에 가까울 겁니다. 남초의 형상이 파초와 비슷하므로 이것이 그 모양을 본뜬 상형이고, 남초의 성질은 또 불을 나게 합니다. '火'로 부수를 삼은 것은 의미를 조합한 회의會意입니다."

문자를 만드는 원리를 설명한 글이라서 난해하기는 하나 내용은 간단하다. 18세기에는 남초를 '담파'로 불렀으므로 한자로는 '담파膽破'로 표기한다. '담'과 '파' 가운데 열린 소리인 '파'의 소리가 나도록 글자를 만들어야 한다. 또 담배는 식물이므로 초두草頭가 들어간 글자여야 한다. 그 원리에 부합하는 글자에 파초 파芭가 있는데 공교롭게 담뱃잎은 파초잎과 모양이 유사하므로 상형象形의 원리에도 부합한다. 게다가 담배는 꼭 불을 붙여야 하므로 부수는 불 화火로 하는 것이 옳다. 그래서 담배를 새 글자로 만들면 焿가 되고 발음은 '파'다.

이사질은 그가 구상한 제자 원리에 따라 담배를 표현한 한 글자 焿를 새로 만들었다. 당연히 이 글자는 어떤 한자 사전에도 올라 있지 않다. 이런 시도를 다른 학자가 했다는 말을 들은 적이 없다. 그가 만든 글자는 담배를 지칭하는 글자로 타당할까? 뭐라고 평가해야 할지 모르겠으나 근거가 없다고 할 수는 없다. 많은 사람들은 무엇하러 구태여 담배를 가리키는 한자를 새로 만들려 했냐고 반문할 것이다. 그러나 이런 엉뚱해 보이는 시도는 그만큼 담배가 모든 사람의 이목을 사로잡았고, 담배란 말이 뭔가 모르게 아리송하였으며, 연烟 자를 쓰는 것도 불만스럽게 여겼다는 점을 말해준다.

신세계 향초의 도래

어느 날 담배가 바다 건너 팔도에 두루 퍼졌으니   一日渡海遍八荒

영웅이 때를 기다려 나타난 것과 똑같구나!   亦如英雄待時見

－이해李瀣, 『청운거사유집』, 「남초가」

풀의 영웅이 나타나다

1492년 10월 28일 쿠바에 도착한 콜럼버스는 인디오들에게서 마른 잎
사귀를 선물로 받았다. 불에 붙여 연기를 마시는 이 식물이 바로 니코티
아나 타바쿰, 다시 말해 담배였다. 아메리카 대륙에서 오래도록 종교의
식과 치료에 사용해오던 식물이 새로운 문명과 만나는 순간이었다.

식물이 뿜어내는 연기를 흡입하는 것은 일찍이 인류가 경험하지 못한
것이었다. 그 식물은 천천히 유럽에 소개되었다. 그러다가 1558년 무렵

부터 스페인에서 재배되기 시작하고 10년이 채 지나지 않아 거의 전 유럽에서 재배되었다. 1575년에는 스페인의 식민지가 된 필리핀에까지 담배가 상륙했고, 포르투갈 상인들에 의해 마카오와 일본에도 담배가 전파되었다. 일본에 담배가 도착하고 성행한 시기는 분명하지 않으나 대략 1590년을 전후한 무렵이다.[1] 자바 섬이나 인도에도 비슷한 시기에 전파되었다. 수십 년 사이에 담배가 전 세계 기호품 시장을 거의 모두 장악하는 기적적인 현상이 벌어졌다. 인류 역사상 이렇게 빨리 전 세계 사람들의 기호를 사로잡은 물건은 일찍이 없었다.

이처럼 빠른 전파는 대항해시대의 개막이라는 역사적 사건에 힘입은 바 크다. 대항해시대가 개막하면서 아메리카에서 건너온 식물이 담배만 있었던 것은 아니다. 한국을 비롯한 동아시아에 막대한 영향을 끼친 작물인 고추와 감자, 고구마, 옥수수, 호박, 땅콩 등도 함께 옮겨왔다. 여러 경로를 거쳐 도달한 이들 작물은 한국인의 밥상에 크나큰 변화를 몰고 왔다. 이처럼 이질적인 문화가 접촉하는 최첨단에 바로 담배가 있었다.

남만의 풀, 한반도에 도착하다

유럽이 바다를 통해 동아시아에 담배를 전달하는 과정에서 중간 거점이 된 나라는 필리핀과 일본이었다. 필리핀에 담배를 전해준 이들은 스페인 상인들이었는데 그들은 담뱃잎을 둘둘 말아 피우는 이른바 여송연呂 宋煙 흡연법을 소개했다. 여송은 필리핀 루손 섬의 한자 표기다. 반면 일본에는 주로 포르투갈과 네덜란드가 담배를 전파했는데 그들은 스페인

레온하르트 푹스가 1560년경 식물 백과사전에 넣기 위해 제작한 담배 그림. 그는 담배가 최근에 소개된 식물이라 밝혔다.

과는 달리 파이프를 이용해 피우는 흡연법을 전해주었다. 일본에 전해진 흡연법이 조선과 중국으로 퍼졌다.

일본인은 아메리카와 유럽의 낯선 문화를 전파한 유럽인을 남만인이라 불렀다. 남만에서 전해온 담배는 곧 일본 전역에서 재배되어 급속하게 대중 속으로 파고들었고, 파이프를 일본 풍토에 맞게 개조한 키세루를 이용한 흡연은 생활의 일부로 확고하게 자리잡았다. 16세기 말 일본에서는 흡연이 다도와 함께 기호의 양대 축으로 굳어졌다. 바다를 건너온, 남만을 상징하는 담배는 이국적이고 낯선 이미지를 풍기는 물건이었다.

담배 재배에 성공하여 잉여생산물을 확보한 일본은 그들이 남만 사람

─── **흡연하는 마야의 사제. 멕시코 팔렌케에 있는 신전의 조각. 7세기 말.**
담뱃잎을 말아 피우는 모습으로, 고대 흡연의 풍속을 잘 보여주는
유물이다.

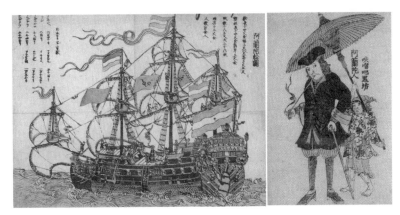

─── 남만의 배와 흡연하는 선장. 판화, 18세기 후반, 일본 고베시립박물관 소장. 나가사키를 방문한 네덜란드 상선과 파이프를 물고 있는 선장의 이국적 모습을 묘사했다.

들에게 배운 그대로 그 식물을 조선에 전파하였다. 담배를 배에 싣고 와 부산 동래에 설치된 왜관을 통해 팔기 시작한 것이다.

일본에서 조선에 담배를 전파한 시기는 정확하게 언제일까? 그 시기는 동아시아 흡연 문화사에서 대단히 중요한 문제다. 이를 놓고 몇 가지 주장이 엇갈리는데, 가장 유력한 주장은 두 가지다. 하나는 임진왜란 이후 1609년에서 1614년 사이에 전파되었다는 설이고, 다른 하나는 1618년무오년을 전후한 시기에 전해졌다는 설이다.[2]

부산에 도착한 남령초

조선에 담배를 전파한 나라는 일본이고, 그 시기가 대략 1609년에서 1618년 사이라는 것은 부정하기가 힘들다. 중국에서 전파되었다느니

유구국류큐 왕국에서도 전해왔다느니 하는 주장을 후대의 학자가 펼치기도 했으나 근거가 없다. 다만 전파의 시기는 시각차가 있을 수 있다. 조선에 담배가 전파된 정확한 시기는 1609년을 기점으로 삼아야 한다. 조선과 일본이 담배를 주고받을 수 있는 교역의 조건을 갖춘 시기가 바로 1609년이기 때문이다.

임진왜란 이후 조선과 일본은 국교가 단절되어 왕래가 없었다. 정부 간 왕래가 전혀 없었던 것은 아니나 1609년 이전의 10년 사이에는 담배가 전파될 조건이 갖추어지지 않았다. 정식으로 국교가 재개된 것은 1609년 기유약조가 맺어진 이후다. 조약에 따라 과거와 같은 방식으로 동래의 왜관에 일본인이 거주하고 그들을 매개로 조선과 일본이 무역을 재개했다. 10년간 단절된 국교가 재개되면서 일본인이 조선 사람들을 사로잡을 무역품으로 들고 나온 것이 무엇이었을까? 그것은 다름 아닌 담바고, 저 먼 남쪽 나라에서 온 신령한 풀이었다.

담배가 이 땅에 처음 전해질 당시의 상황을 흥미롭게 보여주는 글로 유몽인이 쓴 「담파귀설」이 있다. 그중 앞 대목이다.

> 일본 장사치가 부산 포구에 배를 대고 약 한 가지를 팔았다. 그 이름이 담파괴痰破塊인데 덩어리진 가래를 잘 낫게 한다고 했다. 그 약을 복용할 때에는 구리로 만든 작은 술잔을 쓰는데 그 크기가 참새 알을 반으로 갈라놓은 정도다. 여기에는 한 자 남짓 되는 자루가 달려 있는데 술잔에 작은 구멍이 뚫려서 자루 속으로 통해 있다. 자루의 주둥아리는 좁아져 잇새만하다. 잎을 가루로 내어 술잔 속에 채우고 불을 붙여서 자루 주둥아리를 통해 그 연기를 들이마신다. 연기는 매우

유몽인, 「묵호고黙好稿」
「담파귀설」, 조선인쇄
주식회사, 1937, 필자
소장.

써서 한 번 들이마시면 세 번 기침이 나오고 냄새 또한 지독해서 입
에 가시가 돋치고 목구멍을 쏘아 견딜 수 없다. 부인이 그 약을 복용
하면 임신하기가 어렵고, 임신한 부인은 낙태를 한다. 우리나라 사람
들이 처음에는 그것을 비상이나 오훼烏喙, 한약재로 독성이 강해 독약으로 여
김처럼 여겼다.

어떤 사람이 그것을 복용하여 가래와 곽란 및 가슴과 배의 질병을 치
료하여 한두 번 효과를 보았고, 태우고 남은 재로는 옴이나 종기를
치료하였다. 그러자 3, 4년 사이에 온 나라 사람들이 파도에 휩쓸리
듯 앞다퉈 구매하였다. 장안의 남녀가 어린애고 늙은이고 가리지 않
고 병이 있거나 없거나 즐겨 태워서 연기를 마셔대니 코를 비트는 악
취가 거리에 가득했다. 때때로 못된 소년배가 "아름다운 여자와 맛
좋은 술은 참아도 담바괴는 참을 수 없네"라는 노래를 앞다퉈 부르고
다녔다.

유몽인이 이 글을 쓴 시기는 1612년이 조금 지난 때로 추정한다. 담배

가 조선에 막 전해질 무렵의 문화접변과 충돌을 인상적으로 기록한 글이다. 담배 전파사를 이야기할 때 한일 양측에서 가장 눈여겨보아야 할 중요한 기록임에 틀림없다. 담배의 첫 전파지가 부산항이라는 상식(물론 당시에는 동래의 포구였다)을 명쾌하게 확인해주었다. 흡연도구와 흡연법에 대한 초창기의 호기심 어린 시선도 보인다. 게다가 담배란 물질을 처음 접한 사람들이 느꼈을 당혹감이 잘 표현되어 있다. 또 담배가 전해진 뒤 몇 년 지나지 않아 남녀노소 모두가 흡연의 노예가 되어가는 정황도 잘 소개되어 있다. 무엇보다 주목할 점은 담배를 전파한 주체가 부산항에 정박한 일본 상인이고, 그들이 담배를 약으로 팔았다는 사실이다.

일본 상인이 파는 만병통치약

일본 상인들은 담배를 질병을 치료하는 특효약으로 선전했고, 그 때문에 담배는 불티나게 팔렸다. 유몽인은 임진년에 우리를 침략한 원수의 나라 상인이 파는 담배는 조선 사람의 씨를 말리려는 전술의 하나일 거라고 짐작했다. 신망규申望奎도 일본이 요사한 풀을 보내 조선 사람을 바보로 만들고, 재력財力이 고갈되면 사납게 물어뜯으려는 술책이라 했다.[3] 과장된 약효의 선전은 아프지도 않은 조선 사람에게 신기한 술수를 써서 담배를 먹이려는 일본 상인의 고약한 간계라고 파악했다. 임진왜란으로 막심한 피해를 입은 조선 사람으로서는 그렇게 볼 여지가 충분하다. 담배가 약재로 수용된 사실은 뒤에 더 살펴보도록 하자.

유몽인의 기록에는 부산에서 담배를 파는 일본 해상海商이 등장한다. 여느 문서에서는 흔히 볼 수 없는 결정적인 기록이다. 이 기록으로 미루어 한반도에 담배를 전파한 주역은 담배를 배에 싣고 와서 부산 사람들에게 직접 판 일본의 해상임을 추측할 수 있다. 1609년 기유약조에 따라 일본 상인이 동래 왜관에서 무역하는 것이 허용되었기 때문이다. 왜관은 담배뿐만 아니라 대항해시대의 국제무역품이 일본이란 거점을 거쳐 들어오는 통로 역할을 하고 있었다. 그러나 일본인이 직접 조선인을 상대로 판매한 것인지에 대해서는 더 검토할 필요가 있다. 다만 왜관이 담배 교역의 거점이었다는 것은 분명한 사실이다.

신유한이 "우리나라의 이른바 남초란 것은 본래 동래 왜관으로부터 얻어왔다"고 말한 근거도 여기에 있다. 여기서 담배는 조선 정부가 공적으로 거래하는 품목에는 포함되지 않았고 사적으로 거래하는 사무역私貿易이나 밀무역의 형태로 수입되어 판매되었을 것이다.[4]

일본 상인은 담배를 의약품이라고 선전해 고가로 판매함으로써 막대한 이익을 차지하였다. 이 신상품의 판매는 그들이 조선과 무역을 재개하려는 주요 목적 중 하나였을 것이다. 그 사실은 김봉조金奉祖가 일본 사절단을 접대하고 조정에 보고한 장계에 잘 보인다. 조선이 왜관의 무역을 통제하자 일본에서 항의하는 사절단이 왔고 김봉조는 1623년 12월 경상도 도사都事의 직책으로 왜사접위관倭使接慰官이 되어 동래로 갔다. 동래부사東萊府使 김치金緻가 최고 책임자가 되어 일본 사신의 주장과 실정을 파악하여 조정에 보고서를 보냈다. 세번째 장계의 일부는 다음과 같다.

미나모토 도모지源智次가 이렇게 따졌습니다. "예전에는 중국의 물화가 아니라도 남초 따위의 물건을 귀국 사람이 왜관에 들어와 매매하고자 하는 경우가 몹시 많았습니다. 지금은 상인이 출입할 수 없으니 금지하는 낌새가 현저합니다. 지난번 귀국에서 안응성安應星이란 자를 죽인 일은 분명히 상인을 통렬히 금지하는 의지를 보인 것입니다. 지금 금지하는 조치가 더욱 엄격하니 이것도 필시 조정의 명령입니다." 이렇게 말하기를 그치지 않으며 노기가 등등하였습니다. 상인을 금지한다고 말한 것은 호조戶曹 별장이 물건 값을 낮추고자 하여 상인들이 남초만을 무역하는 것을 금지한 일을 가리킵니다.[5]

미나모토 도모지는 일본에서 온 사신이었다. 임금林金과 안응성은 여러 해 동안 왜관을 몰래 출입하며 무역을 하여 일본인으로부터 1만 냥을 빌린 적이 있는 상인이었다. 그 행위가 조정에 발각되어 이들은 그해 5월에 처형당했다. 조정 기록에는 나오지 않으나 이들은 사실상 왜관을 통해 담배를 독점적으로 사들여 팔던 상인이었다. 이에 일본측은, 국가 재정을 담당한 호조에서 저들의 독점 거래로 인해 담뱃값이 오르자 그 값을 내리게 하려고 그들을 죽였다고 주장했다. 일본측은 조선 정부가 왜관에 들어와 남초를 무역하는 상인을 막지 말 것을 동래부사에게 위협적으로 요구하고 있다.

1623년 12월에 작성된 김봉조의 「왜정장계倭情狀啟」 8편은 기유약조로 조선과 일본 사이에 국교가 재개되어 국제무역이 허용되고 그 이후 동래 왜관을 통해 담배가 조선 시장에 막대하게 공급되는 현장을 생생하게 보여주고 있다. 1609년으로부터 10여 년이 지난 사이에 담배는 조일 무역의 핵심 물품이 되었고, 조선은 거대한 흡연 국가로 변신하고 있었다.

3. 중국으로 전파

황제도 못 말린
청나라 군대의 망우초 사랑

이곳에서는 남초의 금지가 더욱 엄해졌습니다. 팔문八門 밖 시장에서
파는 자들을 관아로 잡아들여 죄를 다스릴 뿐만 아니라, 여러 왕들의
저택이나 원근 마을에서 심은 남초까지 팔문에 방을 붙이고서 모조
리 뽑아버립니다. 법의 적용이 대단히 엄합니다. 이번에 웅도熊島 사
람들이 가져온 것도 현장에서 발각되어 호부戶部에 몰수되었다 합니다.

－『심양장계瀋陽狀啟』, 1639년 7월 2일 심양에서 한양의 승정원에 보낸 장계

중국에 담배가 전파된 경로

일본에서 조선으로 전파된 담배는 조선에서 널리 퍼져 전국적으로 생산
량이 많아졌다. 생산량이 많아지자 조선은 그 잉여생산물을 새로운 시
장 중국으로 전파하였다. 일본과 조선에서 담배는 국가의 경찰력으로도

통제할 수 없는 막강한 중독성과 전파력을 가지고 있었다. 조선의 대다수 지역을 흡연자로 넘치게 만든 담배는 자연스럽게 아직 흡연 청정지역으로 남아 있던 중국 북방지역으로 급속하게 파급되었다.

현재 세계 최대의 흡연 국가인 중국은 광활한 국토와 거대한 인구만큼 담배가 전파된 경로가 단순하지 않다. 일반적으로 학자들은 세 갈래 경로를 거쳐 중국 대륙으로 담배가 들어갔다고 보고 있다. 역사학자 우한吳晗. 1909~1969의 「연초를 말한다談烟草」란 글을 기초로 하여 학자들의 주장을 요약해 정리해보자.

첫번째는 브라질에서 일본을 거쳐 조선으로, 다시 조선에서 랴오둥 지역을 거쳐 베이징 지역으로 확산된 경로다. 두번째는 멕시코에서 필리핀 마닐라를 거쳐 푸젠 성, 광둥 성으로 전파되고, 다시 북쪽 변방으로 확산된 경로다. 세번째는 브라질에서 남양南洋군도를 거쳐 광둥 성으로 전파되고 북방지역으로 확산된 경로다. 여기서 두번째는 스페인이 전파한 경로이고, 첫번째와 세번째는 포르투갈이 전파한 경로다.

세 갈래 전파 경로는 20세기 이후 학자들 사이에 의견의 일치를 보았다. 최근 들어 러시아에서 몽골을 거쳐 북방으로 전해진 경로와 페르시아에서 중앙아시아를 거쳐 서부지역으로 들어온 경로도 제기되었다.[2]

전파의 시기가 가장 빠른 경로는 필리핀에서 푸젠 성으로 전파된 것으로 대략 1610년대까지 거슬러올라간다. 그 경로에 있는 상하이 지역은 1630년대가 되어서야 담배가 유행했다. 일본은 1600년대에 전파되어 10년 사이에 흡연국이 되고, 조선은 1609년 이후 전파되어 1610년대에 흡연국이 되며, 중국은 조선과 비슷하거나 조금 늦어져 1610년대부터 흡연국으로 전환하기 시작한다. 물론 영토가 넓어 지역별로 큰 격차

―― 흡연하는 여진족 사냥꾼을 묘사한 조선 후기의 민화 〈호렵도胡獵圖〉(부분). 선문대학교박물관 소장. 여진족 사냥꾼이 말을 탄 채로 짧은 곰방대를 물고 있다. 여진족 사냥꾼이 흡연하는 모습을 그린 민화가 여러 폭 전해온다. 여진족을 애연가로 본 조선 사람의 인식이 반영된 현상이다. 근대 이전에 중국인들의 흡연 장면을 묘사한 그림이 매우 드문 정황을 생각하면 흥미로운 일이다.

를 보인다. 그렇다고 해도 전 중국이 흡연 지역으로 바뀌는 데 걸린 시간차가 그렇게 큰 것은 아니다.

전쟁, 여진족 군사를 담배에 중독시키다

여러 경로 가운데 조선을 거쳐 중국 북방과 베이징으로 담배가 전파된 경로가 흥미롭고도 과정이 복잡하다. 중국 정치의 심장부인 베이징에 담배가 전파된 경로이기도 하고, 전파된 시기가 명나라에서 청나라로 교체되는 역사상 대변혁기였으며, 중국 담배 전파의 측면에서 매우 중요한 경로이기 때문이다.

전쟁과 침략의 광기는 때로는 뜻하지 않게 문물 교류를 급속하게 촉진시키는 역할을 한다. 조선과 여진족의 전쟁, 여진족과 명나라의 전쟁도 그랬다. 본래 조선은 압록강과 두만강을 사이에 두고 명이나 여진과 외교 면에서나 무역 면에서나 밀접하게 교류해왔다. 담배가 조선에서 널리 유행했다면 순차적으로 여진과 그 북쪽으로 전파될 조건은 충분했다. 더욱이 만주 지역은 전쟁이란 급변을 거치며 전파의 속도가 훨씬 빨라졌다.

여진족은 조선에 흡연이 정착되던 1610년대 이후 차츰차츰 흡연에 접촉하기 시작한 것으로 보인다. 여진족에게 담배를 전해준 것은 조선이었다. 여진족의 청나라는 정묘호란1627과 병자호란1636을 일으켜 조선을 침략했는데 이 두 전쟁이 조선에 퍼진 흡연 문화를 본격적으로 배워가는 계기가 되었다. 참전한 군사들이 빠르게 흡연에 빠져든 현상이 그 사실을 말해준다.

역사상 조선과 일본의 흡연 전파에서는 군사의 흡연 현상이 전혀 부각되지 않았다. 반면에 중국에서의 흡연 전파에는 전쟁이 매우 큰 작용을 했다. 중국에 흡연이 한창 전파되려던 시기에 마침 명청明淸이 교체되는 전쟁을 겪은 탓이기도 하다. 여기에서는 조선의 역할이 매우 컸다.

과정이 구체적으로 밝혀지지는 않았으나 정묘호란이 여진족 군사를 흡연으로 빠지게 만든 결정적인 계기였음이 분명하다. 역사학자 문일평은 「담배고」라는 논문에서 여진족이 정묘호란 이후에 담배 맛을 알게 되어 거금을 주고 조선에서 담배를 구입하였으며, 병자호란 이후에는 아예 담배 종자를 사들여 가서 재배하여 자급했다고 하였다. 설득력이 있는 주장이다.

조선을 침략한 여진족 군사는 그야말로 문명국의 이국적이고 신기한 기호품인 담배를 만끽할 수 있는 절호의 기회를 누렸다. 더욱이 전염병을 비롯한 각종 질병과 추위에 노출된 군사들에게 담배는 단순한 기호품을 넘어서 생존과 직결되는 것으로 받아들여졌다. 해당 시기로부터 150년이 지난 1779년의 기록이라는 한계는 있으나 금연 문제를 놓고 정조와 대화하던 이병모李秉模는 이렇게 언급한다.

> 금연은 기수氣數와 관계가 있다고 신臣은 생각합니다. 청나라 사람들이 우리나라에서 귀국한 뒤로 처음에는 군중軍中에서 군사들의 흡연을 군령으로 금하였습니다. 그러나 군사들이 변심을 품자 군령을 철폐할 수밖에 없었다고 합니다. 담배가 천하에 유행한 것이 기수가 시킨 탓이 아니겠습니까?[3]

천하에 담배가 유행한 것은 인위적으로 막을 수 없는 인류 문명의 대세이자 천지 변화의 운수임을 말하고 있다. 흡연의 신속한 전파를 문명의 거대한 흐름으로 이해한 인식도 흥미롭다. 그보다 더 흥미로운 것은 조선을 침략하고 돌아간 여진족 군대에 흡연이 만연하자 황제가 금연령을 내렸고, 흡연에 중독된 군사들이 변심의 조짐을 보이자 놀란 황제가 금연령을 바로 풀었다는 사실이다.

이 기록으로 미루어보아 여진족의 흡연은 조선 참전 군사들이 선도했다는 추정을 떨쳐버릴 수 없다. 이병모의 언급이 매우 그럴듯하다는 정황은 다른 근거로도 입증할 수 있다. 조선을 침략한 청나라 황제 홍타이지는 1635년에 군사들이 담배를 사기 위해 무기까지 파는 것을 보고 금연령을 철폐했다. 이처럼 여진족의 흡연은 전쟁과 밀접한 관련이 있다.

게다가 금연령 자체는 본래 귀족에게는 해당되지 않는 명령이었다. 홍타이지는 1630년대에 지속적으로 측근들에게 담배를 선물로 하사했다. 최측근인 용골대龍骨大[4]는 엄청난 골초였다. 조선에서는 외교와 전쟁의 선봉장으로서 큰 역할을 한 자인데 최고급 담배의 무역에도 그가 상당히 많이 개입했다.

담배는 전쟁에 내몰린 군인들의 공포감과 긴장을 누그러뜨리는 환각제로서 다른 어떤 기호품도 그 역할을 대체할 수 없었다. 왕포는 『인암쇄어』에서 "변방 사람들이 한질寒疾, 추위로 인한 질병, 감기 등에 걸리면 담배가 아니고는 고치지를 못했다. 관문 밖에서는 말 한 마리를 담뱃잎 한 근과 바꿨다"[5]고 기록했다. 얼마간 과장이 섞인 전문이지만 담배를 구할 수만 있다면 무기고 말이고 가리지 않고 내던질 수 있는 곳이 바로 전쟁터였다.

흡연 문제는 수세에 몰린 명나라 군대에서도 비슷한 상황으로 벌어졌다. 여진족 군대와 대치하면서 명나라 군사들이 흡연에 빠지자 숭정제崇禎帝는 청나라보다 몇 년 늦은 1643년 금연령을 내려 담배의 재배와 판매를 중벌로 다스렸다. 그러나 담배가 아니면 전방의 병사들이 한질에 걸려 치료할 수 없다는 반대론에 직면하자 곧바로 금연령을 철폐했다.

그런데 쉽게 짐작할 수 있겠지만 한질의 치료라는 것은 명분에 불과했다. 사실 명·청 양국 군대는 금연령 시행이 군대의 전투력 상실을 초래하고 군심 이반의 양상까지 보였기에 부랴부랴 이를 철폐했던 것이다. 흡연은 군사들 사이에서 민간에서보다 더 가공할 위세로 전파되어 갔다.

군에서 민간으로 퍼지다

조선을 통해 흡연을 배운 여진족 군사는 명나라를 침략하는 과정에서 흡연의 습관을 명나라 군사들에게 퍼뜨렸다. 명나라 군사는 자연스럽게

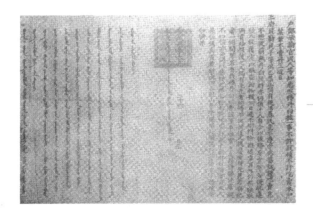

청(淸) 태종(太宗) 홍타이지가 1639 년에 반포한 금연령 포고문. 한문과 여진어로 반포하였다. 제목의 단백계(丹白桂)는 담바고의 여진어다.

그 습관을 각지에 퍼뜨렸다. 명나라측 기록에는 그 상황을 엿볼 수 있는 자료가 적지 않다. 『패사稗史』에는 다음 기록이 보인다.

> 담바고는 여송呂宋에서 생산되었는데 명나라 때 비로소 중국에 들어
> 왔다. 처음에는 변방을 지키는 군사들이 담배를 피워 풍토병을 막고
> 추위를 몰아내는 용도로 썼다. 그 뒤를 이어 더욱 광범위하게 전파됐
> 다.[6]

담배가 군인으로부터 일반 민간인으로 확산되었다는 기록이다. 명말의 유명한 의서 『경악전서景岳全書』에서도 담배의 전파를 전쟁과 관련하여 설명하고 있고, 또 전조망全祖望은 「연초부煙草賦」에서 "처음 들어왔을 때에는 괴이한 일이 많았거니와, 습관 들여 맛을 본 자들은 대부분 변방에 있었네"라고 표현하였다. 전쟁의 수행으로 초창기 흡연이 급속하게 확산되었음을 말해준다.

이렇게 중국 중북부의 적지 않은 지역으로 흡연이 전파된 데는 군인들의 이동이 큰 영향을 미쳤다. 과장이 섞인 생각이기는 하나, 19세기의 한 프랑스 선교사는 만주족의 강요로 중국인이 담배를 피우게 되었다고 착각할 정도였다.[7]

담배의 원산지인 아메리카에서 지리적으로 가장 멀리 떨어진 중국 베이징까지 담배가 전파된 경로에는 복잡한 연결고리가 중첩되어 있다. 포르투갈 상인이 아메리카에서 인도의 고아Gôa로 담배를 가져와 다시 일본까지 보냈고, 일본과 조선은 동래의 왜관에서 담배를 무역하였다. 조선은 압록강과 두만강을 사이에 두고 여진족에게 담배를 팔았고, 만

주족은 전쟁과 무역을 통해 조선의 담배를 수입하여 이를 다시 베이징으로 전파하였다. 그 수많은 연결고리 중에서 조선의 역할은 축소될 수 없는 중요한 의의를 지닌다.

담배는 고려국 왕비의 화신

조선이 담배의 전파에 작지 않은 역할을 했다는 사실은 전설을 통해서도 확인할 수 있다. 청나라 학자 유정기劉廷璣의 저서 『재원잡지在園雜志』에는 다음과 같은 흥미로운 기사가 실려 있다.

> 연초는 이름이 담파고다. (…) 관문 밖 사람들은 이 말이 고려국에서 있었던 일에서 나왔다고 전해주었다. 그 나라의 왕비가 죽자 국왕이 너무 슬프게 통곡하였다. 어느 날 밤 왕비가 꿈에 나타나 말해주었다. "무덤에서 꽃이 하나 필 텐데 그 풀의 이름이 연초랍니다. 그 형상을 자세히 말씀드릴 테니 그 풀을 따가지고 태워 말려서 불을 붙여 태우고 그 연기를 들이마시면 슬픔을 그칠 수 있답니다. 이 풀은 근심을 잊게 만드는 풀입니다." 국왕은 왕비의 말을 따라서 풀을 뜯었다. 드디어 이 풀의 품종이 세상에 전해져서 지금은 온 천하에 모두 전해지게 되었다.[8]

근심을 잊게 한다는 담배의 이칭 망우초忘憂草에 얽힌 전설이다. 이 유명한 글은 담배에 관해 중국인 사이에 전하던 전설을 채록한 것이다. 관문 밖 사람들 사이에 퍼져 있다고 한 것으로 보아 여진족 사이에 전하던 전설이 곧이어 전 중국에 퍼졌음을 알 수 있다. 여기서 고려국은 조선을 중국식으로 표현한 것이다. 여진족은 담배의 원산지가 아메리카도 일본도 아닌 조선이라고 잘못 판단했다. 이 전설은 중국 북방지역에 담배를 전파시킨 주요 경로가 조선이라는 사실을 뚜렷하게 보여준다.

깊이 읽기 2

담배의 전설

> 전해오는 말에 담파국의 공주가 죽어서 들에 시신을 버렸는데 풀 향
> 기를 맡고서 문득 다시 소생하였다. 무엇 때문인지 다 함께 알아보았
> 더니 연초 덕분이었다. 그래서 반혼향返魂香이라고 불렸다.
>
> — 『유액類液』[1]

    망우초에 얽힌 중국의 전설에서는 조선의 왕비가 죽어 그 넋이 담배
가 되었다고 하였다. 담배의 기원을 설명하는 이 전설은 담배 자체에 대
한 끊임없는 의문에서 만들어졌다. "이 이상한 물질은 어떻게 발견했을
까?" "인류는 왜 담배를 피우게 되었을까?" 사람들은 이와 같은 근원적
질문을 계속 던졌고, 그 질문을 두고 내놓은 대답과 상상이 전설로 만들
어졌다. 그리하여 나라마다 지역마다 다채로운 전설이 생겨났다.
    조선국 왕비의 죽은 넋이 연기로 변해 홀로 남은 남자의 그리움을 달
래주었다는 사연은 원산지인 아메리카의 인디언 신화에서 그 원형이 보
인다. 베네수엘라의 예쿠아나족은 담배 연기로 뒤덮인 진흙에서 여성
들이 탄생했다고 믿었고, 야퀴족은 한 여성이 초자연적 변신을 통해 담
배로 환생했다고 믿었다. 파라과이 그란차코 지역의 필라 인디언 신화
에서는 민족의 영웅에게 살해당한 식인종 여인의 유골에서 담배가 처음
자라났다고 믿었다.[2] 담배의 기원을 설명한 신화는 샤머니즘과 결부하

여신의 정령이 인디언에게 건네는 담뱃잎.
1860년 미국 담배회사 피터 로릴러드(Peter
Lorillard)의 광고. 담배는 아름다운 여신이 근
심을 없애주기 위해 내려준 선물이라는 북아메
리카 휴런 호수 인디언의 전설을 묘사하고 있다.
여신을 백인으로 그린 것은 백인 우월주의의 표
현이다.

여 다채롭게 변형되었다. 그래도 여신이 환생하여 선물한 것이 담배라
는 설화의 원형은 원산지부터 전파지까지 유지되고 있다. 담배의 환각
성을 그보다 멋지게 설명하는 스토리는 없다.

조선에 널리 유포된 담배의 기원에 관한 전설도 그 원형과 아주 가깝
다. 18세기의 학자 이덕리李德履와 이옥李鈺이 소개한 전설에서 이를 분명
히 확인할 수 있다.

연다烟茶는 일본에서 나왔다. 사람들은 이런 전설을 말한다. 남편이
가래 끓는 병을 앓는 일본 여자가 있었다. 여자는 자기가 죽어서라도
남편의 병을 낫게 해달라고 늘 소원했다. 그 뒤 과연 그 여자의 무덤
에 풀이 돋았다. 남편이 그 잎을 따서 연기를 피워 들이마시자 병이
정말로 나았다. 그래서 이 풀을 담박귀淡泊鬼라고도 하고, 담파괴痰破
塊라고도 한다. 우리나라에서는 이 풀을 남령초南靈草라 부르고, 또 그

냥 남초南草라 부르기도 한다.[3]

담배를 가래를 없애는 약이라는 의미에서 담파고痰破膏라고 쓰기도
하지만 이는 잘못이다. 남만南蠻에 담박귀淡泊鬼라는 여자가 있었다.
그녀의 남편이 병이 들었는데 치료약을 구하지 못했다. 그 여자가 남
편을 따라 죽으면서 "약이 되어서 병자를 구하기를 원한다"고 맹서하
였다. 그 물건이 바로 담배다. 이것은 황제의 딸이 첨초詹艸. 매혹적으로
보이게 만드는 신비의 풀로 변신한 것과 같다.[4]

담배를 죽은 여자의 화신이자 남편의 병을 고친 약물로 묘사하였다.
담배는 남편의 병을 고치려는 여인의 비원悲願에 따라 그녀의 무덤에서
환생한 넋이다. 담배의 이름을 귀신 귀鬼 자가 들어가는 담박귀라고도
표현한 것은 그 때문이다. 죽은 여인이 각각 일본, 남만 사람으로 등장
해 조선에 담배를 전파한 곳을 분명하게 보여준다.
  문일평의 「담배고」에는 1720년에 간행된 일본의 『장기야화초長崎夜話
草』에 실린 전설이 소개되고 있다. 이 전설은 20세기까지 민간에 널리 퍼
져 있었다. 그 흔적이 김소월의 「담배」란 시에도 나타난다.

  나의 긴 한숨을 동무하는
  못 잊게 생각나는 나의 담배!
  내력을 잊어버린 옛 시절에
  났다가 새 없이 몸이 가신
  아씨님 무덤 위의 풀이라고

말하는 사람도 보았어라.

어물어물 눈앞에 스러지는 검은 연기,

다만 타붙고 없어지는 불꽃.

아 나의 괴로운 이 맘이여.

나의 하염없이 쓸쓸한 많은 날은

너와 한가지로 지나가라.

한숨과 고독의 시인을 위로하는 동무로 담배 연기가 등장한다. 아씨
님 무덤 위의 풀이라는 담배의 옛 전설은 시인의 한숨과 고독을 부각시
킨다. 괴로움과 권태의 동반자에게 검게 타오르는 담배 연기는 까마득
한 옛날 아씨님의 서러운 죽음처럼 암울하다. 이 전설은 일제강점기에
도 널리 퍼져 있었다. 『신동아』 1934년 2월호에 실린 허연의 「넷날 기생
이야기로」에도 자세하게 실려 있다.[5] 다만 중국을 배경으로 하여 상식을
뒤집었다.

　이밖에도 재미있게 변형된 전설이 넓게 퍼져 있다. 이현목李顯穆의 「담
바고 사연淡巴菰說」에는 다음과 같은 전설이 소개되어 있다.

　　세상에는 이런 사연이 전해진다. "옛날 담파淡婆라 부르는 여인이 있
　　었는데 아주 음란했다. 천하의 남자를 모두 제 남편으로 삼지 못한
　　한을 품고 죽었다. 그 여인의 넋이 이 풀로 변해 그 무덤에서 자라났
　　다. 모두들 그 풀을 좋아했기에 그 이름을 담파라고 한다."
　　어떤 사람은 또 이렇게 말한다. "이 풀은 먹으면 담痰을 없애주기 때
　　문에 담파痰破라 부른다." 전해지는 두 가지 사연 가운데 어떤 것이

진실인지는 알 수 없다.

이 전설에서는 담배를 모든 남자를 소유하려는 음란한 여자의 욕망이 응고된 풀로 보았다. 끊으려야 끊지를 못하는 담배의 지긋지긋한 중독성을 남자를 유혹하는 기생에 투영한 것이다.

이 전설은 문헌에 기록되어 전해지지만, 민중에 전해오는 전설에서도 찾아볼 수 있다. 그중 하나로 남자를 좋아한 기생이 죽어서 담배가 되었다는 사연이 있다. 남자를 너무 좋아한 기생이 죽어서 남자 입이라도 맞춰보리라 결심하고 죽었는데 그 무덤에서 이 풀이 생겨났다. 약초 캐는 이가 우연히 기생 무덤에 난 풀을 캐서 맡아보니 그 맛이 구수하니 좋아 세상에 알렸다고 전해진다.[6] 담배를 요물의 화신이자 요부의 이미지로 보는 시선이 담겨 있다. 조정철趙貞喆은 아무에게나 담배를 빌리는 제주도의 흡연 풍속을 비꼬면서 담배를 달라고 하는 이를 음부의 화신이 꼬리를 흔드는 것이라 했다.[7] 이송년李松年이 『양죽헌유고養竹軒遺稿』에서 담배를 서시西施의 환생으로 묘사한 것도 같은 취지다. 모두가 담배가 지닌 성적 상상력과 중독성을 투영시킨 전설이다.

조선에 널리 퍼진 전설은 일본과 아메리카의 전설과 맥이 닿아 있고, 이는 다시 중국의 전설과 연결된다. 중국의 전설에서 담배의 원형이나 원산지를 어디로 밝히고 있는지를 보면 잘 알 수 있다. 중국에 널리 유포된 전설을 보자.

전해오는 말에, 바다 멀리 귀신의 나라가 있는데 그들 풍속은 사람이 병들어 죽음에 임박하면 깊은 산중에 내다버린다. 옛날 국왕의 딸이 병이 심해지자 산속에 버리고 떠났는데 정신을 잃은 딸이 어디선가 짙게 풍겨오는 향기를 맡고서 쓰러진 자리 옆의 풀로 기어가 맡아보았더니 문득 온몸이 개운해져 벌떡 일어났다. 달려가서 궁중으로 들어가자 사람들이 기이한 일이라 여겼다. 그래서 이 풀을 얻게 되었는데 그 때문에 담배의 이칭이 반혼초返魂草다. (…) 담배는 동쪽 변방 밖의 바닷속 선산에서 나왔는데 지금은 천하의 모든 곳에 자란다.[8]

이 전설에서는 담배가 해외 귀신의 나라에서 나온 물건이라 했는데 이는 담배를 귀신 귀 자를 써서 담박귀淡泊鬼라고 한 것과 유사하다. 들에 버려진 공주가 담배 향기를 맡고 죽기 직전에 소생했다는 내용은 고려장高麗葬 풍습 이야기 요소로 더 재미있고도 있음직한 이야기로 변형되었다. 거의 똑같은 전설을 애연가였던 서예가 이광사李匡師가 재미있게 시로 짓기도 했다.[9]

담배에 관한 수많은 전설은 담배의 기원과 전파에 얽힌 역사적 사실과 여기 덧붙여진 사람들의 해석을 흥미롭게 보여준다. 담배 연기를 뿜으면서 낭만적인 옛사랑의 추억을 떠올리는 것은 옛사람들도 마찬가지였던 모양이다.

지사미 전성시대

지사미의 등장

담배 무역과 흡연 풍속의 자료를 보면, 지사미란 특이한 말이 자주 등장
한다. 한자로는 '지삼枝三'이라 쓰고 '지사미'라 불렀다. 17세기에 홀연히
등장하여 18세기까지 널리 쓰이다가 19세기 이후에는 자취를 감춘 말이
다. 정부의 각종 공식 기록에 자주 등장하고 그 영향을 받아 청나라 문
헌에까지 나타난다. 한글로 쓰인 소설이나 시조에도 지사미 또는 기사
미로 등장하고 민요나 설화에도 보인다. 지금은 매우 낯선 말이 되어 아
는 이가 거의 없으나 동아시아 담배의 역사가 녹아 있는 흥미로운 어휘
다. 지사미는 잘게 썬[細切. 細折] 담배를 가리키는 말이다. 비슷한 말로 실
담배, 썬담배, 살담배, 쇠털담배, 쌀담배, 써레기 등이 있다. 후에는 지
사미보다 다른 말이 더 많이 사용되었다. 지사미는 일본어에서 '기자미

다바코刻みタバコ, kizami tabako'로 불리며, 보통 다바코가 생략된 채 쓰였다. 기자미는 우리말의 '썬'에 해당하는 관형어로, 기자미 다바코는 곧 '썬 담배'라는 뜻이다. 그런데 기자미가 조선에서는 잘게 썬 살담배칼 따위로 썬 담배를 뜻하는 말로 널리 쓰였고, 발음이 '지사미'로 정착되면서 한자로 지삼枝三이라 썼다.[1]

품질 좋은 살담배를 뜻하는 지사미가 널리 쓰인 이유는 국제무역의 영향이다. 담배 무역 초기에는 일본에서 잎담배를 수입하지 않고 가공한 살담배를 수입하였다. 어떤 과정을 거쳐 가공했는지 명료하게 설명한 기록은 잘 보이지 않는다. 다만 통신사 일원으로 일본에 다녀온 신유한申維翰. 1681~1752이 일본의 담배 가공법을 "찌고 말려서 독기를 없애며 실처럼 가늘게 썬다"라고 밝힌 것을 보면[2] 특별한 가공 기술이 발전했음을 알 수 있다.

가공 기술에서 앞선 일본산 담배는 담배가 전파된 첫 1세기 동안 동아시아 흡연자의 입맛을 사로잡으며 최고의 인기를 누렸다. 그 인기 덕분에 가공한 담배를 가리키는 이름에 불과한 지사미란 이칭이 국제무역에서는 담배 자체를 뜻하는 범칭으로 통했고, 지사미는 일본과 청나라 사이에서 중개무역을 하던 조선에 큰 이익을 안겨주었다.

지사미는 여러 가지 이름으로 불렸다. 특별히 일본산 살담배를 가리킬 때에는 왜지삼倭枝三이라 했고, 조선산 담배는 향지삼鄕枝三 또는 그냥 남초라고 불렀다. 지삼초枝三草 또는 지삼남초枝三南草, 세절남초細折南草 등으로 의미를 분명하게 밝혀서 쓰기도 했다. 한편, 어떻게 포장해서 판매하느냐에 따라 궤지삼櫃枝三, 갑지삼匣枝三, 봉지삼封枝三 따위로 불렸는데 궤지삼이 가장 고급스럽고 널리 판매되었기에 궤지사미란 말은 아

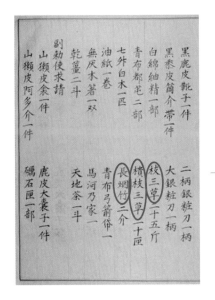

黑鹿皮靴子一件
黑黍皮筒介帶一件
白綿紬精一部
青布都花二部
七丼白木一匹
油紙一卷
無尾木著一双
乾薑二斗

二柄銀粧刀一柄
大銀粧刀一柄
枝三草 二十五斤
橫枝三草 二十匣
長烟竹 二介
青布弓箭帒一
馬河乃家一
天地茶一斗

副勑使求請
山獺皮余一件
山獺皮阿多介一件

鹿皮大裏子一件
磠石匣一部

예 담배란 말로 쓰였다.

지사미 무역의 창구 동래

동래 왜관은 지사미 수입의 창구였다. 이곳을 통해 수입된 지사미는 최고급 담배로 인기를 얻었는데 청나라 사람에게도 다름이 없었다. 일본과 무역 통로가 없는 청나라는 조선의 중개무역을 통해 지사미를 공급받았다. 한자말 '지삼'이 청나라와의 무역에서 담배를 지칭하는 공식적인 물품명으로 사용된 것은 양국 간 담배 무역의 흔적이다. 『영접도감응판색의궤』에는 칙사에게 하사하는 공식적인 물품 내역에 장죽과 함께 지삼초와 궤지삼초가 뚜렷하게 기록돼 있다.

이렇게 지사미는 17세기 조선과 청의 고위직 사절단과 관련한 외교문헌에 자주 등장한다. 『승정원일기』에만 수십 군데에 청과의 지사미 거래 사실이 올라 있는데 그 창구는 동래 왜관이었다. 그 정황을 보여주는 사례가 하나 있다. 1638년 2월 18일 몽골로 소를 구입하러 가는 사절단이 떠나기 8일 전 비변사에서는 담배 조달에 연루된 큰 비리를 적발하고 조정에 보고서를 올렸다.

경상감사가 마련해놓은 포목布木을 꺼내 소를 사기 위한 지삼을 동래부에서 무역해 오라 하였습니다. 이는 참으로 가벼운 일이 아닙니다. 지금 동래부사가 올린 보고서에는 보내준 30동同 가운데 28동을 꺼내어 지삼 1200근을 사서 얻었고, 2동으로는 작은 연죽 2300개를 사서 보낸다고 하였습니다. 그런데 지삼의 품질을 살펴보니 왜지삼이 아니고 우리나라 상인이 파는 물건인데다 습기가 많았습니다. 틀림없이 일본어 역관이 신경을 쓰지 않고 자기 물건으로 사들이고, 사용할 수 없는 물품을 채워 보낸 것이니 지극히 분통이 터지는 나쁜 짓입니다. 해당 일본어 역관을 담당관에게 보내 먼저 조사하고 지삼을 바꿔 준비하여 납품하게 하십시오. 동래부사도 잘 살피지 못한 책임을 면할 수 없으니 조사하도록 요청합니다.[3]

이 보고서에서는 여러 가지 중요한 사실이 폭로되고 있다. 무엇보다 동래가 지사미 무역의 창구이고, 무역의 조선측 당사자가 일본어 역관이고 관리 책임자가 동래부사임을 보여준다. 조선 후기에 일본과의 무역을 주관하며 막대한 부를 축적했던 거상巨商이 바로 일본어 역관, 곧 왜역倭譯인데 이 횡령 사건에서도 어김없이 등장한다.[4] 동래는 동아시아 3국의 물건뿐만 아니라 일본을 통해 들어오는 서양 물건까지 교역하는 곳으로서 조선과 일본의 상인이 북적대는 국제무역항이었다. 거기서 나오는 막대한 이득을 왜역이 챙기고 동래부사는 거기서 발생하는 경제적 이윤을 정부와 실권자에게 연결해주었다.[5]

국가 대사를 위해 거금을 들여 지사미를 구매하는 중대한 거래에 아니나 다를까 그 좋은 기회를 놓치지 않고 횡령 사건이 발생했다. 경상감사가 조달한 포목은 1.18필뜨로 왜지삼 1근의 값을 치를 만큼 고가였다. 나라 재정을 축낸 왜지삼 횡령 사건은 왜역이 얼마나 큰 이익을 남기는 대규모 상거래였는지 뚜렷하게 보여준다.

한편, 이 사건은 청나라에 보내는 지사미 최상품이 동래에서 수입한 왜지삼임을 보여준다. 1647년 3월 8일에도 도르곤을 비롯한 청나라 황족에게 선물할 지사미를 동래에서 사오겠다는 호조戶曹의 보고서가 올라 있다. 상당한 기간 동안 중개무역이 전개되었던 구체적 정황이다.[6]

또 이 횡령 사건에서는 값비싼 왜지삼을 1638년 당시 조선산 지사미, 곧 향지삼으로 대체하려 시도했음을 알 수 있다. 이번에는 발각되었으나 발각되지 않은 거래도 많았을 것이다. 그런 농간이 벌어졌다는 것은 한편으로 조선의 담배 가공 기술이 왜지삼과 품질을 겨룰 수 있을 만큼 향상되었음을 말해준다. 왜지삼이 점차 향지삼으로 대체되어가는 과정에서 발생한 사건으로 이해해도 좋다. 이렇게 담배 유통 초창기에 동래는 담배의 무역과 재배의 중심지로 세력을 구축했다.[7]

전쟁의 시대인 17세기에 조선은 일본과 청을 중개하는 무역으로 큰 이익을 챙겼는데 지사미 무역이 적지 않은 비중을 차지했다. 조선은 담배를 점차 자급자족하는 상태로 발전했으나 청나라는 여전히 수입으로 수요를 채워야 했고, 특히 고급 담배는 전적으로 조선에 기대야 했다. 그 수요를 무역으로 충당하기도 했지만 예물을 요구하는 강압적인 방법을 동원하기도 했다. 그 문제를 해결하고자 1643년 5월 14일에는 홍타이지가 조선 국왕에게 칙령을 보내 칙사에 대한 예물의 양을 경감하여 정사와 부사에게 세절남초細折南草 35대袋를 주라고 규정했다.[8] 세절남초는 지사미를 의미하고 대袋는 궤櫃와 같은 단위로 보인다. 칙령이기에 더 전아한 말로 고쳐서 표현한 것이다.

담배에 중독된 청나라 귀족들에게 지사미는 최고급 선물로 큰 인기를 끌었다. 그 사실을 보여주는 사료가 온전하게 남아 있다. 만주어로 쓰인 청나라 초기의 고문서 『구만주당舊滿洲檔』을 보면, 1630년부터 1636년 사이에 칸이 귀족들에게 내린 선물 품목 가운데 지사미jisami라는 단어가 간헐적으로 42차례나 등장한다. 대개의 경우 담바구dambagu라는 물품과 함께 귀족들에게 선물로 주는 대목에 나온다. 이 문헌에만 잠시 등장하는 물품으로 이후에는 어디에도 등장하지 않는다. 중국 학자들은 이 물품이 무엇을 가리키는지 파악하지 못하고 있다.[9]

이 물품은 조선에서 건너간 지사미를 발음 그대로 쓴 것이 틀림없다. 해당 시기는 조선으로부터 막대한 양의 지사미를 수입해 가져가던 때다. 이 문헌에는 지사미란 선물이 반드시 담바구와 함께 나타난다. 조

선 사료에도 가끔 나타나는 지삼남초枝三南草의 경우처럼 살담배와 잎담
배로 나누어 하사한 것으로 보인다. 지사미를 준 사람과 그 수량으로 볼
때 대단히 귀중한 물품으로 취급되었다. 조선에서 가져간 상당량의 지
사미가 청나라 황제의 수중에 들어가 귀족들에게 주는 선물로 사용된
것이다.[10]

청나라 최고의 담배 문헌인 『연초보煙草譜』에서는 담배의 한 종류로 조
선 담배를 들고 있는데 다음과 같이 말하고 있다.

> 조선국 토산품 연초는 대단히 맛이 좋은데 그중에서도 계지삼桂枝三
> 이 특히 맛이 좋은 제품이다. 일반 사람은 항상 얻을 수 없고 국왕도
> 손님에게나 대접하는데 그다지 많이 주지 않는다. 따라서 그 나라 사
> 람들은 앞다퉈 그 담배를 달라 한다. 서진徐振의 『조선죽지사朝鮮竹枝
> 詞』에는 "손님 향해 몸을 움츠리는 이유는 무엇인가? 영감님 앞에서
> 계지삼을 애걸한다네"라는 구절이 보인다.

조선산 최고급품 담배로 계지삼이 등장한다. 아마도 궤지삼樻枝三이
계지삼으로 와전되었을 것이다. 계桂 자가 귀하다는 뜻으로 쓰이기에 덧
붙었을 것이다. 조선의 상황이 과장되어 묘사되고 있는데 한때 청나라
황실에서 지사미가 최고급품으로 귀하게 취급된 상황을 조선의 상황으
로 묘사하고 있다. 같은 책에서 지사미를 일본산 담배로 언급하지 않은
것은 그 공급처가 일본이 아닌 조선이었음을 다시 한번 확인시켜준다.

조선산 담배는 이후에도 중국인들에게 고급 담배로 인식되어 높은 평
가를 받았다. 1804년에 서장관으로 북경에 간 이해응李海應은 중국인들

이 남녀노소 가릴 것 없이 모두 가늘게 썬 담배를 대통에 담아 피우는 모습을 목도하였다. 중국인들이 서양 담배의 품질이 좋다고 하면서도 조선산 담배를 그보다 훨씬 진귀한 담배로 대접하는 것을 확인했다고 기록해놓았다.[11]

지사미의 소멸

한때 동아시아에서 명품 담배의 명성을 누리며 최상층 흡연자들 사이에서 인기를 얻었던 지사미는 조선과 중국에서 고급 담배를 자체 조달하면서 역사의 뒤안길로 사라졌다. 특히, 중국에서는 그 이름 자체가 완전히 잊혔다. 조선에서도 그 명성은 사라졌으나 명품 담배로 선망의 대상이었던 흔적을 곳곳에 남겨놓았다. 다만 본래의 의미를 이해하지 못해 와전이 거듭된 현상에서 상품의 영고성쇠가 잘 드러난다.

예컨대 박물학자인 조재삼趙在三은 『송남잡지松南雜識』에서 매우 가늘게 썬 담배를 진삼미鎭三味라 부르는데 진안鎭安과 삼등三登의 담배가 맛이 가장 좋아서 그것을 썰어 조정에 진상하기 때문이라고 설명했다. 지사미를 진삼미의 발음이 와전된 것으로 보았고, 진삼미는 조선시대 담배의 명산지인 전라도 진안과 평안도 삼등의 맛좋은 담배를 가리키는 말이라고 풀이하였다. 조재삼 정도 되는 학자가 저런 엉뚱한 해석을 내렸으니 일반인은 지사미가 어떤 의미인지를 알 리가 없었다.

세간의 오해를 정확하게 꿰뚫어본 학자는 일본에 대한 지식이 풍부했던 실학자 유득공柳得恭이다. 그는 『고운당필기古芸堂筆記』 권5의 「담파고淡婆姑」에서 이렇게 비판하였다.

왜국에서는 담배를 담바고라 부르고, 잘게 썬 담배를 지삼이호ㄷ伊라 부른다. 우리나라 사람의 말도 똑같다. 연초가 본래 왜국에서 전래된 탓에 우리나라 사람들이 왜국 말을 배워 불러서 그리되었다. 지금 사람들은 왜국 말인 줄을 모르고 망령되이 해석하여 "담바고란 담파괴란 말인데 담배의 성질이 담을 없애기 때문이다. 지삼이란 진삼미이다. 호남의 진안과 관서의 삼등에서 맛이 좋은 연초가 나기 때문이다"라고 말한다. 그들의 말은 그럴듯하지만 견강부회가 심하다. 예로부터 망령된 말 풀이가 대개 이렇다.[12]

유득공은 뛰어난 학자답게 조리를 갖춰 어디부터 잘못되었는지를 해명했다. 지사미가 여전히 품질이 좋은 살담배를 가리키는 말로 굳어져 사용되고는 있으나 왜 그 말을 쓰는지는 일반인은커녕 학자들조차도 모르는 시대가 되었다. 그러나 살담배를 여전히 국가의 공식기록에서는 '지삼枝ㄷ'으로, 민간에서는 '지사미'로 불렀다. 시대가 흘러갈수록 덜 사용되었으나 구한말까지 명맥은 유지하였다. 남자가 부르는 성악곡인 언편言編의 하나로 널리 불린 시조에는 다음과 같은 것이 있다.

한송정 작은 솔 베어 조그만 배 무어 타고
술이라 안주 거문고 가얏고 해금 비파 적 피리 장고 무고 공인과 안암산 차돌 일번 부쇠〔노구산 수로쇠〕 나전대 궤지삼이 강릉 여기女妓 삼척 주탕酒湯년 다 몰속 싣고 달 밝은 밤에 경포대에 가서
대취코 고예승류叩枻乘流하여 총석정 금란굴과 영랑호 선유담에 임거래任去來를 하리라.

계면조 가락에 얹혀 대중적으로 불린 곡으로 풍류남아의 호쾌한 뱃놀이를 묘사한다. 풍악을 잡히고 기생을 데리고 관동팔경을 구경하는데 흡연이 빠질 수 없다. 흡연에 필요한 최고급 흡연도구를 나열하는데 안암산에서 나는 차돌과 일본산 부싯돌, 노구산에서 나오는 좋은 심지 수리취, 나전으로 만든 담뱃대, 그리고 궤지사미가 등장한다. 호사스러움을 묘사한 작품에는 으레 최고급 물건의 이름이 나열되는데 최고급 담배로 궤지사미가 등장한다. 17세기 중개무역의 전성시대에 청나라 귀족들도 안달했던 바로 그 궤지삼이다.

2부

원하고 원망하다

술과 차를 뛰어넘는
기호품 세계의 새 왕좌

이제야 알았네. 조화옹께서	始知造化翁
만물을 창조하는 권능을 교묘히 조율했구나.	巧運萬物權
일부러 뒤늦은 시대에 만들어 보내되	故敎生晩後
한번 내놓자 앞자리를 꿰차게 했네.	一出壓首先
	―윤기, 「연초가」

기호품 변천사

조선 사람이 즐긴 기호품으로는 술 외에 크게 도드라지는 것이 없었다. 주변 국가에서 대중적 기호품으로 차茶가 확고한 위치를 차지한 것과는 딴판이다. 차는 18세기 이후 사찰과 일부 지방, 호사가들의 기호품으로 명맥을 유지하기는 했으나 대중적 기호품으로 부상한 적은 한 번도 없다. 구한말에 동아시아를 찾은 외국인들은 일본이나 중국과 달리 조선 사람들은 차를 전혀 마시지 않는다는 사실을 확인하고서 매우 이상하게 여겼다.[1]

차가 없는 빈자리를 술이 차지했다. 술에 대한 탐닉은 정도가 심해도 너무 심했다. 개별적인 취향을 넘어서 대중화된 기호품으로 술보다 더 비중이 큰 것은 일찍이 없었다. 기호가 지나쳐 과음과 폭음까지도 너그럽게 용인하는 그릇된 문화가 형성되었다. 음주에 관대한 문화가 조성된 것은 술이 그만큼 대중적 기호품으로 확고하게 굳어졌다는 뜻이다. 사회생활에서 술이 빠지는 곳이 없는 만큼 술은 산업과 사회, 문화에까지 큰 영향을 미쳤다. 심각한 상황임을 인지한 영조는 치세 동안 금주령을 강력하게 시행했으나 실효를 보지 못했다. 정조 때 초계문신抄啓文臣으로 활동한 이면승李勉昇은 금주령의 실효성이 없음을 밝힌 제안서에서 음주에 빠진 한양의 풍경을 다음과 같이 묘사하고 있다.

> 그런데 말단의 이익을 추구하는 방법으로는 양조업이 가장 많고, 양조하는 곳은 경성京城이 가장 많습니다. 지금은 골목이고 거리고 술집 깃발이 서로 이어져 거의 집집마다 주모요 가가호호 술집입니다. 그러니 쌀과 밀가루의 비용을 하루에 만 냥으로 헤아리고, 도살장과 어시장의 고깃덩어리와 진귀한 물고기, 기름과 장, 김치 등 입에 맞고 배를 채울 물건의 절반은 아침저녁의 술안주로 운반해 보냅니다.[2]

술집 천지가 되어 술과 안주의 소비로 흥청망청하는 한양의 거리 풍경을 폭로하고 있다. 그 실상을 개탄하는 보고가 조금 과장된 점이 있다

해도 사회 전체가 음주에 과도하게 빠져 있었다는 사실은 많은 자료가 보여준다. 그렇게 술은 비교할 대상이 없는 압도적인 기호품이었다. 적어도 담배가 등장하기 전까지는.

장구한 세월 동안 독점적인 위치를 차지했던 기호품의 제왕 술은 담배가 등장하면서 그 위상이 흔들리기 시작했다. 담배의 출현 이후에도 막대한 술의 위상이 지속되기는 했으나 담배와 경쟁하는 구도이거나 그 비중이 상당한 정도로 떨어졌다. 이제 사람들은 남녀노소 할 것 없이 눈만 뜨면 담배를 손에 쥐고 연기를 피워대며 일상생활의 반려자로 삼았다. 담배가 지닌 그 막강한 대중성에 당시 사람들도 경악을 금치 못했다. 다음 시를 보자.

> 그리하여 사해四海 안에서 어느 누구고
> 담배에 침을 흘리지 않는 이 없네.
> 위로는 고귀한 공경公卿으로부터
> 아래로는 마부에 이르기까지
> 마침내 똑같은 기호를 누리고
> 단짝을 이루어 어울리네.
> 심지어 아낙네나 어린애도
> 남북으로 멀리 떨어진 나라도 차이가 없네.
> 농부들 도롱이 걸친 들녘에도 퍼졌고,
> 화려한 옷차림의 잔치에서도 떠나지 않네.[3]

하늘 아래 모든 나라에서 지위와 신분, 성별과 나이, 직업과 빈부의

김준근, 「보파기유리補破器流離」, 숭실대
학교박물관 소장. 떠돌며 그릇을 땜질하
는 땜장이(補破器匠)가 입에 곰방대를 문
채 걸어가고 있다. 힘겨운 삶을 오래 영
위한 용모와 차림새가 서민의 체취를 물
씬 풍기는데 입에 문 곰방대가 한층 실
감을 더한다. 일상생활 깊숙이 침투한
담배의 한 장면이다.

차이를 떠나 모든 사람이 즐기는 담배의 대중성을 표현했다. 담배 앞에
모든 이는 평등한 존재였다. 그 같은 대중성을 당해낼 기호품은 유사 이
래 존재하지 않았다. 17세기에서 20세기 전반기까지 담배는 술이 차지
하던 기호품의 제왕 자리를 건네받았고, 20세기 말에 이르러 그 권좌를
커피라는 새로운 물질에 넘겨주었다. 우리나라는 기호품의 주도권이 술
에서 담배로, 담배에서 다시 커피로 바뀌는 과정을 밟았다. 지금 우리는
담배의 시대에서 커피의 시대로 바뀌는 전환기를 살아가고 있다.

흡연율

그렇다면 담배 전성시대의 흡연율은 어느 정도였을까? 17세기 후반에

"담배를 즐기지 않는 이가 몇이나 될까? 즐기는 이가 열에 여덟이 넘는다"[4]라고 말한 것에 따르면 80퍼센트를 넘는다고 볼 수 있다. 그러나 정확한 통계에 근거한 것은 아니다. 흡연자 수에 관한 정확한 통계는 찾을 수 없다. 그렇기에 흡연율은 남겨진 자료를 통해 추정할 수밖에 없다. 이덕리가 「기연다記烟茶」에서 분석해놓은 자료를 바탕으로 추정해보자. 그는 전국 단위의 담뱃값을 추정하여 계산한 적이 있다. 전국에 360개 군현郡縣이 있고, 매 군현당 흡연자 수가 적어도 1만 명 이상이다. 지역에 따라 인구가 많고 적은 차이는 있으나 전국 흡연자의 총수가 360만 명 이상이 될 것으로 계산하였다. 이 숫자는 그야말로 최저치로 계산한 것이다. 그가 추정한 흡연자 수는 명확한 수치로 전국 단위 흡연자 수를 제시한 유일한 것이다. 문제는 당시의 전체 인구수다. 인구 통계는 학자마다 큰 차이가 난다. 학자들의 추정치를 적절하게 반영하여 1800년 무렵 인구를 1500만 명이라 가정한다면[5] 흡연자 총수 360만 명은 전체 인구의 거의 4분의 1에 해당한다. 따라서 조선 후기 흡연율을 거칠게 25퍼센트 정도로 볼 수 있다.

구한말에도 이덕리와 같은 시각에서 비슷한 추정을 한 인물이 있다. 1906년 6월 9일 황성신문에는 청예생淸囈生이란 필명으로 지식인 지석영池錫永이 「단연斷烟의 이利」라는 기고문을 발표하였다. 담배를 끊으라고 권유하면서 당시 2000만 인구 중에서 흡연자 수를 1000만으로 추정하여 흡연율을 50퍼센트로 계산했다. 두 사람의 추정에 따르면, 18세기 후반과 20세기 초반의 흡연율 차이가 거의 곱절이나 벌어진다. 그럴 리가 없다.

내 판단으로는 이덕리는 최소한으로, 지석영은 최대한으로 추정했기

에 그런 큰 차이가 났다. 잠정적으로 그 중간쯤인 35퍼센트에서 40퍼센
트 정도가 17세기 중반 이후 20세기 초반까지의 흡연율일 것이라고 추
정한다. 2014년 현재 OECD의 건강 관련 통계에 따르면, 한국의 흡연
율은 21.6퍼센트로 OECD 평균인 20.3퍼센트보다 조금 높게 나타났다.
현재 흡연율이 조선 후기 흡연율의 절반 정도라고 한다면 거의 실정에
맞아떨어진다.

술과 차와 담배의 우열

기호품의 대세인 술을 대체하여 담배가 왕좌를 거머쥐었다. 담배는 일
본, 중국에서는 차까지도 능가하는 기세를 자랑하였다. 17세기 이후 동
아시아에서 담배는 술, 차와 함께 3대 기호품으로 확고한 지위를 차지하
면서 오랜 세월 동안 술과 차가 제공하던 오락적 기능을 대체하거나 보
완했다. 담배가 연다烟茶 또는 연주烟酒라는 이칭으로 불린 이유도 담배
를 차와 술의 대체품으로 본 데 있다. 게다가 술과 담배는 궁합이 잘 맞
는 기호품이다. 조선 최초의 골초로 불린 계곡谿谷 장유張維, 1587~1638는
담배가 중국의 차처럼 기호품의 주류가 될 것을 다음과 같이 예언한 적
이 있다.

> 내 생각으로는 앞으로 남초가 중국의 차처럼 세상에 널리 쓰일 것이
> 다. 차는 위진魏晉 시대에 처음 나타나 당송唐宋 시대에 성행하였고,
> 오늘날에는 천하 사람들의 일용 필수품으로 물과 곡식처럼 되었다.
> 국가에서 전매하여 이익을 거둬들이기까지 한다. 지금 남초는 세상

에 나온 지 겨우 수십 년밖에 안 되는데도 벌써 이처럼 성행하니 100년이 지난 뒤에는 차와 이익을 두고 각축할 것이다.[6]

장유의 예언은 그대로 적중하였다. 담배를 차와 비교한 데서 드러나듯이 1차적으로는 중국의 상황을 가정하여 예측한 것이다. 그러나 차를 마시지 않는 조선에도 그의 예언은 비슷하게 적용된다. 그는 차가 대중의 기호품으로 정착하기까지 몇 세기가 걸렸는데 담배는 수십 년밖에 걸리지 않았다는 점에 놀라면서 담배가 차와 비슷한 위상을 갖는 기호품이 되리라고 예상하였다. 그의 예상은 틀리지 않았다.

술과 차의 위상을 담배가 짧은 시간에 능가하고, 기호품 세계의 주도권을 놓고 서로 경쟁하다보니 그 세 가지를 서로 비교하는 이야기가 만들어졌다. 우열을 비교해보니 술과 차는 과거의 기호품이고, 담배는 현재와 미래의 기호품으로서 담배가 새로운 시대의 기호품이자 비교우위에 있다는 도식을 만들고서 흥미로워했다. 이옥의 『연경』에서는 대표적 애연가인 중국인 한담韓菼, 1637~1704의 에피소드를 다음과 같이 소개하였다.

담배가 처음 들어왔을 때 한담이 매우 좋아했다. 누군가가 그에게 물었다.
"술과 밥, 담배 가운데 부득이 꼭 버려야 할 것이 있다면 셋 중에서 무엇을 먼저 버리겠소?"
"밥을 버려야지요."
"부득이 이 둘 중에서 버려야 할 것이 있다면 무엇을 먼저 버리겠소?"

"술을 버려야지요. 술과 밥은 없어도 되지만 담배는 하루라도 없을
수 없소."

애연가다운 응답이다. 강희제 시대의 명사인 한담은 과거에 장원급제
하여 황제의 신임을 얻고 예부상서까지 지냈다. 밥보다도 술보다도 담
배가 더 좋아 하루라도 담배 없이는 살 수 없다는 골초의 애연벽을 과장
되게 드러낸다. 유명한 이 에피소드는 왕사진王士禛의『분감여화分甘餘話』
에 실려 있는 글을 재미나게 윤색한 것이다.

담배를 몹시 싫어한 이덕무李德懋는「담배와 고기와 술의 우열」이란 글
을 남겼다.

우연히 여러 손님들과 함께 있을 때 제각기 좋아하는 것을 말하기로
하였다. 어떤 손님 한 분이 먼저 말을 꺼냈다.
"나는 담배와 술, 고기 세 가지를 모두 즐기지요."
내가 그 세 가지를 다 갖추지 못할 때에는 어느 것을 버릴지 물었다.
그러자 그 손님이 대답했다.
"먼저 술을 버리고 다음엔 고기를 버리겠소."
내가 다시 그다음에는 무엇을 버리겠느냐고 물었다. 손님은 눈을 휘
둥그레 뜨고 똑바로 쳐다보면서 말했다.
"담배를 버린다면 살아 있다고 해도 무슨 재미가 있겠소?"[7]

담배에 푹 빠진 골초의 명답이다. 이번에는 밥 대신에 고기가 들어갔

다. 담배는 술보다도 고기보다도 더 좋다. 술도 끊을 수 있고, 고기도 끊을 수 있으나 담배는 끊을 수 없다. 좋아하는 차원이 다르다. 담배 없는 인생은 사는 것이 아니다. 담배를 입으로 들어가는 모든 것의 상위에 두는 비슷한 부류의 이야기가 거침없이 자랑스럽게 널리 퍼져 많은 애연가의 공감을 샀다. 애연이 시대 풍조라는 것을 생생하게 표현한다.

담배 없는 인생을 생각할 수 없을 만큼 흡연자들에게 담배는 일상 그 자체였다. 일상의 모든 일이 담배와 결부되어 "남초를 피우지 않고 투전놀음도 하지 않는 게 어찌 사람이랴!"라고 하면서 흡연을 정당화하였다. 윤기는 다음과 같이 흡연의 탐닉을 크게 개탄하였다.

혹독하게 빠져드는 것으로 아름다운 여인보다 심한 것이 없지만 그것도 남초에 비하면 오히려 한참 거리가 있다. 탐닉하고 좋아하는 음식으로 술보다 심한 것이 없지만 그것도 남초에 비하면 마시지 않는 때가 더 많다. 빠져서 헤어나지 못하는 잡기 가운데 투전보다 심한 것이 없다. 그러나 그것도 잠깐을 떠나지 못하는 남초보다 못하다. 무엇 때문에 그런지 알 수 없다. 천하만국이 다 그렇고 한 지방만의 유난스런 풍속이 아니라고 나는 들었다. 아! 하늘의 이치는 참으로 헤아릴 수 없다.

윤기는 남자의 입장에서 말하고 있다. 미인도 술도 도박도 흡연의 즐거움을 대신하지 못한다. 담배가 도대체 무엇이기에 이토록 잠시도 몸에서 떼어놓을 수 없게 하는 마력을 지녔단 말인가? 그의 상식으로는 도저히 알 길이 없었다. 한둘도 아니고 하늘 아래 모든 사람이 그 마력에 빠져들었으니 상식적으로는 이해 못할 일을 두고 그는 하늘의 이치를 들먹일 수밖에 없었다.

말세의 액운

기호품이 이토록 빠르게 일상에 정착한 현상은 일찍이 유례가 없었다. 수십 년 수백 년 전에는 존재조차 알려지지 않았던 물건이 그 이전에 사랑받던 기호품을 모조리 물리치고 모든 사람의 입에서 연기를 피워대게 만들다니? 사람들은 그 이유를 설명하고자 애를 썼는데 흔히 볼 수 있는 논리가 바로 말세론이었다. 임수간任守幹은 「연다부煙茶賦」에서 이렇게 읊고 있다.

이윽고 연다란 것이 차를 이어 나타났네.

於是乎有烟茶者繼而出焉

신농씨가 맛본 약초 경전에도 보이지 않고　不見於神農之藥經

농부가 재배하는 채소 명단에도 빠져 있네.　未列於園官之蔬品

영지나 창출처럼 잎을 뜯어서 먹지도 않고

其食之者非若芝术之採而餌之也

싹이나 찻잎처럼 끓여 마시지도 않네.　非若芽茗之煎而飮之也

반드시 잎을 썰어 불에 태우고　必也切而燒之

먹는 것은 다름 아닌 연기이니　所服者其烟

그래서 이름을 연다라 붙였네.　故命之曰烟茶

천하 모두가 맛없는 이 풀을 맛있다 하나　天下之人皆味其無味

—— 작자 미상, 「후원유연後園遊宴」, 18세기, 국립중앙박물관 소장. 선비가 가벼운 옷차림으로 장죽을 물고 있다. 술과 음식, 기생과 음악이 있어도 담배가 빠지면 풍류가 완성되지 않는다.

올바른 음식이라 할 수 있을지 모르겠네.	豈所謂正味者非耶
잘 알겠네, 하늘이 사물을 만들기를	乃知天地之生物
말세에 이르러 분에 넘치게 했음을.	至叔世而方侈
그도 아니라면, 인간의 기호가	抑或人性之嗜好
시대 풍속에 따라 변한 것이리라.	與時俗而推遷者乎

차에 이어 등장한 담배란 존재는 결코 올바른 식품으로 볼 수 없다고 하였다. 말세라서 나타난 이 괴상한 식품은 시대가 바뀌고 풍속이 달라졌기에 사람들이 좋아한다고 설명했다.

천하의 대세를 읽은 식자들은 서양에서 전해진 담배를 서구 세력과 문화의 침투를 상징하는 징표로 보기도 했다. 서양의 불〔火〕 기운이 동양으로 침범한 상징이라는 것이다. 그 생각은 담배를 좋아하지 않은 사람들에게 매우 널리 퍼져 있었고, 특히 성리학자들에게 설득력 있는 논리로 받아들여졌다. 그 견해는 이후 다양한 주장의 근거가 되었다. 담배의 출현과 유행은 천하대세와 자연 질서의 큰 변화를 상징하는 심각한 징표요, 좋지 못한 사회가 도래할 대단히 불길한 징조라는 것이다.

이규경은 온 천지가 사술邪術과 외도外道가 만연한 시대가 되었다고 하면서 그 현상의 하나로 담배를 들었다. 음식이 극단에 이르자 담배란 변괴가 나타났고, 담배가 극단에 이르자 코담배란 변괴가 나타났으며, 코담배가 극단에 이르자 아편이 등장했다고 하였다.[8] 그 논리에 따르면 말세가 되자 사악하고 바르지 못한 온갖 현상이 등장하는데 그 대표적 변괴가 담배의 출현이라는 논리다. 한마디로 담배의 출현은 이 세상이 말세가 되었음을 입증한다.

실학자인 이희경李喜經은 식자의 말이라며 다음과 같이 말했다.

> 말세에는 사람에게 세 가지 액厄이 있으니, 머리의 액과 입의 액과 발
> 의 액이 그것이다. 머리의 액은 머리를 깎아 변발하는 것이고, 입의
> 액은 담배를 피우는 것이고, 발의 액은 발을 꽁꽁 동여매는 것이다.[9]

말세가 되어 인간이 세 가지 액운을 겪는데 그중 입이 겪는 액운이 바
로 담배다. 박지원도 북경에 들어가서 중국 사람들과 비슷한 대화를 나
눈 일이 있다. 중국인이 변발을 하고 전족을 하는 것이 나머지 두 가지
액운이다. 담배를 말세의 액운으로 보는 것은 소박한 대세론에 근거한
것이나, 머리를 끄덕이며 공감할 만한 점이 있다.

6. 애연가의 계보

골초의 탄생

애연가 클럽

세상에는 "팔진미八珍味는 못 먹어도 남초는 먹지 않을 수 없다"[1]고 말하는 이들이 넘쳐났다. 이름만 대면 알 만한 명사들 가운데도 애연가 클럽의 회원이 되기에 충분한 이들이 적지 않았다. 숱한 애연가 중에서 누구를 거론해야 할지 참으로 난감하다.

순서 없이 머리에 떠오르는 명사로는 장유, 신광수·신광하 형제, 허필, 정조, 정약용, 심노숭, 조희룡, 황현 등이 있다. 한 사람 한 사람이 고질적 흡연의 사연을 몇 개씩은 가지고 있다. 이옥은 이름을 명쾌하게 밝히지 않은 어떤 골초들의 행태를 『연경』에서 다음과 같이 밝혔다.

옛날에 정승 한 사람은 약관 시절에 (그 비싼) 서초를 날마다 두 근씩 피웠다. 또 판서 한 사람은 늘 담뱃대 두 대를 번갈아 내오게 하여 피웠는데 대통이 잠시도 식은 때가 없었다. 근자에 어떤 정승과 어떤 대장大將은 모두 새로운 모양의 특별히 제작한 대통을 사용했다. 그 대통은 거위알의 껍질과도 흡사했다.

비싼 서초를 두 근씩 피우고 담뱃대 두 대를 번갈아 피웠으되 대통이 식을 짬이 없었다. 그들은 거위알 크기의 큰 대통에 담배를 피워댔다. 날마다 엄청난 양을 연기로 뿜어대므로 골초 중의 골초라 할 만하다. 이제 그 같은 골초 중에서도 특별한 사연을 지니고 있던 명사 몇몇을 살펴보겠다.

먼저 소문난 골초에 끼지는 못해도 착실한 애연가부터 보자. 19세기의 저명한 화가 조희룡趙熙龍은 날마다 피우는 담배가 적어도 100여 대 아래로는 내려가지 않는다면서 담배에 탐닉한 고질병을 토로했다. 구한말의 시인이자 애국자인 황현黃玹은 고향인 전라도 구례에서 가난하게 살았다. 그러다가 담배농사를 직접 짓고 난 뒤로 살림살이가 상당히 넉넉해졌다. 양반 사대부이자 저명한 시인에게 담배는 생계의 기반이었다. 게다가 그는 담배를 즐겨 피워 담배를 심는 과정이나 담배를 피우고 선물 받는 사연을 종종 시로 지었다.

다산茶山 정약용도 골초의 계보에서 빠질 수 없다. 다산이란 호가 조선 남부지역의 차를 가리키는 남다南茶를 사랑한 데서 나온 것이기는 하나 남다는 남초의 이칭이기도 하고, 연다烟茶를 가리키기도 하므로 다산이란 호가 애연가를 뜻한다고 봐도 안 될 것이 없다. 애연가이다보니 다산은 조정에서 툭하면 제기되는 금연 주장에는 동조할 마음이 전혀 없었다. 국왕에게 정책을 제안할 때는 담배농사 탓에 농업이 부진하다고 여겨 담배를 산비탈에만 심고 평야에는 심지 못하게 하자고 주장하였다. 백성들이 담배를 피우도록 배려하는 동시에 농업에 피해를 주지 않는 절충안이었다.

다산은 담배를 매우 즐겨 시와 산문에 그 흔적을 여럿 남겼다. 애연가로서 다산의 모습은 1801년 경상도 장기로 유배 갔을 때 지은 「담배煙」란 시에 잘 나타난다.

육우陸羽가 지은 『다경茶經』도 좋고	陸羽茶經好
유령劉伶이 지은 「주덕송酒德頌」도 기이하나	劉伶酒頌奇
지금 시대에 새로 출현한 담배야말로	淡婆今始出
유배객에 제일 친한 물건이라네.	遷客最相知
가만히 빨아들여 향기에 젖어들고	細吸涵芳烈
슬며시 내뿜어 연기가 피어나네.	微噴看裊絲
객지의 잠자리라 늘 편치 못하여	旅眠常不穩
봄날은 갈수록 더디기만 하구나.	春日更遲遲

기호품으로 차도 좋고 술도 좋지만 가장 나중에 출현한 담배야말로 유배객이 가까이할 절친한 친구라 하였다.

한편, 다산은 고향에 있는 둘째 아들 정학유丁學游에게 보낸 편지에서 "네가 벌써 닭을 치고 있다니, 온갖 서적에서 닭을 다룬 기록을 초록하여 육우의 『다경』이나 유득공의 『연경烟經』처럼 『계경鷄經』을 편찬하는 것도 좋을 것이다. 속된 일을 하면서도 맑은 운치를 지니려면 모름지기 이 사례를 기준으로 삼을 일이다"라며 실용서를 쓰라고 권하였다. 저술가답게 유득공이 지었다는 담배 관련 저술을 모델로 삼아 아들에게 축산업에 관한 저술을 지으라고 한 것이다. 실제로 다산의 두 아들 정학연丁學淵과 정학유는 각각 『종축회통種畜會通』과 『농가월령가』를 지었는데 그 책에서 담배농사를 상세하게 다루었다. 다산과 그 아들들은 모두 애연가로서 담배농사도 직접 지었다.

최초의 골초 장유

최초의 골초로 공인된 인물이 있는데 바로 계곡 장유다. 담배가 들어온 초기에 그는 20대 청년이었다. 새로운 기호품을 두고 찬반 논쟁이 가열화될 때 계곡은 유달리 드러내놓고 담배예찬론을 펼쳤다. 1628년 전후에 쓴 『계곡만필谿谷漫筆』에서 몇 항목에 걸쳐 담배에 관해 서술하면서 그 해로움과 이로움을 나열하고 흡연을 공개적으로 옹호했다. 그 이후에는 애연가의 선구자로 장유를 꼽는 데 이견을 제기하는 이가 없었다.

　『계곡만필』에서 담배를 설명하기 훨씬 이전인 1623년 그는 호남 암행어사로 전라도 김제에 갔을 때 객사 뜰에 심은 담배를 보고 다음 시를 읊었다.

가느다란 대궁 위에 성긴 꽃과 커다란 잎	疎花穠葉擢纖莖
신농씨神農氏 본초경本草經에는 나오지 않는 풀일세.	不入神農本草經
그 누가 외로운 뿌리를 일본으로 가져왔나?	誰遣孤根來日域
남만의 선박에 실려 푸른 바다를 건너왔네.	却隨蠻舶過滄溟

장유가 지은 『계곡만필』 제1권, 1635년 간본, 필자 소장. 2판에 걸쳐 차례로 '남령초 흡연' '남초가 앞으로 중국의 차처럼 세상에 쓰일 것이다' '남초의 효능을 칭송하다' '남초를 배척하는 사람들'이라는 네 항목으로 담배를 집중적으로 논하고 있다. 초창기 흡연론의 중요한 기록이다.

다섯 가지 지초와는 다르나 종자가 원래 따로 있나?	五芝雖異元無種
아홉 마디는 기이하여 향기 절로 뿜어내네.	九節何奇漫自馨
약효를 내려면 모름지기 불을 붙여야지.	功用會須煩火候
약초밭을 보노라니 신령함을 깨닫겠네.	藥欄眞覺有神靈

담배가 들어온 지 10년 남짓 지난 시기에 벌써 전라도 김제까지 재배가 되었다는 사실을 알려준다. 담배가 약효를 지닌 것을 예찬하고 있다.

정치적으로나 학문적으로나 지도적 위치에 있던 계곡이 담배 옹호론을 펼친 것은 영향력이 컸다. 그가 담배 옹호론을 적극적으로 펼친 1628년 무렵 조정에서는 어떤 일이 벌어졌을까? 폭정을 행했다는 구실로 광해군을 몰아내고 새 시대를 열어보겠다던 반정대신反正大臣들은 권좌만 빼앗았을 뿐 달라진 것 하나 없었다. 그들의 무사안일주의는 비변사에 모여 담배만 뻐끔뻐끔 피우는 무위도식 고관의 이미지로 굳어졌다. 조정의 무사안일을 통렬히 비판한 경기도 광주의 선비 이오李旿는 "비변사에 모인 신하들은 농담하며 남초만 피우고 있고, 진영에 가 있는 장수들은 기생을 끼고 술타령이나 하고 있습니다"[2]라는 상소문을 올렸다.

비판의 대상으로 꼽힐 만한 인물이 바로 장유다. 비변사와 승정원 관청 안에서 처음으로 담뱃대를 가로문 이가 계곡이기 때문이다. 고관의 무사안일과 무능을 상징적으로 보여주는 것이 흡연이었다. 이덕리는 「기연다」에서 다음과 같이 기록하고 있다.

계곡은 담배를 몹시 즐긴 사람이었다. 선원仙源 김상용金尚容이 일찍이 인조 임금께 "전하께서는 장 아무개를 데려다 쓸 만한 사람이라 말씀하셨습니다. 하지만 담배를 피우지 말라는 신의 경계에도 불구하고 장유는 끝내 끊지 못했습니다. 이것은 그가 쓸 만한 점이 없다는 하나의 증거입니다"라고 아뢴 적이 있었다. 사실 계곡은 선원의 사위였다. 늘 선원의 꾸중을 듣고 담배를 끊으려 했지만 끊지 못했다.

모두 장유를 인재로 천거했으나 장인 김상용만은 자기가 그렇게도 담배를 끊으라고 권해도 끊지 못하는 사위가 마음에 들지 않아 임금 앞에서 사위를 깎아내렸다. 김상용이 애연가 사위 장유를 국왕 앞에서 비난한 사연은 김상용의 아들이 인조에게 올린 상소에도 나온다. 『승정원일기』에 그 상소가 전해진다.

이만영李晚永은 「남령가南靈歌」에서 "계곡은 숯을 좋아하듯 즐기고, 선원은 끓는 물 더듬듯 싫어했다谿翁如炭嗜, 仙老若湯探"라고 표현할 만큼 흡연에 대한 사위와 장인의 호오는 양극단을 달렸다. 여기서 숯을 좋아하듯 즐긴다고 한 것은 병든 사람이 숯을 좋아한다고 하여 상식을 벗어난 행동을 하는 짓을 비꼰 말이다.

연객 허필

영조 때 저명한 시인이자 화가인 허필許佖이란 애연가가 있다. 예술가적 기질이 농후한 기인이었다. 그의 절친한 친구로는 강세황과 신광수 등 저명한 남인 문사가 많았는데 그들도 대부분 유명한 골초였다. 그런데 허필은 기인답게 호를 남들처럼 멋지게 만들지 않고 연객煙客이라 하였다. 연초 피우는 사람이란 뜻의 연객은 골초를 한문으로 우아하게 표현한 호다. 호에서도 애연가의 아우라가 보인다. 청나라의 골초 화가 왕시민王時敏, 1592~1680이 이미 이 호를 쓴 적이 있다. 근대의 골초 작가 오상순의 호인 공초空超가 사실은 꽁초를 우아하게 표현한 말인 것과 같은 방식이다. 아무리 골초라 해도 애연의 이미지를 호에다가 담은 드문 사람이라는 점에서 그의 기행이 엿보인다. 허필은 시에서도 흡연의 취향을 당당히 드러냈다. 친구들과 함께 지은 다음 시에서는 시를 지으려는 고상한 순간에 연기를 피워대는 풍경을 제시하기도 했다.

시를 짓는데 술이 없어 어떻게 견디겠나?　　　可堪詩就還無酒
에라, 연다 한 대로 흰 연기나 들이마시자!　　　且吸靑烟一盞茶[3]

그러나 허필이 직접 본인의 흡연을 시문에 쓴 사례는 그리 많지 않다. 오히려 친구들이 그의 애연벽을 대신 묘사해주었다. 허필이 골초라는 것은 너무도 유명했다. 이희로李羲老는 가전 「남령전南靈傳」에서 허필을 남산 아래 집을 짓고 닭둥지(鷄窠) 같은 방안에 틀어박혀 날마다 남령초와 어울리는 골초로 묘사했다. 그는 유일한 애연가로 허필을 꼽고 있다. 이성원李性源이란 친구는 허필에게 다음과 같은 시를 선물했다.

차를 품평하고 국화보 지은 옛 현자를 비웃고서   評茶譜菊笑前賢

안개와 비슷하나 구름은 아닌 것과 홀로 인연을 맺었네. 似霧非雲獨結緣

연객은 담배 연기를 아직도 다 얻지 못했나봐　　　　烟客於烟猶未得

그대의 시는 전혀 연기에 익숙한 속인의 시가 아닐세. 君詩全是不飡烟⁴

　차나 꽃보다 담배 연기를 사랑하는 사람으로 허필을 묘사하였다. 그런 허필이 연기를 피우며 익힌 음식을 먹는 속세 사람과는 다르게 신선이나 지을 법한 시를 짓는다고 치켜세웠다. 다음은 허필이 사망했을 때 당대 제일가는 시인이란 평을 들었던 이용휴李用休가 지은 시 가운데 한 수다.

숙동으로 담뱃대 만들었고　　　　　　　　　熟銅爲烟具

기이한 나무로 지팡이 만들었지.　　　　　　奇木爲拄杖

효자는 아버지를 돌아가셨다 여기지 않고　　孝子不死親

생시 적 그대로 진설해놨네.　　　　　　　　陳設生時象

　허필이 세상을 버린 뒤 아들은 영전에 숙동으로 만든 담뱃대와 지팡이를 얹어놓았다. 생시에 그렇게 애용하던 물건이기에 영전에 올려놓은 것이다.

석북 신광수

석북石北 신광수申光洙는 영조시대의 유명한 시인이다. 아우 신광하申光河와 누이동생 부용당芙蓉堂, 그리고 아들까지 모두 시인으로 명성을 누린 시인 집안이다. 그런데 이 집안 사람들은 모두 담배도 잘 피웠다. 특히,

석북은 애연가로 유명해 그의 시와 편지에는 담배를 다룬 것이 적지 않다. 1757년에 홍 아무개가 그에게 담배를 보내주었는데 석북은 또 보내달라고 부탁하면서 시를 지어 보냈다. 간절한 심경을 담은 장편이다.

홍애洪厓가 내 고질병을 불쌍히 여겨	洪厓憐我病
신선의 풀을 거의 나눠주었지.	仙草幾分之
베개 위에서 잠 못 드는 밤이나	枕上無眠夜
산중에서 빗소리를 들을 때나	山中聽雨時
습기와 가래가 다 사라지니	濕痰須半減
내 애연벽을 깊이 아는 게지.	素癖定深知
쌈지는 며칠 내내 비어 있고	囊貯連朝澁
봉지에는 담뱃잎 몇 개 더디 드네.	封題數葉遲
장마와 더위라서 늘 땀에 젖어 있고	潦炎恒苦汗
푸성귀에 오래도록 비위가 상해 있네.	蔬飯久傷脾
찾아오는 친구들도 드물고	來往稀人事
끙끙대며 객수에 젖어 있네.	呻吟助客思
짧은 담배통을 때때로 끌어당기고	短筒時自引
빈 담뱃갑을 자주 들여다보네.	空匣故頻窺
시장에 값 물어보고 고가에 깜짝 놀라고	問市驚高價
동전이 없어 재산 적은 것 부끄럽네.	無錢愧薄資
구걸하자니 이웃이 비웃을 테고	乞應隣客笑
욕심낸다고 스님들이 비난하리라.	饞或寺僧欺
넓은 들에 외로운 연기 피어나더니	平楚孤烟起

깊은 숲에는 저녁 햇살 옮겨가네.	深林返照移
구름 낀 산을 뚫어져라 쳐다보며	雲山勞目送
신령한 약에 넋이 내달리네.	靈藥極神馳
자리에 흩어지며 향기는 살풋 움직이고	散座香微動
허공에 똬리를 틀며 안개는 가늘게 불리네.	蟠空霧細吹[5]

담배가 없어 좌불안석인 모습을 익살스럽게 표현하였다. 값이 비싸 사지도 못할 담배를 부쳐주는 홍 아무개를 신선인 홍애라 부르고 담배를 신선의 풀이라고 부른다. 담배를 학수고대하는 모습이 재미있다.

시에서 알 수 있듯이 석북은 주변 사람들로부터 담배 선물을 많이 받았고, 또 담배를 보내달라는 편지를 자주 보냈다. 평안도 감사로 부임한 번암樊巖 채제공蔡濟恭으로부터 최고급 담배인 삼등초三戇草를 선물 받고서 감격하여 시와 함께 답장을 보낸 일도 있다. 그 편지에서 "향초香草는 내 성품이 본래 좋아하는 것이지만 맛볼 기회가 없었소이다. 다른 것들과 함께 멀리 보내주시니 신선의 이슬을 마시는 듯하고 불로초를 먹는 듯하여 양 겨드랑이에서 날개가 돋아 훨훨 나는 듯하오이다"[6]라며 고마워하였다. 또 한산군수가 평안도 서초를 선물하자 답장을 보내 다음과 같이 감사한 마음을 표했다.

나는 본래 남다南茶. 담배를 좋아하는지라, 고질병이 계곡 장유 선생보다 못하지 않지요. 일찍이 담배를 구걸하는 시를 지어 "짧은 담배통을 때때로 끌어당기고 빈 담뱃갑을 자주 들여다보네"라고 했었지요. 올해는 남다가 품귀를 빚어 때때로 몇 푼을 내어 시장에서 하등품을

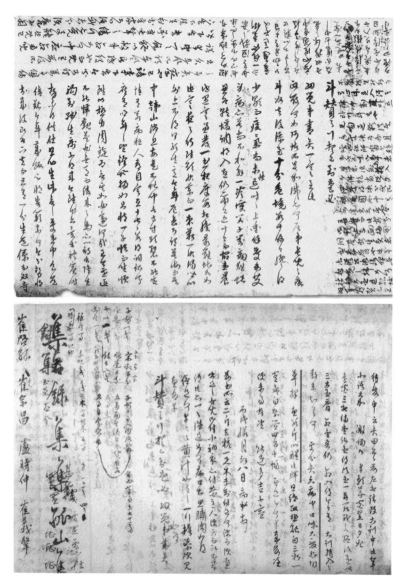

— **1766년 신광수가 능주목사 한필수(韓必壽)에게 보낸 간찰.** 편지 끝부분에서 "오랜 병중이라 입맛이 크게 변했는데 좋은 절초(折草)를 몇 근 가려 보내 비위를 살아나게 해주셨습니다"라며 감사를 표현했다. 석북은 아들에게 보낸 편지에서도 자주 담배를 언급했다.

얻어옵니다. 하지만 그마저 대기가 어려워 비위가 상하고 입맛이 껄끄러워 정말 무료하기 짝이 없습니다. 이런 때 향연香菸 한 봉지를 받았습니다. 평안도에 노닌 이후로 이 맛을 보지 못한 지 10년이란 오랜 세월이 흘렀습니다. 흔쾌하게 한번 맛을 보니 거의 노동盧仝. 당나라 시인으로 「칠완다시七碗茶詩」를 지어 차를 마시는 기쁨을 노래했다처럼 아홉 번을 목구멍에 넘겨도 상쾌합니다. 지금껏 많은 것을 보내주신 은혜를 입었습니다만 이번 남다처럼 상쾌한 것이 없습니다. 이 말씀은 한번 크게 웃으시라고 드리는 것입니다.[7]

내용을 보면 한산군수가 석북에게 자주 담배를 선물했는데 이번에는 특별히 그 귀하고 비싼 서초를 선물했기에 극구 감사를 표시하고 있다. 석북은 자기가 계곡보다 애연벽이 못하지 않음을 과시하고 있다. 말이 길어지다보니 앞으로 더 보내달라는 의중을 드러낸 듯해 그런 것은 아니며 한번 웃자고 하는 이야기라고 눙치고 있다. 이 역시 익살을 담아 보낸 편지다.

용고뚜리, 철록어미

우리말에서 애연가를 지칭하는 가장 흔한 말은 골초다. 예전에는 용고뚜리나 철록어미란 말도 자주 쓰였다. 용고뚜리는 지나치게 담배를 많이 피우는 사람을, 철록어미는 쉬지 않고 줄담배를 피우는 사람을 놀림조로 이르는 말이다. 옛날에는 널리 쓰던 말이나 이제는 낯선 말이 되었다.

담배를 많이 피우는 애연가를 가리키던 이 말들은 담배의 문화사와 깊은 관련이 있다. 먼저 용고뚜리부터 살펴보자. 한자로는 용귀돌龍貴乭로도 쓴다. 우리말에 관한 책을 여러 권 쓴 저술가 장승욱은 그가 어느 때 사람인지는 알 수 없으나 담배를 잘 피우는 사람으로 유명했고, 천민일 것으로 추정했다. 그리고 용고뚜리는 용귀돌이 변형된 말로 보았다.[1] 그러나 그의 추정은 그럴듯할 뿐 근거가 있는 것은 아니다.

용고뚜리는 3장에서 잠깐 언급한 용골대龍骨大를 가리키는 것이 틀림없다. 용골대는 조선을 침략한 홍타이지의 최측근으로서 병자호란에 조선 침략을 주도한 여진족 장수다. 여진말로 타타라 잉굴다이Tatara Ingguldai, 1596~1648이고 용골대는 그의 한자 이름이다. 그는 병자호란을 전후하여 조선 사람에게는 악명을 떨친 자였다. 그는 조선과 벌인 외교와 전쟁에서 청나라 선봉장이 되어 활약했다. 청나라 편에서는 영웅이었지만 조선 사람에게는 둘도 없는 원수였다. 고전소설 『박씨부인전』에도 조선을 침략한 원흉으로 등장할 만큼 대중적으로 널리 알려졌다. 아

〈수렵도〉, 소장처 미상. 여진족 사냥꾼이 범을 사냥하여 돌아오는 풍경을 그린 민화인데 여러 명이 말을 타고 담뱃대를 물고 있다. 여진족이 골초라는 인상으로 각인돼 있었음을 보여주는 하나의 물증이다.

마 17세기 이후 가장 유명한 여진족 인물일 것이다.

그런데 용골대는 엄청난 골초였다. 앞서 본 것처럼 조청朝淸의 지사미 무역에도 상당히 깊숙하게 개입했다. 조선 사람에게 용골대는 담배를 잘 피우고, 맛을 잘 분간하며, 담배를 탐욕스럽게 구한 자로 알려졌다. 그 때문에 그의 이름 잉굴다이 또는 용골대는 골초의 대명사로 둔갑했다. 용고뚜리는 잉굴다이의 발음이 조금 바뀐 것이고, 발음이 생소하여 우리말 인명처럼 용귀돌로 바뀌었다. 곧 용귀돌은 용골대를 가리킨다.

19세기 초반 이상적李尙迪은 「담파고부淡巴菰賦」에서 "담배맛을 잘 분간하는 귀뚜라미는 속이기 어렵고, 품질을 따지자면 지네 다리와 같은 것이 고급이지辨味則蟋蟀難欺, 論品則蜈蚣是貴"라고 했다. 여기서 귀뚜라미는 용귀뚜라미의 약칭이다. 이상적은 주석에서 "용귀뚜라미는 담배 맛을 잘 분간하는 옛날 사람이다"라고 밝혔다. 용고뚜리 또는 용귀돌의 의미를 명쾌하게 이해할 수 없었던 이상적이 이를 자연스럽게 흔한 곤충인 귀뚜라미로 오해했음을 어렵지 않게 짐작할 수 있다.

그와 같은 오해는 다른 사람도 하고 있다. 이희로는 담배를 묘사한 가전 「남령전」을 지었다. 그 글에서 남령은 담배를 의인화한 사람인데 그 아버지 담파淡婆가 임진왜란 때 일본 외교관으로 조선과 명에서 활약한 승려 겐소(玄蘇)를 사랑했고, 그 겐소는 또 용고돌龍高突 선생을 사랑했다고 했다. 이는 담배가 겐소를 통해 조선에 들어왔고, 그 겐소가 또 용고돌까지 흡연자로 만들었다는 취지로 설정한 것이다. 여기서 용고돌은 용고뚜리의 다른 표기이다.

이상에서 추정한 사실을 뒷받침하는 기록으로는 19세기 박물학자 조재삼이 쓴 『송남잡지』가 있다. 그 책에 "청나라 용골대가 흡연을 몹시 좋아하여 담배를 잘 피우는 자를 용골대라고 하는 말이 생겼다"라는 기록이 있어 당시 사람들의 통념을 알 수 있다. 그런데 용골대는 '용고뚜리'라는 말에만 흔적을 남긴 것이 아니다. 실은 '골초'라는 표현도 '용골대의 연초'라는 뜻으로 용골대에서 나온 말로 볼 수 있다.

용골대의 경우에서 알 수 있듯이 조선 사람들 눈에 여진족은 골초라는 인상이 강하게 각인되어 있었다. 서울에 온 여진족 칙사는 장소를 불문하고 입에 담뱃대를 물고 연기를 뿜어댔기 때문에 예절도 모르는 골초로 받아들여졌다. 우리나라 사람은 담배 예절이 상대적으로 엄격하였기에 더욱 그렇게 보였다.

그렇다면 철록어미는 어떤 뜻일까? 철록어미는 그 의미가 분명하지 않다. '철록어미냐 용귀돌이냐 담배도 잘 먹는다'는 속담이 전하는데 문맥으로 보아 철록어미도 인명으로 보인다. 어감상 그도 용골대처럼 담배 유행의 초창기에 용골대와 함께 담배 연기를 뿜어대던 이름난 여진족 골초의 하나였을 것이다.

7. 금연론자의 계보

금연을 실천한 명사들

친숙한 것 잊기 어려움은 예로부터 걱정거리	熟處難忘自古患
욕망을 이기려면 마음 모질게 가져야지.	勝私要在用心剛
이제부터 남방서 온 담배를 끊으려 하니	如今謝絕南方草
이십 년 세월 동안 피운 것이 잘못이다.	二十年來喫不當

－한원진韓元震,「다짐〔志戒〕」

조선 후기 성리학의 태두인 남당南塘 한원진은 젊은 시절 20년 동안이나 담배를 피우다가 과감하게 끊고서 시를 지었다. 그의 금연은 그 혼자만의 문제에 그치지 않았다. 많은 후배 학자들의 금연에 모델이 되었다. 명사들은 그의 결단을 매우 높이 평가하였다.

흡연이 대세였던 조선 후기 300년 동안 담배의 해로움을 거론하며 금연하자는 주장이 끊임없이 제기되었다. 금연을 실천하는 방법은 크게 세 방향으로 전개되었다. 첫째, 개인적인 금연으로 흡연자 개인이나 동료, 제자 들을 금연으로 이끄는 실천이다. 둘째, 국가와 사회의 금연으로 담배의 재배를 금지하고 전체 국민을 금연으로 유도하는 정책적 차원의 금연이다. 셋째, 특정한 공간에서 금연을 실시하는 정책이다. 첫번째 경우부터 살펴본다.

개인이 담배를 끊는 이유

사람들은 저마다 다른 이유에서 금연하게 된다. 담배의 해로움은 금연을 결심하게 하는 큰 동기다. 담배 도입 초기부터 위생상 해로움을 알아차리고 많은 사람들이 금연해야 한다고 강하게 주장했다. 담배가 성행한 수십 년 뒤에는 흡연 무해론이 유해론을 거의 압도했으나 도입 초기에는 담배를 피워서는 안 된다는 주장이 오히려 적극적으로 전개되었다.

담배의 도입 과정을 직접 목도한 유몽인은 「담파귀설」에서 담배는 건강에 치명적인 해를 가하므로 피워서는 안 된다고 주장하였다. 그는 흡연의 후유증으로 사람들이 죽고 병드는 것을 직접 목도하였는데 그 심각한 해독을 모르고서 흡연자가 폭증하는 실태를 보고 금연을 주장했다. 그는 글의 끝 대목에서 "근래 골목 사이에서 '한밤중에 때때로 일어나, 간담을 해치는 담파귀膽破鬼 요물을 만든다'라는 동요가 유행한다. 이보다 요사스런 물건이 없다. 내가 이에 글을 지어 식견이 없어 억울하게 죽는 온 세상 사람들을 경계하고자 한다"라고 썼다.[1] 유몽인은 건강상 해로움에 대한 과장된 공포심을 토대로 금연을 강력하게 주장하고 있다.

그처럼 도입 초기에는 금연의 동기로 건강상 해로움을 많이 지목했다. 창주滄洲 허돈許燉, 1586~1632이란 경상도 합천의 학자는 시각이 조금 달랐다. 그는 담배가 도입된 지 10여 년 된 때부터 오래도록 담배를 피웠으나 조금도 효과를 보지 못했다. 그가 말한 효과란 도입 초기에 선전된 의학적 효과다. 효과는커녕 흡연은 심기를 산란하게 하고 정신을 어지럽게 만들었다. 오래 흡연한 이들은 담배를 피운 탓에 총기가 사라졌다고 말하기도 했다. 옛사람은 기억력을 증진하기 위해 독서환讀書丸이란 약까지 먹는데 흡연자는 그 반대의 행동을 한 셈이다. 더이상 피우지 않으려고 했으나 이제는 끊기가 어려웠다. 그래서 글을 지어 금연을 결심하고 수업을 받는 어린 학생들에게도 담배를 피우지 말라고 당부하였다. 그리하여 그는 금연을 다짐한 「남령초를 경계하는 글戒南靈草說」을 지었다.[2]

건강을 해친다는 점 외에 흡연이 가져오는 다양한 폐단도 문제였다. 18세기의 영남 선비인 제산霽山 김성탁金聖鐸, 1684~1747과 구사당九思堂 김낙행金樂行, 1708~1766 부자는 똑같이 금연을 주장했다. 김성탁은 남초의 폐단을 10여 개 조로 열거한 글을 지어 자제들에게 흡연하지 말라고 경계했다.[3] 아쉽게도 이 글은 현재 전하지 않는다. 아버지의 훈계와 달리 그 아들인 김낙행은 흡연을 즐기다가 나이가 들어 금연을 실천하느라 고생했다. 그는 담배가 시력을 감퇴시킬 뿐 아니라, 무엇보다 예의염치를 잃게 만들기에 금연을 해야 한다고 생각했다. 담배가 떨어지면 신분이 낮은 사람에게도 담배를 구걸하는 굴욕적인 일도 마다하지 않는 자신의 추태에 실망하고 담배를 끊어야 한다고 다짐했다. 그러나 실천은 쉽지 않았다. 그러다 어느 해 흉년이 들어 1전으로 큰 것은 한 잎, 작은

장죽을 문 채로 홀(Basil
Hall, 1788~1844) 일행
을 조사하는 비인(庇仁)현
감 이승렬(李升烈). 1816년
서해 5도와 군산 앞바다
일대를 측량하고 비인현
에 상륙하여 조사하고 돌
아간 영국인 홀이 1817
년에 출간한 『조선서해탐
사기』에 삽도로 들어가 있
다. 외국인의 눈에는 장
죽을 문 조선 귀족의 모습
이 특이해 보였다.

것은 두세 잎밖에 사지 못할 만큼 담뱃값이 전국적으로 폭등한 것이 계
기가 되어 금연을 단행하였다. 비싼 담배를 살 능력이 없어지자 그 김에
금연하겠다고 하며 「남초설南草說」을 지었다. 그처럼 담뱃값 폭등으로 금
연을 시도하는 경우가 적지 않았다.

금연은 집안 법도

흡연과 금연의 서로 다른 길은 가문의 전통과도 깊은 관련이 있다. 다시
말해, 흡연을 허용하는 집안이 있고, 그렇지 않은 집안이 있어 흡연 같
은 개인적 기호조차도 가문의 전통에 따라 갈렸다.
　　장동 김씨 김상용의 후손가는 그 뚜렷한 증거다. 김상용은 병자호란
이 일어나 강화도가 함락당할 때 나라를 지키지 못한 것을 자책하여 남

문루南門樓에서 화약을 터뜨려 자살했다고 전해진다. 그러나 한편에서는 김상용이 그런 이유로 자살한 것이 아니라 담배를 피우려고 불을 붙이다 불이 옮겨붙어 죽었다고 하며 의로운 죽음이라 인정하지 않았다. 이에 김상용의 아들 김광환金光煥은 아버지가 평생 남초를 싫어하여 피우지 않았고 집안 자제에게 금연을 시켰으며, 심지어는 사위인 장유가 흡연하는 것을 임금에게 좋지 않게 말하기까지 했다는 근거를 대어 나라를 위한 자결이라 옹호했다.[4] 결국 인조는 김광환의 손을 들어주었다. 김광환은 자손들에게 "오늘의 내 심경을 생각한다면 자손들이 혹시라도 연초를 피우겠느냐?"라고 하였다. 그로부터 그의 후손은 거의 10대가 지나도록 감히 흡연을 하지 못했다가 균均 자 항렬에 와서야 담배를 피우기 시작했다.[5]

담배를 많이 피웠던 원교 이광사는 중년 이후 장기간 유배 생활을 하면서 그 울울답답한 심경을 담배로 달랬다. 그러기는 했으나 증조부 이래 가법으로 금지하던 흡연을 자신의 대에 와서 허물게 된 잘못을 자책했다. 자기뿐만 아니라 친척들이 조금씩 가법을 허물었으나 그는 모든 것을 자신의 잘못으로 돌려 통렬하게 반성했다.

그처럼 가법으로 금연하는 경우 후손이 집안 전통을 허물기는 쉽지 않았다. 그 사실을 잘 보여주는 집안이 바로 회동檜洞 정씨鄭氏로 널리 알려진 정태화鄭太和 집안이다. 정광필鄭光弼, 정유길鄭惟吉, 정창연鄭昌衍, 정태화로 이어지는 동래東萊 정씨 집안은 서울 남산 아래 회동에 대대로 세거하면서 많은 정승을 배출했다. 특히, 정태화의 맏아들인 정재대鄭載岱의 대에 이르러 후손이 크게 번창하였다. 정재대의 셋째 아들 두릉杜陵 정각선鄭覺先. 1650~1720은 『두릉만필杜陵漫筆』이란 책에서 다음과 같이 말했다.

> 우리 종중의 가법은 담배를 통렬히 금지하였다. 선조로부터 나 자신
> 에 이르기까지 일찍이 피운 적이 없다. 후세의 자손 가운데 담배를
> 피우는 자가 나타나면 바로 이렇게 말하리라! "아무개 증조부와 아무
> 개 종조부는 모두 지위가 삼정승에까지 이르렀을 때 그것을 즐기신
> 적이 있다. 우리가 그 두 분처럼 할 수 있다면 피워도 좋으리라."

명문가의 후예로서 후손들 가운데 감히 담배를 피우고자 하는 자가
있다면 예외적으로 정승을 지내신 조상과 같이 된 후에야 피워도 좋다
는 허락이다. 정승이 되기도 힘들고, 설령 된다 해도 늙어서야 가능하니
피우지 말라는 말과 다름이 없다. 금연의 가법을 깨고 흡연한 조상도 정
승이 된 이후 만년에 조금 피운 것이다. 정승을 지낸 조상도 피우지 않
은 담배를 그 발끝도 따라가지 못하는 후손 주제에 감히 피우려 든다면
용서치 않겠다는 경계다. 혹독하기 짝이 없는 금연법이다. 가문의 전통
이 큰 힘을 발휘하던 시대의 강력한 금연법이 양반가에는 상당히 널리
퍼져 있었다.

선비들의 금연론

도도한 흡연의 세상에서 금연을 주장한 이들로는 인간의 윤리와 사회의
질서 유지에 깊은 관심을 가진 학자들이 많았다. 도덕과 윤리, 질서와
청결에 대한 엄격한 잣대를 인간의 행동에 적용하여 금연에 더 적극적

이었고, 그것은 위생과 건강이란 개인적 문제를 넘어서는 것이었다. 성리학에 심취한 유생들은 대체로 금연론에 더 완강하였다. 그들의 시선으로 볼 때, 백해무익한 담배를 가정과 사회에서 몰아내 안녕을 회복해야 했다.

도암陶菴 이재李縡, 1680~1746는 의리와 명분에 투철한 선비를 대변하는 노론계 선비였다. 그가 제자들에게 흡연 금지(草禁)의 명을 내리자 제자들이 모두 삼가서 스승의 집 10리 밖에서도 담뱃대를 감추었다고 전한다. 근재近齋 박윤원朴胤源, 1734~1799의 「초설草說」과 그 글을 부연 설명한 홍직필洪直弼의 글에는 흡연을 금해야 하는 이유가 잘 나타나 있다. 박윤원은 13항에 걸쳐 흡연의 폐해를 거론하여 금연의 당위성을 입증하고자 했다. 박윤원과 홍직필은 기호 사림의 중추로서 유학자의 큰 계보가 되었는데 그 두 학자의 금연 태도는 이후 유림에게 매우 큰 영향을 끼쳤다.[6]

본래 담배를 피우던 박윤원은 자기가 피우던 담뱃대를 기생이 훔쳐서 피우는 것을 보고 난 뒤 금연을 결심했다고 한다. 그는 담배가 들어온 지 300년이 거의 다 되어 흡연의 해독이 만백성에게 미치고 후세가될수록 재앙이 더해지리라 예상했다. 그리하여 백성을 부유하게 만들고 식량을 풍족하게 하는 방법은 금연밖에 없다고 강변했다.[7]

특히나 제자들을 금연으로 이끈 스승의 글이 다수 남아 있다. 다산 정약용의 강진 유배 시절 제자로서 우이도에서 후학을 양성했던 이강회李綱會, 1789~?는 제자 문현文絢에게 술과 담배를 금하고 열심히 공부에 매진하라고 권유하는 글을 두 편 써주었다. 이강회는 제자에게 다음과 같이 준엄하게 말하고 있다.

지금 너는 천하의 빈궁한 백성이요 배우는 바는 부처의 허무가 아니다. 술과 담배, 이 두 가지를 끊지 않으면 더불어 사람 구실을 할 수 없다. 기묘년1819 정월 초엿새 식후부터 술 한 잔과 담배 한 대를 한 번이라도 입에 가까이한다면 다시는 내 앞으로 오지 마라! 지금 당장 가슴속에 새겨두어라![8]

어부의 아들이었던 문현을 가르치면서 생활 태도부터 뜯어고치고자 먼저 술과 담배를 금하고 있다. 1819년 새해를 기점으로 금주와 금연을 엄명하고 그 명을 거스를 때는 제자로 받아들이지 않겠다는 엄포를 내리고 있다. 서슬 퍼런 스승의 엄명에 대한 제자의 반응이 어땠는지는 알려지지 않았다. 술도 마찬가지이지만 제자들에게 담배를 금하는 것은 조선시대 사제 관계에서 보편적인 현상이었다. 구한말의 저명한 학자이자 의병장인 방산舫山 허훈許薰. 1836~1907이 학생들에게 권한 금연문이 유명하다. 그는 학동이 지켜야 할 자세 25가지를 거론하면서 그 하나로 금연을 들었다.

사람의 장부를 까맣게 하고	塗漆人臟腑
얼굴을 검게 만드네.	人面目昏黟
거만한 태도를 조장하고	傲態令渠長
원기는 담배 탓에 깎이네.	元氣緣渠虧
어찌 근심 잊게 하는 물건이랴?	豈是忘憂物
가래 삭히는 물질도 원래 아니네.	元非破痰材

구한말의 서당 풍경. 1900. 장죽을 물고 있는 훈장과 그를 둘러싼 학동의 모습은 엄격한 위계질서의 현장을 보여준다. 왼쪽 끝의 한 학동은 벌을 받아 광에 갇혀 있다.

백 가지 해만 있고 이익 하나 없나니   百害無一利

이 말을 잊지 말지어다.   此言毋忘哉[9]

큰 역량이 아니면 담배를 끊지 못한다

부재孚齋 엄경수嚴慶遂. 1672~1718는 1706년 2월부터 1718년 5월까지 『부재일기孚齋日記』를 썼다. 그 가운데 친척들과 함께 금연을 약속한 「남령초 그만 피우기로 약속하는 글約停南靈」이 실려 있다. 조선시대 명문가 사대부들은 어떤 취지로 금연을 결심하고 어떻게 금연하고 실패했는지를 홍미롭게 보여주는 사례다. 조금 길지만 전문을 인용한다.

이 풀이 남방에서 전래된 지 거의 100년이라, 즐기지 않는 사람이 없어 온 나라에 두루 퍼져 있다. 장사꾼이 그것을 상품으로 삼기에 형편상 세상에 영구히 돌아다녀 금할 수 없다. 그러나 이 풀은 독성이 있고 매운 맛이 있어 사람을 해치는 점이 매우 많다. 매운 기운이 속에 들어가면 기운이 어질어질하고, 독한 연기가 목구멍을 쳐서 기침이 나오며, 침을 절제할 수 없다. 그래도 이것은 일시적인 해일 뿐이다. 오래 피우면 신장을 상하게 하고 다리를 약하게 하며 눈을 어둡게 하고 정신을 혼미하게 한다. 이는 바로 목숨을 덜어내는 물건이므로 한 가지 이익도 없다. 그렇지만 사람들이 담배를 끊으려고 해도 끝내 끊을 수 없는 이유는 무엇인가?

무릇 걱정이 많고 무료하거나 마음속에 불평이 있을 때 이 풀의 도움을 받아 풀어내고, 엄동설한에 새벽길을 나서거나 도중에 얼음과 서리가 얼굴에 들이칠 때 이 풀의 도움을 받아 온기를 느낄 수 있다. 시인이 시구를 찾을 때와 주인이 손님을 대접할 때도 없을 수가 없다. 그 때문에 멀리하려다가도 바로 가까이하고, 끊으려다가도 다시 친하게 된다. 큰 역량을 가진 자가 아니라면 끝내 금연을 할 능력이 없다. 심하다! 인간이 집념이 없기가 이렇다니.

근자에 염호濂湖에 사는 수숙壽叔이 와서 "늘 그만 피우려고 했으나 하지 못했는데 오늘부터 마땅히 여러 형제들과 더불어 약속하여 같은 말로 함께 그만 피우자!"라 하셨다. 나는 막냇동생과 함께 좋다고 응낙하고 이 글을 써서 기록한다. 때는 임진년1712 정월 24일이다.

담배의 해로움을 알기에 금연하고 싶어도 불쑥 찾아드는 흡연 욕구
와, 손님을 접대하는 등 사회에 만연한 흡연 문화 탓에 담배를 끊기 힘
든 정황이 잘 나타난다. 이 다짐의 글은 조선시대 흡연자들이 적지 않게
금연을 시도했고, 금연에 성공하기를 대단히 힘들게 여겼음을 또렷하게
보여준다. 큰 역량(大力量)이 없는 자는 금연하지 못한다는 자조의 말에서
금연을 얼마나 어렵게 여겼는지 짐작할 수 있다. 혼자서는 금연하기 힘
들어 새해를 맞이하여 친척끼리 함께 다짐하고 엄경수에게 맡겨 맹세문
까지 짓게 하였다. 일종의 각서다.

그 약속의 결과는 어떻게 되었을까? 일기 뒷부분에는 금연의 약속이
허물어진 사연까지 기록해놓고 있다. 며칠 지난 뒤 맹세문을 쓴 엄경수
가 먼저 파계破戒하였고, 한 달이 지난 뒤에는 형복亨復이 실패를 자인하
였다. 금연을 제안한 수숙은 몇 달이 지난 뒤까지 약속을 지켰으나 조금
씩 담배를 가까이하고 있음을 밝혀놓았다. 금연의 시도가 결국에는 실
패하고 만 것이다. 조선시대에도 금연은 결코 쉬운 일이 아니었다.

금연의 실천

영조시대의 고매한 선비 이윤영李胤永은 그 아우 이운영李運永이 지닌 담
뱃갑에 다음과 같은 기물명器物銘을 써주어 새겨넣도록 했다.

음식이란 것은	飮食之道
생명에 보탬을 주는 것일 뿐	資生而已
그래서 뜻있는 선비는	故志士意

고량진미에 뜻을 두지 않네.	不在梁肉
기호와 욕망이 갈수록 치올라	嗜慾漸熾
먹지 않는 것이 없어졌네.	無所不食
독이 있는 연기까지 먹어	食烟之毒
네 이가 검게 변하고	爾齒煤黑
네 입이 독한 기운에 쏘이네.	爾口氣螫
재를 버려 물건을 더럽히고	棄灰點汚
책들이 불에 타버리며	圖書遺火
불똥이 돗자리를 태워먹네.	燒燼簟席
나는 천 가지 백 가지 손해를 보나니	吾見其所
무슨 이익이 있는가?	損者千百而有何益[10]

　바둑으로 유명한 아우가 담배를 즐겨 고급스런 담뱃갑을 장만하고 형에게 멋진 글을 부탁했다. 그런데 형은 흡연의 멋진 취향을 새겨주는 대신 흡연의 해로움을 써서 새기도록 했다. 아우가 담배를 피울 때마다 이 글을 보고 흡연을 줄이거나 아예 금연하기를 바란 형의 충심이 담겨 있다. 담뱃갑에 살벌한 그림과 문구를 넣어 흡연의 유해함을 표현한 오늘날의 경고문과 비교하면 시적이고 애교스럽다.

8. 흡연의 이유

아는 사람만 아는
담바고 '땡기는' 순간

흡연이 좋다고 말은 해도	吸草人云好
사람들 그 기이한 기능 모르고 있지.	其奇不可量
측간에선 냄새를 멀리 몰아내고	厠中能遠臭
식후에는 향기가 피어나게 해.	食後便生香
손님 오면 먼저 차리는 예법이자	客至先脩禮
한가할 때 조용히 수양하는 방법이지.	閒居靜養方
슬플 때나 기쁠 때나 다 어울리고	悲歡皆有適
기를 가라앉혀 늘 건강하게 만드네.	降氣庶長康

—조병덕趙秉悳, 『숙재집肅齋集』, 「흡초음吸草吟」

— **작자 미상, 풍속도(부분), 국립중앙박물관 소장.** 한겨울 눈 덮인 깊은 산속을 가는 일행이 주막에서 잠시 멈춰 술을 마신 뒤 막 떠나는 길이다. 주막에서 음식을 먹고 나서 모두 담배를 피워 물고 있다. 한 사람은 모닥불에 담뱃불을 붙이고, 다른 한 사람은 말을 탄 귀인에게 담뱃대를 대령한다. 식후 흡연, 그리고 담배를 피워 추위를 이기는 모습을 묘사함으로써 겨울 산행의 따뜻한 정취를 표현했다.

담배의 쓰임새

담배에 중독된 사람은 시간과 장소를 불문하고 담배를 피운다. 시작하게 된 동기는 사람마다 다르지만 피우지 않을 수 없다는 점은 똑같다. 그러나 중독자라서 담배를 피우노라고 변명하는 애연가는 없다. 적어도 문학적 애호가라면 말이다. 생존하기 위한 먹을거리인 밥과는 달리 애연가마다 담배를 피우는 그럴듯한 쓰임새를 가지고 있다. 왜 다른 기호품이 아닌 담배를 피우려 하고, 피울 수밖에 없으며, 피워서 거두는 효과는 무엇인지를 멋스럽게 밝힌다. 흡연이 쾌감을 선사하는 대단히 멋진 행위임을 강변하는 것은 스스로 억제하지 못하는 흡연 욕구에 대한 자기 합리화이자 흡연 혐오자의 따가운 시선에 맞선 옹호다.

흡연자가 내세우는 흡연의 동기는 문화적으로 형성되어 일종의 내면화 과정을 거치면서 흡연자의 심리적 문화적 만족감을 강화시킨다. 앞에 인용한 시에서 조병덕은 측간의 분뇨 냄새를 없애주고, 식후에 음식 냄새를 삭여주고, 손님을 접대하며 고독의 반려자 역할을 하는 네 가지를 흡연의 가장 큰 쓰임새로 들었다. 그 밖에도 세상을 살며 겪는 온갖 애환을 잊게 해주는 미덕을 꼽았다. 비흡연자에게는 심한 너스레로 들려도 당시 흡연자라면 누구나 공감하던 그럴듯한 명분이었다. 그가 말한 네 가지 쓰임새는 20세기 이전 300년 동안 별 이견 없이 받아들여졌다. 그리 특별할 것 없는 흡연의 변이다.

조병덕은 충청도 보령에 살았던 몰락한 노론계 양반이다. 그처럼 왜 자신이 담배를 피우는지를 밝힌 문인이 적지 않다. 그중에서 문학성을 가진 서너 작가의 변辨을 차례로 살펴보면 풍속사를 이해하는 데 큰 도움이 된다.

담배는 이야기 벗

담배는 연기를 마시는 특이한 기호품의 차원을 넘어 흡연자의 일상 전 영역에 큰 영향을 끼쳤다. 흡연이란 행위 자체가 애연가의 인생을 멋지게 표현하는 방법의 하나였다. 담배는 말초신경을 자극하는 중독성 있는 사치품이 아니라 자극이 필요한 삶의 매 순간마다 건조한 삶에 의미 있는 스토리를 만들어주었다. 담배는 흥분과 분노는 가라앉히고, 우울함과 시름은 상쾌함으로 바꾸며, 긴장과 조바심은 부드럽게 풀어주고, 산만함과 소란함에는 집중할 수 있는 힘을 불어넣어주었다. 애연가가 담배를

—— **구한말 서민과 귀족의 서로 다른 흡연 현장.** 왼쪽 사진에서는 야외에서 서민들이 장기를 두면서 곰방대를 피우고 있다. 오른쪽 사진은 군부대신을 지낸 윤광렬(尹光烈)의 사진으로 고급스런 실내에서 장죽을 문 채 장기를 두고 있다. 장죽을 손으로 잡지 않고 재판에 걸쳐두고 피우고 있다. 그의 서자가 개화파 지식인이자 친일파인 윤치호다.

입에 물고 연기를 피워내는 순간, 이전의 얼키설키 뒤엉킨 매듭이 연기처럼 풀려버리는 느낌이 들면서 몸과 마음은 긴장에서 벗어난다. 흡연은 그이전까지 지속되던 행위와 판단을 중단시키고 새롭게 시작한다는 것을 암시했다.

흡연하는 동안, 담배는 애연가와 내면의 대화를 나누는 벗이 된다. 담배는 어떤 일용품보다 절친한 벗으로 사람들에게 다가갔다. 민노행閔魯行. 1777~?이란 19세기의 저명한 학자이자 교육자는 벗으로서 담배의 의미를 인상적으로 표현했다. 그는 담배를 대화의 상대라는 뜻을 담아 담우談友라 명명했다. 그는 소석산방小石山房이란 이름의 서재에 열 명의 벗을 앉혀두고 하나하나 이름을 부여하였다. 일상생활에서 늘 가까이하는 물건을 벗이라 이름 붙인 것이다. 선우禪友. 선정에 빠지는 벗는 돗자리, 수우睡友. 잠을 부르는 벗는 목침, 야우野友. 들녘으로 이끄는 벗는 나막신, 밀우密友. 매우 가까이하는 벗는 안경, 청우淸友. 맑은 운치의 벗는 부채라 이름을 붙였다. 모두 그럴듯하다. 수십 년 전과 다른 점이라면 안경이 새롭게 벗에 포함되었다는 것이다. 담우談友로 담뱃대를 꼽고서 왜 이야기 벗이라 했는지 이유를 다음과 같이 밝혔다.

물을 마시면 절로 맛이 있으므로 차는 오래된 것이 아니다. 차가 유행하자 사람들이 비로소 담배를 피우게 되었다. 남령초가 바다의 배를 타고 온 뒤로는 천하에 두루 심어 지금은 민생의 일상생활에서 잠시도 빠뜨릴 수 없는 물건이 되었다. 식자들이 그것을 보고 놀라서 맛 좋은 술을 미워한 우임금보다 더 남령초를 배척했다. 하지만 정서에 녹아들고 눈에도 익게 되자 반대로 흡연하는 모습을 우아한 광경으로 여긴다. 백통 대통은 연꽃 씨방처럼 동그랗고, 반죽斑竹으로 만든 담뱃대는 화살처럼 곧다. 입에 물부리를 물고서 코에서 두 줄기 연기를 피워낸다. 남만南蠻 놈들의 물건이기는 하나 귀천이 다 함께 좋아하여 배고프나 배부르나 춥거나 덥거나 일하거나 놀거나 슬프거나 즐겁거나 담배에 마음이 끌리지 않는 때가 없다. 손님이 있으면 더 즐겁게 만들고, 손님이 없으면 편안하게 만든다. 대화를 번갈아 주고받을 때에는 운치가 더욱 깊어간다. 내가 나이들어 담배를 배워서 부채 대신 사용하고 담소의 벗, 곧 담우談友라 하였으니, 또 하나의 내 벗이다.[1]

담배에 대화를 정취 있게 만들어주는 이야기 벗, 담우라는 아름다운 호칭을 부여하였다. 친구가 없을 때에도 무언의 대화 상대가 되는 벗이다. 민노행은 낯설기만 한 남만의 물질이 흡연자에게 어떻게 더할 나위 없이 친한 벗이 되었는지를 곡절 있게 서술했다. 그 어떤 때를 막론하고 늘 마음을 나눌 수 있는 벗이고, 남과 담소를 나눌 때에는 정취를 돋우어주는 벗이 담배다.

이옥의 견해: '식후 땡'은 진리

한편, 이옥은 담배 전문가답게 『연경』 권4에서 담배를 피우는 이유를 포괄적이고도 다채롭게 설명했다. 그는 담배의 쓰임새(烟用)와 담배가 특히 맛있을 때(烟味)를 조목조목 밝혔다. 먼저 담배의 쓰임새를 일곱 가지로 거론했다.

첫째, 밥 한 사발 배불리 먹은 뒤에는 입에 마늘 냄새와 비린내가 남아 있다. 그때 바로 한 대 피우면 위胃가 편해지고 비위가 회복된다.

둘째, 아침 일찍 일어나 미처 양치질을 하지 않아서 목에 가래가 끓고 침이 텁텁하다. 그때 바로 한 대 피우면 씻은 듯 가신다.

셋째, 시름은 많고 생각은 어지러우며, 할 일 없어 무료하다. 그때 천천히 한 대 피우면 술을 마셔 가슴을 씻은 듯하다.

넷째, 술을 너무 많이 마셔 간에 열이 나고 폐가 답답하다. 그때 서둘러 한 대 피우면 답답한 기운이 그대로 풀린다.

다섯째, 큰 추위가 찾아와 얼음이 얼고 눈이 내려 수염에도 얼음이 맺히고 입술이 뻣뻣하다. 그때 몇 대를 연거푸 피우면 뜨거운 국을 마신 것보다 낫다.

여섯째, 큰비가 내려 길에는 물이 넘치고 습기가 눅눅하여 자리와 옷에는 곰팡이가 핀다. 그때마다 여러 대를 피우면 기분이 밝아져서 좋다.

일곱째, 시구를 생각하느라고 수염을 비비 꼬고 붓을 물어뜯는다. 그때 특별히 한 대 피우면 피어오르는 연기를 따라 시가 절로 나온다.

담배를 피우고 싶은 장면을 일곱 가지로 간명하게 밝혔다. 모두 담배를 간절하게 피우고 싶은 순간을 제시하였다. 언뜻 읽으면 감정을 드러내지 않은 듯 건조하게 서술한 것 같지만 걱정이 씻은 듯이 가신다든지, 서둘러 한 대 피우고, 연거푸 피우며, 특별히 한 대 피운다고 한 표현에서 흡연의 현장과 흡연자의 태도가 약동하는 듯 보여 문학적이다. 한편, 이옥은 이와는 별도로 담배가 '땡기는' 더욱 특별한 순간을 포착하였다. 「담배가 특히 맛있을 때烟味」가 바로 그 순간을 묘사한 글이다.

책상을 앞에 두고 글을 읽는다. 중얼중얼 반나절을 읽으면 목구멍이 타고 침이 마르지만 달리 먹을 것이 없다. 글 읽기를 마치고 화로를 당겨 담뱃대에 불을 붙여 한 대를 조금씩 피우자 달기가 엿과 같다.

대궐의 섬돌 앞에서 임금님을 모시고 서 있다. 엄숙하고도 위엄이 있다. 입을 닫은 채 오래 있다보니 입맛이 다 떨떠름하다. 대궐문을 벗어나자마자 급히 담뱃갑을 찾아 서둘러 한 대 피우자 오장육부가 모두 향기롭다.

길고 긴 겨울밤 첫닭 울음소리에 잠에서 깨었다. 이야기 나눌 사람도 없고, 할 일도 없다. 몰래 부싯돌을 두드려 단박에 불씨를 얻어 이불 속에서 느긋하게 한 대 조용히 피우자 빈방에 봄이 피어난다.

도성 안의 햇볕은 뜨겁고 길은 비좁다. 어물전, 저잣거리, 도랑, 뒷간에서 온갖 악취가 코를 찔러 구역질이 난다. 서둘러 친구 집을 찾았더니 채 인사를 나누지도 않았는데 주인이 담배 한 대를 권한다. 갑자기 갓 목욕을 하고 나온 듯하다.

산골짜기 쓸쓸한 주막에 병든 노파가 밥을 파는데, 벌레와 모래를 섞어 찐 듯하다. 반찬은 짜고 비리며, 김치는 시어터졌다. 그저 몸 생각하여 억지로 삼켰다. 구역질이 나오는 것을 참자니 먹은 것이 위에 얹혀 내려가지 않는다. 수저를 놓자마자 바로 한 대 피웠더니 생강과 계피를 먹은 듯하다. 이 모든 경우는 당해본 자만이 알리라.

담배가 못 견디게 당기는 다섯 장면은 더 구체적이고 생동감이 넘친다. 특히 조정에서 회의하느라 흡연을 참다가 대궐문을 벗어나자마자 서둘러 한 대 피우자 오장육부가 모두 향기롭다고 한 경우와 산골짜기

주막에서 구역질을 참고 음식을 먹고 난 뒤 담배를 피우자 생강과 계피를 먹은 듯 상쾌하다고 한 것은 그의 표현대로 당해본 자만이 알 수 있는 쾌감이다. 그의 묘사가 과연 빼어난 소품문 창작가답다.

이덕리의 변: 어색한 자리도 이별의 아픔도 담배 한 개비가 묘수

이옥의 『연경』에 견줄 만한 작품이 바로 이덕리의 「기연다」다. 조금 길지만 그가 말한 흡연의 열 가지 이유를 모두 들어보자.

> 여관에서 밤비가 내리는데 동무 하나 없이 쓸쓸하다. 누워서 잠을 청해도 잠은 오지 않고, 입은 텁텁하고 목은 탄다. 화로를 뒤적이자 반가운 벗이 자리 곁에 나타나고, 담뱃대를 빨아대자 침이 절로 솟아난다. 이것이 담배가 없어서는 안 될 첫번째 이유다.
> 잠에서 깨어 아직 몽롱한데 호흡을 잠깐 조절한다. 곁에서 하인은 곤하게 쓰러져 자고 등불은 가물가물하다. 입술에 담배를 물고 있다보면 다행히 끙끙대며 걱정할 일도 절로 잊힌다. 이것이 담배가 없어서는 안 될 두번째 이유다.
> 잔치를 마치고 난 뒤 술도 떨어졌고 차도 떨어졌다. 진한 단내와 느끼한 기름기가 이와 혀에 흥건하다. 담배를 피우자 이뿌리가 깨끗하게 씻어지니 굳이 복숭아나무 이쑤시개를 쓸 필요가 있을까? 혀뿌리를 원상태로 맑게 만들기가 이쑤시개보다 빠르다. 이것이 담배가 없어서는 안 될 세번째 이유다.
> 손님을 모신 잔치 초반에는 주인과 손님이 서먹서먹하다. 인사를 마

치고 난 바로 뒤에는 멀뚱멀뚱 바라만 볼 수밖에 없다. 담배를 꺼내 피우면 멀리서 온 손님을 반갑게 맞이하는 분위기도 형성되고, 허공으로 시선을 돌릴 핑계도 생긴다. 이것이 담배가 없어서는 안 될 네 번째 이유다.

의정부와 비변사에는 소속된 관료들이 자리를 가득 메우고 있다. 국사를 처리할 대책을 전혀 내놓지 못해 부끄러운 때, 모든 시선이 내게로 집중되어 민망하기 짝이 없다. 담뱃대를 만지작거리고 있으면 뭔가를 계획하는 태도로 보이고, 담배 연기를 머금고 있으면 심사숙고하는 자세도 나온다. 이것이 담배가 없어서는 안 될 다섯번째 이유다.

남쪽 포구에서 미인과 이별해 사랑하는 사람을 변방으로 보냈다. 눈이 뚫어지게 뒷모습을 쳐다보다가 넋이 빠지고, 꿈속에서 자주 우느라 정신이 까마득하다. 담배를 피우자 높은 산에서 바위가 굴러 내려가듯 답답한 기분이 서둘러 가라앉고, 바늘구멍으로 수레가 지나가듯이 번민이 순간적으로 해소된다. 이것이 담배가 없어서는 안 될 여섯번째 이유다.

시는 지었으나 미처 다듬지를 못했고, 장편의 글은 썼으나 아직 꺽꺽하다. 붓을 잡고 고쳐 쓸 힘도 다 빠져서 턱을 괸 채 무료하게 앉아 있다. 그때 여의如意의 담배를 잡자마자 생각이 용솟음친다. 언뜻 기발한 발상이 튀어나와 화려한 말이 뭉게구름 피어오르듯 일어난다. 이것이 담배가 없어서는 안 될 일곱번째 이유다.

뙤약볕 아래 밭에서 김을 매노라고 땀이 흙 위에 뚝뚝 떨어진다. 여름비 내려 모내기하느라고 진흙물이 배까지 들어찬다. 도롱이 속에서 부시를 치자 밀짚모자 아래서 담배 연기가 피어난다. 일하다 쉬면

서 수고로움을 잊고 고생도 즐거움이 된다. 이것이 담배가 없어서는
안 될 여덟번째 이유다.

산골 집에 손님이 찾아왔으나 술 한 잔도 장만하기 어렵다. 담배 한
잎을 썰어서 내놓으면 야박한 대접이 되겠지만 아무것도 내놓지 못
하고 마주앉은 것보다는 훨씬 낫다. 이것이 담배가 없어서는 안 될
아홉번째 이유다.

절집의 해우소나 주막의 뒷간은 찌는 듯한 더위나 장맛비에는 똥냄
새가 치올라와 코를 막을 묘수가 없다. 이것이 담배가 없어서는 안
될 열번째 이유다.

열 가지 흡연의 쓰임새를 차례로 나열하고 있으나 전혀 무미건조한
글이 아니다. 담배는 서먹서먹한 사람과의 첫 대면에서 허공으로 시선
을 돌릴 핑계를 마련해주는 멋진 기호품이다. 그처럼 하나하나 유머러
스하게 시적으로 묘사한 문장이다. 고위 관료들의 회의에서 담배를 피
우고 있으면 대책을 심사숙고하는 자세로 보인다고 말한 다섯번째 설명
은 매우 그럴듯하고 흥미롭다. 이별의 아픔을 달래주고 노동의 고통을
어루만지는 도구로서 담배를 거론한 것도 그럴듯하다.

황인기와 이현목의 변: 술잔을 주고받을 때와 산수를 유람할 때

애연가들이 흡연의 동기를 밝힌 글 가운데 황인기黃仁紀, 1747~1831의 「남
초설南草說」과 이현목의 「담바고 사연」에 실린 이야기도 빠뜨리기 어려울
만큼 내용도 풍부하고 흥미롭다. 차례로 들면 다음과 같다.

담배가 해로우나 입에 올려도 좋을 이로운 점이 없지 않다. 좋은 철 아름다운 풍경에 시상이 용솟음칠 때, 서늘한 바람이 불어오는 물가의 누정에서 한가롭게 술잔을 주고받을 때, 드높은 대청마루의 넓은 담요에 화로를 둘러 앉아 질탕하게 대화할 때, 산수를 유람하며 지팡이를 짚고 바장일 때, 꽃이 핀 아침이나 달이 뜬 밤에 아름다운 사람과 촛불을 잡고 있을 때, 온갖 우환에 휩싸여서 길고 긴 밤에 잠을 이루지 못할 때, 정인과 이별하고서 홀로 앉아 먼 곳을 우두커니 바라볼 때, 가랑비 내리는 먼 길을 노새를 타고 터벅터벅 갈 때, 음식을 너무 과하게 먹어서 위장이 부풀어 더부룩할 때, 신새벽 잠에서 일어나 가슴은 막히고 입은 텁텁할 때, 바로 이런 때에는 분위기를 자아내는 물건이 없을 수 없다. 심지어는 측간에 올라 주변에서 악취가 날 때에는 향기로운 담배 연기로 악취를 물리쳐야만 한다. 그 공로와

───── **금강산 구경에 나선 이들의 흡연 장면. 각각 1903년과 1904년 사진.** 금강산 열두 폭을 구경하며 담배를 피우거나 장죽으로 풍경을 가리키고 있다. 여행중에도 담뱃대는 필수적인 휴대품이었기에 휴대용 흡연도구가 발달했다.

이로움을 속일 수는 없다.

천하에서 맛이 좋기로는 이 풀만한 것이 없다. 그 가운데 특히 기이한 맛을 낼 때가 있다. 빗속에서 말 위에 걸터앉아 담배 연기가 비옷 밖으로 새어나올 때는 맛이 좋을 뿐만 아니라 향기 또한 기막히다. 집에서 측간에 올라앉았을 때는 담배 연기가 똥냄새를 막아주고 맛도 좋을뿐더러 향기 또한 기막히다. 새벽에 잠에서 깨어 일어나 앉았을 때 담배 한 대 가볍게 들이마시면 입안의 더러운 침이 깨끗하게 씻어진 듯하다. 아침저녁으로 밥을 먹고 난 뒤에 서둘러 담배 한 대 목으로 넘기면 목구멍 사이에 남은 탁한 기운이 마치 새로 양치한 듯하다. 시름에 빠진 사람이 긴긴 밤에 이것을 피워 동무를 삼으면 수많은 시름에 억눌린 가슴을 시원하게 해준다. 문사가 시인들 모임에서 이것을 피우면서 정신을 집중하면 새로운 시상을 가다듬는 데 도움을 줄 수 있다. 손님들이 모인 자리에서 먼저 이것을 내밀어 접대하면 처음 대면했을 때의 서먹서먹함을 없앨 수 있다.

각각 흡연의 동기를 열한 가지와 일곱 가지로 비교적 간명하게 나열했다. 지금까지 읽은 글에서 조선시대 흡연자들이 "나는 이래서 담배를 피운다"고 내세웠던 명분을 대체로 찾을 수 있다.

이현목은 애연가들의 말을 모아 정리하고 보니 그 말이 근거가 있다고 부연하여 설명했다. 하지만 흡연의 이유를 밝힌 내용은 담배에 중독되어서 그렇게 생각하는 것일 뿐 실제로 그런 것도 아니고 맛을 정확하게 음미한 결과도 아니라고 했다. 한마디로 중독자의 자기합리화요, 실상이 명확하지 않은 일종의 이미지라는 설명이다. 남들을 따라 10여 세부터 골초가 되어 수십 년 흡연한 그가 지난 세월을 후회하면서 내린 결론이었다.

담배를 잊지 못하는 곳 그 어딘가?

조선 후기의 애연가들은 담배가 간절하게 생각나는 때와 장소에 대한
글도 남겼다. 먼저 담배 피우기 딱 좋은 시간(烟宜)을 이옥은 『연경』권4
에서 다음과 같이 16가지로 간결하게 제시했다.

> 달빛 아래서 피우기 좋고, 눈이 내릴 때 피우기 좋다.
> 비가 내릴 때 피우기 좋고, 꽃 아래에서 피우기 좋다.
> 물 위에서 피우기 좋고, 다락 위에서 피우기 좋다.
> 길을 가는 중에 피우기 좋고, 배 안에서 피우기 좋다.
> 베갯머리에서 피우기 좋고, 측간에서 피우기 좋다.
> 홀로 앉아 있을 때가 좋고, 친구를 마주 대하고 있을 때가 좋다.
> 책을 볼 때가 좋고, 바둑을 두고 있을 때가 좋다.
> 붓을 잡고 있을 때가 좋고, 차를 달이고 있을 때가 좋다.

어느 한 곳 어느 한 때도 빠짐없이 살뜰히 담배가 그리워 저절로 끌리
듯 담뱃대에 손이 가는 것이 느껴질 정도다. 장황한 설명 없이 간결하게
나열만 해도 흡연을 욕망하게 할 만큼 감각적이다.

영조 시대의 재기발랄한 문인 가운데 삼당재三當齋 강흔姜俒, 1739~1775
이란 작가가 있다. 그는 「연다초를 읊은 10편의 시咏烟茶草十首效香山」를 지

120

어 담배가 간절하게 떠오르는 순간을 절묘하게 표현했다. 그의 집안은 증조부 강백년姜栢年과 조부 강현姜鋧, 그리고 아버지 표암 강세황과 표암의 둘째 아들인 자신에 이르기까지 담배를 즐겨 피우는 내력을 가지고 있었다. 아버지 강세황은 담뱃대를 물고 있는 인물을 점잖은 그림으로 그린 선비화의 대가였다.

젊은 시절 강흔은 백거이白居易의 시 「술을 잊지 못하는 곳 그 어딘가何處難忘酒」라는 연작시를 모델로 삼아서 담배를 피우기 가장 좋은 장소와 시간을 묘사한 시 열 수를 지었다. 백거이의 시는 애주가의 절절한 술 사랑을 잘 드러내어 애주가가 많은 조선에서는 이를 모델로 한 모방작이 많이 나왔다. 그런데 강흔은 술에 대한 사랑의 마음을 담는 형식을 빌려 담배에 대한 사랑을 표현했다. 담배가 술과 밀접하여 연주烟酒라고도 불리므로 이는 절묘한 선택이다. 흡연의 멋과 애연가의 심경을 잘 표현한 명작으로 그의 시를 첫손가락에 꼽고 싶다. 그 전체를 들어본다.

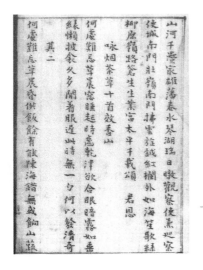

삼당재 강흔의 「연다초를 읊은 10편의 시」 「삼당재유고三當齋遺稿」 권1. 연세대학교도서관 소장. 18세기 사대부의 흡연 문화와 정신세계를 시적으로 묘사한 명작이다.

담배를 잊지 못하는 곳 그 어딘가?　　　　何處難忘草
잠에서 막 깬 뒤의 새벽 창가지.　　　　　晨窓睡起時
입속이 말라서 침은 끈적끈적　　　　　　齒乾津欲合
눈꺼풀 달라붙어 안개가 자욱하다.　　　　眼暗霧如垂
일어나기 싫어 이불을 한참 끌어안고　　　緣懶披衾久
바쁘지 않아 옷도 더디 입는다.　　　　　多閒着服遲
이런 때 한 대 피워 물지 않는다면　　　　此時無一勺
무엇으로 청량한 기분을 낼까?　　　　　何以發清奇

담배를 잊지 못하는 곳 그 어딘가?　　　　何處難忘草
꼭두새벽 아침밥을 챙겨 먹고 나서지.　　　晨昏供飯餘
생선 반찬 잘도 차려놓았으나　　　　　　有能陳海錯
산나물은 갖춰놓지 못했다.　　　　　　　無或餉山蔬
입술에는 기름기가 잔뜩 묻었어도　　　　最怕脣多膩
뱃속은 텅 비어 불쌍하다.　　　　　　　堪憐胃正虛
이런 때 한 대 피워 물지 않는다면　　　　此時無一勺
무엇으로 기운을 뚫어내려나?　　　　　何以氣通疏

담배를 잊지 못하는 곳 그 어딘가?　　　　何處難忘草
손님 가득 잔치하는 큰 마루지.　　　　　高堂宴衆賓
벌건 솥에서는 큰 고깃덩이 삶고　　　　爛鑊烹大肉
도마 위에서는 펄펄 뛰는 물고기를 회친다.　持俎鱠遊鱗
맛 좋은 술은 폐만 적실 뿐이고　　　　　旨酒徒沾肺

122

향기로운 차는 입술만 적시고 만다.　　　　　　　香茶只潤脣
이런 때 한 대 피워 물지 않는다면　　　　　　　此時無一勺
무엇으로 시원함을 느끼게 할까?　　　　　　　　何以助淸新

담배를 잊지 못하는 곳 그 어딘가?　　　　　　　何處難忘草
호롱불 가물대는 가을 주막이지.　　　　　　　　孤燈客店秋
달은 기울고 기러기 울며 날아가며　　　　　　　月斜秦雁叫
서리 내려 다듬이 소리 드높아가네.　　　　　　　霜落楚砧稠
고향이 그리워도 청산은 멀고　　　　　　　　　　鄕夢靑山遠
시정詩情은 밤새도록 끝이 없어라.　　　　　　　詩情一夜修
이런 때 한 대 피워 물지 않는다면　　　　　　　此時無一勺
무엇으로 깊은 시름 위로할 건가?　　　　　　　何以慰深愁

담배를 잊지 못하는 곳 그 어딘가?　　　　　　　何處難忘草
시험장으로 과거 보러 가는 날이지.　　　　　　荊圍赴擧辰
두근두근 밤을 겨우 새우자　　　　　　　　　　喧喧纔送夜
무덤덤히 새벽이 밝아오누나.　　　　　　　　　淡淡漸生晨
잠은 쏟아지고 정신은 몽롱한데　　　　　　　　睡逼神將繭
문장은 썼으나 말은 신통치 않네.　　　　　　　文成語不新
이런 때 한 대 피워 물지 않는다면　　　　　　　此時無一勺
무엇으로 기세를 펼치겠는가?　　　　　　　　　何以氣能伸

담배를 잊지 못하는 곳 그 어딘가?　　　　　　　何處難忘草

—— **작자 미상, 과거 시험장 풍경. 홍익대학교박물관 소장.** 답안 문장을 구상하는 선비 둘이 우산 아래
서 장죽을 물고 있다. 정신을 집중하여 시상을 가다듬으려 할 때 담배는 꼭 필요하다.

한밤중 독경하는 사찰이지.	琳宮夜讀經
스님이 많아 시끌벅적 소란하고	僧多知亂聒
사람들 모여들어 비린내가 풍긴다.	人雜覺羶腥
구름이 지나가자 봉우리마다 희고	雲過千峯白
새들이 깃들여 나무마다 푸르다.	禽棲萬樹靑
이런 때 한 대 피워 물지 않는다면	此時無一勺
무엇으로 자주 깨는 잠을 견딜까?	何以睡頻醒
담배를 잊지 못하는 곳 그 어딘가?	何處難忘草
봄날의 성으로 나들이 나가네.	春城眺望賖
풍악 소리 집집마다 울려퍼지고	笙歌作萬戶
골목마다 온갖 꽃이 피어나네.	阡陌雜千花
병이 없어도 중병이 든 듯하고	不病如沈病
노을이 아닌데 노을이 물든 듯하네.	非霞覺是霞
이런 때 한 대 피워 물지 않는다면	此時無一勺
무엇으로 번화한 풍경 감상하랴?	何以賞繁華
담배를 잊지 못하는 곳 그 어딘가?	何處難忘草
추녀 끝에 여름 장마 끈질기네.	茆檐夏雨長
다관에는 차 연기가 흩어지고	茶爐烟欲散
솔 아래 누각에는 날이 서늘하다.	松閣日微凉
옷에는 얼룩덜룩 곰팡이가 피어나고	點點徽生服
침상에는 축축하게 습기 차 있다.	蒸蒸氣濕牀

이런 때 한 대 피워 물지 않는다면	此時無一勺
무엇으로 답답한 속 씻어내려나?	何以滌煩腸

담배를 잊지 못하는 곳 그 어딘가?	何處難忘草
가을 마루에 밤기운 맑기도 하다.	秋堂夜氣清
낙엽 진 숲은 온갖 소리 고요하고	林踈千籟定
닫힌 창문에는 호롱불 하나 환하다.	窓掩一燈明
노란 국화에서 귀뚜라미 울고	黃菊蛩音響
푸른 오동잎에는 빗물 떨어지는 소리.	靑梧雨滴聲
이런 때 한 대 피워 물지 않는다면	此時無一勺
무엇으로 시름을 벗어나랴?	何以破愁情

담배를 잊지 못하는 곳 그 어딘가?	何處難忘草
겨울 하늘에 눈이 막 날린다.	冬天雪正霏
그 누가 벗을 찾아 떠난 배를 되돌리고	誰回尋戴棹
사립문 닫고 집구석에 높이 누워 있나?	高掩臥袁扉
숲에서는 찬 안개를 보내오고	林送寒烟色
옷에는 저녁 노을빛이 묻어난다.	衣迎薄日輝
이런 때 한 대 피워 물지 않는다면	此時無一勺
무엇으로 추위를 막으려나?	何以御寒威

10편의 시는 담배가 유난히 끌리는 장소와 시간을 절묘하게 묘사했다. 잠에서 막 깬 아침 창가, 여행 떠나는 새벽 밥상, 큰 잔치의 뒤끝,

늦가을 주막집 밤, 잠을 설친 과거장, 큰 법회가 열린 산사, 그리고 봄 여름 가을 겨울 풍경이다. 한 편 한 편이 서정적인 장면 묘사를 담고 있다. 많은 애연가들이 공감하고 경험했을 법한 장면들이다.

그중에서 독특한 장면이라면 과거장에서의 흡연이다. 시험 스트레스로 잠을 설치고 머리가 멍한 상태로 시험장에 들어가 답안을 작성하기는 했으나 제 마음에도 들지 않는다. 바로 그때 담배를 피워 물면 기운이 불쑥 돋아나 기발한 문장이 떠오를 것만 같다고 했다. 그 시대에는 과거 시험장에서 흡연이 허용되었기에 가능한 장면이다. 과거장 풍경을 그린 그림에 곧잘 흡연 장면이 등장하는 이유이기도 하다.

담배를 피운다고 무슨 큰 효과를 보겠는가마는 실제 효과와는 무관하게 담배가 절실하게 끌리는 장면을 골라 묘사함으로써 흡연의 인상적인 멋스러움을 포착했다. 각 장면은 개인적 취향에서 나온 것이나 그 취향은 문화적 사회적 공감대 위에서 형성된 것이다. 이렇게 조선 후기에 흡연은 단순히 먹고 마시는 행위를 떠나서 멋스럽고 아취 있는 행위로 형상화되었다.

9. 남령초 책문

애연가 정조의 흡연 권장

하느님이 담배를 빗물처럼 뿌려준다면

19세기 중후반 병인양요가 일어나 치열한 전투 끝에 강화도가 함락당했다. 그때 강화도 지식인으로 음독 자결한 이시원李是遠, 1790~1866이란 명신이 있었다. 골초였던 그는 애연의 심경을 담아 「남초가南草歌」를 지었는데 다음과 같이 끝을 맺고 있다.

남령南靈이란 두 글자는 제목으로 딱 맞으나	南靈二字儘着題
심중에는 한 가지 특별한 괴로움이 있네.	一事心中別有懊
권세가의 뇌물 보따리는 만 근도 하찮으나	權門饋苞萬斤輕
가난뱅이 빈 주머니는 한 주먹도 보배라네.	窮子空囊一撮寶
하느님은 담배를 빗물처럼 뿌려주어	安得天公雨汝下

높고 낮고 질고 마른 곳을 가리지 말지어다.　　　　不擇高低與濕燥[1]

    담배는 남쪽 나라에서 온 신비한 풀이므로 빈부귀천을 막론하고 모든 사람이 피워야 하건만, 부자는 담배가 넘쳐나도 가난뱅이는 구하기 힘든 것이 현실이다. 누구나 실컷 담배를 피울 수 있도록 하느님이 담배를 빗방울처럼 하늘에서 뿌려주면 얼마나 좋을까? 하늘에서 좁쌀을 뿌려준다는 우속雨粟의 기적 대신 이시원은 '담배의 기적'을 꿈꿨다. 이 동화 같은 내용은 오늘날의 눈으로 보면 정말 엉뚱하기 짝이 없으나 모든 사람이 걱정 없이 담배를 피울 수 있었으면 하는 소망은 19세기 중반에는 박수를 받으며 공감을 이끌어낼 만한 시적인 것이었다.

    이시원의 시는 과거 시험의 답안에 쓰이는 형식이다. 하느님이 담배를 빗물처럼 뿌려주기를 바란 한량없는 인류애는 그의 독특한 발상이기는 하나 사실 여기에는 연원이 따로 있다. 바로 정조대왕이다.

지독한 골초 정조의 담배 사랑

조선 후기의 국왕은 모두 흡연자였을까? 국왕의 기호품 향유는 일반 백성의 그것과 어떤 차이가 있었을까? 국왕의 기호는 사적 영역이라서 그 구체적인 모습이 명료하게 밝혀져 있지는 않지만 국왕은 대개 담배를 피웠고, 흡연을 혐오시한 경우는 거의 없었다. 국왕이 개인적으로 흡연을 싫어했다면 어떤 모양으로든 정책으로 나타났을 것이다. 역으로 애연가였다면 어떤 모양으로든 정책에 구현되었을 것이다. 후자의 뚜렷한 증거가 바로 정조 임금의 경우다.

정조는 담배를 지극히 애호한 골초였다. 애연가 그룹에서도 정조는 윗자리를 차지할 만큼 담배를 즐겨 피웠다. 사적인 자리에서 담배의 유익한 점을 신하들에게 역설하기도 했고, 담배에 우호적인 정책을 펼쳤다. 1797년 총신 윤행임尹行恁에게 정조는 다음과 같이 말한 적이 있다.

> 남초南草는 사람에게 유익하오. 무더울 때에는 더위를 씻어주어 기氣가 저절로 내려가므로 더위가 절로 물러가오. 추울 때에는 추위를 막아주어 침이 저절로 따뜻해지므로 추위가 절로 가신다오. 밥을 먹을 때에는 그 도움을 받아 음식이 소화되고, 변을 볼 때는 악취를 물리치오. 자려고 하나 잠이 오지 않을 때 담배를 피우면 잠이 온다오. 시를 읊거나 문장을 지을 때, 남들과 대화를 나누거나 조용히 앉아 있을 때에도 사람에게 유익하지 않은 것이 없소. 옛사람으로는 오로지 장유만이 이 담배의 맛을 조금 알았다고 하겠소.[2]

담배가 유익하다고 설파하는 내용에는 국왕 자신의 경험이 적지 않게 들어가 있다. 정조는 건강에 큰 신경을 썼고 의학적 지식이 풍부했다. 그가 의학적 효능까지 있다고 생각한 담배는 어떤 것보다 가까이할 기호품이었다. 침을 뱉지 않는 것이 건강에 좋다고 생각한 정조는 담배를 피우고 난 뒤에 침을 뱉지 않으려고 애를 쓰는 무리수도 두었다.

정조는 창덕궁 후원에 담배를 재배해 수확한 담배를 신하들에게 하사하기까지 했다. 정조가 하사품 물품 품목을 적어 보낸 어찰 가운데 후원에서 수확한 담배의 맛이 강렬하여 명품 담배로 유명한 평안도의 삼등초 못지않다고 자랑한 편지도 있다.

정조 임금이 1792년 9월 1일에 수취인 미상의 인물에게 보낸 어찰. 성균관대학교박물관 소장 「근묵槿墨」 수록. 후원에서 수확한 쌀 상림도(上林稻) 한 섬, 내원(內苑)에서 수확한 연다(烟茶) 2봉, 게장 1단지, 현륭원(顯隆園)에서 수확한 밤 한 말이다. 그중 연다 아래쪽에서 담배의 품질을 자랑하고 있다.

그 때문인지 1783년 무렵에는 궁궐의 후원에 있는 사슴과 양이 연초를 즐겨 먹는다는 소문이 서울 사대부 사이에 퍼져 있었다.[3] 그런 정조에게 청나라 건륭제가 사신을 통해 코담배를 선물하기도 했으나 정조가 코담배를 피웠다는 증거는 찾아지지 않는다.

정조의 애연은 단순한 개인적 취향에 머물지 않는다. 국왕의 애연은 국정에 직접적으로 영향을 끼쳤다는 점에서 무시하지 못할 중요한 의미가 있다. 정조 치세에는 담배를 놓고 찬반양론이 거세게 일어났다. 국내 산업의 근간으로 확장을 거듭하던 담배가 비옥한 경작지를 확보하면서 큰 폐단을 드러냈다. 금연론자들은 금연책의 실시를 거듭 주장하며 경작지의 침탈을 막으려 했다.

그렇게 찬반양론이 격돌하던 치세 내내 정조는 담배가 일으키는 산업상의 폐단은 인정하면서도 담배의 재배와 유통을 법적으로 금지하는 것은 시종일관 거부했다. 1786년 내금위內禁衛 출신 김경중金慶曾이 금연의 법적 제도화를 주장하자 정조는 "진술한 여러 조항 가운데 남초의 폐단은 과연 네 말과 같다. 그러나 법을 만들어 금지하면 또한 소요를 일으킬 듯하다"⁴라는 이유를 들어 거부했다. 1799년에도 공주의 임박유林博儒가 『농서農書』를 올리고 금연을 주장했다. 정조는 또 "연다에 관한 일은 이로움과 해로움이 반반이라, 금주禁酒의 안건과 마찬가지로 가볍게 논할 수 없다"⁵라며 금연에 반대했다. 정조의 애연벽이 담배에 관한 정책에 상당한 영향을 미치고 있음을 엿볼 수 있다.

그런데 흡연에 우호적인 정조의 정책 방향은 그가 국왕에 등극할 때부터 벌써 예고된 것이었다. 영조는 모든 국가 의례에서 금주와 함께 금연을 강조하는 정책을 폈다. 그와는 반대로 정조는 등극 원년인 1777년 5월 5일 과거의 법전에 없다는 근거를 내세워 국가 의례에서 금연을 엄격하게 적용하지 말라고 지시했다. 정조 치세 동안 담배에 관해서는 관대한 정책이 시행되었는데 그 밑바탕에는 국왕 자신의 애연벽이 있었다.

초계문신들은 남령초를 주제로 답변하라

정조는 담배를 정말 즐겼다. 심지어는 초계문신에게 시 창작을 시험할 때도 흡연을 이용했다. 승지 한 명에게 담배를 한 대 피우라 하고 다 피우기 전까지 시 한 수를 지어내도록 시간을 제한했다. 빠르게 시를 짓는 천재적 능력을 가리자는 것이었다. 이 시험에 합격한 사람이 바로 다산 정약용이었다. '태평만세 네 글자가 한가운데 놓였다太平萬歲字當中'라는 제목의 칠언율시를 그 사이에 지어내자, 정조는 "담배 한 대 피우는 사이에 붓을 잡아 바로 써냈으니 어찌 기재奇才가 아니랴!"라는 어비御批를 내리고 점수를 세 곱으로 내렸다.

하지만 정조의 담배 사랑이 극명하게 드러난 사건은 다른 데 있다. 다름 아닌 「남령초 책문」이다. 정조는 "온갖 식물 가운데 이롭게 쓰이고 사람에게 유익한 물건으로 남령초보다 나은 것이 없도다"로 시작하는 946자의 긴 문장을 문제로 내어 신하들을 공개적으로 시험했다. 어떻게 하면 모든 백성에게 담배를 피우게 할 것인지 대책을 제시해보라는 시험이었다. 1796년 11월 18일에 실제로 일어난 흥미로운 사건이다.

책문은 정치에 관한 계책을 물어서 답하게 하던 문과 시험의 한 과목이다. 통치자가 신진 관료에게 담배에 관한 정책안을 조리 있게 써서 제출하게 한 뒤 평가했다. 국왕의 일거수일투족을 세밀하게 기록한 『내각일기內閣日記』에는 이날 정조의 활동이 자세하게 기록되어 있다.

정조가 창덕궁 후원의 춘당대春塘臺에 들자 시험관들이 문신들을 인솔하고 들어와 예를 마쳤다. 이어서 응제應製. 임금의 명령에 의하여 글을 짓는 것에 참여한 규장각 초계문신들에게 책문 시험의 문제를 꺼냈다. 제목은 '남령초'이고 정조가 직접 쓴 문제를 현판에 걸어서 보게 한 뒤 다음날 문

정조가 쓴 「남령초 책문」, 「전책제초殿策題草」, 규장각 소장 사본. 가로 420㎝, 세로 110㎝ 내외. 장지 여러 장을 붙여서 만든 대형 종이로 중간 몇 곳에 글을 수정한 표시가 있다. 정조의 필체이기는 하나 직접 쓴 것으로 볼 수 있을지는 의문이다. 당시 현제판에 걸렸던 원본으로 추정되는데 이 책을 쓰면서 처음으로 확인했다.

을 닫는 시각까지 써서 바치라고 하였다. 정조가 작성한 질문은 『내각일기』와 『홍재전서』에 실려 있다.

놀랍게도 당시 정조가 현제판懸題板. 과거를 보일 때 문제를 써서 내건 널빤지에 걸었던 「남령초 책문」 원본이 규장각에 전한다. 『전책제초殿策題草』란 문서철에는 모두 7건의 책문 원본이 보관되어 있는데 그중 여섯번째 것이다. 횡으로 420센티미터, 종으로 110센티미터이며 글자 크기도 매우 크다. 정조의 수많은 책문 가운데 유난히 특별한 책문이 원본 그대로 남아 있다는 점에서 의미가 깊다.

책문이란 신하들에게 정책을 질문하는 시험이다. 그런데 이 책문은 흡연 혐오자들이 담배의 가치를 모르는 데 대한 분노에서 출발해 그들의 의식 개조를 목적으로 쓴 듯한 인상을 지울 수 없다. 그러다보니 전체적인 논조가 담배를 배척하는 논리를 사례별로 반박하면서 담배의 장점을 제시하는 투로 이루어졌다.

글은 크게 두 단락으로 구성되어 있다. 하나는 담배를 혐오하는 자들이 주장하는 그릇된 속설을 반박하는 내용이다. 의학적 효능과 경험을 통해 파악한 담배의 우수한 효과를 제시하고 장점이 많은 담배를 모든 백성에게 피우게 하고 싶다는 바람을 밝혔다. 또하나는 담배가 나타나게 된 역사적 연원을 밝히는 내용이다. 하지만 이것은 질문을 하기 위해 내세운 형식적 내용에 불과하다. 책문의 실제 목적은 뭘 알지도 못하고 경험도 없으면서 담배가 해롭다고 비난하는 사대부들의 '속된 견해'를 계도하는 데 있다. 정조는 자신의 경험을 다음과 같이 밝혔다.

나는 젊어서부터 다른 기호는 없이 오로지 책을 보는 고질병만을 갖고 있다. 연구하고 탐색하느라 심신에 피로가 쌓여 수십 년을 보냈다. 그런 탓에 병이 생겨 마침내 가슴속이 언제나 꽉 막혀서 밤을 꼬박 새우기도 하였다. 왕좌에 오른 뒤로 책을 보던 고질병을 모두 정무政務로 옮겨 일하다보니 병증이 더욱 심해졌다. 복용한 빈랑 열매와 쥐눈이콩도 근이나 포대로 헤아릴 정도였다. 백방으로 약을 구했으나 오로지 이 남령초에서만 도움을 얻었다. 불기운으로 한담寒痰을 공격하자 가슴에 막힌 것이 저절로 사라졌고, 연기의 진기가 폐를 적셔서 밤잠을 편히 이룰 수 있었다. 정사의 잘잘못을 고민할 때 복잡하게 뒤엉킨 생각을 시원하게 비춰보고 요점을 잡아낸 것도 그 힘이고, 글의 가부를 수정하고자 깎고 자르는 고민을 할 때 고르게 저울

질하여 내어놓게 만든 것도 그 힘이다.

조선에는 이루 헤아릴 수 없이 많은 골초가 있었으나 담배의 효능과 체험담을 이렇게 자신감에 넘쳐서 밝힌 애연가는 보기 드물다. 현대인의 시각에서 보면 한참 어이가 없을 말이지만 정조는 체험을 통해 담배의 효과에 확신을 가지고 있었고, 그런 담배가 해롭다고 주장하는 '속물'들을 보면 분노가 치밀었다. "민생에 이롭게 사용되는 것으로 이 풀에 필적할 은덕과 이 풀에 견줄 공훈이 있는 물건이 그래 어디 있는가?"라고 반문하며 그릇된 견해를 지닌 속물을 계도할 의무감을 느꼈다. 국왕으로서의 사명감이 책문에 넘쳐난다.

인간을 사랑하는 천지의 따뜻한 마음에서 담배가 출현하였다고 본 정조는 하늘을 대신하여 백성을 다스리는 국왕의 입장에서 모든 백성들에게 그 혜택을 입게 하겠노라고 다짐한다. 다음 글을 보자.

천지의 마음은 지극히 인자하고, 만물의 영장은 사람이다. 따라서 천지는 사람에게 이익을 가져다주고 해로움을 제거해주고자 하여 안달이 날 지경이다. 이 풀이 이 시대에 출현한 것을 보면, 천지의 마음을 엿보기에 충분하지 않은가? 임금은 하늘을 도와서 정치를 이루어내는 자다. 몸소 솔선하여 가깝고 먼 곳까지 교화하여 천박하고 고루한 속된 생각을 바꾸려는 노력을 어떻게 그만두겠는가? 따라서 남령초를 월령月令. 1년간 행해지는 의식이나 농사 등을 다달이 기록한 것에 싣고 의서醫書에 기록하도록 명령한다. 우리 강토의 백성에게 베풀어 그 혜택을 함께하고 그 효과를 확산시켜, 사람을 사랑하는 천지의 마음에 조금이나마 보답하고자 한다.

하늘을 대신하여 나라의 만백성에게 담배의 혜택을 골고루 누리도록 하겠다고 선언했다. 인간을 사랑하는 천지가 내린 풀이 담배이고, 모든 백성을 흡연자로 만들겠다는 정조의 선언은 참으로 흥미롭다.

이 글은 책문의 형식을 띠고 있지만 그 안에는 실질적인 명령도 포함돼 있다. 월령에 싣고 의서에 기록하라는 명령이 하달된 것이다. 실제로 3년 뒤에 내의원 수의首醫인 강명길康命吉이 어명을 받아 편찬, 간행한 『제중신편濟衆新編』에는 약의 성질을 간명하게 정리한 「약성가藥性歌」가 새로 첨가되었는데 그 마지막에 담배가 수록됐다. 18세기 말부터 지금까지 한의사들이 가장 널리 사용하는 의서에 담배가 하나의 약초로 당당하게 처음 수록된 것이다. 정조의 의중을 충실히 반영한 탓이다. 자세한 내용은 13장을 참고하기 바란다. 월령도 마찬가지다. 정학유의 「농가월령가」를 비롯해 정조 이후의 농사법을 다룬 대부분의 농법서에는 담배농사가 포함됐다. 여기에도 정조의 어명이 일정하게 영향을 끼쳤다고 봐야 한다.

정조는 금연론자와 옹호론자의 대립과 갈등에서 중립적인 태도를 보여야 할 국왕이었다. 그런데 이 책문에서는 중립을 벗어나 적극적으로 흡연을 권장하고 있다. 한마디로 「남령초 책문」은 흡연의 옹호가 아니라 흡연의 권장이다. 옹호론자라고 해도 대개는 남에게 드러내놓고 흡연을 권장하지는 않는다. 치료를 목적으로 하는 것이 아니라면 더욱 그랬다. 반면에 정조는 신하들에게 사적으로 권하는 차원을 넘어서 공식적으로 만백성을 상대로 흡연을 권장하겠다고 밝혔다. 역대 국왕 가운데 유일한 사례다. 관료 가운데도 공개적으로 흡연을 권장한 사람은 별로 없다.

대체 정조는 왜 이 책문을 내렸을까? 정조 치세 내내 조정에는 흡연에 따른 폐단을 지적하며 금연하자는 상소가 지속적으로 올라왔다. 농사법의 발전에 크게 신경을 쓴 정조는 전국에 명을 내려 농서를 구했다. 농업 개선책을 말하는 이들 다수는 담배가 농사의 근본을 흔드는 작물이라는 처방을 내리고 강력한 금연 정책을 요구했다. 지속적으로 제기된 주장은 타당한 논리가 있어서 누구도 쉽게 대응할 수 없었다.

농업 발전의 관점에서 금연론이 세력을 확대하자 정조는 금연론의 확산에 강력하게 제동을 걸 필요를 느꼈다. 그렇다고 절대적 기간산업인 농업 문제를 거론할 수는 없었다. 책문의 마지막 대목에서 "금지하자는 주장은 무엇 때문인가? 쓰기에 유용하고 사람에게 유익한 점은 차나 술보다 낫다고 말할 수 있지 않은가?"라면서 금연론의 핵심인 농업 문제를 일절 거론하지 않고 논점을 비켜갔다.

농업 생산 문제를 비켜가면서 금연론이 더이상 큰 목소리를 내지 못하도록 쐐기를 박은 것이 바로 정조의 「남령초 책문」이다. 그것은 인구의 3분의 1 이상을 차지하는 흡연자와 암묵적 동조자인 절반 이상의 백성을 환호하게 만들 만한 내용이다. 다만 정조는 법조문이 아니라 책문을 통해 자신의 입장을 피력했다. 강압적이고 위협적인 선언이 아니라 시험 문제를 통해 살짝 주요 관리들에게만 밝혔다. 한마디로 법적 구속력이 없는 문학적 주장이었으므로 설사 정조의 생각에 반대하는 신하라도 드러내놓고 문제삼을 수 없는 것이었다.

동서양 많은 나라에서 흡연이 산업과 건강 등에 미치는 폐해를 근거로 금연령을 내린 통치자가 적지 않았다. 반면에 정조처럼 모든 백성을 흡연의 쾌락으로 이끌고자 시도한 통치자는 없었다.

정조의 권장론에 박수를 친 신하

「남령초 책문」은 대단히 위험하고도 전위적인 과거 시험 문제였다. 정조만큼 다양한 분야에서 새로운 주제로 신하들을 시험한 국왕은 없었다. 아무리 그렇다고 해도 금연론이 만만찮은 지지자를 확보하고 있던 그때, 그 자체로 논란거리인데다 기껏해야 기호품이란 자질구레한 영역의 문제로 격하될 수 있는 흡연을 주제로 「남령초 책문」을 일부러 내세울 필요까지는 없었다. 이 주제는 정조가 문체반정을 통해 배격하려고 했던 소품문小品文 취향이 비치기까지 한다. 모든 것에 모범을 보여야 할 근엄한 제왕이 미래의 조선 정치를 책임질 규장각 초계문신을 상대로 담배를 전 백성이 피우도록 하겠다는 문제를 냈다는 것은 아무리 생각해도 경박하고 괴이한 사건이다. 정조가 평소에 내놓은 정치와 사회, 학문과 풍속을 다룬 경세적經世的 책문과 비교하면 도대체 격이 맞지 않는다.

그 때문일까? 이 책문에 답안지를 제출한 신하가 거의 없다. 이상할 정도로 이 책문에는 답안을 제출했다는 증거도, 평가와 포상이 있었다는 기록도 남아 있지 않다. 시험 문제를 낸 이후의 경과 조치가 조금도 발견되지 않는다. 제출된 답안을 채점해야 할 다음날, 규장각 최고위직인 두 명의 제학提學 정민시鄭民始와 심환지沈煥之는 신병을 핑계로 출근도 하지 않았다. 아무래도 많은 신하들이 이 경박하고 괴이한 문제에 응답하기를 꺼려했기 때문일 것이다. 드러내놓고 반발하기보다는 아예 답안을 작성도 제출도 하지 않는 방식으로 흡연 권장책에 반대 의사를 표했을 것으로 보인다. 그 때문에 시험을 실시했다고 기록한 『내각일력』에는 결과에 대한 언급이 완전히 빠져 있다.

그런데 두 명의 신하가 「남령초 책문」에 대한 답안을 제출한 것을 확인했다. 계래季來 이면승李勉昇, 1766~1835과 박종순朴鍾淳, 1762~1808의 답안이다. 그중 박종순은 담뱃대를 구리와 은으로 화려하게 만드는 사치 풍속을 지적한 답안을 써서 제출했다는 사실이 묘지명에 기록되었을 뿐이다. 답안 전문이 남아 있는 것은 이면승의 것뿐이다.

이면승은 정조 치세 말년에 초계문신이 되어 재직하는 동안 왕명으로 쓴 시문만을 모아 『감은편感恩編』이란 책자를 만들었다. 그중 '은과록恩課錄'에 「남령초 책문」 전문과 그에 대한 답안 전문을 실어놓았다. 그는 정조의 생각에 충실하게 동조하는 입장이었다. 성상의 의중을 받들어 담배가 인삼이나 술, 음식보다 월등한 공덕을 지녀 득만 있고 실은 없다고 하였다. 그의 주장에는 독특한 내용이 두 가지 보인다. 하나는 담뱃대를 물면 사람의 입을 틀어막아 말실수를 범하지 않도록 하므로 이보다 나은 풀은 의서에서 볼 수 없다는 것이다. 다른 하나는 담배가 도입된 이래 3면이 바다로 둘러싸인 조선에서 병충해와 귀신, 각종 종기가 사라졌다는 것인데 담배 덕분이라고 하였다. 엉뚱하고 해괴하지만 재미있다. 그의 주장 가운데 다음 대목이 있다.

따라서 사람들이 담배를 그다지 귀하게 여기지 않고 평범한 풀로 취급합니다. 우리 성상께서 초목 하나하나의 이치를 살피시고 이용후생의 방도를 통찰하셨습니다. 빈랑 열매와 쥐눈이콩보다 나은 효험을 보아서 옥체가 강녕하시고, 글을 쓰시는 중에도 피워서 고르게 저울질하기를 잘하셨습니다. 그리하여 효험을 본 것을 밝게 드러내고 모든 백성에게 확산시켜 걱정이 있는 사람은 즐겁게 하고, 한이 있는 사람은 기쁘게 하며, 답답한 사람은 속을 시원하게 하고, 신음하는 사람은 깨어나게 하셨습니다. 이것이 어찌 우리 동방 백성의 행복에만 그치겠습니까? 사물이 세상에 드러나는 것도 모두 때가 있습니다. 신도 저 속물 중의 하나입니다. 이 풀이 사랑스럽다는 것은 알았으나 불경스럽다고 생각하여 차나 술보다 뒤진다고 평가했습니다. 그러나

성상의 가르침을 받들고 나서야 옛 생각이 완고한 고집임을 깨달았
습니다.

정조의 책문을 통해 담배를 즐기면서도 높이 평가하기를 주저했던 태
도를 바꾸고 이제부터 그 진정한 가치를 이해하고 그 가치를 드러내는
데 동참하겠다고 밝혔다. 체험에서 우러나와 모든 백성에게 흡연을 권
장하는 정조의 시책은 조선 백성의 기쁨에 그치지 않고 담배의 역사에
길이 남을 일이라 치켜세웠다. 정조의 말을 따라 이면승은 담배가 지금
나왔기에 망정이지 고대에 나왔으면 문왕文王이나 공자 같은 성인도 틀
림없이 즐겨 피웠을 것이라고 추측했다. 정조의 생각에 적극적으로 찬
동하고 있다.

그렇다고 이면승이 정조의 주장을 시종일관 따르기만 한 것은 아니
다. 그는 정조가 일부러 언급하기를 회피한, 농업에 미치는 담배의 폐단
을 조심스럽게 거론했다. 또한 재물의 소비, 흡연도구를 마련하느라 사
치하게 되는 점, 흡연으로 인한 화재나 폐풍을 금연론자의 시각에서 제
기하고 옹호론자의 입장에서 반론을 펼쳤다. 반론의 핵심은 담배의 죄
가 아니라 담배를 이용하는 인간의 잘못에 두고 있다. 결론은 정조의 태
도에 찬동하기 위해서였지만 이면승의 입장에서 그 문제를 아예 제기하
지 않을 수는 없었을 것이다.

이면승은 답안을 끝내면서 담배의 장단점을 잘 파악하여 정책을 베풂
으로써 수천 리 조선 강토의 모든 이들이 담배의 교화에 포용되기를 바
란다고 하였다. 다시 한번 만백성을 담배의 세계로 이끌려는 정책에 호
응한 것이다.

정조가 문제를 내고 이면승이 맞장구를 친 「남령초 책문」 시험은 겉으로는 어떤 반향도 없는 결과로 끝이 났다. 애호가의 입장에 서서 금연론의 확산에 제동을 걸기 위한 목적이라고 해도 국왕이 자신의 경험까지 밝힌 이 책문은 주제 자체가 소품문 취향인데다가 내용도 제왕답지 못하다. 결과도 신통치 않았으므로 우스꽝스러운 해프닝 그 자체다. 위대한 개혁군주로 꼽히는 정조에게는 천려일실의 실수라 할 수 있다.

하지만 꼭 그렇게 볼 것만은 아니다. 이 멋진 쾌락을 선사하는 기호품을 만백성이 다 누리면 좋겠다고 하여 여민동락與民同樂하려 한 순수성이 없지 않다. 겉으로는 도덕군자인 체하면서 홀로 즐길 수도 있었는데 그렇게 하지 않았다. 그리고 금기시된 것까지 툭 터놓고 논했으니 마냥 권위적이지만은 않았던 정조의 파격과 여유를 보여준다. 「남령초 책문」은 정조의 가벼운 일탈이다.

3부

명품과 취향

테루아르의 맛 '진삼미'

천하에 대적할 짝이 없는 담배가	天下無疇匹
동방의 진안초와 삼등초라네.	東方有鎭三
토질이 좋아 이익을 독점하니	土宜縱偏利
민생은 갈수록 견디기 어렵네.	民業轉難堪
거리와 시장에는 담배장사가 넘쳐나고	賈販塡街肆
뇌물을 멘 등짐이 끊이지 않네.	包苴續負擔

－이만영李晚永,「남령가南靈歌」

명품의 목록

『재물보才物譜』의 저자 이만영의 시에는 진안초鎭安草와 삼등초가 천하에
견줄 만한 상대가 없는 질 좋은 담배라는 자부심이 당당하게 표현되어

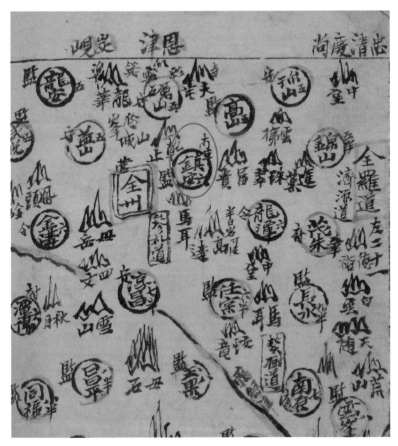

조선 후기에 그려진 전라도 지도. 전국적인 담배 명산지인 진안(鎭安)의 상단에 '남초(南草)' 두 글자를 써놓았다. 행정구역과 산과 강만을 표시하는 지도에 특별히 특산물을 표시한 것은 진안 하면 떠오르는 상징물이 남초란 사실을 또렷하게 보여준다. 이중환의 『택리지』를 기준으로 작성한 지도다.

있다. 전라도 진안에서 생산되는 진안초와 평안도 삼등 지역에서 생산되는 삼등초는 300여 년 동안 최상의 담배로 유명했다. 20세기 이후에는 제조사가 자의적으로 부여한 제품명으로 담배가 유통되고 있으나 그 이전에는 생산지의 이름 뒤에 담배를 뜻하는 접미어 초草를 붙여서 구별하였다. 그중 일부는 판매 지역의 명칭을 쓰기도 했다. 다시 말해, 담배의 명성은 브랜드가 아닌 테루아르terroir가 결정했다. 테루아르는 주로 포도 산지의 전반적인 자연환경을 가리키는데 이는 과거의 담배에도 잘 적용된다.

지역명이 곧 이름으로 통한 담배로는, 평안도 성천에서 나는 성천초成川草, 충청도 보은현 회인에서 나는 회인초懷仁草, 강원도 금성에서 나는 금성초金城草, 경상도 안동에서 나는 안동초安東草가 있었다. 또 이문초里門草나 이현초梨峴草란 말도 간혹 쓰인다. 이는 서울 종로구 공평동 삼성타워(예전 화신백화점 자리) 이문안(里門內)에서 팔던 담배와 종로4가 배오개에서 팔던 담배를 가리킨다.

이렇게 지역에 따라 파는 장소에 따라 독자적 명칭으로 불렸기 때문에 수많은 '−초'가 존재한다. 그러나 무슨무슨 '−초'라 불린다 해서 누구나 갖고 싶어하는 이름 있는 담배가 되는 것은 아니었다. 품질이 뛰어난 담배는 그렇지 못한 담배와 차별화되면서 전국적 명성을 얻고 명품 담배로 인정받는 단계를 거쳤다.

그렇다면 조선 후기에 손꼽히던 명품 담배의 목록에는 어떤 것들이 들어갈까? 19세기 이후 사람들이 담배 하면 무의식적으로 입에 올리던 명품의 목록이 있었다. 『춘향전』에는 담배와 관련한 장면이 많이 등장하는데 『고본古本춘향전』과 동양문고본東洋文庫本『춘향전』에 그 목록이 나열된 것을 볼 수 있다.

은침銀針 같은 열쇠 내어 금거북 자물쇠를 떨컥 열고 각색 서초瑞草를 다 내어올 때, 평안도 성천초, 강원도 금성초, 전라도 진안초, 양덕陽

최남선 교, 「고본
춘향전」, 신문관
(新文館), 1913,
49쪽, 필자 소장.

德 삼등초 내어놓고 내어놓고. 경기도 삼십칠 관官 중에 광주 남한산
성 금광초金光草를 한 대 똑 떼어 꿀물에 훌훌 뿜어 (…)[1]

모두 5종의 담배를 나열하고 있다. 아무 담배나 제시한 것이 아니라
전국적으로 명성이 자자한 명품만 골라 열거했다. 물론 사람마다 기호
가 다르기 때문에 구체적 목록을 제시할 때는 적지 않은 차이가 존재했
다. 실제로 『춘향전』 이본마다 제시한 명품 담배가 조금씩 다른데, 이
는 광대마다 기호가 다른 탓이다. 하지만 애연가의 인정을 두루 받고 또
100여 년 이상 명성을 유지하면서 누구도 부정하지 못하는 명품 담배로
확고하게 자리를 잡은 것이 바로 위에서 제시한 담배들이다. 평판과 언
급된 빈도 등을 고려할 때, 성천초(여기에는 삼등초와 양덕초가 포함되어 있

다)와 진안초, 금광초를 3대 명품 담배로 꼽아야 한다.

명품이 부각된 시대

테루아르에 대한 평가가 개인적 기호를 넘어 사회적 평판으로 굳어지는
것은 결코 단순하지 않은 과정을 거친다. 단일 품목이 전국적으로 생
산될 때에는 더욱 그렇다. 조선의 명품 담배와 그 산지는 시대에 따라
변화를 보인다. 산지별 현황을 포괄적으로 거론한 다음 두 개의 기록을
봐도 그 변화 과정이 엿보인다. 이옥이 『백운필白雲筆』「풀 이야기談草」에서
담배를 다룬 글과, 고종 때의 명신 이유원李裕元. 1814~1888이 '금광초'란 제
목으로 쓴 글에서는 최고의 담배 명산지 품질을 다음과 같이 평가했다.

> 담배 산지 가운데 강원도 홍천, 충청도 청양, 전라도 진안, 평안도 삼
> 등이 담배 명산지(烟鄕)로 이름이 있다. 그 맛을 보면, 관북의 담배 북
> 초北艸는 강렬하고 독성이 있어 머리를 아프게 하고, 영남 호남의 담
> 배 남초南艸가 그다음인데 맛이 밋밋하다. 관동의 담배 동초東艸는 남
> 초와 맛이 비슷하다. 오로지 관서 지방의 담배만이 빛깔은 금색 실처
> 럼 노랗고 맛이 달면서 향기가 있다. 한번 들이마시기만 해도 대동강
> 을 건너온 담배인 줄을 안다. 그래서 담배를 평하는 이들은 반드시
> 서초西艸를 으뜸으로 친다.
> 경기도 광주廣州 남문 밖 세촌면細村面 금광리金光里 김씨金氏 밭에서
> 나는 연다煙茶는 우리나라에서 가장 뛰어난 품질로 일컫는다. 그래서
> 면내에서 생산되는 것을 모두 금광초라 일컫는데 지금은 그 지방에

서 생산하는 것이면 모두 그 이름을 빌려 쓴다. 호남의 상관초上官草는 금광초와 명성을 나란히 하는데 상관면에서 나오는 것을 모두 진품이라 한다. 상관면은 전주와 임실 사이에 있다. 산골짜기 50리가 병마兵馬를 숨길 만한 곳이어서 만마동萬馬洞이라 부른다. 그 골짜기 안의 밭에서는 모두 담배농사만 짓는다. 진안에서도 담배가 나오는데 곧 그 여파 때문이다. 영남에서는 신녕초新寧草가 칭송을 얻고 있는데, 상관초와 비슷하지만 독성이 있다. 수원의 홍초紅草는 금광초와 비슷하나 그에 미치지 못한다. 대체로 관서의 담배가 남도의 담배보다 낫다. 성천成川의 담배밭이 강동江東과 삼등三登 지역까지 뻗어서 거기에서 나오는 것을 성천초成川草라 한다. 모두 강동과 삼등 지방에서 생산된 것이나 가늘게 썰어 노란빛이 나는 성천초가 그중 낫다.[2]

이옥은 관북과 영호남, 관서와 관동의 북초 남초 서초 동초로 나누어 큰 권역별 담배 맛의 특징을 추출하고 있다. 더 좁은 명산지를 거론하기도 하지만 그의 지적은 한반도 전체의 담배를 비교하는 시각에서 매우 중요하다. 이유원이 꼽은 명품 담배는 앞에서 3대 명품으로 꼽은 성천초, 진안초, 금광초를 벗어나지는 않으나 더 구체적이다. 진안초를 상관초의 연장선상에서 파악했고, 영남의 신녕초를 특별히 언급했으나 상관초에 버금가는 품질로 보았으며, 수원의 홍초는 금광초의 아류로 간주했다.

비슷한 시기의 학자 이희로는 1790년 무렵에 쓴 가전 「남령전」에서 남령南靈의 아버지 담파淡婆가 조선에 거주한 지역이 영남의 고령과 호남의 진안, 강원도 홍천과 함경도 갑산이고, 함경도 삼등과 성천에 일족이 많이 거주한다고 설정했는데 그곳이 정조 말엽 전국적 담배 명산지로 이름났음을 말한다. 맛까지도 품평하여 갑산 담배는 독함(峭峻)으로, 홍천 담배는 담박함으로, 고령과 진안 담배는 서초 다음으로 평가하였다. 담배 맛의 평가 역시 당시의 정평을 반영하고 있다.

이렇게 볼 때, 결국 근간은 앞에서 말한 3대 명품이다. 다만 일반적으로 성천초를 더 높게 평가하는 것과 달리 이유원은 금광초를 제일가는 명품으로 평가한 점이 다르다.

그런데 이처럼 명품 담배에 대한 평가가 형성된 시기는 언제로 잡을 수 있을까? 이옥은 18세기 후반의 평판을, 이유원은 19세기 중후반의 평판을 반영한다. 17세기에는 담배의 명산지나 명품 담배에 관한 특별한 정보가 문헌에 나타나지 않는다. 예컨대, 17세기 후반에 지어진 임수간의 「연다부」나 박사형의 「남초가」처럼 담배의 다양한 특징을 조목조목 다룬 문헌에 명산지나 명품 담배에 관한 언급이 전혀 없다. 아직 명품의 평판이 뚜렷하게 부각되지 않았거나 명품에 대한 의식이 존재하지 않았다는 사실을 말해준다.

실제로 담배에 대한 평판이 문헌에 등장하는 것은 18세기 중반 이후다. 전국의 물산을 다룬 가장 이른 시기의 저작 가운데 하나인 『택리지』「생리生利」에는 "진안은 마이산 밑에 있는데 땅이 연초 재배에 알맞다. 경계 안은 제아무리 높은 산꼭대기에 심어도 무성하게 자라므로 주민이 많이들 담배농사를 짓는다"라 하여 진안을 명산지로 언급했을 뿐 평안도 일대는 언급하지 않았다. 비슷한 논리를 편 성호星湖 이익李瀷의 「생재生財」에서는 아예 담배를 언급조차 하지 않았다.

상황이 바뀐 것은 18세기 중반 전후다. 석북 신광수와 같은 인물에게

서 평안도 서초나 성천초에 대한 특별한 예찬이 보인다. 이 무렵부터 성천초를 앞세운 서초의 명성이 각종 문헌에 등장하기 시작한다. 평판의 유무를 문헌만으로 판단하는 것은 매우 위험하나 하나의 기준으로 삼을 수는 있다. 따라서 명품 담배에 관한 세상의 정평은 대략 18세기 중반을 기점으로 형성되고 정착되었다고 볼 수 있다.

조선 제일의 담배 서초

명성이나 품질, 생산량에서 담배는 평안도산이 으뜸이었다. 그중에서 제일가는 명산지는 성천 삼등 양덕 일대로서 모두 인접한 지역이다. 이 지역을 중심으로 평안도 일대와 황해도 일부에서 생산되는 담배를 서초라 하여 최상품 담배로 쳤다. 서초가 최상품으로 인정받아 다른 지역에서 나는 담배를 남초라 하고 평안도 담배는 서초라고 따로 불렀다.[3] 서초의 어떤 점이 그토록 큰 명성을 얻게 만들었을까? 이옥은 『연경』권2에서 관서와 관동, 호남과 관북의 산지별 담배의 특징을 다음과 같이 평가했다.

> 관서산 담배는 향기롭고도 달며, 산골짜기강원도산 담배는 평범하면서도 깊은 맛이 있다. 호남산 담배는 부드러우면서도 온화하다. 오로지 관북산 담배는 몹시 맛이 강해 목구멍이 마르고 머리가 어질어질하다.

서초가 향기로우면서도 단맛이 난다고 평가했다. 다른 지역 담배에 비해 결점이 없는 최상의 담배로 내세웠다. 그런데 서초에 대한 이옥의 평가는 오히려 야박한 편이다. 다른 사람들은 더욱 드높여 서초의 품질과 맛을 예찬했다. 만오晚梧 이후연李厚淵, 1798~1863이 성천의 강선루를 묘사한 가사 「선루별곡仙樓別曲」에서는 "천성방天成坊 별향초別香草는 구미口味도 상연爽然하다"라는 구절이 보인다. 천성방은 평안도 성천군 북면에 있는 지명으로 성천초의 주요 생산지로 보인다. 별향초는 성천초에 향이나 꿀을 첨가하여 애연가의 입맛을 산뜻하게 만드는 특별한 담배를 자랑하는 말이다. 삼등 지역은 아주 가늘게 썬 연초에 '향을 첨가한 담배(合香草)'로 유명했고, 그 향기가 일반 담배와 다르게 강렬했다. 가격이 비싸고 양이 적어 권력을 가진 귀인이 아니면 얻어 피울 수 없다고 할 정도였다. 그래서 "삼등의 명품 담배는 천하에 대적할 것이 없다三登名菸天下無"[4]고 했다.

서초 맛의 특징으로 유만주俞晩柱는 독성이 아주 강함을 지적했고, 성해응成海應은 「식화의食貨議」에서 "관서에서 생산되는 남초는 특별하게 향기가 강렬한데 권귀權貴 신분이 아니면 피우지 못한다"고 밝혀놓았다. 심노숭은 그 부친인 심낙수가 "연다를 즐겨 피웠으나 강렬한 것은 좋아하지 않아 서초를 얻으면 반드시 시장에서 파는 담배로 바꿔서 피웠다"라 하였다. 그만큼 서초가 맛이 강렬한 담배로 인정받았음을 보여준다.

앞서도 잠깐 언급했지만 서초에 꿀을 섞어 피우는 흡연법이 특별한 맛을 내는 것으로 인기를 얻었다. 누가 언제부터 시작한 것인지는 분명하지 않으나 18세기 후반 이후 상당히 유행한 것으로 보인다. 그와 관련된 첫 기록으로는, 정조 등극 뒤에 반역자로 처형된 홍지해洪趾海가 평양감사로 재직할 때 시도했다는 일화가 보인다. 그는 홍술해洪述海, 홍찬해洪纘海 등과 함께 서초를 피우면서 맛이 없다 하여 절초장折草匠에게 꿀에 담가 하룻밤을 재우도록 한 다음 썰어서 피웠다고 한다.[5] 그 맛 좋은 서초를 꿀에 담가서 먹는 사치스런 짓을 했으니 훗날 반역죄를 저질러 처형당하는 운명에 처했다는 비판까지 받았다.

홍지해가 처음 그 흡연법을 사용했다고는 하지만 사실 여부는 분명하지 않다. 그러나 언젠가부터 담배를 꿀에 적셔 피우는 것을 최고의 맛으로 여겼다. 원래 꿀물이나 소주를 담배 양쪽 끝에 적셔서 습기가 천천히 스며들게 하여 맛을 좋게 만들었다. 오래 보관하여 습기가 빠진 담배 맛을 보강하기 위한 방법이다. 하지만 이미 맛이 좋은 서초를 꿀에 담가서 피운 것은 분명 사치의 하나다. 『춘향전』 각종 이본에 자주 등장하듯이 꿀물을 훌훌 뿜어서 피우는 것은 부귀한 자들의 흡연 방식이었다. 현재 북한에서 생산되는 홍초 담배는 꿀물을 첨가하여 만들고 있다. 옛 전통의 흔적이 남아 있는 것이다.

서초가 최고의 상품으로 인기를 얻어 고가에 팔리자 서초를 모방한 위조 담배가 등장하기도 하였다. 이옥은 『연경』에서 다음과 같이 말했다.

> 담배 가운데 가장 귀한 것이 서초다. 그런데 귀하기 때문에 가짜가 나돈다. 모양도 서초 그대로고 빛깔도 서초 그대로지만 오로지 향기와 맛은 서초가 아니다. 버리고 남은 담배를 펼치기도 하고, 서리나 우박을 맞혀 일찍 따기도 하며, 빗물에 씻기도 하고, 붉고 쪽빛이 나는 잎을 누렇게 만들어 내놓는다. 하지만 하나같이 피울 수 없는 담배다.

서초는 이렇게 위조품이 출현할 만큼 고가의 명품 담배였다. 그 명성은 20세기까지 지속되었다.

다른 지역의 명품 담배

가장 유명한 명품 담배는 단연 서초였으나, 전국에는 그 외에도 적지 않은 명품 담배가 있었다. 전라도 진안에서 생산되는 진안초가 그다음 명성을 누렸다. 그리하여 '진안과 삼등의 맛좋은 담배'라는 뜻의 진삼미鎭三味라는 상투어가 만들어졌다. 이 말은 가늘게 썬 담배를 뜻하는 '지사미'라는 일본어에 그 연원을 두고 있지만, 동시에 진안이 서초에 버금가는 담배의 주산지로 유명하였기에 생겨난 말이기도 하다. 1732년 승지 이귀휴李龜休가 영조에게 직접 보고한 내용에 따르면, 30년 전 호남에 들렀을 때에는 담배밭의 규모가 작았으나 1730년 갔을 때에는 장수와 진안 고을에서 전답 전체가 담배를 심고 있었다고 하였다.[6] 1730년 이전에 진안과 그 주변 지역이 벌써 담배 주산지로서 확고한 위치를 차지했다는 사실을 입증한다.

　서유구는 『예규지倪圭志』에서 전국 토산품을 종합적으로 제시했는데 담배 주산지로는 평안도 성천 삼등 양덕과 전라도 진안만을 들고 있다. 이유원은 진안초를 현재의 전북 완주군 상관면에서 나오는 상관초上官草로 대체하여 제시했는데 사실 상관초는 진안과 인접한 지역에서 나는, 진안초와 거의 동질의 담배였다. 상관초는 진안초 가운데서도 특별한 대접을 받은 명품 담배라 할 수 있다. 경상도 지역에서는 안동초와 신녕초가 명품 담배로 언급되지만 고급 담배로서의 명성은 그다지 높지 않았다.

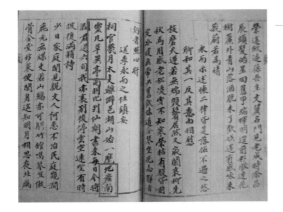

홍대응(洪大應, 1744~1808)
의 「진안에 부임하는 영이
이규창을 배웅하는 글送李
永而之任鎭安」, 「경재존고警
齋存藁」, 개인 소장 사본.
담헌 홍대용의 사촌인 저
자가 담배 명산지인 진안
현감으로 부임하는 이규창
(李奎昶)을 배웅하면서 "고
을에는 남령초가 산출되는
데, 범상한 담배와는 다르
다(地産南靈凡草異)"라며 담
배의 명산지로 가는 것을
축하하고 있다.

충청도 지역에서 가장 유명한 담배는 청양초와 정산초였다. 현재 청
양군에 속한 두 지역은 담배 주산지로 품질 좋은 담배가 많이 생산되었
다. 19세기 전기의 시인 자하紫霞 신위申緯는 청양 현감에게 보낸 시에서
"담배의 명산지로 예로부터 청양과 정산을 칭송했네菸鄕自古稱靑定"7라 하
여 인접한 두 지역이 명품 담배의 산지임을 밝혔다. 이 지역은 현대까지
도 담배의 산지로 명성을 누렸다.

11. 담뱃대 미학

장죽의 품격, 곰방대의 다정함

조선을 대표하는 이미지

흡연도구 가운데 가장 중요한 것은 입술을 대고 연기를 흡입하는 담뱃
대烟竹, 煙管, 烟袋, 烟帒, 煙筒, 烟臺다. 우리나라는 파이프로 흡연하는 동아시
아의 일반적 흡연 방법을 채택하여 담뱃대를 사용하였다. 스페인의 영
향을 받은 필리핀의 여송연呂宋煙, 필리핀 루손 섬에서 나는 엽궐연으로 곧 시가cigar를
말함이나 동남아와 이슬람 문화권의 수연구水煙具, 물담배 도구 흡연, 그리고
18세기 이후 유럽과 중국의 코담배 흡연을 빼놓고 동아시아 여러 나라
는 파이프 흡연을 채택했다. 조선과 일본, 중국은 포르투갈과 네덜란드
가 전해준 북아메리카의 파이프 흡연 방식을 각 나라 사정에 알맞게 변
용하였다.

일본은 유럽을 통해 전해진 파이프를 그대로 사용하다가 17세기 중반

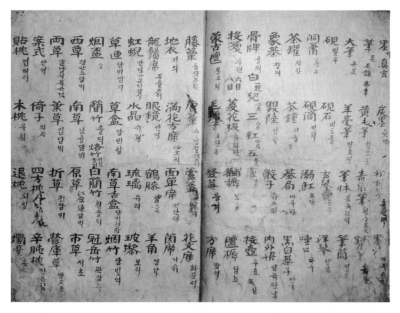

──── 흡연도구와 담배 종류가 다양하게 소개된 물명(物名) 사전. 『만물학萬物學』, 양승민 교수 소장 사본. 어떤 물명류 책보다 담배 관련 어휘가 풍부하다. 19세기 초중반에 새롭게 등장한 담배를 판매하는 단위인 양초(兩草)란 어휘가 등장하는 것으로 보아 19세기 이후의 문헌으로 보인다.

어름부터 일본 특유의 흡연구 키세루로 정착시켰다. 키세루는 그 기원이 명확하게 밝혀지지 않았으나 설대가 길고 대통이 작으며 금속으로 만들어진다는 점에서 네덜란드식보다 말레이식과 더 닮았다. 키세루는 시간이 흐르면서 점차 길이가 짧아졌고, 에도 중반에 이르러서는 외양의 화려함을 포기한 대신에 다루기 쉬운 길이로 정착됐다.[1] 조선과 중국은 일본에서 전해진 파이프를 각자의 문화와 실정에 적합하게 변용했다.

조선은 두 가지 방향을 취했다. 신분의 높낮이와 노동의 유무라는 요소가 그 방향을 가르는 기준이 되었다. 하나는 일본의 키세루처럼 휴대하고 사용하는 데 간편하도록 길이를 짧게 만드는 방식이었다. 이른바

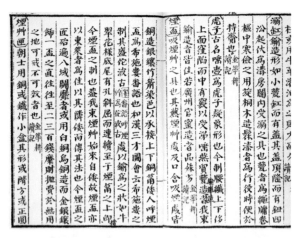

— 『임원경제지』「섬용지贍用志」 3, '기거지구(起居之具)'. 일본 오사카 나가노 시마부립도서관 소장 사본. 담뱃대와 연초합 등의 제작 기법에 대해 상세하게 설명하고 있다. 특히, 일본 담뱃대 키세루(希施婁)를 남만 말이라 알고서 관심을 표하고 있다.

곰방대라고 불리는 담뱃대. 곰방대는 신분이 낮은 사람이 휴대하고 노동하기에 편리했고, 제작에 드는 소재가 저렴했다.

다른 하나는 장죽長竹으로 발전했다. 초기에는 짧았던 담뱃대 길이가 18세기에는 부담스러울 정도로 길어졌다. 심지어는 사람 키보다 긴 것도 있어서 거의 2미터에 이르는 길이까지 되었다. 그래서 연죽烟竹이란 이름에 길 장長 자를 붙여서 장연죽長烟竹이라 쓰다가 후에는 아예 장죽이란 이름이 만들어졌다. 지팡이 겸용도 있어서 일제강점기에는 연초 전매국에 정선군 주민이 300년 전 지팡이 겸용 장죽을 기증한 일도 있다.

예전에는 아무리 길어도 담뱃대 길이가 한 자를 넘지는 않았다고 18세기 중엽 학자 황인기는 증언했다. 비슷한 시대의 윤기도 「어른과 어린이의 윤리와 높은 자와 낮은 자의 질서가 담배로 인해 파괴된다論長幼尊卑之

─── **권용정(權用正), 〈보부상의 휴식〉, 19세기, 간송미술관 소장.** 나무 자배기를 얹은 지게를 땅바닥에 내려놓고서 보부상이 쉬고 있다. 패랭이 꼭지에 얹혀 있는 곰방대가 정겹게 느껴진다. 장사꾼의 힘겨운 삶을 위안하는 멋스런 사치품이다. 권용정은 풍속 묘사에 뛰어난 시인이었다.

壞於南草」란 글에서 어렸을 때와 나이들었을 때의 담뱃대 길이가 다르다고 했다. 갈수록 천한 이들조차 한 길이 넘는 담뱃대를 거리낌 없이 피워서 짧은 연죽을 가지고 다니는 사람을 찾아볼 수가 없다는 것이다. 실제로 17세기의 양반 사대부가 흡연하는 장면을 그린 그림에서는 담뱃대 길이가 짧다. 그리고 장죽이란 말도 17세기 문헌에는 잘 나타나지 않는다.

그와 같은 증거와 정황으로 볼 때, 장죽이 담뱃대의 대세로 굳어진 현상도 18세기 사치 풍조의 연장선상에서 파악할 수 있다. 담뱃대는 길이가 길어질수록 휴대가 불편하고 불을 붙이기 어려우며 연기를 빨아들이기가 힘들었다. 그럼에도 불구하고 담배의 독성을 약화시키고, 높은 신분과 우아한 멋을 과시할 수 있어서 담뱃대는 더욱 더 길어졌다. 흡연행위와 담뱃대 길이에도 신분제 사회의 엄격한 위계질서를 적용한 탓이다. 윤기는 앞에 언급한 글에서 다시 "흡연자들은 장죽을 가로물고 기다란 연기를 내뿜으면서 그것이 어른의 본보기요 훌륭한 사람의 멋이라고 생각한다. 아무 가진 것이 없어도 무언가 믿는 구석이 있는 듯하고, 아무 식견이 없지만 속이 찬 듯한 모습이다"라고 이유를 댔다. 모두 멋져 보이는 그 모습을 선망하여 너 나 할 것 없이 장죽을 피운다는 것이다.

그리하여 장죽을 물고 담배를 피우는 남성의 모습은 조선을 대표하는 이미지가 됐다. 넓은 갓에 흰 도포, 장죽을 문 모습은 그 시대 상층 남성의 전형이었다. 현재 전하는 수많은 그림과 사진, 그리고 문학작품에서 쉽게 확인할 수 있는 이미지다. 「봉산탈춤」 중 말둑이와 양반들이 나누는 대화에서도 장죽이 어떻게 고정적 이미지로 고착되었는지 잘 나타난다.

—— 다양한 모양과 길이의 담뱃대. 서울역사박물관 소장.

말둑이: 쉬— (음악과 춤 그친다) 여보 구경하는 양반들 말슴 좀 들어
보시요. 잘다란 골연(卷烟) 잡수지 말고 저 연죽전으로 가서 돈이 없이
면 내에게 기별이라도 해서 양칠간죽洋漆簡竹 자문죽自紋竹을 한발가웃
식되는 것을 사다가 육무깍지 희자죽喜字竹 오동수복鳥銅壽福 연변죽
사다 이리저리 맞추어 가지고 저어 자령 나무리 거이 낚시 걸듯 죽
걸어놓고 잡수시요.

양반들: 머야아.

말둑이: 아 이 양반 어찌 듣소. 양반이 나오시는데 담배와 훤화喧譁.
시끄러움를 금하라고 그리하였오.[2]

한 발가웃이 넘는 장죽에다 온갖 장식이 들어간 고급품을 써야 양반
행색에 어울린다고 말둑이가 과장되게 말하고 있다. 사람들 뇌리에 굳
게 새겨진 양반의 흡연도구에 대한 인상이 비아냥거리는 말투에 고스란
히 드러난다.

장죽의 소멸

장죽은 위세를 과시하는 데는 어울리나 많은 단점을 가지고 있었다. 하
지만 그렇다고 강압적으로 제한할 수 있는 성질의 문제는 아니었다. 구
한말 서양과 일본 제국주의의 침탈을 당하면서 장죽 문화는 미개함과
게으름의 상징으로 굳어졌고, 폐기해야 할 첫번째 고질적 병폐이자 구
식의 관습으로 낙인찍혔다.

고종이 등극하고 흥선대원군이 섭정하면서 국정을 전면적으로 개혁

할 때 담뱃대의 길이를 제한하는 법령을 제정한 것이 시발점이 되었다. 1867년 4월 대원군은 사치 금지령을 내려 갓의 양태를 20센티미터 이내로 줄이고 도포의 소매를 좁게 만들며, 담뱃대의 길이를 줄이는 규정을 만들었다. 양반의 위세를 과시하는 해묵은 관습을 혁파하려는 시도였다. 갓의 둘레가 너무 크고 도포 소매가 너무 넓으며, 담뱃대가 너무 길어 일상생활에 큰 장애가 된다는 해묵은 비판을 수용해 과감히 이런 풍습을 없애려 했다. 그러나 긴 세월 동안 형성된 관습이 대원군의 명령 한 번으로 바로 없어질 수는 없었다. 그 이후 1894년 갑오개혁 때 김홍집 내각에서도 거리에서 긴 담뱃대를 물고 다니는 것을 금지했다. 그해 3월의 독립신문 기사에 따르면, 거리에서 긴 담뱃대를 무는 것을 금지하는 경무청警務廳의 포고령이 하달되었다.

이후 일제강점기 내내 장죽은 뒤떨어진 한국적 흡연 문화를 상징하며 멸시의 대상이 되었다. 장죽이 사고를 유발하고 노동에 불편하며 거추장스러운 단점을 가진 것은 분명한 사실이다. 그러나 장죽을 몰아내는 데 일본 제국주의자들이 혈안을 하고 덤벼든 근본 목적은 한국산 담배와 흡연 방식을 축소시킴으로써 권연卷煙으로 대표되는 일본 담배를 침투시키고 연초산업을 장악하려는 포석에 있었다.

대통의 사치

담뱃대는 길고 짧은 대통과 설대, 그리고 물부리의 세 부분으로 이루어졌다. 자세한 구조와 명칭은 다음 그림과 같다. 여기서 대통[杯, 盃, 梧]은 담뱃잎을 담는 부분이고, 설대는 대통에서 나온 연기가 지나가는 통로

①대통
③목도리
⑤토리
②또개미 ④메뚜기
⑥설대
⑦초을기 ⑧봉오리
대꼬바리
물부리

—— 담뱃대의 구조와 명칭³

다. 그리고 물부리는 입술을 대어 연기를 흡입하는 부분이다. 담뱃대에
서 가장 눈에 뜨이고 중요한 것이 바로 대통이다.

대통은 재료와 형식, 모양에 따라 큰 차이가 난다. 값싼 서민용 대통
으로는 골통대나 돌통대가 있다. 나무 따위를 깎거나 흙으로 구워 만들
어서 굵고 크며 길이가 짧은 곰방대였다. 18세기 시인 신희문申喜文은 이
런 시조를 지었다.

논밭 갈아 김매고 돌통대 기사미 피어 물고
콧노래 부르면서 팔뚝 춤이 제격이라
아이는 지어자 하니 허허 웃고 놀리라

농사를 지으며 사는 가난한 농부의 삶을 노래한 작품인데 서민적 체
취를 물씬 풍기는 돌통대가 등장한다.

그와 반대로 고급스런 대통은 흡연자의 품격을 살려주는 도구로 등장
한다. 빈부격차에 따라 대통의 소재가 달랐다. 17세기 후반의 신망규는
"빈자는 대나무와 흙을 이용하고 부자는 금과 옥을 섞어 쓴다貧者用竹土,

富者雜金玉"라고 밝혔다. 18세기 중반 무렵부터 대통에 멋을 부리는 사치가 사회문제로까지 부각되었다. 서유구는 『임원경제지』에서 "현재 담뱃대를 만드는 장인이 거의 팔도에 걸쳐 두루 퍼져 있다. 화려함을 다투는 자들이 백동이나 오동烏銅으로 만들고 금은을 상감으로 치장하여 담뱃대 한 개에 200~300백 전에 이르기도 한다. 쓸모없는 것에 재물을 마구 버리므로 경계할 일이지 본받아서는 안 된다"4라고 비판했다.

고종 때 대궐과 중앙관청에 그릇을 납품하던 공인貢人인 지규식池圭植은 고경진高京辰에게서 담뱃대 1개를 5냥 8전에 샀다고 『하재일기荷齋日記』에서 밝혔다. 서유구가 비싸다고 말한 것의 곱절에 이르는 상당한 고가였다. 이렇게 비싼 담뱃대는 특별히 대통에 사치를 부렸다.

이옥은 『연경』에서 대통에 쏟은 사치와 기술이 어떠한지를 세세하게 묘사했다. 사치 풍속이 만연하고 장인들의 솜씨가 교묘해지면서 신기함을 다투고 교묘한 모양을 숭상하여 대통의 제작법이 다양해졌다고 했다. 그는 대통의 품질은 백동白銅이 최상품이고, 황동黃銅이 그다음이며, 홍동紅銅. 赤銅과 무쇠 순서로 친다고 평가하였다. 이옥은 『연경』에서 대통 제작법을 자세하게 설명하고서 당시에 유행한 양식을 다음과 같이 소개했다.

> 대통 모양은 배추줄기처럼 죽 뽑아 만든 것이 있고, 연밥처럼 배가 불룩하게 만든 것이 있으며, 상수리 깍지처럼 움푹 파이게 만든 것이 있다. 네모나게 만든 것도 있고, 여섯 모가 나게 만든 것도 있다. 세 겹으로 만들되 은과 구리를 사이에 섞은 것도 있고, 은으로 테두리를 두른 것도 있으며, 은으로 대를 만든 것도 있다. 은으로 꽃을 아로새

긴 것도 있고, 은으로 수壽 자나 복福 자를 전서篆書 글자체로 새겨넣
은 것도 있다. (…) 그 밖에 특이한 제품으로는 주발처럼 켜켜로 쌓아
만든 대통도 있고, 찬합처럼 덮개를 덮은 대통도 있다. 수레처럼 바
퀴가 달려 있는 대통도 있고, 매우 커서 한 줌이나 되는 담배를 담을
수 있는 대통도 있다.

상당히 자세하게 설명하고 있다. 형태에 따라 네모죽이나 육모죽을
비롯한 모양이 있다고 하였고, 토리 부분에 문자로 장식한 문자죽文字竹
이 있다고 밝혔는데 실제로 현존하는 대통에는 희囍, 수복壽福, 만卍, 수
복강녕壽福康寧 등의 문자를 사용한 것들이 자주 발견된다. 그 문자를 상
감기법으로 화려하게 치장한 것이 부자들의 사랑을 받았다. 대통의 크
기나 문양 등도 언급하고 있는데 그중에서 특별히 주목할 것은 바로 금
속 소재다. 가장 폭넓게 사용된 것이 백동으로 만든 백동연죽白銅烟竹인
데 흡연자들이 가장 선호했다.

명품 담뱃대

흡연자들 사이의 최상의 기호품으로는 당연히 담뱃대를 꼽아야 할 것이
다. 담뱃대 길이로 신분과 부와 품위를 표현하고자 했으므로 소재와 문
양, 기법을 달리해 평범한 상품과 차별화함으로써 자신을 과시하려 했
다. 최고급 명품 담뱃대를 생산하는 곳은 바로 동래 지역이었다. 이른바
동래연죽, 부산연죽으로 불리는 동래와 그 주변 지역의 담뱃대는 최상
의 제품으로 인기가 높았다. 동래산 연죽은 대개 대꼬바리가 백동이었

다. 18세기에는 대꼬바리를 은으로 만들거나 나전으로 장식한 고급 담뱃대를 중국에 가는 사신이나 조선에 오는 칙사에게 선물하는 주요 물품으로 제작하기도 했다. 『임원경제지』「섬용지贍用志」에서는 "우리나라 연초는 왜국에서 전래되었기 때문에 담뱃대도 동래 제품이 좋다. 왜국에 가까워 그 제조법을 전수받았기 때문이다"라고 하여 동래가 담뱃대 제작의 명산지로 등장한 배경을 설명했다. 충분히 수긍할 수 있는 말이다.

이 지역이 담뱃대의 명산지로 알려진 증거는 곳곳에 등장한다. 무엇보다 『임원경제지』「예규지」에 동래 특산물로 '연배烟盃'가 올라 있는데 담뱃대로서는 전국에서 유일하게 등장한다. 『춘향전』각 이본에도 명품 담뱃대가 골고루 등장하는데 이고본에서는 "은수복 부산대 김해간죽 길게 맞추어 죽으로 세워놓고"라 하여 은으로 수복자를 상감한 부산대와 김해간죽을, 남원고사본에서는 "대객초인사待客初人事는 강수복康壽福 헌수복獻壽福의 부산죽釜山竹, 서천작舒川作 소상반죽瀟湘斑竹, 양칠간죽洋漆竿竹, 각죽刻竹, 칠죽漆竹, 서산용죽瑞山龍竹, 백간죽白簡竹이 수수하다"라 하여 역시 문자를 새긴 부산죽과 충청도 서천과 서산의 담뱃대를 명품으로 꼽았다. 한시문에도 간혹 담뱃대의 산지가 등장한다. 이유명李維命은 무사의 풍모를 묘사하며 "부산의 연죽과 통영의 칼을, 소매 가득 휴대하고 의기도 호방하다釜山烟竹統營刀. 滿袖携來意氣豪"[5]라 하였고, 정조의 사돈인 홍인모洪仁謨는 "동래부의 백금 연죽은 은꽃을 아로새겼고, 평양의 닥종이 쌈지는 주름을 잡은 무늬라네金筒萊府銀花鏤, 楮帒箕城縠縐紋"[6]라 하였다. 이런 문헌을 볼 때 최상품 담뱃대의 산지는 동래 또는 부산임을 부정할 수 없다.

그 밖의 산지로는 김해와 서산, 한양 등지를 꼽을 수 있다. 김려金鑢는

1811년을 전후한 시기에 42가지 생활용품을 시로 읊었는데 여기에는 관음죽 담뱃대, 은상감 대통, 철제 연초합, 푸른색 명주 쌈지, 위성류 재판 등 흡연도구가 포함돼 있다. 담뱃대와 대통을 그는 다음과 같이 묘사하였다.

마디가 짧은 관음죽	促節觀音竹
서산에서 나온다 말들 하네.	人言産瑞山
대통을 꽂아 앉히고 보니	揷來烟琖定
꽃무늬가 즐비한 연죽보다 낫네.	勝似鱗花斑
은테 두른 오동 대통은	銀箍烏銅梋
전서로 수복壽福 문자 새겼네.	細嵌壽福篆
깊게 파고 구멍을 크게 뚫어	圍深竅且疏
짐작대로 잎을 담기 좋구나.	量意斟烟善

그가 읊은 두 가지는 모두 친구가 선물한 끽연구다. 서산 관음죽으로 만든 설대가 꽃무늬를 멋지게 새긴 다른 설대보다 훨씬 아름답다고 했다. 서산이 품질 좋은 담배 설대의 산지였음을 알려주는데 이고본『춘향전』에서 말한 '서산용죽瑞山龍竹'이 같은 제품으로 보인다. 두번째 작품은 용담龍潭의 아전 강세순姜世珣으로부터 은상감 대통 10개를 받고 썼다. 묘사한 내용으로 볼 때 오동상감백동연죽烏銅象嵌白銅烟竹으로 보인다. 이 시를 통해 전주 역시 품질 좋은 대통의 산지였음을 짐작할 수 있다.

다음으로는 김해에서 20여 년간 유배를 산 이학규李學逵의 작품이다.

그는 1819년 그곳의 풍속을 묘사한 연작시에서 명산품 화반죽花斑竹을 다음과 같이 읊었다.

황금빛으로 설대를 물들이고	染成煙竹鬱金光
작은 오동烏銅 대통은 태극 테를 둘렀네.	小帒烏銅太極匡
부끄럽다. 열다섯 난 술집 아가씨야	媿爾當壚三五女
너도 한 길 장죽을 물려 들겠지.	也須唧著丈來長[7]

이 시에서 묘사한 담뱃대는 명품으로 알려진 김해간죽金海簡竹이다. 이 담뱃대는 마디가 아홉 개인 것이 명품으로 유명하여 이희로의 「남령전」에는 김해의 구절화반九節花班이 명품 담배와 어울리는 도구라 평가했다. 이를 구간죽九簡竹이라고도 부른다. 이학규는 "김해부 내에서 황금빛으로 물들인 화반죽이 나오는데 영남에서 유명하다. 다른 군에서 많이들 모방하지만 하나같이 미치지 못한다"라는 설명을 덧붙였다.

그보다 앞서 18세기 중엽의 석북 신광수가 영릉참봉으로 여주에 있던 1760년 김해의 친구를 찾아간 절친한 친구 연객烟客 허필에게 시를 보냈다. 허필은 앞에서도 살펴본 바 있듯이 골초 중의 골초였다.

김해의 연통죽은	金海烟筒竹
천연의 지팡이처럼 사람 키를 넘네.	天然丈過人
한 몸통으로 위아래 구분이 없고	一身無上下
마디가 많되 길이가 똑 고르다.	多節較停均
줄줄이 관리의 뒤를 따르고	絡繹隨官使

휘황하게 귀한 신하에게 두루 쓰이네.　　　　　　　　輝煌遍貴臣

자네가 이제 그곳 나그네이니　　　　　　　　　　　君爲此地客

짐 보따리의 진귀한 물건 내게도 나눠주게.　　　　分我橐中珍[8]

　연통죽煙筒竹은 설대가 긴 담뱃대로서 김해간죽을 달리 表現한 말이다. 1760년 시점에서 김해간죽은 전국적인 명성을 얻어 관리들을 뒤따르는 연동烟童이 꼭 휴대하는 물건이었고, 한양의 고관들도 많이 갖고 있던 도구였다. 설대를 천연의 재질 그대로 살린 특징이 있었고, 사람의 키를 넘길 만큼 길었다. 18세기 중반에 김해간죽은 벌써 명품으로 확고한 명성을 얻었음을 분명하게 보여준다. 19세기에 전국의 대표적 수공업 명산지를 정리하여 소개한 이규경의 『오주연문장전산고』「물산변증설物産辨證說」에서도 부산의 대통과 함께 김해간죽이 올라 있고, 그에 버금가는 것으로는 전주의 반죽斑竹과 익산의 세황죽細篁竹을 꼽았다.

　이상에서 언급한 것들은 모두 고급품에 속한다. 그 밖에도 대통을 나무와 돌, 옥으로 만들었다. 관북지역의 함흥, 경성, 경원, 경흥 등지에서는 박달나무로 대통을 만든 담뱃대를 썼다. 백동 제품보다는 내구성이 떨어지나 수수한 멋이 있고, 가격이 쌌다. 또 단천에서는 흙으로 구워 붉거나 노랗고, 회갈색을 띄는 것을 만들었는데 잘 만든 것은 반년 정도 쓸 수 있었고, 값이 1푼밖에 되지 않아 저렴했다. 또 단천에서는 황옥黃玉 대통을 만들어 관아에 납품하기도 했다. 강원도 이천에서는 곱돌로 대통을 만들었는데 육중한 느낌이 들었다. 이른바 옛날의 곱돌조대란 담뱃대가 이것이다.[9]

12. 흡연도구와 공예예술

궁극의 사치

인가의 집기 가운데 화로, 재판, 담뱃대, 타구, 요강, 서랍, 쌈지 따위
의 물건이 있는데 모두 담배를 피우려고 만든 것입니다. 대부분 금과
은, 구리와 주석, 옥과 비단, 기이한 나무로 꾸몄습니다. 그중에서 담
뱃대煙筒는 한층 더 사치스럽고 화려합니다. 담배 설대〔簡竹〕는 물들이
고 조각하며 칠을 하는 등 정성을 기울이므로 여자에게 잘 보이고자
재물을 아끼지 않는 짓과 똑같다고 비유하는 이들이 많습니다.

−『승정원일기』 1884년 9월 13일,
시무팔조時務八條를 진언한 부호군 이기언李驥彦의 상소

흡연도구의 발달

이기언이 올린 상소가 말해주듯이 흡연도구 또는 끽연구喫煙具는 종류도
다양하고 사치스럽기도 했다. 조선 후기 사랑방 가구에서 빼놓을 수 없

— 은입사 철제 담배합 5종, 개인 소장. 담배합에 은으로 상서로운 의미를 지닌 무늬와 문자를 새겼다. 장방형과 여섯 모난 형태이며, 크기도 조금씩 다르다.

— **끽연구, 조선 후기, 개인 소장.** 재판에 놓인 끽연구로 담뱃대와 휴연대, 담배침, 재떨이를 담고 있다. 부유한 사대부들이 사용하던 백동(白銅) 휴연대(休烟臺)는 피우던 담뱃대를 잠시 내려놓을 때 사용했다. 뚜껑을 덮어도 담배불이 꺼지지 않고, 대개 나비 문양의 걸쇠가 있으며, 통풍구는 수(壽)와 만(卍), 불을 상징하는 이괘(離卦) '☲'의 문양을 만들었다.

— 담배침과 휴연대, 담뱃대. 부산박물관 소장.

을 만큼 중요한 생활용품이었다. 신택권申宅權은 1784년 선비의 사랑방에 놓인 20종의 생활가구를 시로 읊은 「실중잡영室中雜詠」 20수를 지었다. 여기에는 책상, 벼루집, 필통, 연적, 술병, 술잔, 안경, 등잔걸이, 목침, 부채, 방석, 고비편지 따위를 걸어두는 실내 가구, 선반, 옷 시렁, 갓집과 같은 가구와 집기가 포함되었는데 화로, 담뱃대, 담배쌈지[草匣], 부시, 재떨이 [灰槽]와 같은 다섯 가지 흡연도구도 포함되었다.

흡연도구에는 담배를 피우는 담뱃대[烟竹], 담배를 담는 연초합煙草盒 또는 연초서랍[煙草舌盒], 흡연도구나 타구唾具를 얹어두는 재판, 담뱃재를 떠는 재떨이, 막힌 담뱃대를 뚫는 담배침, 이동할 때 담배를 넣어가는 담배쌈지, 피우던 담배를 잠깐 놓아두는 휴연대休烟臺, 불씨를 보관하는 화로와 불을 피우는 부시 등이 있다.

흡연도구는 조선 후기에는 공예예술의 중요한 분야로 비중이 매우 커졌다. 그러나 흡연 문화가 상전벽해의 큰 변s화를 겪는 구한말을 전후하여 흡연도구가 딴판으로 바뀌는 바람에 조선조 특유의 흡연도구는 시대에 뒤처진 구식 도구로 전락하는 신세가 되었다. 하지만 지금까지 전해오는 흡연도구는 외형만 보아도 높은 수준의 예술성을 띠는 공예품이 적지 않다. 적어도 18세기 이후 흡연도구는 기술과 예술이 잘 결합된 공예품으로서 큰 발달을 이루었다.[1]

흡연도구의 사치

흡연도구가 본격적인 공예품으로 등장하기 시작한 시기는 18세기 중반이다. 18세기 중반의 학자 윤기는 "장인들이 흡연도구를 만들되 앞다투어 기교를 부려서 고가를 받으려 애쓴다. 대나무는 긴 것을 선택하고 또 염색하여 그림을 그리며, 금속은 품질을 최상으로 쓰고 또 연결하여 색칠을 한다. 모두 실용적인 것이 아니고 다 헛된 소비일 뿐이니 어찌 크게 안타깝지 않은가?"[2]라 하여 기교를 부린 사치스런 흡연도구가 만연하는 현상을 걱정스런 시선으로 대했다. 비슷한 시기의 학자 황인기는 「남초설」에서 한층 강한 어조로 우려를 표했다.

> 나는 8, 9세 때 벌써 흡연을 흉내내어 늙어 머리가 허옇도록 심하게 좋아한다. 좋아하기는 하지만 걱정스럽고 개탄스러운 점도 적지 않다. 예전에는 연초를 담는 도구를 담뱃대라고 불렀고, 청동이나 주석으로 대통을 만들어 그 모양이 질박했다. 옅은 색의 대나무로 대통을 이었는데 이것을 간죽簡竹, 곧 설대이라고 불렀다. 간죽이 어떤 것은 짧고, 어떤 것은 길었지만 아무리 길어도 한 자를 넘지는 않았다. 근래에는 연초 용구가 너무 사치를 부려 재판(烟臺)이라는 이름의 물건까지 나왔다. 신기함을 추구하여 심지어는 금과 은, 수정과 옥으로 기교를 부려 아로새긴다. 아울러 나무와 돌, 기와와 벽돌로도 만들고, 그에 맞춰서 대나무도 사치스럽게 꾸몄다. 화려하고 사치스럽게 염색하고 새긴다. 오목烏木이나 침단, 상아와 대모를 재료로 써서 지극히 교묘하고 또 길쭉하게 만든다. 정승 판서와 선비 무인, 부녀자와 늙은이 어린이, 우의牛醫 마부에 이르기까지 소지하지 않은 자가 없다.

흡연도구의 사치를 걱정한 데에는 그만한 이유가 있다. 과거와는 비교할 수 없을 만큼 공예기술이 발달했고, 그 기술을 흡연도구에 발휘하

─── 석제 양각 평양성문(石製陽刻平壤城門) 담배합, 19세기, 호림박물관 소장.

여 부유층에 고가로 팔 수 있는 큰 시장이 형성되었다. 이 시기에는 평범한 것과는 차별화된 물품을 향유하면서 그것이 어디에서 만들어졌고 누가 만들었느냐를 따지며 소비하고 소장하는 소비 행태가 나타났다. 사람들은 물건만 좋으면 지갑을 열어 큰돈을 내놓았다. 다시 말해, 물건의 효용가치만을 따지지 않고 예술성에 가치를 부여하는 소비풍조가 시작되었다.[3] 기호품을 즐기기 위한 흡연도구는 소비욕구를 자극하는 중요한 물품이었다.

명품 담배합

19세기 전기의 고관 조병현趙秉鉉은 재판 위에 놓인 담뱃대와 담배합, 담배를 묘사한 「연대烟臺」란 시를 지었다.

수복壽福이란 글자 새긴 삼동 놋쇠 대통	壽福三同豆錫黃
울금鬱金. 주황빛 반죽에는 소상강 대를 그렸네.	黂金斑竹畫瀟湘

천은天銀으로 박쥐 새겨넣은 청동 담배합　　　　天銀蝙蝠青銅盒

서초 중에 삼등초가 으뜸가는 담배라네.　　　　西草三登第一香⁴

　풍양 조씨 세도정치의 한 축을 담당했던 고위 관료가 사용한 재판이
므로 분명 최상의 고급스런 차림이었을 것이다. 놋쇠 대통에 상감되어
있는 수복 글자와 소상강 대나무를 그려넣은 화반죽花斑竹 설대의 담뱃
대를 먼저 묘사했다. 다음에는 최상품 은인 천은으로 박쥐 모양을 은입
사 기법으로 새겨넣은 청동 담배합을 묘사하였다. 박쥐 모양은 조선시대
가구와 생활용품에 두루 쓰인 문양으로 고급 흡연도구에 흔히 사용했다.
마지막으로 그 도구에 최상품 담배인 삼등초를 채워넣었다. 묘사된 것으
로 볼 때 이 물건의 명칭은 '청동제 박쥐무늬 은입사 담배합'일 것이다.
　담배합은 부귀한 이들이 사용하는 물건으로, 일반 서민이 접하기 어
려운 고가의 사치품이었다. 유득공은 『경도잡지京都雜志』에서 "조정에 벼
슬하는 사대부는 반드시 담배합을 가지고 있어 철로 주조하여 은으로
매화나 대나무를 아로새기고, 자줏빛 사슴가죽 끈을 매달았는데, 담뱃
대와 함께 말 뒤를 따르게 한다"⁵라 하였고, 이옥은 "담배합에는 무늬목
에 황동으로 치장한 것이 있고, 황동에 꽃을 새긴 것이 있다. 또 놋쇠에
은색 꽃을 새긴 것이 있고, 검은 옻칠을 한 나무에 나전칠기를 상감으로
새긴 것이 있다. 이렇게 제품이 한둘이 아닌데 주로 지위가 높은 사람들
이 사용한다"라 하였다. 이옥이 상세하게 언급한 담배합은 철제와 주칠
朱漆 목제, 황동제, 놋쇠 등 대부분 고급 소재로 만들어졌다.
　담배합은 종류가 매우 다양하여 몇 가지 기준에 따라 분류를 달리해
볼 수 있다. 먼저 여닫는 방법에 따라 담배합과 담배서랍으로 나뉜다.

——— 작자 미상, 책거리(冊架圖) 8폭 병풍. 선문대학교박물관 소장. 고급스런 문방
구와 골동품 등 사대부 사랑방 생활소품의 맨 앞줄에 장죽이 호기롭게 가로놓
여 있다. 그 밑에는 복(福) 자 무늬와 은입사 장식을 한 철제 담배서랍이 놓여
있다. 선비의 고급 문화에 흡연과 흡연도구가 중요한 자리를 차지하게 되었다.

━━ 휴대용 담배합, 조선 후기, 필자 소장. 오목으로 만든 휴대용 담배합과 그 뚜껑이다. 여기에 잎담배를 채워넣고 끈을 매어 허리춤에 달고 다녔다.

담배서랍은 서랍처럼 밀어서 여닫는 것을, 담배합은 뚜껑을 위아래로 여닫는 것을 가리킨다. 소재에 따라서는 금속재와 석재, 목재로 구분한다. 금속재는 철이나 청동, 오동, 주석으로 합금하여 만들었다. 석재는 애석艾石, 납석蠟石, 오석烏石 등을 사용하여 제작했다. 금속으로 만든 것은 고려시대부터 발달시켜온 은입사 기법으로 장식성을 더했고, 목재에는 주칠을 하거나 나전칠기 공법을 적용해 화려함을 더했다. 형태는 팔각형, 장방형, 원형을 비롯해 다양했다. 문양은 전통 가구에 쓰이는 박쥐, 사슴, 토끼, 매화, 난초 등 길상吉祥을 뜻하는 다양한 무늬를 사용했고, 복福, 수壽, 만卍, 희囍 등의 상서로운 글자를 새겨넣었다.

김려는 철제 담배합을 소재로 시를 지었는데 담배합을 소유한 사람의 자부심을 잘 드러내고 있다.

은실이 서려 있는 철제 담배합	鐵盒銀絲蟠
고르게 둥글어 달과 같은 모양일세.	勻圓月樣質
진주의 솜씨 좋은 장인은	晉陽高手工
정교한 솜씨 대적할 이가 드무네.	精緻尠儔匹

서민의 흡연도구 담배쌈지

담배합이 부귀한 이들의 것이라면 서민들이 주로 사용하던 도구는 담배쌈지였다. 초기에는 가죽이나 종이, 헝겊을 소재로 만들어서 주로 휴대용으로 사용했는데 나중에는 양반들까지도 애용했다. 옷소매나 호주머니에 넣는 쥘쌈지는 둘둘 말도록 만들었고, 허리에 차는 찰쌈지는 쌈지 입구를 끈으로 졸라매어 허리에 찼다. 종이를 기름에 절여 두루주머니 모양으로 만든 '사라지'란 이름의 담배쌈지도 널리 사용됐다. 기름을 두껍게 먹여 응고시킨 종이를 보통 사라지라 부르는데 비단 쌈지일지라도 속에는 이 사라지를 깔아서 담배가 마르지도 않고, 냄새가 밖으로 새어 나가지도 않게 했다.

품질 좋은 쌈지를 생산하는 곳으로는 평양을 첫손가락에 꼽았다. 이옥은 『연경』에서 평양을 선두로 하여 개성과 전주 제품을 그다음으로, 한양의 제품을 그다음으로 평가했다. 평양이 쌈지 생산지로 유명하다는 것은 신택권申宅權이 지은 「담배쌈지草匣」라는 시에서 확인할 수 있다.

한 자나 되는 아주 짙은 노란색	一尺深黃色
단단하고 부드럽기를 한 몸에 갖추었네.	剛柔本竝才
남만 땅 풀을 간직하는 도구로서	爲儲南土卉
관서 땅에서 재봉한 것이 가장 귀하네.	最貴西關裁
폈다 감았다 어느 때나 참 좋고	舒卷隨時好
집에서나 길에서나 걱정이 없네.	行藏無處猜
젊은이들에게 신신당부 말하노니	叮嚀語少輩

담배가 찼는지 비었는지 늘 살펴보거라.　　　　　　每管盈虛來

쌈지의 기능과 특징을 경쾌한 감각으로 묘사했다. 쌈지의 최상품이
관서 땅에서 나온다고 했는데 다른 이들이 평양 제품을 최고로 평가한
것과 같은 맥락이다. 집에서고 외출해서고 언제나 편리하게 사용하기
좋은 점은 쌈지의 대표적인 장점이다. 둘둘 말거나 주머니 목을 주름 잡
아 여닫는 쌈지의 특징을 잘 포착했다.

평양 쌈지와 함께 높은 평가를 받은 것이 바로 누각동樓閣洞 쌈지였다.
20세기까지 한양 서촌 지역의 누각동은 쌈지의 생산과 판매로 큰 명성
을 떨쳤다. 이규경은 『오주연문장전산고』 「물산변증설」에서 대표적 명산
의 하나로 한양 누각동의 담배쌈지를 꼽았다. 「변강쇠가」의 사설에서도
누각동 쌈지의 명성을 확인할 수 있다. 변강쇠의 장사를 치르는 대목에
서 지나가던 사당패들이 장죽을 물고 가는 것을 본 움생원이 "이애 사당
들아! 너의 장기대로 한마디씩 잘만 하면 맛 좋은 상관上官 담배 두 구붓
씩 줄 것이니 쉬어 감이 어떠하냐?"라고 꼬드기는 내용이 나온다. 담배
라면 밥보다 더 좋아하는 그자들이 좋다고 노래를 부르는데 그중 한 사
당이 자진방아타령을 한다.

　　누각골 처녀는 쌈지장사, 어라 두야 방아로다.
　　왕십리 처자는 미나리장사 처자,
　　순담양 처자는 바구니장사 처자,
　　영암 처자는 참빗장사 처자.

누각골은 곧 한양 누각동으로, 이곳이 쌈지로 정평이 나 있다는 것이 널리 유행한 노래 가사에도 올라간 것이다.

한편, 쌈지는 보통 수공업으로 제작되어 판매되었으나 개인이 취미 삼아 만들기도 했다. 김려는 선비가 직접 푸른 비단으로 만든 쌈지를 얻고 난 기쁨을 시로 지었다. 성균관 유생이 비단으로 쌈지를 잘 만들었다고 하니 취미로 한 것으로 보인다.[6]

또 19세기에 함경도 부령의 기생 설향雪香은 예조판서 이삼현李參鉉에게 정성을 쏟아 손수 정교하게 쌈지를 만들어 선물했다. 그러자 이삼현은 그녀에게 답례로 참빗을 선물하고 두 편의 시를 지었다. 다음은 쌈지를 받고 쓴 시다.

기교 부려 만든 향초를 담는 작은 쌈지	草香小匣巧裁縫
섬섬옥수로 바느질하여 정인에게 부쳐왔네.	寄與情人玉手縫
시름 많은 나그네라 유독 담배 즐기나니	遠客多愁偏嗜吸
감았다 펴는 사이 꽃다운 얼굴 다시 본 듯하네.	捲舒如復對花容[7]

쌈지는 바느질 솜씨를 발휘하여 만들 수 있어서 여성들이 직접 만들기에 적합했다. 쌈지는 애연가가 늘 몸에 지니고 다니는 필수품이므로 연정을 표현할 수 있는 정겨운 선물이었다.

담배나 흡연도구의 최고급 제품은 삼등초, 부산죽, 김해간죽, 누각동 쌈지 등 지역명으로 불리며 수백 년 동안 명품으로 군림했다.

약초, 독초, 혹은 취미의 문제

불로초

자다가 깨달으니 창밖에 아이 왔다.

"불로초 왔사오니 혜실까 마르실까?"

그 아이 봉래산 아이로다 수고로이 왔도다![1]

담배를 파는 행상으로부터 담배를 산 일을 재미나게 묘사한 옛 시조다. 행상은 보통 "담배 사려!"라고 외치는데 이번에 찾아온 아이는 "불로초가 왔다!"라고 외쳤다. 주인은 신선이 사는 봉래산에서 오느라 수고했다며 담배를 산다. 이 시조의 멋은 담배를 불로초에, 행상을 봉래산에서 온 사자로 비유한 재치에 있다. 담배를 장생불사의 불로초에 비유해도 큰 거부감이 없던 시대의 풍경이다.

17세기 선비 신정申룡은 직접 담배를 심고서 그 기분을 이렇게 표현
했다.

번들번들 남쪽 바다에서 온 풀을	燁燁南溟草
정성 들여 보호하며 재배하네.	懃懃費護栽
신선 되는 처방이 본래 이 풀에 있나니	仙方本在此
구태여 봉래산을 찾아갈 필요 있나?	何必問蓬萊[2]

담배를 피우면 신선이 될 것이므로 신선이 산다는 봉래산까지 굳이
찾아갈 필요 없이 정성을 다해 담배를 재배한다. 이 시에서도 담배가 장
생불사의 욕망을 실현해주는 선약仙藥으로 미화되었다. 담배가 선약이
라는 관념은 당시 사람들 사이에 두루 나타난다. 신정과 동시대 사람인
박사형은 가사 「남초가南草歌」에서 "봉래 방장 제일봉에 불사초 있다 하
나, 동남동녀童男童女 간 뒤에 바라지만 아니 온다. 진시황이 너를 보았다

면 분명 너라고 여기리라"라고 노래했다. 진시황이 구하려 했던 불로초가 바로 우리 앞에 있는 담배라는 것이다. 뒷세상에 태어났기에 우리는 진시황도 못 구한 불로초를 마음껏 피우는 행운을 누린다.

담배는 약품으로 수용되었다

담배의 해독은 20세기 중후반에 들어와 의학적으로나 사회적으로나 큰 문제로 부각되었다. 암을 유발하는 등 담배가 건강에 미치는 해독은 금연에 절대적 동기를 제공하였다. 그런데 아이러니하게도 담배가 전 세계 구석구석에 급속도로 퍼진 계기는 담배에 의학적 효능이 있다는 믿음 때문이었다. 담배는 원산지에서부터 약품으로 이용되었다. 한국도 예외가 아니다. 일본인들은 서양 사람들에게 배운 그대로 부산에 와서 담배를 팔면서 담배는 신비한 효능을 지닌 약이라고 선전했다. 남령초南靈草란 이름에는 담배가 신비한 효능을 지닌 약초라는 메시지가 강하게 반영되어 있다.

따라서 초기에 담배를 접한 사람들에게 담배는 약초라는 인식이 광범위하게 퍼져 있었다. 일본 상인들은 덩어리진 가래를 없애주는 약으로 담배를 판매하였다. 유몽인은 담배를 피운다(吸. 飮)고 하지 않고 복용한다(服)고 썼다. 담배를 기호품으로 받아들이지 못하고 오로지 약으로만 받아들였다. 그런데 그는 좋은 약이 아니라 나쁜 약이라 했다. 조금의 효험은 인정했으나 임산부가 유산하거나 남자들이 몇 대 피우고 사망하는 부작용이 나타남을 들어 담배를 배격해야 한다고 했다. 하지만 거의 만병통치약으로 알려진 덕분에 3, 4년 사이에 온 나라 사람들이 앞다퉈 담배를 구매했다. 유몽인은 그런 현상을 개탄하며 원수의 나라 일본이 나쁜 독약과도 같은 담배를 이용하여 조선 백성의 씨를 말리려 하는 것으로 이해했다. 임진왜란이 끝난 지 10여 년밖에 지나지 않았으므로 충분히 그렇게 여길 만했다.

그런데 유몽인만 그렇게 본 것이 아니다. 몇 년 후배인 이수광도 비슷한 생각을 갖고 있었다. 그는 17세기 초 순천부사로 나가 읍지邑誌, 지방 고을의 지리지 『승평지昇平志』를 편찬했다. 1618년에 간행한 그 책에서 이수광은 순천에서 남령초를 약초로 재배하고 있다는 사실을 밝혔다. "남령초, 속명은 담파고, 남방 사람들은 그것으로 담증痰症을 치료하는데 현저한 효험이 있다. 그 방법은 왜국에서 처음 도입되었다"라는 짧지만 주목할 만한 기록이다. 이 기록은 조선에 들어온 지 10년도 되지 않아 담배가 약초로 널리 재배된 실상을 명확하게 보여준다.

그와 유사한 내용은 1614년에 완성된 『지봉유설』에 이미 등장하고 있다. 담배는 이 책의 「식물부食物部」 '약藥'조에 들어가 있다. 담배가 '풀[草]'이 아닌 약초 항목에 들어가 있다는 사실이 당시 담배를 보는 시각을 암시한다. 『지봉유설』의 이 항목은 담배의 초기 유통 방식과 담배에 관한 인식을 보여주는, 동아시아에서 가장 유명한 문헌 중 하나다. 다음과 같이 기록되어 있다.

> 담바고는 풀로서 남령초라고도 부른다. 근년에 왜국에서 처음 나왔다. 잎을 따서 바싹 말리고 불에 태운다. 병든 사람이 대나무 대롱으로 그 연기를 흡입하고 곧바로 뿜어내면 그 연기가 콧구멍으로부터 나온다. 가래와 습기를 제거하고 기운을 내리는 데 가장 큰 효능

이수광, 『지봉유설』 권 19, 「식물부」 '약'조, 목 판본, 성균관대학교 존 경각 소장. 『지봉유설』 은 한중일의 담배 유통 에 관한 가장 이른 시기 의 권위 있는 기록으로 유명하다.

이 있다. 게다가 술을 깨게도 한다. 현재 사람들이 많이 심는데 담배 복용법을 사용하면 매우 효험이 있다. 그러나 독성이 있어 가볍게 써 서는 안 된다. 어떤 이는 남만국에 담파고란 여인이 있었는데 담증을 여러 해 동안 앓다가 이 풀을 복용하고서 병이 나았기에 그 이름을 붙였다고 한다.[3]

흡연하는 행위를 처음 보아 낯설게 느끼는 태도가 뚜렷하다. 연기를 들이마시는, 역사상 유례가 없는 특이한 약품 복용법을 신기한 듯이 묘 사한다. 그리고 그 약품에는 독성이 있으므로 조심하라고 경계한다. 가 래와 습기를 제거하고 기운을 내린다(下氣)고 한 효과는 이후로 담배의 전형적 효능으로 굳어졌다. 기호품의 인상은 전혀 없이 오로지 약품으 로 묘사되고 있다.

그런 태도는 이수광과 동시대 사람인 택당澤堂 이식李植, 1584~1647에게 도 그대로 나타난다. 그가 지은 「남령초가南靈草歌」에 그의 인식이 잘 드러난다. 연기를 마시는 해괴한 처방의 약초가 체증도 뚫어주고 아픈 배도 고쳐내는 효과가 있기는 하지만 자신도 모르는 사이에 원기가 빠져 어른은 수척해지고 아이는 죽어가는 부작용이 있음을 경고하였다. 마지막 대목에서 담배를 피워 고통받는 이들을 직접 만났다며 다음과 같이 읊었다.

신기함을 추구하는 심리는 오래돼도 못 고치니	人情好異久難革
도도한 말세 풍속이 참으로 안타깝네.	末俗滔滔良可惜
해를 넘겨 먼 객지에 나그네로 지내면서	我來經歲作遠客
담배의 재앙 당한 이를 곳곳에서 만났네.	處處逢人做火厄
"약효를 모르기에 먹지 않는다"라 공자는 말했나니	先師未達不敢嘗
시를 지어 나 자신을 경계할 뿐 괴벽 떨지 않노라.	作詩自箴非乖僻[4]

담배의 독성과 해악을 경계하는 심리와 미지의 식물에 대한 두려움이 잘 보인다. 이수광과 이식 두 사람은 담배를 피우지 않았기에 독성에 대한 두려움이 더욱 컸을 것이다. 반면에 흡연자였던 장유는 독성이 조금 있어 많이 들이마시면 어지럼증이 생기기도 하나 오래 피운 사람들은 꼭 그렇지도 않다고 하여 흡연에 대한 두려움이 사라졌음을 보여준다.

동시에 약효를 믿고 담배를 피웠던 사람들은 그 약효라는 것이 허구임을 깨닫기도 했다. 합천 사람인 창주 허돈은 가장 이른 시기의 흡연자인데 담배가 들어온 지 10여 년 후에 쓴 글에서 약효를 믿고 담배를 오래 복용했으나 효험은 조금도 없고 단지 심기가 번란하고 정신이 어지러울 뿐이라며 흡연을 후회하는 글을 남겼다.

약품의 효능

장기 흡연자가 많아지면서, 담배가 건강에 위협을 주는 독초라는 두려움은 사라졌다. 마찬가지로 약초로서의 효능에 대한 신비감이나 기대도 상당한 정도로 사라졌다. 앞에서 살펴본 이들보다 몇 세대 뒤의 문인인 임수간은 「연다부」에서 가래병 앓는 이를 고친다는 효능을 인정할 수 없다고 하였다. 시험해본 사람들이 많아도 실제로 효험을 본 자가 없다고 부정하면서 담배는 독초도 약초도 아니라 하였다. 약품이 아닌 단순한 기호품으로 보려 한 것이다.

담배가 기호품으로 정착되고 나서 사람들은 담배의 의학적 효능과 성질에 대해 어떻게 생각하게 됐을까? 이옥은 『연경』권2 「담배의 성질」에서 그 효능을 세 가지로 요령 있게 설명했다.

> 1. 담배는 맛이 쓰고 맵다. 성질이 몹시 뜨거우며 큰 독성이 있다. 기분이 답답하고 가슴에 얹힌 것이 있거나, 목구멍에 가래가 생기고 심사가 좋지 않은 증세를 주관한다. 그리고 일체의 근심스런 생각을 치료한다.
> 2. 추위를 물리칠 수 있고, 악취를 몰아낼 수 있다.
> 3. 담배의 독성에 중독이 되면 무즙을 이용하여 푼다.

담배의 성질과 독성을 언급하고서 가래를 없애주는 의학적 효능이 있다 했다. 하지만 서술의 비중은 담배가 가져오는 심리적 효과에 쏠려 있다. 기분이 답답하고 가슴이 얹히며, 심사가 뒤틀린 현상을 풀어주는 게 담배요 일체의 근심스런 생각을 치료하여 심리적 만족감을 주는 게 담배란 것이다. 추위를 몰아내고 악취를 제거하는 것까지 포함하여 흡연자들이 상식선에서 합의할 수 있는 효과다.

한편, 이옥은 『백운필白雲筆』 「풀 이야기」에서 담배의 효능을 다시 거론하였다. 담을 제거하고 추위를 막는 일반적인 효과 외에도 회충을 없애준다는 민간에 퍼진 약효까지 제시했다. 게다가 악한 마음을 다스리고 우울증을 치료하는 심리적 효능까지도 인정하였다. 애연가인 이옥은 『본초本草』가 저술되기 전에 담배가 등장했다면 반드시 그 효능을 칭송한 내용이 들어갔을 것이라면서 담배의 의학적 효과를 신뢰했다.

뿐만 아니라 이옥은 각성제 효과도 거론하며 동남아와 중국 남부지역에서 흔히 먹는 빈랑檳榔을 담배와 유사한 식품으로 간주했다. 이러한 의견에는 다른 사람들도 많이 동의를 표했다. 이규경李圭景은 "담배가 지닌 약효도 인정할 만하다. 빈랑의 네 가지 효과에 비교한다면 과장인 듯하나, 추위를 막고 습기를 물리치며 기를 빠르게 소통시키고 골수에까지 퍼지게 하는 점은 틀리지 않다"[5]라 하여 이옥이 거론한 효과를 인정했다.

직업 의원의 견해

의술을 직업으로 삼은 의원들은 담배의 의학적 효과에 대해 어떻게 생각했을까? 많은 사람들은 건강과 밀접한 관련이 있어 보이는 담배가, 천연약물에 관한 정보를 집성한 『본초』에 실려 있지 않은 사실을 대단히 애석해했다. 명대 이시진李時珍이 편찬하여 1596년에 간행한 본초학의 명저 『본초강목本草綱目』에는 담배가 실려 있지 않다. 그 이전에 지어진 본초학 저서에는 당연히 나올 수가 없다. 1610년에 허준이 간행한 『동의보감』에도 실려 있지 않다. 허준이 담배에 관해 기록할 만한 조건이 형성돼 있지 않았던 때문이다.

동양권 의서에 담배가 등재된 것은 명말明末의 장개빈張介賓, 1563~1640이 편찬하여 1624년에 출간한 『경악전서景岳全書』가 처음이다. 의학적 권위를 인정받는 이 책에서는 담배가 각성제로서 심장과 폐, 간장, 비장, 신장을 따뜻하게 하고, 추위와 풍토병을 몰아내는 등의 효과가 있음을 인정했다. 그는 명말 남방지역 전투에서, 담배를 피운 진영 사람들만 풍토병에 걸리지 않은 뒤로 대거 흡연자가 많아진 사례를 들어서 의학적 효과를 입증하려 했다. "담배는 순수한 양〔純陽〕의 성질을 가져서 기운을 잘 통하게 하고 잘 흩어지게 하므로 음의 체질로서 체한 증상〔陰滯〕을 가진 사람에게 쓰면 귀신과 같다"라고 하여 담배가 대단한 효능을 가진 약초라고 주장했다. 물론 독성이 있어서 사용하지 말아야 할 사람이 있다고 분명한 경고를 하기도 했다. 하지만 전체적으로 흡연의 해를 지적하기보다는 의학적 효과를 인정하는 방향으로 평가했다.

그 뒤로 한의학계에서는 장개빈의 명성에 힘입어 담배가 지닌 의학적 효과를 인정하는 의원이 많았다. 『본초회언本草匯言』에서는 막혀서 뚫리지 않는 대부분의 병에는 흡연이 효과가 있다고 기술했다. 반면에 조학민趙學敏, 약 1719~1805은 『본초강목습유本草綱目拾遺』를 지어서 담배가 가래를 치료하는 것이 아니라 담배를 피우는 탓에 가래가 나온다고 지적했다. 또한 담배가 폐와 혈血을 손상시켜 흡연자들이 은연중 화를 입고 있으나 깨닫지 못한다고 하였다. 결론적으로 담배를 우호적으로 본 장개빈의 생각은 편견일 뿐이며 인정할 수 있는 효과는 오로지 장기瘴氣를 제거하는 것뿐이라는 소견을 제시했다. 상당히 진전된 견해가 아닐 수 없다.

장개빈의 『경악전서』는 조선의 의사들에게 많이 읽혔다. 담배의 효능에 대한 그의 서술은 적지 않은 영향을 끼쳤다. 예컨대, 다산 정약용은 정조에게 올린 상소에서 장개빈이 담배를 좋은 약품이라 치켜세웠다는 점을 상기시키면서 담배를 금할 수 없다고 주장했다. 다산의 예에서 보듯이, 흡연론자에게 장개빈의 서술은 든든한 이론적 원군이 되었다. 그렇다고 조선의 의학계가 전적으로 그 영향에 매몰된 것만은 아니다.

우선 사람들에게 많은 영향을 끼친 저작은 『증보산림경제增補山林經濟』다. 1766년에 저술된 이 책은 의서라기보다는 생활백과다. 하지만 저자가 어의御醫를 지낸 유중림柳重臨, 1705~1771이었기 때문에 의사로서 담배를 보는 견해가 충분히 반영되었다. 게다가 매우 널리 읽힌 책이기 때문에 그의 생각은 큰 영향을 끼쳤다. 그는 담배에 대한 의학적 소견을 다음과 같이 밝혔다.

> 독성이 있어 풍한風寒과 습장濕瘴을 치료하고 체기를 뚫고 가래를 멈추게 한다. 그러나 화기가 치올라서 피를 소모시키고 정신을 손상시킨다. 화기로 인하여 허탄하고 음허陰虛한 사람은 마땅히 금해야 한다.

의학적 효능을 일부 인정하면서도 그 해독을 분명히 밝혔고, 체질적으로 문제가 있는 사람은 금연해야 한다고 했다. 담배의 해독을 분명하게 인식하고 일정하게 금연을 주장하고 있어 흡연의 권장보다는 금연 쪽에 기운 태도를 보여준다.

유중림보다 한 세대 뒤의 명의로서 내의원 수의首醫를 지낸 강명길康命 吉은 1799년에 『제중신편濟衆新編』을 간행했다. 그는 정조의 어명을 받아 책을 편찬했다. 『동의보감』을 크게 활용했으나 새로운 내용과 내의원의 경험방을 보충한 의서로 전국에 널리 보급되었다. 책의 뒷부분에 약의 성질을 간명하게 정리한 「약성가藥性歌」를 새롭게 첨가했는데 그 마지막 약품으로 담배를 실었다. 효능과 부작용, 금연해야 할 사람에 대해 서술하고 있다. 그 내용은 사실상 『경악전서』를 간추린 것에 불과하지만 "음체陰滯에 쓰면 신효神效가 있다"는 점을 앞세워서 담배를 권장하는 태도를 보였다. 하지만 담배를 피우지 말아야 할 체질을 함께 제시했기 때문에 『증보산림경제』가 보여준 태도가 없는 것은 아니다.

1868년 저명한 의원인 황도연黃度淵이 『제중신편』「약성가」의 내용을 『의종손익醫宗損益』이란 단행본 저술로 증보했는데 독초 항목의 하나로 연초를 그대로 가져다 썼다. 이후 황도연은 『방약합편方藥合編』에 다시 담배의 항목을 그대로 전재했다.

이렇게 『제중신편』에 담배가 약초로 버젓이 수록됨으로써 이후 대중적 명성을 얻은 의서에도 자연스럽게 담배가 약초로 등재되었다. 우연일까? 아니면 필연일까? 앞서 살펴본 정조의 「남령초 책문」에는 "남령초를 월령에 싣고 의서에 기록하도록 명령한다"라는 내용이 있는데 사실상 이 내용은 의원에게 담배를 약초로 편입시키라는 국왕의 명확한 지시다. 정조는 과거에 나온 많은 의서에 담배를 다룬 내용이 없는 것을 결함으로 여겨 이렇게 특별한 명령을 내렸다. 어의는 새 의서를 편찬

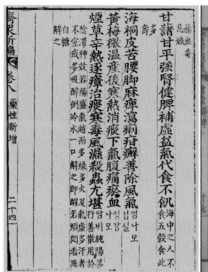

— 강명길 편, 『제중신편』, 1799, 국립중앙도서
관 소장, 활자본.

— 황도연 편, 『의종손익』, 1868, 국립중앙도
서관 소장, 목판본.

하면서 국왕의 명령을 그대로 따르되 자의적으로 서술하지 않고 권위를
인정받는 『경악전서』의 내용을 축약하여 기술하였다. 조선 후기로부터
현재에 이르기까지 가장 널리 활용된 한의서에 담배가 약초로서 등재된
것은 정조의 명령에 따른 것이다.

담배의 민간치료법

삼 년 되는 토질병土疾病을 너 아니면 뉘 고치며
어린아이 회충병을 너 아니면 뉘 당하리?
담천痰喘, 가래와 천식에도 영약靈藥이오 독종毒腫에도 명약名藥이라.

안자顔子. 공자의 제자 안회顔回의 조사무사무死. 일찍 죽음함과 백어伯魚. 공자의 아

들의 유질有疾. 병이 있음함이

도금到今. 지금 이르러하여 생각하니 너 못 먹은 탓이런가.

- 「연초가煙草歌」

「연초가」는 담배를 찬미한 가사다. 당연히 흡연의 좋은 점을 과장되게 서술하기 마련이다. 이 작품에서 담배가 여러 가지 질병에 큰 효험을 발휘한다고 치켜세웠다. 토질병과 어린아이 회충, 가래와 천식, 그리고 심한 종기에 큰 효과가 있다고 하였고, 이 대목 뒤에는 곽란에도 신통한 효과가 있다고 하였다. 이런 효과는 앞에서 살펴본 여러 의서에서는 거론하지 않았다. 「연초가」에서 제시한 치료법은 허황된 과장이 아니라 20세기 초반까지도 민간에서 흔히 사용하던 처방이다. 한두 가지 사례를 살펴본다.

18세기의 저명한 과학자이자 수학자인 황윤석黃胤錫은 1767년 10월 26일을 전후하여 감기 증세를 앓았다. 이날 체증이 매우 심하여 담뱃대를 찾아 담배를 피웠다. 그는 본래 흡연을 좋아하지 않던 비흡연자였다. 체증을 치료하고자 담배를 피운 것인데 황윤석 같은 당대 최고의 과학자가 그 처방을 쓴 것은 그와 같은 방법이 당시에 널리 통용되었음을 말해준다.

「연초가」에서 독한 종기에 담배가 명약이라 했는데 이 처방도 매우 흔하게 사용되었다. 심지어는 대궐에서도 사용했다는 증거가 있다. 순조의 셋째 딸 덕온공주德溫公主가 유방에 종기가 나서 고생하였다. 친모인 순원왕후純元王后는 공주를 궁에 들어오게 하여 담배침을 유방의 종기에

——— 순원왕후, 남령위에게 보낸 한글 편지, 조용선 소장.

발라 치료하였다. 그 사실은 왕후가 사위인 남령위南寧尉 윤의선尹宜善에게 보낸 한글 편지에 보인다.[6] 편지의 해당 대목은 다음과 같다.

> 내 담배침을 그사이 연하여 발
> 라보니 그는 해롭든 아닐 듯해. 궁금해할 듯(하여) 적네.

공주가 병환의 치료차 궁에 들어가 있을 때, 사위가 소식을 궁금해할까봐 공주의 병세와 치료 상황을 자세하게 써서 보낸 편지 가운데 마지막 대목이다. 공주의 유방에 난 종기가 잘 낫지 않아서 신성병神聖餠과 채가새를 붙였으나 종기의 핵이 아직 풀리지 않았다고 하면서 환부에 담배침을 발라보니 해롭지 않다고 하였다. 지중至重한 왕후가 공주의 유방에 난 종기를 치료할 때 담배침을 썼다는 것은 그만큼 그 처방과 치료 효과에 대한 믿음이 있었다는 증거다.

다산 정약용의 담뱃재 최루탄

담배는 그 밖에도 때로는 의약으로, 때로는 화학적 용도로 다양하게 사용되었다. 예컨대, 벌레나 뱀을 다가오지 않게 하거나 뱀에 물린 상처를 처치할 때도 담뱃진을 붙여서 독을 제거했다. 가죽제품에 좀이 스는 것을 방지하고자 담뱃재를 쓰기도 하고 아니면 담배의 줄기와 잎으로 가죽제품을 말아 감싸기도 했다.[7] 그중에서 담배를 최루탄으로 사용하자는 흥미롭고 희한한 주장까지 제기되었다는 것은 지금까지 알려져 있지 않았다.

다산 정약용은 국토방위의 책략을 집대성한 『민보의民堡議』를 저술했다. 그 책에는 흥미롭게도 다양한 새로운 전술과 무기가 소개되었다. 그 가운데 성곽을 외부의 적으로부터 방어하는 문제를 다룬 '민보수어지법民堡守禦之法'이 있다. 여기에서 성곽을 공격해들어오는 적군에게 바위나 돌을 던지는 법을 비롯해 끓는 물과 독약을 뿌려 화상을 입히는 법, 분뇨를 적의 얼굴에 쏟아붓는 똥대포(糞砲) 따위의 방어용 무기를 새롭게 제안하였다. 그 방안 가운데 하나가 바로 최루탄(吹灰)이다. 공격해오는 적군에게 재를 뿌려서 눈을 뜨지 못하게 하거나 눈물을 흘리게 하여 진격을 포기하고 물러나게 만드는 전술이다.

그 제작법은 이렇다. 가죽주머니로 바람을 일으키는 풀무를 만든다. 새부리 같은 주둥아리를 길게 단다. 주머니 안에 독한 재를 채우는데 담뱃재[烟茶灰]나 고추가루[茄灰]를 활용한다. 한 길 되는 두 개의 자루[柄]를 달아서 적을 향해 가루를 날리면 모두 눈물을 흘리며 머리를 감싸쥐고 달아난다.

이 전술은 바람이 불 때 적에게 석회나 재를 뿌리던 방법을 응용한 것이다. 다산은 바닷가에서는 조개를 태운 신회[蜃灰]가 석회보다 낫다고 보았다. 그래서 신회나 담뱃재[草灰]를 사용하되 밀가루와 섞어서 가루를 내어 쓰면 좋다고 했다. 이때 극약인 비상이나 매운 고추[辣茄], 천초[川椒] 따위의 독극물이나 강한 자극성을 가진 첨가물을 더하면 효과가 더욱 좋다고 하였다. 독성을 지닌 담뱃재를 사람의 눈에 살포하여 눈을 뜨지 못하게 하거나 눈물을 흘리도록 하여 퇴각시키는 무기로 제작하자는 제안이다. 이는 초보적인 최루탄의 하나다. 실제로 사용되었다는 증거는 보이지 않으나 당시로서는 매우 흥미로운 제안이다.

담배 먹고 자결하다

조선 후기에는 여성들이 자결할 때 쓰는 독극물로 담배가 이용되었다. 담배에 함유된 니코틴의 독성이 생명을 앗아갈 만큼 치명적이라는 사실을 알아서 이용한 것이다. 실제로 담뱃잎에서 추출한 니코틴은 청산가리만큼 강한 독극물이다.[1] 니코틴은 특정 수목이나 균류에 자연히 함유되는 알칼로이드 물질의 하나다. 모르핀과 같은 전형적 식물성 독극물과 같은 종류다. 니코틴은 많은 양을 섭취하면 심부전을 일으키고, 호흡 기능을 마비시켜 질식사에 이르게 만든다. 치사량은 대략 40밀리그램에서 60밀리그램이다. 담배 한 개비에 포함된 니코틴의 양을 정제하면 성인 한 사람을 죽일 만큼 위력이 있다. 실제로 1850년 벨기에의 이포리트 드 보카름 백작은 담배에서 추출한 니코틴으로 부인의 오빠를 살해하는 데 성공하기도 했다.[2] 다만 담배가 타들어가는 동안 거의 연기가 되어 사라지므로 흡연자가 실제로 들이마시는 양은 극소량이다.

담배가 함유한 그 치명적 독성을 조선에서는 여인들이 자결하는 독극물로 이용하기도 했다. 한 번에 다량의 담뱃잎을 먹거나 다른 약과 함께 먹어서 자결한 사건이 몇 건 발견된다. 두드러진 사례 세 건을 차례로 살펴본다.

이덕무의 손녀이자 검서관 이광규李光葵의 딸은 자결했다. 그녀는 송강 정철의 후손인 정승환鄭昇煥에게 시집가서 2남 1녀를 두었다. 경상도 단성현감으로 부임한 시아버지를 따라가서 지낼 때 남편과 시아버지가 함께 죽었다. 서울 친정집으로 돌아온 이씨는 집안사람들을 안심시킨 뒤 정자에 올라가 약을 먹고 자결했다. 그녀가 자결에 쓴 약은 직접 제조한 것으로 간장에다 담배를 타서 만들었다.[3] 철저한 금연가였던 이덕무의 손녀딸이 담배를 먹고 자결했다는 것은 아이러니다.

조병우趙秉愚의 아내인 광산光山 김씨도 담배를 이용하여 자결했다. 충청도 연산連山 사람인 그녀는 혼인하자마자 남편이 죽었다. 자결하기로 마음먹고 집안사람들을 안심시킨 다음 시집 어른에게 담배를 피우게 해 달라고 청했다. 과부가 된 것을 불쌍히 여겨 허락했더니 김씨는 몰래 담배를 물에 담가 삼키고 다른 약도 함께 먹었다. 바로 병이 나서 여름철 곽란이 난 것처럼 구토하고 설사했다. 의원들이 치료해도 차도가 없었다. 소금물이나 쌀뜨물, 꿀이나 생강차 등을 권하였으나 핑계를 대어 먹지 않았다. 해독 작용이 있다는 것을 알고 일부러 피한 것이었다. 집안사람들이 담배 항아리와 약보따리를 찾아내어 자결하려는 것임을 알아차렸을 때는 벌써 숨이 끊어진 뒤였다.[4]

이 밖에도 1626년 남원 윤씨가 남편이 죽자 따라서 죽기로 하였다. 최소한의 음식을 먹는 둥 마는 둥 하다가 흉복통이 있다는 핑계로 남령초를 구해 피우고 소주 한 잔을 마셨다. 이불을 두껍게 덮고 누워서 죽었다. 윤씨는 자결의 방법으로 남령초와 소주를 사용했다. 담배가 들어온 지 얼마 되지 않은 시기에 벌써 그 독성을 자결하는 데 이용했다.[5]

가루를 마시고 재채기를 하다

코담배는 내 목숨이 달려 있는 것이니 단단하고 두껍게 싸서 손상되
지 않게 보내주게. 이를 부탁하며, 더이상 예를 갖추지 못하네.

코담배를 상하지 않도록 잘 싸서 보내달라고 신신당부하는 편지의 한
대목이다. 이것은 그 유명한 추사 김정희가 북경에 가는 역관 오경석吳慶
錫에게 보낸 편지에서 마지막으로 당부한 대목이다. 목숨이 달려 있다고
너스레를 떠는 품새로 봐서 코담배에 심히 중독된 상태가 틀림없다. 그
렇다! 추사는 장죽으로 잎담배를 피우는 평범한 조선 사람과는 딴판으
로 코담배를 애호했던 것이다.
　추사가 즐긴 코담배비연鼻烟, snuff는 콧구멍에 대고 향기를 맡거나 약
간 들이마시는 가루담배다. 담배 가루에 향료를 첨가하여 흡입하면 코
의 점막을 자극하여 재채기가 먼저 나온다. 이 새로운 흡연법은 아메리

카 대륙의 원주민 풍습으로부터 전해졌다. 17세기에 유럽의 상류사회에 번지기 시작하여 18세기에는 전 유럽에 크게 유행했다. 영국에서는 『로마제국쇠망사』란 명저를 저술한 역사학자 에드워드 기번1737~1794이 즐겨 피워 온 나라에 유행시켰고, 프랑스에서는 계몽주의의 전파와 함께 코담배가 퍼져서 전 유럽의 상류사회에 퍼졌다.[1] 몰리에르의 희곡 『돈 후안』의 첫 장면은 스가나렐 혼자 코담배 병을 들고 나와 담배의 미덕을 찬미하는 내용으로 시작된다.

> 아리스토텔레스가 뭐라 해도, 모든 철학을 동원해도, 담배에 비길 만한 건 없어. 교양인이라면 죽고 못 사는 담배. 담배 없이 사는 사람은 살 만하질 않은 게야. 담배는 인간의 머리를 즐겁게 해주고 정화시켜줄 뿐만 아니라 마음에 미덕까지 갖추게 해주지. 담배를 피우면서 교양인이 되는 법을 배우는 거야.[2]

코담배가 신사 숙녀가 즐겨야 할 교양 있는 기호품으로 묘사되었다. 파이프 담배를 서민들이나 피우는 저급한 것으로 차별화하면서 코담배를 고상한 흡연법으로 치켜세웠다. 유럽의 흡연법은 마침내 중국 대륙으로 번졌다. 유럽으로부터 전해진 코담배 흡연은 중국 황실과 상류층에 널리 퍼졌다. 중국에서도 담뱃대로 흡입하는 담배를 평범하거나 저급한 것으로 간주하면서 코담배는 유행을 선도했다.

코담배에서 특별히 주목할 점은 담배를 담는 용기가 대단히 발달했다는 것이다. 유럽은 말할 것도 없고 중국은 이른바 코담배를 담는 비연호 鼻煙壺라는 도구가 최고급 공예품 예술로 발달했다. 금은·호박·경옥·대

—— 건륭제 시대에 제작된 각양각색의 화려한 비연호, 타이완 고궁박물원 소장.

모玳瑁. 바다 거북의 등껍질·상아·유리 등 각종 고급 보석으로 가공하여 예술품의 경지에 이르렀다.

연행에서 코담배를 맛보다

중국에서 코담배 유행을 선도한 것은 유럽 선교사들이었다. 마테오 리치가 중국에 처음 코담배를 소개했다는 주장이 설득력 있게 전해진다. 18세기 이후 중국 상류층에서 코담배가 크게 환영을 받았는데 그 유행에 앞장선 계층은 여진족 귀족들이었다. 1년에 몇 차례나 북경에 가는 조선 사절단에게 그 색다른 흡연법이 관심을 끌지 않을 까닭이 없었다. 사절단에는 당연히 흡연자가 많이 포함되었고, 그들이 상대하는 부류가 대부분 상류층이었기 때문이다. 코담배 문화를 접촉하는 정황은 연행록에 고스란히 전한다. 가장 이른 시기의 문헌이 바로 『노가재연행일기老稼齋燕行日記』다. 1713년 1월 25일 김창업金昌業이 북경의 자금성 내부를 구경하다가 환관들과 만나 대화를 나누는 장면이 여기 묘사됐다.

> 환관 몇 명이서 나를 안내하여 북쪽에 있는 집으로 들어가 차를 대접했다. 이때에 비장 셋은 벌써 통관을 따라 문안으로 들어갔다. 한 늙은 환관이 "당신은 몸이 편치 않으신가요?"라 묻기에 "담화증痰火症이 있는데 몇 년이 되어도 낫지 않습니다"라 답했다. 곁에 있던 한 환관이 쌈지에서 한 치쯤 되는 작은 병을 꺼내어 노란색 약가루를 쏟고는 코에 넣어 재채기가 나게 하였다. 그러더니 "당신은 코담배를 피울 줄 아나요?"라 묻기에 못한다고 답했다. "이것은 서양인이 만든 것인

데 담증을 고칠 수 있답니다. 황제께서도 쓰십니다"라 하였다. 내가 "그렇다면 조금만 얻고 싶습니다"라 하자 붓을 쥔 자가 자기가 차고 있던 병을 풀어 주기에 바로 화봉철花峯鐵로 사례하였다.[3]

환관의 말대로 강희제, 옹정제, 건륭제는 모두 코담배를 즐겼다.[4] 코담배가 일종의 약으로 보급되었고, 연기를 피우지 않고 재채기를 동반한다는 것도 기록한 대로다.

김창업이 그랬듯이 연행하는 사신들은 종종 중국 인사들로부터 코담배와 그 용기인 비연호를 선물로 받았다. 그로부터 몇 년 뒤인 1720년에 북경에 간 이기지李器之. 1690~1722도 천주당天主堂을 방문하여 소림蘇霖 등 서양인과 어울리면서 그들로부터 코담배와 코담배 병을 얻었다. 소림은 그에게 "이렇게 피우면 머리와 눈의 각종 질병과, 감기에 걸려 몸이 떨리는 증상이 모두 낫습니다. 근래 황제께서도 우리에게 배워서 이것을 하고 북경 사람들 중에도 점점 배워 하는 이들이 늘어납니다"라고 설명해주었다.[5] 이기지는 서양인으로부터 코담배와 비연호를 구하고자 노력했다.

또 50년 뒤인 1765년 담헌 홍대용이 북경에 갔을 때는 더 자주 코담배를 경험하였다. 홍대용은 북경에 거주하는 서양인들이 주로 코담배를 피우고 만주족과 중국인 귀족들이 코담배에 젖어 있으며, 비연호가 대단히 아름답다는 사실을 목격하고서 기록에 남겼다.

18세기 후반 북경에 간 연암 박지원도 다르지 않았다. 『열하일기』에는 산해관山海關까지 가는 길에 조선 사신을 호위하는 중국인 관원 쌍림雙林이란 건방진 자와 갈등하면서 밀고 당기는 사연이 재미있게 묘사되어 있다. 그자가 연암에게 다가와 말을 거는 한 대목이 다음과 같다.

> 내가 이때 종이를 꼬아서 코를 후비는 침을 만들고 있었는데 쌍림이
> 제 코담배 호리병을 끌러서 건네며 "재채기를 하시려는가보죠?"라
> 했다. 나는 받지 않았는데 그자와 말을 나누기도 싫고 또 코담배 피
> 우는 법도 몰라서였다. (…) 쌍림이 들어오기에 내가 웃는 얼굴로 맞
> 이하며 "영감! 한참 안 보이더군요. 요즘 안녕하시오?"라 하자 쌍림
> 이 좋아라고 자리에 앉으면서 삼등초를 달라 하였다.[6]

박지원이 코를 후비려는 행동을 중국 사람이 재채기하려는 시도로 오
해한 우스꽝스러운 장면이다. 박지원이 중국에 간 18세기 후반에는 변
방의 관원도 코담배를 즐겨 피웠던 것이다.

중국을 방문한 조선 사신들은 차차로 코담배 흡연에 적응해갔다. 중
국 황실에서 조선의 국왕과 사신들에게 코담배를 피울 수 있는 비연호
를 선물로 준 것도 하나의 계기가 되었다. 강희제, 옹정제, 건륭제는 외
국으로부터 코담배와 비연호를 선물 받았고, 역으로 건륭제 때에는 조
선과 라오스, 영국, 프랑스, 베트남, 태국, 유구국 등에서 사신이 오면
코담배와 비연호를 많이 선물하였다. 1802년에 조선 사신이 황제를 알
현했을 때 유리로 만든 비연호를 하사한 뒤로는 아예 관례로 정착되었
다.[7] 1790년 서호수徐浩修, 1832년의 김경선金景善이 황제를 알현했을 때
하사품의 목록에 그것이 들어 있었다. 서호수의 수행원으로 갔던 유득
공은 연희를 구경하고 난 뒤 각국의 사신들에게 선물을 하사하는 장면
을 시로 썼다.

동쪽 회랑과 서쪽 전각에 양탄자를 깔았는데 　　　　東廊西廡布花氍

외국의 사신과 번왕은 앉은 자리가 다르네. 　　　　蠻使番王坐位殊

정오 되어 군기처軍機處에서 하사품을 전해주니 　　　日午機房傳內賜

침향으로 꾸민 여의如意와 비연호일세. 　　　　　沈香如意鼻烟壺[8]

　북경을 네 차례나 방문한 박제가는 코담배가 유행하는 풍속을 주목하
여 다음 시를 지었다.

흡연이 천하를 바꿔놓더니 　　　　　　　火飲易天下

코담배의 풍속이 또 생겼네. 　　　　　　　鼻烟風又成

으스대며 비연호를 보여주고는 　　　　　　壺匕相誇示

숟가락으로 떠서 쉬지 않고 향을 맡네. 　　　刀圭嗅不停[9]

　중국인들이 코담배에 익숙하지 않은 조선 사람들을 만나서는 자랑삼
아 비연호를 보여주며 킁킁대며 코로 맡는 풍경을 그렇게 표현했다.

코담배에 중독된 조선 상류층

박제가는 중국이 코담배를 애호하는 풍속으로 완전히 전환했다고 했으
나 그 흡연법은 상류층 일부의 문화였을 뿐 일반적으로는 여전히 담뱃
대로 피우는 것을 선호했다. 청나라 상류층 문화를 선망한 박제가는 담
뱃대로 피우는 방식만 고집하는 조선의 흡연법을 고루하게 보았다. 친
구에게 보낸 시에서 박제가는 다음과 같이 말하고 있다.

조선 사람은 도자기라곤 음식그릇만 봐서　　　　　東眼於甕僅什錦

아이 모양 베개 자기에도 온 나라가 놀라 자빠지지.　舉國一驚孩兒枕

코담배가 도도하게 천하 풍속 바꿨건만　　　　　　鼻煙滔滔易天下

백여 년 지나도록 담배연기만 마시려 드네.　　　　百餘秊來學火飮

견문이 적으면 이상한 게 많은 것이 이치상 옳지.　少見多怪理則然

지혜를 좋아한다면서 멍청함을 자랑하는 죄가 벌써 많다.

　　　　　　　　　　　　　　　　　　　　　好智夸愚罪已稔[10]

　견문이 적고 문화적 다양성이 부족함을 조선의 병폐라고 꼬집었다.
그 사례의 하나로 그는 흡연 문화를 거론했다. 중국을 보면 코담배가 벌
써 대세가 되었는데 조선은 담뱃대로 피우는 법밖에 모른다는 것이다.
문화적 다양성에 높은 가치를 두었던 그의 관점이 코담배를 적극적으로
받아들이지 않는 문제까지 거론하게 했다.

　그렇다고 조선에 코담배를 즐긴 사람이 아예 없던 것은 아니었다.
한양의 일부 계층에서는 중국에서 들여온 코담배를 즐긴 사람이 꽤나
있었다. 경제적으로 넉넉한 양반이나 중인층, 기녀가 코담배를 향유했
다. 이학규는 18세기 말 서울의 사치 풍속을 다룬 작품에서 이렇게 지적
했다.

찻잔에 끓이는 차로는 보이차가 있고　　　　　　甌茗莆洱在

비연호에는 장미 이슬이 함께 있구나!　　　　　壺煙薇露幷[11]

　상류층은 보이차를 마시고 코담배를 피우는 사치를 즐기고 있었다.

모두 중국에서 수입한 것들이다. 이학규 자신도 개성의 부자 한재렴韓在
濂과 함께 코담배를 피운 적이 있다. 중국을 자주 출입하거나 수입한 명
품을 즐기는 일부 사람들에게 코담배는 남과는 차별화된 기호품으로 애
용되었다. 그 상징적 인물이 바로 박제가와 김정희다.

박제가는 공개적으로 코담배 애호가라는 사실을 밝힌 첫번째 인물이
다. 그 말고도 중국을 다녀오면서 코담배를 피워보고 귀국해서도 이런
저런 경로로 구해 피운 사람은 있으나 세상 사람들의 시선이 있어 공
개적으로 코담배를 즐긴다고 밝히는 이는 없었다. 더구나 관료나 사
대부는 감히 그러지 못했다. 하지만 박제가는 달랐다. 그는 중국의 차
와 코담배를 즐겼고, 그 사실을 남에게 밝혔다. 유배지에서 세 아들에
게 보낸 편지에 "온갖 일에 욕망이 모두 수그러들었으나 차와 코담배만
은 끊으려 해도 끊지를 못한다. 얻지 못하면 괴롭기 짝이 없으니 고질병
인 듯하다"라고 토로했다. 귀양지에서 지은 「석양에斜陽」란 시는 다음과
같다.

찌뿌둥한 구름이 낮게 깔리고 눈이 올 듯 어둑한데　　愁雲曳地雪模糊
강 건너 여진 땅 산에는 나뭇잎이 다 졌네.　　隔水胡山樹葉驢
지평선 밖에 석양빛이 한 줄기 비칠 때　　分外斜陽明一線
창가에 홀로 앉아 비연호를 매만지네.　　閑窓坐弄鼻煙壺

귀양지인 두만강가 종성에서 지은 시다. 두만강 너머 여진 땅을 바라
보며 비연호를 만지작거리고 있다. 비연호는 코담배가 떨어져 텅 비어
있다. 중국을 여행하며 코담배 피우던 것을 떠올리고 있으려니 마음껏

코담배를 피우며 중국 친구들과 어울리던 자유가 그립다. 비연호는 박제가에게 이국적 취향이자 자유 자체였다. 박제가는 중국 선진 문화의 수입을 강하게 주장했기에 당괴唐魁, 중국을 따르는 자의 괴수라는 악명을 얻기도 했다. 코담배란 별난 기호품의 향유는 그런 북학파의 태도를 상징한다.

한편, 박제가의 사상적 경향을 이은 제자가 김정희인데 코담배를 즐긴 것도 그와 꼭 닮았다. 제주도에 귀양 가 있을 때에도 추사는 아들에게 "코담배를 비롯한 물건들을 찾아 보내다오. 습기에 손상되는 물건이 있으니 재량껏 부치거라!"라고 하였다. 부탁하는 일용품 목록의 첫머리에 코담배가 있었다.

추사가 코담배 애호가라는 사실은 주변에 널리 알려진 사실이었다.

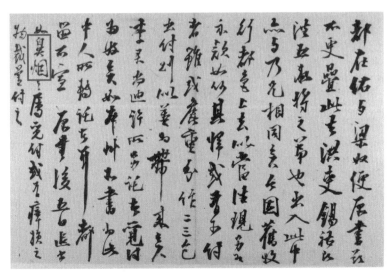

——— **추사가 제주도에서 집으로 부친 편지.** 추신에 코담배를 부탁하고 있다.

사람들은 김정희에게 코담배를 자주 선물했다. 그의 절친한 친구로 후에 영의정을 지낸 권돈인權敦仁이 제주에 있는 그에게 인삼과 코담배를 보내주었다. 추사는 다음과 같은 편지를 보냈다.

더구나 인삼과 코담배를 연달아 많이 내려주셨습니다. 우러러 성대한 보살핌에 힘입어 인삼은 먹어서 원기를 보충하고, 코담배는 들이마셔서 장기瘴氣를 막으렵니다. 더없이 머리 조아려 감사드립니다.

김유근金逌根이 갖고 있던 품질 좋은 비연호를 그의 사후에 추사가 갖고 있었다. 김석준金奭準이 그에게 한번 보여달라고 했으나 추사는 분실할 것을 염려하여 빌려주지도 않았다. 비연호와 코담배가 일부 상류층에 깊이 파고든 정황을 확인할 수 있다.

4부

담배와 모럴

15. 흡연논쟁

담배는 불온하다

저 남초란 물건은 본래 섬나라 오랑캐의 요사한 풀로 임진왜란 때 동
방에 흘러들어왔습니다. 『본초本草』에도 실린 적이 없는 것으로 맛은
몹시 맵고 성질은 몹시 독합니다. 배고픔도 해결하지 못하고 병도 고
치지 못하면서 머리를 묵직하게 하고 기운을 어지럽게 합니다. 풀들
사이에 자라도 김매어 없애야 하거늘 잘 자라 뻗어가도록 놔둬서야
되겠습니까?

-1734년 1월 11일, 전 중부참봉中部參奉 백규창白奎昌의 상소

흡연자와 비흡연자의 다툼

애연가들이 그럴듯하게 포장해 내세운 흡연의 이유는 어리고 젊은 세대
가 흡연자 그룹에 새로이 편입되는 데 지속적으로 영향을 미쳤다. 하

지만 그에 상응하여 흡연을 혐오하고 거부하는 주장도 거세졌다. 담배를 두고 흡연자와 비흡연자, 긍정론과 부정론이 갈등하고 대립하는 양상은 담배가 수입된 초기부터 현대에 이르기까지 끊이지 않고 되풀이되고 있다.

20세기 이후 최근 수십 년 사이에는 담배가 유해하다는 주장이 거스를 수 없는 대세를 이루고 있으나 그 이전에는 어느 한편의 주장이 결정적으로 지배적이지 않았다. 양쪽이 대등한 세력으로 엎치락뒤치락 자기편의 논리를 주장하였다. 조선 후기 300년 동안 흡연이 유익한가, 유해한가를 따지는 논쟁은 치열하고도 흥미롭게 전개되었다.

양자간에 벌어진 논쟁의 초기 모습은 1635년 이전에 완성되어 1643년에 발간된 장유의 『계곡만필』에 여러 항목에 걸쳐 소개되어 있다. 그보다 더 선명한 논쟁은 1646년 무렵 회의군懷義君 이철남李哲男의 「남초변南草辨」과 그에 반박하는 형식으로 이빈국李賓國이 쓴 「남초답변南草答辨」을 통해 엿볼 수 있다. 담배가 조선에 유행하기 시작한 지 30여 년 뒤에 흡연 문제를 놓고 서로 다른 견해가 크게 충돌한 셈이다. 철저한 흡연 배격론자였던 이철남의 글은 남아 있지 않으나 이빈국의 글은 그의 문집 『이계집伊溪集』에 실려 있다.

장수한 왕실 귀족인 이철남은 평생 담배를 피우지 않았다. 귀족사회에 큰 영향력을 지닌 이철남이 「남초변」을 지어 흡연을 반대하고 흡연자를 비난하자 이빈국은 그렇게 훌륭한 분이 왜 흡연을 비난하는지 모르겠다며 이철남을 이상한 사람 취급했다. 흡연자들은 이철남의 반대에 일종의 위기의식 같은 것을 느꼈던 듯하다. 그리하여 공자 같은 성인이 다시 태어나도 분명히 담배를 피웠을 것이라는 주장을 펼쳤고, 천하 모

─── **파주 보광사 감로탱, 1898.** 감로탱은 지옥에 빠진 중생을 극락으로 인도하고, 죽은 영혼을 위로할 목적으로 제작된 불화다. 사찰의 감로탱에는 민중들의 생활상이 구체적으로 묘사되었는데 담배를 문 모습이 등장한 것이 그 실례다. 지게에 독과 사기그릇을 지고 팔러 다니는 행상 두 사람이 보이는데 한 사람은 막 곰방대에 불을 붙이고 있고, 한 사람은 상투 꼭지에 곰방대를 꽂고서 가고 있다. 허리춤에는 담배쌈지가 보인다. 민중의 일상생활에서 흡연은 결코 빠지지 않았다.

든 이들이 마음으로 즐거워하고 입으로 즐기는 담배를 비난한 그를 비판했다. 이빈국의 반론만을 보면 흡연을 비판한 이철남의 논리가 빈약해 보인다. 그러나 실상은 그와 딴판으로 이철남이 내세운 견해가 상당히 강한 설득력을 지녔고 정곡을 찔렀기에 애연가인 이빈국이 그렇게 강하게 반발했을 것이라 추측할 수 있다.

담배가 수입된 이후 그 해독이 갖가지로 드러나고 흡연이 사회 문제로까지 확산되자 담배를 혐오하는 세력과 금연론자들의 목소리는 더욱 커졌다. 흡연이 야기하는 해악의 실상은 금연론자들에게 든든한 논리적 근거를 제공했다. 금연의 주장은 담배가 이토록 나쁜 것이라는 공감대 위에서 싹트기 시작했다.

담배, 피워야 하나 말아야 하나

담배를 피워야 하는지 말아야 하는지를 두고 단호하게 태도를 정한 사람들도 있었지만 다수는 습관에 따라 무의식적으로 담배를 피우거나 갈등하면서 태도를 바꾸기도 했다. 초기부터 그런 일들은 적지 않았다.

태호太湖 이원진李元鎭, 1594~1665이 그랬다. 담배가 처음 등장했을 때 청년기였던 그는 흡연자로 평생을 보냈다. 그에게 족손族孫인 청운靑雲 이해가 담배의 유익한 점과 해로운 점을 묻자 자신의 생각을 답해주었다. 성호 이익 선생의 친형이기도 한 이해는 나이 열두 살 때 벌써 흡연의 세계를 이해하고 담배를 예찬한 장편 고시 「남초가南草歌」를 지었다. 1660년대 어느 날 10대 소년과 70대 할아버지가 나눈 대화는 흡연에 대한 당시 흡연자의 태도를 잘 보여준다. 전문을 보인다.

청운: 정말 남령초가 유익한 물건인가요?

태호: 유익함이 있지.

청운: 어떤 점이 있나요?

태호: 가래가 목구멍에 붙어서 뱉어도 나오지 않을 때 유익하고, 구역
질이 나면서 침이 뒤끓을 때 유익하며, 먹은 것이 소화가 안 되
어 눕기가 불편할 때 유익하고, 가슴이 답답하면서 신물이 올라
올 때 유익하며, 한겨울에 추위를 막는 데 유익하고, 추위를 무
릅쓰고 입을 앙다물고 먼 길을 갈 때 유익하다.

청운: 그러면 지금부터 담배를 피워도 좋겠네요?

태호: 피우지 말거라!

청운: 왜요?

태호: 저런 유익한 점이 있기는 하나 해로움은 더 심하니까 그런다.
안으로는 정신을 해치고 밖으로는 귀와 눈에 해를 끼친다. 늙지
도 않았는데 사람을 늙게 만든단다. 담배 탓에 머리가 일찍 희어
지고, 얼굴이 일찍 검어지며, 이가 일찍 빠지고, 살도 일찍 빠진
다. 그 해로움은 이루 말할 수가 없다.

청운: 그렇다면 할아버지께서는 무슨 이유로 그만 피우지 않아
요?

태호: 내겐 기가 막히는 병이 있어서지. 그 병 탓에 담도 생기고 음식
이 잘 체한다. 담배가 기를 내리는 데 가장 효과가 빠르기에 그
해로움을 달게 받을 뿐이다. 그래서 나는 병이 있어도 그다지
심하게 금연하지 않는 것이 낫다.[1]

유   익함과 해로움이 다 있어도 이원진은 어쩔 수 없이 담배를

피운다. 그러면서도 손자에게는 피우지 말라고 권한다. 물론 이해는 그때부터 담배를 피울 생각을 단념했다. 담배의 장단점에 대한 정보는 1660년대에 벌써 알려질 만큼 충분히 알려졌다. 중요한 것은 그런 갈등 속에서 사람들이 어떤 선택을 하느냐 하는 것이다. 위 대화는 그런 갈등과 선택의 길을 보여준다.

위 내용은 대화를 나눈 이해의 아우 성호 이익이 『성호사설星湖僿說』의 「만물문萬物門」 '남초南草' 조항에서 인용함으로써 널리 알려졌다. 그러나 오역 탓에 이익의 생각으로 잘못 전해졌다. 이익은 태호 이원진이 말한 담배의 해악에 덧붙여 자신이 보는 담배의 해악을 세 가지 더 들고 있다. 악취가 나서 제사를 드릴 때 재계를 해도 신명과 교감할 수 없는 것이 첫째 해악이고, 재물을 없애는 것이 둘째 해악이며, 세상에는 할 일이 많아 걱정인데 상하노소를 막론하고 1년 내내 하루종일 담배에 급급하여 쉬지 못하는 것이 셋째 해악이라고 하였다.

이익은 이원진과는 달리 흡연 문제에서는 단호하게 금연론의 태도를 취하였다. 훗날 정상기鄭尙驥에게 위와 같은 취지로 편지를 보내 저술중인 『농포문답農圃問答』에 넣을 것을 권유하였다.[2] 정상기는 그 충고에 따라 그 책의 「나라 금령을 설정함設邦禁」에서 국가의 법령으로 금연정책을 마련하라고 주장했다.

담배는 왜 해로운가

담배는 왜 해로운가? 조선 후기 내내 담배가 유해하다는 주장은 다각도로 제기되었다. 담배는 개인의 건강에 해를 끼치고, 농업을 비롯해 산업의 여러 부문에 막대한 피해를 가져오며, 사치 풍조와 나태함을 조장하고, 풍기를 문란하게 하고 사회질서를 파괴하며, 화재를 발생시키고 물자를 손상시킨다는 것이었다. 그렇게 여러 측면에서 극단적인 혐오의 대상이 된 기호품도 담배 외에는 없다. 금연론자들은 담배의 해로움으로 무엇을 내세웠는지 살펴보자. 금연을 주장한 대표적 학자인 이덕리는 「기연다」에서 담배가 왜 해로운지 열 가지 항목으로 조리 있게 제시했다.

> 내 생각은 이렇다. 담배가 진기를 소모시키는 것이 첫번째 해로움이다.
> 눈이 어두워지는 것을 촉진하는 것이 두번째 해로움이다.
> 연기가 옷가지를 더럽게 물들이는 것이 세번째 해로움이다.
> 연기와 담뱃진이 의복과 서책을 더럽게 얼룩지게 하는 것이 네번째 해로움이다.
> 불씨가 늘 몸을 떠나지 않아 자칫하면 실수한다. 작게는 옷에 불구멍을 내고 방석을 태우며, 크게는 집을 태우고 들판을 태운다. 이것이 다섯번째 해로움이다.
> 입안에 늘 긴 막대기를 물고 있기에 치아가 일찍 상한다. 간혹 목구멍을 찔러 구멍을 뚫는 염려도 발생한다. 이것이 여섯번째 해로움이다.
> 구하는 물건이 작은 담배라서 큰 거리낌이 없다보니 위아래나 노소를 따질 것도 없고, 친소親疏와 남녀를 따질 것도 없이 서로서로 구하기를 그치지 않는다. 간혹 담배를 얻으려다 망신을 당하기도 하고,

간통을 매개하기까지 한다. 이것이 일곱번째 해로움이다.

집에 머무는 자는 화롯불의 숯을 끼고 살거나 그렇지 않으면 끊임없이 불을 가져오라 야단이다. 길을 떠나는 자는 부시와 담뱃갑을 챙기는 것이 언제나 번거로운 한 가지 일이다. 이것이 여덟번째 해로움이다.

한번 들이마시고 한번 내쉬는 행위가 오만한 자세를 조장하고 건방진 태도를 띠게 하는데 다른 음식에 견줄 정도가 아니다. 따라서 젊은이가 자리를 피해 숨는 습속을 만들고, 아랫사람이 윗사람을 범하는 조짐을 조장한다. 이것이 아홉번째 해로움이다.

담배란 물건은 항상 입과 손을 써야 한다. 그래서 일을 할 때에는 이쪽에서 거추장스럽고 저쪽에서 방해를 받는다. 다른 사람들과 대화를 나눌 때도 앞뒤의 말이 자꾸 끊긴다. 공경스런 자세를 지녀야 하는 의리에도 어긋나고, 또 용모를 단정히 하라는 가르침에도 소홀하게 된다. 이것이 열번째 해로움이다.

열 가지로 나열된 항목은 담배의 유해함을 종합적으로 정리하고 있다. 이는 이덕리만의 독창적인 관점이라기보다는, 당시 사람들에게 널리 퍼져 있던 관점을 조리 있게 정리한 것일 뿐이다. 그처럼 담배의 유해함을 조목조목 지적한 이들로는 이현목, 황인기, 이원진, 이익, 윤기, 안민수安敏修, 홍직필 등 여러 학자를 더 들 수 있다. 모두 10종 내외의 항목을 두어 담배의 유해함을 제시했는데 그 내용이 유사하다. 이덕리의 논의를 중심으로 살펴보자.

이덕리가 첫번째와 두번째로 제시한 담배의 해독은 건강상 좋지 못하

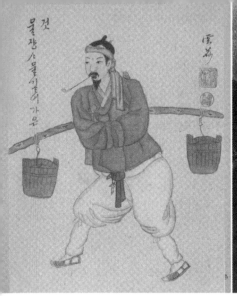 

——— 물장수(왼쪽)와 토담 쌓는 인부들(오른쪽). 구한말 화가의 그림과 사진. 물장수가 입에 곰방대를 물고 가고, 초가집 옆에서 일하는 인부의 절반이 입에 긴 담뱃대를 물고 있다. 일하는 중에도 흡연을 자제하지 않았다. 화재를 유발하거나 담뱃대에 목구멍이 찔리는 사고가 빈발했다. 구한말 흡연 풍속의 단면이다.

다는 것이다. 육체의 진기를 빠지게 하고 시력의 감퇴를 가져온다는 것인데 이는 일찍부터 지적된 사항이다. 17세기의 저명한 학자인 임영林泳. 1649~1696은 담배의 유해함을 읊은 「남초를 읊는다詠南草」에서 "우선 눈이 어두워짐을 느끼겠고, 다음으론 신기神氣를 손상시킨다先覺目視昏. 次第應損神"라고 했다. 그 밖에도 치아를 검게 하고 건강에 유익한 침을 자주 뱉게 만드는 점도 해롭다고 보았다.

다음으로 든 것이 담배의 연기와 불로 인한 해로움이다. 담배 연기와 담뱃재가 옷과 서책을 비롯해 주변 환경을 더럽게 만든다는 점도 빠짐없이 지적하고 있다. 더욱 심각한 것은 담뱃불이 크고 작은 화재를 유발한다는 점이다. 실제 담뱃불로 유발된 실화가 적지 않았다.

여섯번째 해로움으로 거론한 담뱃대가 목구멍을 찌르는 사고도 자주 일어났다. 지금으로서는 낯설지만 당시에는 흔히 볼 수 있던 사고였다. 그 위험성에 대한 우려는 구한말에 사회 문제로까지 대두했다. 구한말에 부산에서 개업한 일본인 외과의사는 장죽에 목구멍이 파열된 환자를 여러 번 치료하고서 조선인 흡연자는 야만적이라고 비아냥거렸다.

흡연은 사회를 불안하게 만든다

일곱번째로 넘어오면서부터 담배의 해로움은 점입가경이다. 개인적이고 물질적인 차원을 넘어 점차 사회와 풍속의 문제로 관심이 확산된다. 흡연자들이 담배를 구하느라 신분과 체면도 내팽개치고 아무에게나 담배 한 대 달라고 부탁하다보니 사회의 위계질서가 무너지고 예의와 염치를 무시하는 문제가 발생한다는 지적이다. 담배를 피우려는 욕망 앞에서 모든 사람은 평등해진다. 양반조차도 담배가 없으면 평민이나 노비한테 비굴하게 담배를 달라고 하는 세상이 되었다. 이현목은 「남초가南草歌」란 장편시에서 한양의 대로에서 지나가던 평민에게 담배 한 대 달라고 청했다가 훈계를 듣고 거절당해 창피를 본 사연을 생생하게 기록했다. 엄격한 신분제 사회에서 그처럼 위험한 것이 없다. 역사학자 안정복安鼎福은 『상헌수필橡軒隨筆』에서 담배의 유해함을 아래와 같이 설명한다.

> 담배를 피우고 싶어지면 행인에게 달라고 하면서도 이상하게 여기지 않으니 이것은 친소의 구별이 없는 것이고, 부녀자에게 달라고 하면서도 꺼리지 않으니 이것은 남녀의 구별이 없는 것이며, 노비에게 달

라고 하면서도 부끄러워하지 않으니 이것은 존비의 구별이 없는 것이다. 이렇게 위의가 무너지고 무람없는 버릇이 생긴다.

친소와 남녀와 존비의 구별이 흡연의 현장에서는 쉽게 무너진다. 담배를 주고받는 행동은 사람들 사이의 관계를 원만하게 만들기도 하지만 그 이면에는 신분의 엄격한 구별을 와해시키고 남녀 간 풍기문란을 조장하는 역효과가 있다. 그 때문에 흡연은 개인적 기호의 울타리를 벗어나 사회질서를 흐트러뜨리는 위험한 도구로 작용할 수 있다. 아홉번째 항에서 흡연이 젊은 사람들을 거만하게 보이도록 만드는 것을 우려한 이유도 그런 맥락에서다.

담배의 여러 폐해에 대해서 이현목도 「담바고 사연」에서 다음과 같이 지적했다.

게다가 농부들이 농사를 지을 때나 나그네가 길을 나설 때에는 바빠서 다른 일을 돌볼 겨를이 없다. 그러나 담배를 피우고 싶은 생각이 한 번 나면 꼭 피우고서야 생각이 사라지므로 농사에 방해가 되거나 출발을 막는 따위는 돌아보지도 않는다. 대체로 일을 하려는 사람으로 하여금 쉴 틈을 만들도록 유도하고, 태만하도록 조장하는 것이 이 풀이다. 심지어는 탕자가 봄나들이하고, 음부가 사통하는 짓거리가 대개 담배 한 대를 매개로 성사된다. 피차간에 담배를 주고받을 때 눈이 맞아떨어지고 오고 가며 담뱃대를 빠는 사이에 정을 도발한다. 그러니 풍속의 파괴가 특별히 이 풀이 빌미가 되었다고 할 수 있지 않은가?

사회의 미풍양속이 흡연 탓에 파괴되어가는 현상을 우려하고 있다. 또한 이현목이 지적한 것처럼 흡연은 서둘러 해야 할 일을 방해하는 훼방꾼으로 받아들여졌다. 그런 문제들이 쌓여 흡연은 개인적으로도 국가적으로도 발전의 큰 걸림돌로 간주되었다.

흡연은 게으른 사람의 상징

뿐만 아니라 흡연은 자유로운 활동을 방해한다. 매사에 거추장스럽지만 흡연자는 그것을 느끼지 못한다. 흡연은 사회 전반적으로 퇴행적 인간을 양산하는 좋지 못한 습관으로 받아들여졌다. 17세기 후반의 저명한 학자인 삼연三淵 김창흡金昌翕은 『갈역잡영葛驛雜詠』에서 다음과 같이 표현하고 있다.

조선에는 게으른 선비가 많아	朝鮮多惰士
가난해도 농사와 장사 일 하지 않네.	貧不事農商
부모가 굶주려도 모른 체하고	親飢猶忽視
높은 대청에 앉아 담배만 피운다.	吸草坐高堂

게을리 무위도식하는 선비의 전형적 형상을 담뱃대를 물고 있는 모습에서 찾았다. 장죽을 물고 한가로이 연기를 뿜어내는 모습은 게으른 인간의 전형으로 여겨졌다. 윤기는 반드시 망하여 요행을 기대할 수 없는 못된 인간의 23번째 부류로 입에서 담뱃대를 잠시도 떼놓지 않는 자를 들기도 했다.

우암尤庵 송시열宋時烈은 무위도식하는 고관들의 행태를 비아냥거리는 편지에서 창의문 밖 초부들의 사연을 거론하고 있다.

노형은 장의문莊義門 밖 나무꾼들의 회합 이야기를 못 들었나요? 근년에 나무꾼들이 비변사에서 대신들이 출근하여 일처리하는 것과 똑같이 했더랍니다. 잠깐 낮잠을 자고 일어나더니 남초를 달라 하여 한 대 피웠습니다. 그 뒤에 또 하인들에게 밥을 내왔느냐 묻고는 다 먹고 나서 "이제 돌아가자꾸나!"라고 하더니 곧장 서로 인사를 나누고 흩어지더랍니다. 이놈들이 정말 멋지게 표현해냈습니다. 하지만 비변사에 앉아 있던 대신들은 전에 백성도 되고 수령도 되고 감사도 되어 혀를 차며 비변사에서 하는 짓거리를 개탄했던 자들이지요. 한번 크게 웃을 일입니다.[3]

상놈들이 모여 한가롭게 담배 피우는 것을 '묘당공사廟堂公事'라고 부른다. 비변사에서 대신들이 하는 공무란 뜻이다. 그런 어처구니없는 과장된 표현이 나온 배경에는 실은 나라의 최고의결기구에서 한다는 공무가 대신들이 모여서 담배나 몇 대 피우고 흩어지는 것일 뿐이라는 뼈아픈 현실이 놓여 있다. 훗날 윤급尹汲도 우암의 이 글을 꺼내 무위도식하는 고관들을 비판했다.

청운 이해 역시 「후남초가後南草歌」에서 다음 시구를 썼다.

| 조정에서 대신들 마주하여 국사를 토의할 때 | 廟堂相對議公事 |
| 연기만 들이마실 뿐 깊은 고민 하지 않네. | 吸盡煙氣無深算 |

회의에 모인 대신들이 국가를 위한 대책에는 관심도 없이 나태하게 담배만 피워대는 것으로 묘사했다. 그래서 당시 민간에서 "비변사 공사는 남초뿐이다備局公事. 南草而已"라는 속담이 유행했다고 시의 주석에서 밝혔다. 우암이 말한 것과 똑같은 표현이다.

1775년 7월 9일 영조가 집경당集慶堂에 나아가 대신大臣과 비변사 당상관을 인견했을 때 집의執義 유의양柳義養이 조정 관리의 나태함을 거론하며 그 상징으로 "비변사에서는 날마다 모여서 군국 기무軍國機務에 대한 것은 듣지 않고 오직 담배나 몇 대씩 피우고 돌아갈 뿐이다"라고 꼬집었다. 담배 피우는 사람이 게으른 사람의 상징으로 굳어진 하나의 측면을 잘 보여준다.

16. 미풍양속의 파괴자

이성을 유혹하고
부모를 멀리하게 하는 요물

흡연을 반대한 사람들이 내세운 여러 이유 가운데 눈에 뜨이는 것이 바로 담배가 사회의 미풍양속을 해친다는 주장이다. 그 이유는 얼핏 보면 반대를 위해 만들어낸 견강부회의 죄목처럼 보이기도 한다. 하지만 그 해악이 건강이나 재물에 끼치는 손해보다 더 심각하다고 본 이들까지 있었다. 개인적 기호를 넘어 사회의 안녕과 질서를 천천히 좀먹는 요물로서 담배를 막아야 한다는 것이 그들의 완강한 주장이었다.

풍기문란의 주범

담배가 가져온 해악 중 하나로 풍기문란을 거론한 이들이 많았다. 서먹서먹한 낯선 사람과 친분을 트는 데 담배가 효과적임은 틀림없다. 아무리 상대가 낯설더라도 담뱃불을 빌리거나 담배를 권하는 것이 용인되는 관습을 역이용하여 생면부지의 사람에게 접근하여 상대방의 경계심을 누그러뜨릴 수 있다. 실제로 담배는 처음 보는 이성을 유혹하거나 도적이 행인을 유인하는 범죄의 도구로 악용되기도 하였다. 윤기는 「남초南草」란 글에서 다음과 같이 지적하고 있다.

> 인간의 윤리를 없애고 질서를 사라지게 하는 것은 모두 담배로부터 말미암는다. 그중 음험하고 비밀스러운 용도를 말하자면, 남녀 간에 음란한 짓을 할 때에는 담배 한 대 태우자는 말로 수작을 건다. 도적이 사람을 막고 도적질할 때에는 담배 한 대 빌리자며 말을 건다.

윤기가 거론한 현상은 담배 자체가 끼치는 해악이라기보다는 담배를 악용한 현상이다. 담배가 좋지 못한 일에 악용되어도 그것은 담배의 죄목으로 치부되었다. 담배가 실제로 악용된 사건들이 역사 기록이나 문학에 종종 등장한다. 현실을 잘 반영한 문학작품으로 꼽히는 야담집에서 그 예를 들어본다. 임방任埅이 지은 야담집 『천예록天倪錄』에는 「제독관이 궤짝 속에서 알몸으로 나오다」라는 이야기가 실려 있는데 그 내용 중에서 사통할 여자를 꾀는 수단으로 담배를 권하는 행위가 나온다. 심지어는 귀신에게 담배를 권하는 대목도 나온다. 또다른 야담집 『청구야담』에 실려 있는 「권씨 선비가 비를 피하다가 기이한 인연을 만나다」라는 이야기에는 여인이 선비를 유혹하는 도구로 담배가 등장한다.

> 남대문 밖 도저동에 사는 권權 선비가 성균관에서 공부했다. 하루는 승보시升補試를 치르고자 새벽에 반촌泮村, 성균관 동네로 가다가 길에

—— 백은배(白殷培), 〈탄금야흥彈琴野興〉, 간송미술관 소장. 기생은 거문고를 타고 남자는 장죽을 물고 있다. 여자와 음악과 담배는 남자에게 욕망의 표현이다.

서 소낙비를 만났다. 짚신에 갓모도 없어 위아래가 다 젖은 채 길가 초가집 처마에서 비를 피하는데 비가 오래도록 그치지 않아 진퇴양난이었다. 혼잣말로 "불이나 있으면 남초라도 피우겠는데"라 했더니 갑자기 머리 위에서 창을 밀치는 소리가 났다. 바라보니 젊은 여인이 불을 내어주면서 "어떠한 양반이온데 이 남초불을 걱정하시나요? 이제 불을 보내니 남초를 피우세요"라고 하는지라, 권 선비가 받아서 남초를 태웠다. 잠시 뒤 또 창 안에서 여인의 말이 들려왔다. "빗줄기가 이렇듯이 그치지 않는데 음습한 곳에 구태여 오래 서 있나요? 서먹서먹하게 여기지 마시고 잠깐 들어오시지요."

남녀 간의 불륜을 매개하는 이야기 속의 구체적인 장면은 현실 속에서 충분히 일어날 만한 에피소드다.

세대 간의 갈등을 조장하는 주범

담배가 풍속에 해를 끼친다고 지목당한 내용에는 특별한 주장이 있다. 바로 담배가 어른과 젊은이, 아버지와 아들의 사이를 떼어놓은 주범이라는 주장이다. 이유인즉슨 이렇다.

어른 앞에서 담배를 피워서는 안 되겠고, 그렇다고 담배를 피우지 않을 수도 없어서 자연히 젊은이들이 어른들 옆에 오래 붙어 있지 않는다는 것이다. 금연을 주장하는 몇몇 식자들은 이 현상을 심각하게 받아들였다. 효자로 알려진 19세기의 김상호金相鎬란 사람은 중년 무렵에 즐겨 피우던 담배를 끊으면서 "부모님이 늙으셔서 곁에 보살필 사람이 있어야 한다. 젊은이들이 부모 곁을 떠나는 이유가 바로 담배다"[1]라고 했다. 그가 금연한 이유는 부모 곁을 떠나지 않기 위해서였다. 담배를 피우려면 자주 부모 곁을 벗어나야 하므로 차라리 금연하겠다는 결연한 태도를 보였다.

아침저녁으로 부모를 뵙는 것을 효도의 기본으로 여긴 관습에서 흡연 탓에 효도가 방해를 받는다는 것은 대단히 심각한 문제가 아닐 수 없다. 윤기는 「어른과 어린이의 윤리와 높은 자와 낮은 자의 질서가 담배로 인해 파괴된다」는 글을 한 편 지어 건전한 질서를 망가뜨리는 물질로 담배를 지목했다. 그는 하늘이 담배의 손을 빌려 미풍양속과 질서를 무너뜨리고 뒤섞어서 뒤죽박죽의 세상을 만들려 한다고 보았다. 또 「남초」란 글을 지어 그 문제를 집중적으로 따져보았다. 백해무익한 요망한 풀이 부모와 자식 사이의 친분을 약화시키는데, 그가 밝힌 이유는 이렇다.

부모가 늙으면 자식들이 곁을 떠나지 않고 모셔야 하는데 조선에서는 잘 지켜온 풍속이다. 지금은 기필코 부모와 떨어져 다른 곳에 머물면서 친구를 만나고 손님을 마주하느라 종일토록 부모 앞에 얼굴 한번 보이지 않는다. 그렇게 풍습이 변한 이유는 한마디로 담배 탓이다. 담배를 가로물고서 기대고 누우며 남들과 담소를 즐기는 짓을 부모 옆에서는 할 수 없기 때문이다. 자연히 부모 곁에 가까이 가지 않는다. 그러면 어떻게 할 것인가? 그는 아들 셋을 둔 정승의 사례를 들었다.

정승은 아들 셋이 모두 조정에서 벼슬하는 관료가 되었다. 아들들이 분가하여 살고 싶어했다. 그러자 정승이 이렇게 말했다. "너희가 따로 살려는 이유는 다른 것이 아니라 담배를 피우고 기대고 눕는 짓을 내 옆에서 하기가 거북해서다. 이제부터 너희 하고 싶은 대로 담배를 피우고 기대도 좋다. 또 피곤하여 눕고 싶으면 병풍 너머에서 쉬도록 해라. 하지만 따로 거처를 마련하고 잡인들과 어울리는 것은 안 된다."

정승은 아들들의 분가를 허락하지 않는 대신 곁에서 담배를 피우도록 용인했다. 자식들이 곁을 떠나는 것은 볼 수 없고, 담배를 피우지 못하도록 할 수는 없기 때문에 이런 편법과 타협책을 제시했다. 하지만 그 자식들이 그 분부를 따랐을까? 감히 피우지 못했을 것이다. 윤기는 정승의 사례를 들면서 그 편법은 옳지도 않고 실현될 수도 없다고 보았다.

담배를 꼬나문 불량배

여기서 횡죽横竹이란 말을 눈여겨볼 필요가 있다. 담배를 가로로 꼬나문다는 뜻의 이 말은 17세기 이후 3세기 동안 유행하였다. 담뱃대를 입에 물고 담배를 피우는 풍속이 만들어낸 신조어다. 점잖은 사람이 긴 담뱃대를 물고 여유롭게 담배 피우는 모습은 아름답고 우아한 광경을 연출하였다.

그러나 담뱃대를 물지 못하도록 금지한 장소와 시간, 그리고 예법이 불문율과 성문법으로 제정될 만큼 흡연 행동에는 제약이 있었다. 예컨대, 궁궐이나 종묘나 왕릉 같은 제례와 종교의 공간에서는 흡연이 금지되었다. 또한 군대에서 행진하는 중이나 집합해 있을 때 대오 가운데서 담배를 피우는 것도 금지되었고, 국왕의 주변이나 존귀한 대신들 앞에서 담뱃대를 물고 있는 것 역시 금지되었다. 법을 집행하는 존귀한 분들 앞에서 담뱃대를 가로로 무는 모습은 버르장머리 없는 불손한 태도로 비쳤다.

그 때문에 횡죽은 사회에서 불문율로 지켜지는 윤리와 기강을 해치는 가장 일반적인 일탈로 간주되었다. 그렇기에 이명배李命培. 1672~1736는 가훈 가운데 횡죽을 금하는 조항을 따로 설정하여 넣었다. 그는 "연소한 젊은이가 거리를 지나면서 뒷짐을 지고 연죽을 가로물고 있으면 남의 이목을 크게 놀라게 하므로 그 책임이 부형에게 돌아갈 것이 틀림없다. 이는 비록 작은 예절이나 대단히 삼가는 것이 옳다"²라고 밝혔다. 그의 가훈은 18세기 초반 넘어서 거리에서 횡죽하는 젊은이들이 사회 문제가 되었음을 역으로 보여준다.

횡죽의 금지는 담배를 피우려는 욕구를 참지 못하고 금기를 스스럼없이 넘어서는 현상이 범람했다는 것을 말해준다. 횡죽하는 이들을 막거나 적발하여 처벌하는 사건이 자주 발생한 시기가 바로 정조 치세였다. 그 시대에 유난히 불법이 자행되었거나 처벌이 강화되어서가 아니다. 사소한 것이라도 문제가 되면 공론화됐던 개방성 때문이다. 『조선왕조실록』을 비롯한 공식 기록에서 찾을 수 있는 것만도 적지 않다. 몇 가지 사례를 들어본다.

1776년 12월 1일 성균관 유생들이 대거 대궐로 가서 상소를 올렸을 때 정원사령政院使令이 횡죽을 하고 힐끗 쳐다보고 갔다고 하여 불러다 혼을 냈다. 그런데 정원사령이 가만있지 않고 유생들에게 갖은 욕을 하고 고함을 쳐서 승정원과 성균관의 위상 문제로 비화하였다. 1786년 2월 21일 과거 합격자의 방을 내걸 때 금군장禁軍將 이수붕李壽鵬이 인정전 뜰에서 횡죽했다. 병조에서 엄히 곤장을 치고 귀양을 보냈다. 1796년 7월 14일 봉상시정奉常寺正 심수沈鉄가 출근하는 길에 새문안에서 서리胥吏가 횡죽하고 스쳐지나가며 조금도 피하는 태도가 없었다. 횡죽을 금하라고

───── 김홍도, 〈후원유연後苑遊宴〉(부분), 『사계풍속도병』 제3폭, 프랑스 기메 박물관 소장. 고귀한 신분의 주인 앞에서 악사들이 음악을 연주하고 기생들이 둘러앉아 있다. 친구는 담배를 물고 있고, 주인 앞에는 장죽과 화로, 연대(烟臺)가 놓여 있다. 비스듬히 눕거나 담뱃대를 무는 자세가 권력과 부를 가진 자들의 오만한 자세였다.

하여 다툼이 일어났다. 이 밖에 과거 시험장에서 국왕이 가까이 있는데도 방자하게 횡죽한 선비가 있어 과거 응시를 제한하였다. 그 밖에 고위직 관료와 신분이 낮은 이들이 대궐 안에서 버젓이 횡죽하는 일이 여러 차례 발생하여 처벌받았다.

이렇게 횡죽하다가 지적과 처벌을 받는 경우가 적지 않았다. 대궐 같은 곳이나 고위 관료 앞에서 횡죽하다 문제가 된 안건 위주로 사료에 남아 있다. 그 행위는 유교적 사회질서를 심각하게 해치는 일로 간주되었기 때문이다.

정승 채제공 앞에서 횡죽한 김관순

횡죽으로 인한 풍기문란과 질서 파괴가 극단적으로 표출된 사건이 정조 치세 후반인 1790년 5월에 발생했다. 그 핵심 당사자는 바로 남인 영수인 번암 채제공이었다. 삼정승 가운데 두 명의 정승이 결원이어서 홀로 정승 노릇을 했으므로 이른바 독상獨相, 막강한 권력자였다.

채 정승이 서대문 안쪽 거리를 행차할 때 두루마기를 입지 않은 선비 둘이 팔짱을 끼고 교자 옆에 서 있었는데, 그중 한 사람이 횡죽하고 있었다. 권두權頭, 정1품 아문에만 배정되어 있던 상급의 심부름을 하던 사람가 정승 앞이니 담뱃대를 빼라고 했다. 그런데 그자가 감히 정승의 이름을 부르며 "내가 왜 채제공을 보고 담뱃대를 빼야 하느냐?"라며 대들었다. 일반 유생이 정승 앞에서 담뱃대를 문 것도 큰 실례인데 감히 이름을 부르는 것은 무엄하고 모욕적인 소행이었다. 권두가 분을 참지 못하고 수행원을 시켜 그 둘을 전옥서典獄署에 잡아가두게 했다. 밤 3경쯤 수십여 명의 유생들이 몰려와 옥문을 부술 태세로 "두 사람을 풀어주지 않으면 전옥서 관원을 죽이겠다"며 협박하였다. 채제공이 놀라 수감된 두 사람을 형조로 이송하였다.

다음날 아침 파악해보니 횡죽한 자는 장동壯洞에 사는 김관순金觀淳으로 동부봉사東部奉事 김이의金履毅의 아들이었다. 노론 세력가 안동 김씨 집안사람으로 성균관에 다니는 유생 신분이었다. 통문을 돌려 채제공에게 욕지거리를 퍼부은 유생들은 노론 소속이 분명하였다. 채제공은 그들을 벌하려 했으나 다른 한 사람의 아버지가 잘못을 사죄하고 남들이 보는 앞에서 아들에게 매질을 하였고, 김관순의 할아버지 역시 "집에 패악한 손자를 두었다"며 사죄하자 풀어주었다.

문제는 여기서 그치지 않았다. 5월 12일 조진정趙鎭井이 그 사건을 거론하며 채제공을 혹독하게 탄핵하는 상소를 올렸다. 그깟 일로 선비를 욕보였다는 것이었다. 채제공은 조진정의 탄핵에 대해 장문의 사직상소를 올려 자초지종을 밝히고 사직을 청했다. 그에 대한 비답을 통해 정조는 대신을 모욕한 죄목으로 조진정을 유배 보내고, 야간 통행금지도 무시하고 소요를 일으킨 유생의 죄를 묻겠다고 했다.

뒷날 정조는 이 사건을 두고 『일득록日得錄』에서 이렇게 말했다.

근래에 풍습이 파괴되는 것은 사류士流들의 소행까지 포함하여 말할 수조차 없다. 이번 일만 가지고 보더라도 김관순의 무리가 노상에서 대신을 능멸한 일은 괴변이 아닐 수 없으며, 또 이위호李偉祜의 무리가 한밤중에 전옥서로 몰려가 죄수를 빼내려고 한 일은 더욱 망측하다. 명색이 사류로서 소행이 이와 같으니 어찌 유림을 욕되게 하는 것이 아니며, 어찌 보는 이의 웃음거리가 아닌가? 여기에서 세상의 풍토를 엿볼 수 있다.

노상에서 정승을 욕보인 행동의 발단은 바로 횡죽이다. 윗사람이 보기에 횡죽은 그 자체가 오만하고 존귀한 상대를 무시하는 태도의 표현이었다.

정승을 욕보인 김관순은 평소 행실이 못된 자이기에 중부학당中部學堂의 장의掌議로 있는 유생이면서도 저런 행동을 저질렀다. 정조가 괴변이라고 세상의 풍토를 개탄한 이유가 여기에 있다. 그로부터 9년 뒤 1799년 2월 30일 김관순은 야심한 시각에 노비 대여섯 명과 함께 여염집 과부를 끌고 가다가 장동에서 순라군에게 발각되었다. 그런데 적반하장으로 그들은 순라군을 난타하여 기절시키고 도망했다가 뒤에 잡혔다. 성균관 유생 김관순이 한 짓은 들도 보도 못한 해괴한 짓이라며 형조에서 처벌을 요청하였다. 망나니 선비의 행패는 한두 번이 아니었다.

17. 이덕무의 흡연 예절

'식후 땡'에도 예의가 있어야지

대객초인사 식후제일미

'대객초인사待客初人事' '식후제일미食後第一味'라는 말이 조선 후기 이래 널리 퍼져 있다. 손님을 대할 때 차려야 할 첫인사라는 뜻인 대객초인사는 손님에게 우선 담배 한 대를 권하는 예절을 가리킨다. 식사 뒤에 먹는 가장 맛난 것이란 뜻의 식후제일미는 담배를 가리킨다.

흡연은 거부할 수 없는 일상사가 되었고, 흡연자와 비흡연자는 갈등할 수밖에 없었으나 모든 면에서 흡연자가 우세였다. 흡연자의 담배를 피울 권리가 비흡연자의 담배를 피우지 않을 권리보다 우선했다. 적어도 담배의 도입 이후 1910년까지는 그랬다. 상황이 그랬기에 금연을 주장하는 논리는 적극적이고 공세적인 것이 아니라 소극적이고 방어적이었다. 그중에서도 아정雅亭 이덕무가 펼친 금연론이 독특하다.

─── 김홍도, 〈장터길〉(부분), 「단원풍속도첩」, 국립중앙박물관 소장. 말을 타고 시장에 가는 서로 다른 연령층의 남자들이 모두 입에 곰방대를 물고 있다. 말 위에서 담배를 피우는 것은 위험하여 금기의 하나로 여겼으나 전혀 개의치 않고 있다. 담뱃불을 붙이고, 부시를 치며, 담배를 빨고 있는 사람들의 상이한 표정이 생동감 있다. 이옥은 "입술로 풀무질을 해서 열었다 닫았다 뻐끔뻐끔 피운다"라고 흡연 방법을 설명했는데 볼이 움푹 들어가게 담배를 피우는 서민의 모습이 인상적이다.

　이덕무는 흡연의 기호를 부정하는 차원에서 금연론을 전개하지 않았다. 흡연자로 포위된 속된 세상에서 비흡연자로 사는 것이 얼마나 힘든가를 제시하고, 그럼에도 불구하고 흡연의 유혹에 결연하게 맞서서 흡연하지 말아야 한다고 말했다. 그리고 비흡연자가 흡연자와 어울려 사는 방법과 흡연자가 비흡연자를 고려하여 지켜야 할 에티켓을 합리적으로 제시했다.

이덕무는 담배와 관련한 문제를 상당히 많이 거론한 편에 속한다. 남초를 배격하는 열 가지 폄하의 글이란 의미의 「배초십폄排草+貶」이란 글을 지었으나 현재 전하지 않는다.[1]

이덕무는 『사소절±小節』이란 책 10여 조목에서 담배를 집중적으로 다루고 있다. 이 책은 품위 있게 살아가기 위해 일상생활에서 지켜야 할 잡다한 예절을 설명하고 있다. 규범에 얽매인 딱딱한 예절 상식이 아니라 당시 현실에 맞춰 생활 에티켓을 설명한 명저다. 여기에 적지 않은 비중으로 담배와 관련한 내용을 넣은 것은 담배가 그만큼 사람들 관계에서 중요하다고 판단했기 때문이다.

이덕무는 성품이 깔끔했다. 아정은 정조가 이덕무를 한마디로 아雅하다고 평가한 것을 영광스럽게 여겨 지은 호다. 기호도 그런 성품에서 벗어나지 않아, 그는 남들이 즐기는 것 네 가지를 하지 못한다고 밝혔다. 바둑을 두지 못하고, 소설책을 보지 못하며, 여자 얘기를 못하고, 담배를 피우지 못하는 것이었다. 또 그는 추락의 위험이 있는 북한산 백운대를 올라가지 않았고, 독이 남아 있을지 모를 복어국을 먹지 않았다. 이덕무의 아들은 그의 식성을 거론하며 "단것을 좋아하여 꿀을 한 되까지 드셨고, 흡연을 가장 싫어하셨으며, 복어를 들지 않으셨다"라 밝혔다. 위험한 짓을 사서 하지 말자는 가법을 실천했는데 그는 여기에 담배까지 추가했다. 그는 담배같이 몸에 이익이 되지 않는 것을 입에 대어야 할 이유를 찾지 못했다. 후손들은 그의 훈계를 잘 따랐다.

그는 금연 문제를 분명하게 거론하며 담배를 즐겨 피우는 풍속은 제왕이 다스리는 정치에서는 절대 금해야 할 일이라고 주장했다. 금연은 가정에서 실천할 문제로서 청나라의 저명한 학자 육농기陸隴其가 말한 "대현大賢과 군자君子 중에는 담배를 피우는 분이 없었으니 좋은 물건이 아님을 알겠다"라는 말을 인용하며 자녀들의 흡연을 엄금하는 가법을 세워야 한다고 했다. 그 자신이 가법으로 흡연을 엄금한 것을 모델로 제시한 것이다. 그는 어린 자녀에게 담배 피우기를 가르치는 부모가 있다면서 그들을 무식한 부모라 비판했고, 반면에 부모가 막는데도 몰래 피우는 자녀는 불초한 자라 비판했다. 금연에서 가정의 역할을 중시한 점이 돋보인다.

또한 가정 내에서 금연이 지켜지더라도 비흡연자들이 흡연 유혹에 빠지기 쉬운 사회 환경을 거론한 것이 흥미롭다. 『사소절』에는 다음 대목이 보인다.

> 담배를 피우지 않으면 모두 왜 그렇게 취미가 없냐고 말하는데, 그들은 담배 피우지 않는 것이야말로 큰 취미임을 전혀 모른다. 공자, 맹자께서도 틀림없이 담배를 피우지 않았을 것이다. 남들은 내가 담배 피우지 않는 것을 이상하게 여기고 권하기까지 한다. 그때마다 나는 피우지도 못하고 피울 필요도 없다며 사양한다. 어떤 사람은 어릴 때부터 피우지 않다가 취미가 없다는 말에 충동을 일으키거나 풍속에 어울리지 못할까봐 담뱃대를 마련하여 매운맛을 참느라 이맛살을 찡그려가며 억지로 배우기도 한다. 어찌 그리 형편없을까? 또 평소 존경하는 분이 우연히 담배를 즐기면 그분을 따라 흉내내어 피우는 자도 있다. 아! 풍습에는 정녕코 없앨 수 없는 것이 있다. 그러나 담배

피우는 일만은 결코 풍속을 따라서는 안 된다. 부형父兄이 하는 것을
자제子弟가 불쑥 바꿀 수 없다고 해서는 안 된다.

수많은 유혹에도 불구하고 자신이 담배를 피우지 않는 비흡연의 변을
장황하게 설명했다. 그 변은 흡연자가 담배를 끊도록 유도하기는커녕
비흡연자로 남아 있기가 얼마나 어려운지를 잘 보여준다. 유혹과 충동
질이 넘치는 흡연 공화국에서 자칫하면 흡연에 발을 들여놓게 되는 환
경이므로 마음 단단히 갖고 신념을 지키라고 당부하고 있다. 그는 담배
를 피우지 않는 것이야말로 진정한 취미라고 했다. 흡연을 취미 중의 취
미라고 여기는 세상에서 참으로 고독한 외침이다.

한편, 이덕무는 담배를 불교에서 말하는 담악초痰惡草에 빗대어 말하
기도 했다. 『석문의범釋門儀範』이란 책에는 다음과 같은 이야기가 실려 있
다. 담악초를 먹는 자는 아무리 계율을 지켜 수행해도 효과를 보지 못한
다. 담악초는 그 냄새가 몹시 지독해서 뱀 태우는 냄새와 같다. 그것을
먹던 사람이 죽으면 분사지옥焚蛇地獄에 떨어지고, 3000겁을 지낸 다음에
는 확탕지옥鑊湯地獄에 들어가고, 또 3000겁을 지낸 후에는 아비지옥阿鼻
地獄에 들어간다. 세세생생토록 불법의 명자名字도 듣지 못하여 영원토록
부처가 되지 못한다.

이덕무는 이 이야기에 주목했다. 담악초의 해독이 담배와 비슷하다고
생각했기 때문이다. 그의 추정에 따르면, 담악초는 발음도 담파초淡婆草
와 비슷하고 해독도 비슷하며, 인도로부터 수입된 것도 유사하다. 담악
초를 먹으면 현세의 불행에 그치지 않고 영영세세토록 이어지는 끔찍한
징벌이 기다리고 있다. 담악초는 실제로는 담배와 무관하지만 이덕무는

그와 같은 무서운 독초와 담배를 병칭함으로써 흡연을 거부해야 할 논리를 마련했다.

그렇다면 이덕무의 발언은 효과가 있었을까? 어떤 연관관계가 있는지는 분명하지 않으나 19세기에 나온 불교가사 「권왕가勸往歌」에서는 "담배 이름 다섯 가지, 담악초요 분사초焚蛇草라. 선신善神은 멀리하고 악귀는 뒤쫓으니, 알고 차마 먹을쏜가?"라며 불제자들에게 담배를 피우지 말 것을 권하고 있다. 담악초를 담배라고 하였으니 담악초가 어떤 종교적 의미를 지니는지 이해하는 불교인이라면 끔찍한 비유다.

흡연 에티켓

그러나 이덕무도 흡연이 일반화된 풍속을 어떻게 해볼 도리는 없었다. 담배를 싫어해도 흡연자와 어울려 사는 법을 만들어가야 했다. 흡연하는 친구에게 담배를 선물하는 모습에서 그 태도가 잘 드러난다. 함께 초대 검서관檢書官이 된 친구 서이수徐理修에게 그는 다음과 같은 짧은 편지를 보낸 적이 있다.

> 담뱃대 한 자루와 좋은 담배 한 근을 받들어 올립니다. 이 일이 비록 자잘하기는 하지만 재미가 정말 많습니다. 우리가 하는 짓은 어린아이들이 상수리 열매와 대합 껍데기로 그릇을 삼고, 모래를 모아 쌀로 삼으며, 부서진 사금파리로는 돈으로 삼아서 주고받기도 하고 물물교환하기도 하는 소꿉놀이와 너무도 흡사하군요. 그렇지만 거기에는 지극한 즐거움이 있답니다. 노형은 어떻게 생각하시는지요?

담뱃대 하나와 좋은 담배 한 근을 친구에게 선물하면서 사연을 담아 보낸 편지다. 자기는 담배를 싫어해도 좋아하는 친구에게 고급품을 구해 선물한다. 친한 벗과 담뱃대와 담배를 주고받는 일은 어른들의 아기자기한 소꿉놀이다. 서이수는 답례로 이덕무가 좋아하는 꿀 한 단지를 보냈을 것 같다. 인간적 정취가 담뿍 담긴 멋진 글이다.

이덕무는 사근도찰방沙斤道察訪으로 지낼 때 유득공에게도 짧은 척독을 보냈다.

> 이 아우는 날마다 가난한 백성들에게 납세를 독촉합니다. 집집마다 거의 빚을 피하는 성채를 쌓고 있어서 마음이 매우 불안합니다. 어떻게 하면 좋을지요? 마침 대구에서 생산된 담뱃대 한 개가 있어서 보내고 담배 한 근도 보내니 이 담뱃대로 이 담배를 마음껏 피워보시구려.[2]

역시 다정다감한 정취를 담뱃대와 담배 선물로 표하고 있다. 그의 태도에는 상대를 배려하는 따뜻한 마음이 깔려 있다. 그는 그런 배려의 마음이 흡연자와 비흡연자 모두의 예절로 정착되어야 한다고 보았다. 『사소절』에는 흡연자가 지켜야 할 예절이 세심하게 제시되어 있다. 그중 세 가지를 들어보면 다음과 같다.

> 비록 스스로는 담배를 피우지 않더라도 연구煙具를 갖추어두었다가

손님이 오거든 반드시 권해야 한다. 지위가 높은 손님일 때에는 손수 담배를 담아 불을 붙여드려야 한다.

어른이 담배를 피우려 하시거든 반드시 담배를 담배통에 담아서 불을 붙여드려야 한다.

담배를 피울 때 등불로 불을 붙여서 재가 기름에 떨어지게 해도 안되고, 담배통에 담배를 많이 쟁여 화로에 떨어져 연기가 나게 해도 안되고, 반쯤 피우고 그대로 요강에 떨어뜨려도 안 되고, 담배 침을 벽이나 화로에 뱉어도 안 되고, 이불 속에서나 책들 사이에서나 음식상 곁에서 담뱃대를 물어도 안 되고, 환자의 방에서 문을 닫고 잔뜩 피워도 안 된다.

첫번째와 두번째 인용문에서 밝혔듯이 설령 자신이 담배를 피우지 않는다 해도 흡연하는 손님에게 접대하는 대객초인사의 예절을 빼놓지 말아야 한다. 특히 손님이 연장자이거나 신분이 높을 경우에는 젊은 사람이 불을 붙여드리라고 권하고 있다. 흡연자의 경우에는 에티켓을 더욱 잘 지켜야 한다.

담배 예절은 전통적인 유가의 예법 바깥에 있었기에 일반적인 예법책에는 반영되지 않았다. 현실에서는 아주 중요한 문제였음에도 어떤 예법서에도 흡연 예절을 명문화하지 않았다. 이덕무의 『사소절』이 중요하고도 혁신적인 이유가 여기에 있다. 작지 않은 비중을 두어 흡연 예절을 설명한 것만 봐도 『사소절』이 당시 현실을 살아가는 사람에게 꼭 필

작자 미상, 〈나룻배〉, 국립중앙박물관 소장. 나룻배에 함께 탄 양반 신분의 사람과 장사꾼이 담뱃불을 교환하고 있다. 신분이 다른 사람들이 저와 같이 행동할 수 없으나 흡연에서는 그 금기가 깨지기도 했다. 이규경은 배나 말 위에서 흡연을 해서는 안 된다고 했으나 애연가에게는 그때가 담배 맛이 좋은 순간이었다.

요한 실제적인 에티켓을 다룬 혁신적이고 실제적인 예법서임을 잘 알수 있다.

세번째로 제시한 여섯 가지 금기는 사회규범 속에서 지켜야 할 최소한의 흡연 예절이다. 흡연을 하더라도 비흡연자를 배려하고 화재를 방지하며 주위를 청결하게 하라는 규범은 과도하게 흡연자를 구속하지 않으면서 흡연으로 인한 피해와 불편을 줄일 수 있게 유도한다. 사회적 합의를 이룰 만한 규범이다. 이 밖에도 이덕무는 여성과 아동의 흡연에 대해서도 구체적 서술을 남겼는데 그것은 따로 설명하고자 한다.

깊이 읽기 6

이옥과 이규경의 흡연 에티켓

이덕무가 흡연 에티켓을 점잖게 제시한 뒤로 이옥과 이덕무의 손자 이규경도 흡연자가 지켜야 할 예의를 거론했다. 그리고 이들처럼 전면적으로 다루지는 않았어도 한두 가지 흡연 예절을 언급한 이는 적지 않다. 예컨대, 서영보徐榮輔 같은 학자는 5개 항에 걸쳐 백성이 실천해야 할 덕목을 제시하면서 "어른이 계시면 젊은 사람은 발을 뻗고 앉지 말 것이며, 기대거나 눕지 말 것이며, 담배를 피우지 말 것이다"라고 하였다.[1] 어른 앞에서 담배 피우지 않는 행동을 어른을 공경하는 예절의 하나로 올려놓았다.

이옥, 『연경』 권4, 영남대학교 중앙도서관 소장 사본.

249

이옥은 흡연 문화를 다방면에서 정리하여 설명했다. 그는 『연경』 권4 3절 '흡연을 금하는 때(烟忌)'에서 흡연과 관련된 열여섯 가지 금기를 제시했다. 그것을 재분류해 살펴보면 다음과 같다.

가장 먼저 거론한 것은 아들이나 손자가 아버지나 할아버지 앞에서, 제자가 스승 앞에서, 천한 자가 귀한 자 앞에서, 어린 자가 어른 앞에서 담배를 피워서는 안 된다는 규정이다. 나이와 신분, 사제師弟 등 상하관계에 따라 흡연을 규제하고 자제하는 것은 널리 통용된 예절이었다. 그 예절은 많이 약화되기는 했으나 현재까지도 남아 있다.

두번째로 제사를 지낼 때 담배를 피우지 말라고 했다. 이는 사회제도와 문화 면에서 중요한 의미를 지니는데, 이 부분에 대해서는 뒤에서 따로 살펴볼 것이다.

세번째로 대중이 모여 있는 곳에서 혼자 피우는 것을 금했고, 기침병을 앓는 병자 앞에서 흡연을 금했다. 비흡연자나 병자를 배려하는 공공도덕 차원의 예절이다.

네번째로 다급한 때나 곽란이 나서 신물이 나올 때, 몹시 덥고 가물때, 큰바람이 불 때 흡연을 금지했다. 흡연이 불의의 사고를 유발하거나 건강에 문제를 일으킬 수 있을 때, 또 화재를 일으킬 위험성이 있을 때 이를 미연에 방지하고자 제시한 금기다.

다섯번째로 말 위에서, 이불 위에서, 화약이나 화총火銃² 가에서 피우지 말라고 했다. 말 위에서 피우면 낙상하거나 다칠 위험이 있고, 이불 위에서 피우면 화재의 위험이 있기 때문이다. 많은 사람들이 주의를 주었던 금기다. 화약이나 화총 옆에서 흡연하다 폭발을 일으킬 위험 또한 경계했다.

마지막으로 매화 앞에서 흡연하지 말라고 했다. 이는 소품가로서 이옥의 멋스런 파격이다. 당시에 매화 분재가 성행해 고가의 매화가 많았고, 담배 연기가 매화를 죽일 염려가 있으므로 그런 금기를 내세웠을 것이다. 하지만 현실적 이유보다도 독한 담배 연기가 매화 향기를 눌러버리는 살풍경을 연출하지 말라는 금기로 보인다. 매화 향기를 아낀 이옥의 문인다운 멋이다.

이옥은 「담배 연기煙經」란 글에서 무심코 한 흡연이 남에게는 큰 고통을 안길 수 있다는 사례를 제시하기도 했다. 1795년 9월 24일 전북 완주군에 있는 송광사에 하루 머물렀을 때 그가 법당 안에서 담배를 피우자 그 절 스님이 언짢아하였다. 불상 앞에서 흡연해도 되는가 안 되는가를 규정한 금기는 없으나 자신의 흡연이 스님의 마음을 대단히 불편하게 만들었으므로 담배를 피우지 말았어야 했다고 판단했다. 흡연 예절은 남을 배려하는 마음에서 출발한다는 것이 이옥의 관점이다.

이규경의 흡연 예절

이규경은 『오주연문장전산고』 중 「손님과 주인이 담배를 피우는 예절 변증설賓主吃煙之儀辨證說」에서 담배를 주고받는 예절을 집중적으로 다뤘다. 일본의 흡연 예절을 중심으로 소개하면서 조선과 중국의 예절까지 함께 설명했다. 그중 조선의 예절은 앞에서 살펴본 이덕무의 주장을 주로 소개한 뒤 자기 생각을 덧붙였다. 대략 열한 가지 정도로 흡연을 삼가야 할 경우를 제시했는데 흥미로운 내용이 적지 않다.

이규경이 먼저 제시한 예절은 남의 담뱃대를 함부로 빌려 피우지 말라는 것이었다. 그는 다음과 같이 지적했다.

> 평소 모르던 사람의 담뱃대를 빌려 피우지 말라. 그 사람이 양매창楊梅瘡을 앓아 병을 전염시킬까 염려스럽기 때문이다.

> 집안 부녀자의 담뱃대를 빌려 피우지 말라. 남녀 사이에는 자리도 같이하지 않고 옷걸이와 수건도 같이 쓰지 않는다. 하물며 입으로 피우는 담뱃대는 어떻겠는가?

이 금기는 새로운 내용이다. 모르는 사람의 담뱃대를 빌려 피우면 매독의 일종인 양매창에 전염될 수도 있으므로 삼가라고 했다. 또한 여성의 담뱃대를 빌려 피워서는 안 된다고 했다. 일가친척의 부녀자라도 여자의 담뱃대는 빌려 피워서는 안 된다. 남녀 간에 내외하는 법도가 삼엄했던 당시에도 담뱃대는 은연중 빌려 피우는 일이 있었기에 그런 금기를 설정한 것이리라. 이 색다른 금기는 흡연을 혐오하는 학자들이 종종 제기한 바 있다. 이덕무도 『한죽당섭필寒竹堂涉筆』이란 소품서小品書에서 이런 말을 남겼다.

> 담뱃대 관 속에는 침과 담뱃진이 섞여 끈쩍끈적하게 덩어리져 있다. 깨끗한 것을 좋아하는 사람은 차마 남이 먹다 남은 음식을 먹지 못하고 남이 쓰던 수건으로 손을 씻지 못한다. 그런데 담뱃대의 경우에는

노비와 기생, 이가 썩은 이와 입술이 문드러진 놈이 물던 것을 가리
지 않고 빌려서 단술인 양 피워댄다. 이야말로 가장 옳지 못한 처사
다.[3]

남들이 물던 담뱃대를 빌려서 피우는 것이 위생상 불결하니 옳지 못
하다 했다. 이덕무의 결벽이 있는 성미가 손자의 흡연 예절로 재현되었
다. 이어서 이규경이 제시한 예절은 다음과 같다.

재계하는 방에서는 피우지 말 것이며, 말 위에서 피우지 말 것이며,
배 위에서 피우지 말 것이며, 문지방을 마주하고 피우지 말 것이다.
담배를 피울 때는 장난을 치지 말 것이며, 등산하여 오르고 내려갈

때 피우지 말 것이며, 험한 길을 갈 때 피우지 말라! 독서할 때 피우지 말 것이며, 공무를 볼 때 피우지 말라! 이것이 흡연하는 예절이다. 손님과 주인이 마주 대하고 담배를 피울 때에는 양보하고 공경하는 두 가지 예절 외에 다른 것은 없다.

첫번째 인용에서 문지방을 마주하고 피우는 것을 금기로 여긴 것은 문지방을 함부로 밟지 않는 전통적인 금기와 관련이 있어 보인다. 두번째 인용문은 더 큰 의미가 있다. 남들은 금기로 내세우지 않은 것을 많이 언급했는데 독서나 공무처럼 정신을 집중해야 할 때 흡연으로 해이해지는 것을 막으려는 의도가 보인다.

마지막에 흡연 예절의 기본 태도로 양보와 공경을 들었다. 이것 역시 다른 말로 바꾸면 남에 대한 배려일 것이다. 그렇다면 실제로 흡연 예절은 잘 지켜졌을까? 금기가 생겨났다는 사실은 역설적으로 그 예절이 잘 지켜지지 않았음을 시사한다. 이불 위에서 피우지 말라고 했으나 실제로는 이불 속에서 담배 피우는 멋을 내세웠다. 말이나 배를 탈 때 피우지 말라고 했으나 그 위에서 피우는 담배 맛이 기막히게 좋다고 여겨 흔히들 피웠다. 금기와 예절의 핵심은 비흡연자에 대한 배려였으나 흡연의 유혹은 남을 배려하지 않은 경우가 많았다.

중국인의 흡연 예절

조선 사람의 흡연 예절을 비슷한 시기의 중국인이 제시한 예절과 비교해보는 것도 흥미롭다. 육요陸耀, ?~1784가 지은 『연보烟譜』란 담배 전문서의 제5장 '담배를 피울 때와 피우지 말아야 할 때'는 상류사회의 흡연 원칙을 네 가지로 나누어 제시했다.

먼저 담배를 피우지 말아야 할 때를 일곱 가지로 들었다. 금琴 연주를 들을 때, 학에게 모이를 줄 때, 그윽한 난초를 대할 때, 매화를 볼 때, 제사 지낼 때, 조회朝會할 때, 미인과 잠자리를 같이할 때다.[4] 상류층 문화인들의 흡연 태도가 잘 드러난 금기다.[5] 제사 지낼 때와 조회할 때가 포함된 것은 조선의 경우와 유사하다. 음악 연주를 들을 때나 매화 감상할 때 삼가라는 것은 매화 앞에서 흡연을 삼가라는 이옥의 말과 취지가 매우 비슷하다. 마지막으로 미인과 잠자리를 같이할 때 삼가라고 한 것은 조선의 경우에는 감히 말할 수 없는 것이었다.

육요는 또 담배를 피워도 좋지만 절제할 필요가 있는 경우를 일곱 가지로 들었다. 말 위에서, 이불 속에서, 일이 바쁠 때, 주머니가 비었을 때, 낙엽 위를 걸을 때, 초가지붕이 있는 배 위에 있을 때, 휴지더미에 가까이 있을 때다. 대부분이 사고를 유발하거나 화재를 일으킬 위험이 있는 경우다. 주머니가 비었을 경우를 든 것은 담배 살 돈이 없을 때 구차하게 빌려서 피우지 말라는 경계다.

'맞담배'와 교내 흡연을 불허하노라

흡연자의 비중이 막대해지면서 좋든 싫든 사회 구성원은 그들의 실체를 인정하지 않을 수 없게 되었다. 흡연은 사회질서와 의례를 다시 설정하도록 요구했다. 작게는 개인 간의 예의와 가정 내의 질서에서부터 학교와 관공서, 나아가 국가에 이르기까지 크고 작은 단위에서 흡연을 허용하거나 규제하는 규범을 만들기 시작했다.

위계질서에 담배가 포함되다

담배가 도입된 이후 상당한 기간을 거치면서 조선 사회에서는 기존 질서와 타협하고 적응하는 과정을 거쳐 독특한 흡연 문화가 만들어졌다. 그 과정에서 조선 특유의 질서 문화에 대한 빠른 적응이 눈에 뜨인다.

앞에서 거론한 『오주연문장전산고』의 「손님과 주인이 담배를 피우는

—— **추수를 감독하는 주인과 농민들, 〈경직도〉(부분), 국립민속박물관 소장.** 추수하는 농부들을
감독하는 사람이 그늘에서 장죽을 물고 있는 것은 그의 신분과 권력을 부각시킨다.

예절 변증설」에서는 조선과 중국, 일본 3국의 흡연 문화 차이를 다음과 같이 묘사하고 있다.

> 중국인과 일본인은 담배를 피울 때 상하와 존비, 노소와 남녀의 구별이 없다고 들었다. 오로지 우리나라는 존귀한 사람 앞에서 비천한 사람이 감히 담배를 피우지 못하고, 어른과 노인 앞에서 젊은 사람이 횡죽할 수 없다. 남녀 사이에도 그렇다. 그 예법이 엄격하게 구분되어 있어 가르치지 않았는데도 그렇게 하고, 명령을 내리지 않았는데도 행해진다. 그러니 섬나라 왜인이 오만하게 담배 예절이라고 부르는 것보다 훨씬 낫다.

이규경은 조선 흡연 문화의 유별난 특징으로 계층 간의 엄격한 질서를 들었다. 중국과 일본에는 없는 흡연자 간의 차별이 조선에서는 엄격하게 지켜지고 있다. 법적 규정에 따른 강요가 아니라 자연스러운 질서로 정착되었다는 것이다. 지금도 연장자나 윗사람 앞에서 담배를 피우는 것을 꺼리는 심리가 남아 있는 것도 그 문화의 여파다. 이른바 '맞담배' 금기다. 그 금기를 범하다가 싸움과 처벌, 심지어 살인까지 벌어지는 사건이 사료에 종종 등장한다.

흡연자 간에 존재하는 차별은 사회 전반에서 지켜지던 불문율이었다. 그리고 그 정점에 국왕이 있다. 극단적 사례로 국왕 앞에서 신하들이 담배를 피울 수 있었을까? 특히나 나이 어린 국왕 앞에서 연로한 대신들이 담배를 피울 수 있었을까? 대답은 피울 수 없었다는 것이다. 효종과 장군 이완李浣, 유혁연柳赫然 사이에 있었던 사연이 그 실상을 잘 보여준다. 효종은 특별히 두 장군을 부른 뒤 임금과 신하의 구분을 떠나서 술자리를 갖자며 직접 담배를 권한 일이 있다. 신하들은 감히 그럴 수 없다고 했으나 국왕은 함께 담배를 피웠다. 군신 간의 맞담배였다.[1] 그 맞담배는 북벌이란 목적의 달성을 위해 두 장군을 특별 대우한 격식을 깨뜨리는 일이었다. 그 사례가 언급된 것 자체는 일반적으로 그런 일이 없었음을 시사한다. 그리고 군신 관계는 곧 부자, 형제, 주종主從, 남녀, 사제, 노소 관계로 옮겨 똑같이 적용된다.

불문율인가 법적 근거가 있나

흡연의 위계질서는 구한말까지 내내 유지되었다. 상류층에 가까이 갈수록 엄격하게 지켜졌고, 서민들 사이에서는 그 정도가 완화되거나 무시되는 경향을 보였다. 구한말에 탁지부度支部에서 구한국 흡연의 관습을 조사한 보고서인 『한국연초조사서』에는 다음과 같은 내용이 보인다.

1. 아버지와 형님은 물론 연장자 앞에서 담배를 피우는 것은 어른에 대한 결례이니 흡연하지 않는다.
2. 길거리에서 높은 사람이나 연장자를 만났을 때, 담뱃대를 눈앞에 보이는 것은 결례이니 담뱃대를 곧바로 뒤로 감춘다.
3. 여자가 남자 앞에서 담배를 피우는 것은 결례이니 몰래 담배를 피운다.
4. 연장자가 여자에게 "담배를 피우냐?"라고 물으면 흡연하는 사람이라도 "네"라고 대답하는 것은 공손하지 못하니, 반드시 흡연하지 않는다고 대답하는 것이 예의다.

5. 기생 및 주막의 여자는 젊은 나이에 긴 담뱃대를 사용해 흡연하기 때문에 여자로서 흡연하는 것을 천시하는 지방도 있다.[2]

한편, 구한말에 조선의 사회 풍속을 정리하여 기록한 『조선인정풍속朝鮮人情風俗』이란 책에서는 거리에서 지켜지는 흡연 질서를 다음과 같이 설명했다.

> 거리에서 평민 이하 상천常賤이 담뱃대를 물고 먹다가 부지불식간에 양반이 지나가면 물었던 연죽을 빼어 감춘다. 만일 연죽을 물고 모르는 체하면 양반이 그놈을 집으로 잡아다가 죄를 다스리든지 법사法司에 보내어 엄히 다스린다.[3]

이 기록에 따르면 개인적 기호에 불과한 흡연이 법적 규제의 대상이 되고 있다. 조선시대에는 담배만이 아니라 모자나 의복 등 의식주의 특별한 품목까지도 신분에 따라 법적으로 규제했다. 담배는 그중에서도 규제 정도가 심했다.

정식 의례의 금연

사회에서 거행되는 각종 의례와 군사 활동에서도 흡연에 대한 규제가 있었다. 특히, 국가에서 거행하는 제사에서는 금초禁草라는 이름으로 흡연을 금지했다. 또한 임금의 거둥과 같은 주요 행사에서도 흡연은 금지되었다.

조선에서는 일반적으로 제사를 행할 때 목욕재계하는 등 부정을 타지 않도록 청결을 단속했다. 제사에 차출된 관원을 비롯해 시중드는 모든 이들은 의무적으로 금연을 해야 했다. 규장각에 소장된 『기우제등록 祈雨祭謄錄』을 보면 이를 명확하게 알 수 있다. 이 등록은 1636년인조 14부터 1889년고종 26까지 기우제와 관련한 기록을 종합한 책인데 인조 이래로 기우제에서 흡연을 금지한 내용이 포함되어 있다. 숙종은 기우제에 참가하는 모든 신하들에게 목욕과 의복 세탁, 금주와 금연을 지시했다. 승지를 파견해 흡연자를 색출하라는 특명을 내리기도 했다.

역대 임금 중에서 영조는 유독 금연에 큰 신경을 썼다. 기우제뿐만 아니라 각종 의례에서 금연을 빼놓지 않고 지시했다. 일례로 1748년 1월 28일 영희전에 어진御眞을 봉안할 때 청결해야 한다면서 화원畵員들에게 담배를 피우지 못하도록 명을 내렸다. 1774년에는 전 역관 이종담李宗聃이 술과 담배, 가체 및 비단 착용, 유과油果, 재상의 화려한 복식을 금지하라고 요청하자 영조는 대단히 칭찬하며 그대로 시행할 것을 지시하기도 했다.

그러나 정조가 등극하면서 변화가 일어났다. 옛 법전에 근거가 없다는 이유로 금연을 느슨하게 적용하라고 지시한 것이다. 정조 원년인 1777년 5월 5일의 『승정원일기』 기사에는 정조가 약방藥房 부제조副提調인 홍국영洪國榮에게 금연책을 완화하는 것이 어떤지를 묻고 바로 다음과 같은 전교를 내렸다. 이 전교는 실록에도 기록되어 법령의 효과가 있었다.

서계誓戒를 받을 때 서약하는 글에는 '음주하지 않는다' '마늘을 먹지 않는다'는 조항은 있으나 '담배를 먹지 않는다(不飮草)'는 조문은 없다. (…) 늘 기우제를 지낼 때마다 허다한 아랫사람들에게 금초禁草하라고 하여 도리어 분란과 소요를 불러일으킨다. 하물며 상시로 즐겨 피우는 사람들이 재계하는 날만 되면 담배를 먹고 싶은 마음이 먼저 가슴속에 달라붙어 신경을 쓰니 이 또한 마음에서 우러나와 재계하는 도리가 아니다. 저번부터 이런 사유로 하교하고자 하다가 금초하라는 전례前例의 전교를 어제 살펴보았다. 수십 년 전에 처음 시작되었고, 있는 둥 마는 둥 정식으로 정해진 일이 아님을 알 수 있었다. 이후로는 단지 금주만을 명령하는 것으로 분부하노라.

나라에서 큰 제사가 거행될 때에는 7일 전에 제관으로 뽑힌 관원들이 의정부에 모여서 서약하던 일을 서계라 불렀고, 그들로부터 서약을 받는 것을 수서계受誓戒라 하였다. 신하들은 보통 일곱 가지를 서약하는데 술을 마시지 아니함, 고기를 먹지 아니함, 문상과 문병을 아니함, 음악을 듣지 아니함, 형벌을 거행하지 아니함, 형살문서刑殺文書를 결재하지 아니함, 더럽고 악한 일에 관여하지 아니함 등이다. 그런데 법조문에는 들어가 있지 않은 '담배를 먹지 않는다'란 것이 관례처럼 지시사항으로 내려가 서약의 하나처럼 굳어졌다. 그것이 영조시대에는 관례화되었다. 흡연 금지가 흡연자를 괴롭히는 악법이 되고, 자연스럽게 지시를 어기는 자를 양산했다. 정조는 금초가 야기하는 폐단을 인지하고 왕명으로 제사와 같은 의례에서 금연 원칙을 없애버렸다. 골초였던 정조 자신의 기호가 정책에 큰 영향을 미쳤을 것이다.

상례와 제례의 흡연 금지

심낙수沈樂洙는 정조 시대의 주류 정파인 시파의 주요 인물이었다. 그가 외사촌인 김치화金致和의 모친상에 가서 담배를 피우다가 벽파에 속한 주인과 신경전을 벌였다. 정치적 알력이 흡연자와 비흡연자의 갈등으로 표출된 해프닝이었다. 심낙수가 상갓집에서 돌아온 뒤 그 아들에게 다음과 같이 말했다.

> 내 외가는 사천沙川, 모래내 시골 사람들로, 이제껏 조상이 쌓아놓은 덕택으로 진실하고 후덕한 풍모가 없지 않았다. 그런데 지금 친족 모임을 보니 절차를 복잡하게 하고 치장을 성대하게 하여 한결같이 옛 법도와 반대로 한다. 이는 김종후金鍾厚란 놈 하나 때문이다. 젠체하고 엄숙하고 지나치게 삼가니 그 하는 짓과 얼굴빛이 짜증스럽더라. 내가 담뱃대를 꺼내는 것을 보더니 기뻐하지 않는 낯빛을 드러내며 창문을 열어 담배 연기를 내보내기까지 하더라. 그래서 나는 담배를 더 피우다가 벌떡 일어나 나와버렸다. 잠깐 사이에 일어난 하찮은 예절에서도 좁은 성품과 편협한 마음을 엿볼 수 있더구나.[4]

상갓집 주인이 싫어하는 눈치인데도 담배를 피운 자나 손님이 담배를 피우는데 드러내놓고 싫어하는 내색을 보인 자나 모두 지나치다. 시파와 벽파의 감정 다툼에 담배 연기가 불쑥 끼어든 느낌이지만 상례에서 흡연을 금하는 문제에 대한 해묵은 갈등이 그 바탕에 깔려 있다.

벽파는 보수적이고 강경한 논리를 지키려 한 정치 세력으로 상례에서도 예외가 없었다. 제사와 상례에서 담배를 피워서는 안 된다는 금기는 국가 제례에서 이미 확립되어 있었다. 양반 사대부가에서도 '담배를 먹지 않는다(不飮草)'는 관례가 예법으로 정착된 것이다. 교조적인 유생들은 그 금기를 철저하게 지키려 애썼는데 정조의 반대편에 선 벽파 세력이 그 축에 들었다. 반면 정조에 동조한 시파는 그 금기에 대해 자유로운 태도를 보였다. 정조가 골초였던 점을 생각하면 흡연에 우호적인 시파와 배척하는 벽파의 구도가 만들어진다. 시파의 핵심인 심낙수의 흡연을 통해 상갓집에서 그 갈등이 표현화된 것이었다.

상갓집에서 일어난 해프닝은 흡연이 사회 예법과 질서 측면에서 가벼운 문제가 아니었음을 말해준다. 전례 문제에서 담배는 17세기 이래 새로운 규범의 적용을 받아야 했다. 사대부가에서 제사를 지낼 때 담배를 피워서는 안 되고, 그 금기는 상갓집에도 똑같이 적용되었다. 전통적인 예법서에 명문화하지 않았으나 이 규칙은 불문율처럼 지켜졌다.

해주 목사海州牧使를 지낸 나성두羅星斗, 1614~1663는 골초였지만 공적이든 사적이든 제사를 지낼 때는 담배를 피우지 않았다. 선비들이 제사나 상례에서 담배를 금지한 이유는 독한 연기를 내뿜는 담배가 제사상을 찾아오는 신령을 막는다는 믿음 때문이었다. 또 제사에서는 본래 마늘처럼 냄새가 심한 훈채葷菜를 금하는데 담배는 마늘보다 냄새가 심하다는 이유를 들었다. 영남 선비인 백불암百弗庵 최흥원崔興遠, 1705~1786이 제시한 이유를 들어보자.

이른바 남령초는 훈채와 같은 종류인데 그 잎냄새는 다른 훈채보다 심하다. 신령과 교감하는 곳에서는 특히나 불경한 것이다. 기제사뿐

── 거문도 신포 마을 주민의 흡연 장면. 『더 그래픽*The Graphic*』1886년 8월 30일자. 1885년
3월부터 1887년 2월까지 영국이 러시아의 조선 진출을 견제하려고 거문도를 불법 점령했을 때
본 장면을 그린 삽화. 다들 입에 장죽을 물고 있는 모습이 인상적이다.

만 아니라 정제正祭, 시제와 명절에도 마땅히 절대 금해야 한다.[5]

통용되는 규범서에는 없던 제례와 상례 현장에서의 금연 금기는 후대로 갈수록 명문화되었다. 19세기 기호사림의 대표 격인 임헌회任憲晦, 1811~1876는 상례를 논한 「거상의居喪儀」에서 "제사를 받드는 이들이 마늘을 먹지 않듯이 학자들은 평상시에도 흡연해서는 안 되는데 상중에는 특히 안 된다"[6]라고 해 상중에 있는 사람은 흡연해서는 안 된다는 규범을 확립했다.

하지만 경건한 제사라고 해서 흡연자가 하루에서 길게는 며칠 동안 담배를 끊을 수 있었을까? 정조가 위에서 그 실상을 밝힌 것처럼 대다수는 그렇지 않았을 것이다. 앞서 언급한 나성두의 경우에는 제사 때 계율을 어기는 유생이 많은 모습을 보고서 아예 담배를 끊어버렸다. 계율을 지키는 유생보다 안 지키는 유생이 더 많았다는 것이다.

이규경은 「재소변증설齋素辨證說」을 지어 제사 때 모두 웃고 떠들며 금지하는 음식을 먹는 현실을 거론했다. 이때 먹지 말아야 할 가장 대표적인 음식으로 담배를 들고 실제로는 거리낌 없이 너도나도 담배를 피운다고 개탄했다. 흡연을 금지하려는 이상과 거리낌 없이 담배를 피우는 현실 사이의 괴리는 대단히 컸다.

학교 안의 금연

그 밖에 금연을 문제 삼은 대표적 장소가 학교다. 흡연이 일반화되면서 서원이나 향교 같은 학습 장소에서도 금연 조항이 첨가되었다. 학교에서 공자와 선현의 제사를 받들 때는 물론이고 기본적으로 학습 공간은 금연을 원칙으로 하는 것을 법규로 정했다. 학교에서의 금연은 아주 이른 시기부터 논의되어 금법으로 제정했다.

17세기를 대표하는 유학자 남계南溪 박세채朴世采는 1673년에 율곡 이이가 배향된 황해도 배천의 문회서원文會書院 원규院規를 작성했다. 그 원규에 바둑판과 함께 흡연도구를 서원 안으로 가지고 들어와서는 안 된다고 규정했다. 서원에서는 일반적으로 서책의 대외 반출, 여성의 출입, 술의 제조, 사적인 형벌을 금지하고 여기에 놀이기구인 바둑판의 비치를 금지했다. 그런데 바둑판 항목 아래에 연다烟茶 두 글자를 첨가하여 흡연 금지를 새로 첨가했다. 그 뒤 파주에 있는 자운서원紫雲書院의 원규에도 똑같은 규정을 넣었다.

학교 내의 금연은 이후 다른 서원과 향교 등으로 확산되었다. 막강한 세력을 행사했던 석실서원石室書院의 학규學規에도 금연 조항이 들어갔다. 그것은 18세기 기호 유학의 거두이자 석실서원의 원장이었던 미호渼湖 김원행金元行이 만들었다. 학규의 한 조목은 다음과 같다.

> 무릇 서안書案과 서책, 붓과 벼루 등의 물건은 놓아두는 곳이 모두 일정해야 하고 정돈하지 않은 채 흩어놓아서는 안 된다. 연다와 침과 붓장난으로 창호와 벽을 더럽혀서는 안 된다. 신발을 신고 마루에 올라와서도 안 된다.[7]

서원 안에서 흡연을 금지하는 정황이 포착된다. 이 밖에도 경상도 영양의 향교에서는 재를 올릴 때 술과 마늘과 흡연을 금지하는 규정을 정해놓고 있었다. 모든 학교 기관에서 흡연을 금지하는 규정을 마련해놓은 것은 아니나 금연이 엄격한 규범으로 지켜진 것을 알 수 있다.

장죽 문 아이,
부뚜막에 걸터앉은 계집종

처녀도 담배를 먹는다

「남초탄南草歎」은 흡연이 만연한 풍속을 개탄한 한글 가사다. 그 내용 중
에는 "이 풀의 독한 내연기를 어떻다고 자시는고? 천하天下 상하남녀上下
男女들이 한가지로 즐기거든……"이라는 대목이 보인다. 신분의 높낮이
와 성별의 차이를 막론하고 온 세상 모든 사람들이 독한 담배 연기를 똑
같이 뿜어대는 것을 이해할 수 없다는 내용이다. 그 애연가 속에 여성과
아동까지 포함된 것은 전혀 이상한 일이 아니다. 가사의 앞 대목에는 또
"사나이는 물론이거니와 처녀까지 먹는구나"[1]라는 구절이 있어서 시집
가지 않은 10대 초반 젊은 처녀들이 담배를 먹는 실태를 개탄해마지않
았다.

  탄식의 바탕에는 처녀들이 담배를 피워서는 안 된다는 생각이 깔려

작자 미상, 〈소 등에 탄 여인〉, 「풍속화첩」, 국립중앙박물관 소장. 소 등에 탄 젊은 여성
이 어린아이를 안고서 곰방대를 들고 있다. 소를 타거나 아이를 앞에 두고 담배를 피우는
것은 위험한 행위다. 더욱이 사람들의 시선이 따가운 거리에서 여성이 흡연하는 것을 금
기로 여겼는데 현실에서는 일반 여성도 자연스럽게 흡연을 즐겼음을 보여준다.

있다. 여성의 흡연을 부정한 것만은 아니나 젊은 처녀나 아동의 흡연에
는 반대 의견이 대세였다. 그러나 부정적 시선에는 아랑곳없이 여성과
아동의 흡연은 광범위하게 퍼져 있었다.

　이옥도 아동과 여성의 흡연을 부정적으로 봤다. 그는 "지금 남자들은
모두 담배를 피우고, 부녀자들 역시 모두 피우며, 천한 사람들까지도 모
두 피운다. 온 세상에 담배를 피우지 않는 사람이 없다"라며 굳이 여성
과 낮은 계층까지도 흡연을 한다고 강조해 밝혔다. 소수자의 흡연에 곱
지 않은 눈길을 던진 그의 시선은 『연경』 권4 5절에 잘 나타난다. 흡연자
의 밉상스런 자세를 묘사한 여섯 가지 항목 가운데 앞에 내세운 세 가지
는 다음과 같다.

> 어린아이가 한 길이나 되는 긴 담뱃대를 입에 문 채 서서 피운다. 또
> 가끔씩 이빨 사이로 침을 찍 뱉는다. 미워 죽겠다!
> 다홍치마를 입은 규방의 부인이 낭군을 마주한 채 유유자적 담배를
> 피운다. 부끄럽기 짝이 없다!
> 젊은 계집종이 부뚜막에 걸터앉아 안개를 뿜듯이 담배를 피워댄다.
> 호되게 야단쳐야겠다!

　아동과 젊은 여성의 흡연을 특히나 밉상스런 장면으로 꼽았다. 아동
이 장죽을 물고 담배를 피우는 시건방진 자세를 가증스런 첫번째 장면
으로 내세웠는데 담뱃대 길이가 신분과 나이의 위계를 상징하는 관습을
생각할 때 이는 매우 탐탁지 않은 풍경이다. 그와 동시대 인물인 윤기도
"그래도 내가 어렸을 때에는 어린아이와 비천한 자는 짧고 짧은 연죽을

사용했고, 어른이 보지 않는 장소에 숨어 피워서 금기를 범하지 않으려는 조심스러운 태도를 보였다"라고 말해 비슷한 관점을 보였다. 18세기 후반에는 아동이나 신분이 낮은 사람이 남들의 시선은 아랑곳하지 않고 버젓이 공개적으로 담배를 피워대는 현실을 기득권층은 참을 수가 없었다. 도회지 아동의 흡연 장면에 등장하는 이빨 사이로 침을 뱉는 행동은 불량기 가득한 도회지 시정잡배의 독특한 버릇이었다.

또한 여성의 흡연, 특히 젊은 여성의 흡연은 아름답지 못한 풍속이라 여겨 곱지 않은 시선을 던졌다. 앞서 살펴본 『한국연초조사서』에서도 여자가 남자 앞에서 담배를 피우는 것이 결례임을 거론하며 불가피할 때에는 몰래 피우라고 했고, 애연가일지라도 애연가가 아닌 것처럼 행동하는 것이 미덕이라 했다. 사회적 약자의 흡연은 은폐된 흡연이어야 했다.

그러나 그러한 요구가 현실에서는 잘 지켜지지 않았다. 그들의 흡연은 사회 전반에 광범위하게 퍼져 있어서 법과 예절의 힘을 빌린 억제책이 효과적으로 작동할 수 없는 상태였다. 담배 앞에서 모든 사람이 평등해지는, 도덕가들이 우려한 현상이 현실이었다.

여성의 흡연 양상

남성만큼은 아니었지만 여성의 흡연 역시 보편적 현상이었다. 여성이 담배를 피운 이유 역시 남성과 다르지 않았겠지만 그럼에도 불구하고 사람들은 여성의 흡연에 색다른 의미를 부여하곤 했다.

구한말 조선에 온 서양인의 시각이 이해를 도울 수 있겠다. 에른스트 폰 헤세-바르텍은 고된 노동에 고통을 받는 조선 여성을 보고서 "남자들은 이른바 노예를 갖기 위해 여자와 결혼한다. 여성들은 이름도 없다. 이들은 없는 존재로 치부되며, 이들에게 적용되는 법도 없다. 그녀들의 유일한 친구는 담배 파이프인 것처럼 보인다"[2]라고 했다. 조선을 보는 서양인의 시선에는 왜곡이 많기는 하지만 예리한 통찰도 적지 않다. 그들이 보기에 담배는 조선 여성의 힘겨운 삶을 위로하는 유일한 동반자였다.

또 담배는 고독한 처지의 여성을 위로하는 최상의 정서적 위안물로 보였다. 임수간의 「연다부」에서는 여성의 흡연을 이렇게 묘사했다.

한양성 남쪽에는 여인이 살고 있어	又有姜家城南
남자가 북쪽 변방을 지키러 갔네.	君戍塞北
번갈아 흘러가는 청춘이 서럽고	悲年光之遞謝
쉽게 시드는 고운 얼굴이 안타깝네.	感容華之易歇

이재관(李在寬), 〈시름에 잠겨 담배를 피우고 있는 여인〉, 소장처 미상. 초가집의 적적한 방안에서 여인이 시름에 잠긴 표정으로 장죽을 물고 있다. 유난히 긴 장죽은 쓸개 씹기보다도 괴로운 규방의 고독을 표현한다.

닫혀 있는 고운 규방에 날은 저물지 않고	璇閨掩兮晝不暮
빈 비단 휘장 안에 밤은 왜 그리 긴지?	錦帳空兮夜何長
파란 등잔에는 썰렁한 불꽃이 가물거리고	靑缸翳兮寒焰
황금 화로에는 향내가 풍기며 재가 타네.	金爐燼兮餘香

이별의 시름은 쓸개 씹기보다 더 괴롭건만	離愁苦於嘗膽
답답한 심경을 그 어디에 쏟으란 말인가?	懷欝欝而焉瀉
붉은 불빛 나오는 담뱃대를 들어	抗彤管之有煒
흰 연기를 하늘하늘 피워 보내노니	送靑氛之裊娜
초楚나라 산에 피어오르는 구름이 아니라면	疑楚岫之行雲
복사꽃 밭에 가라앉은 안개가 분명하네.	宛夭桃之沈烟³

연인이 떠나 홀로 지내는 젊은 여인의 외로움을 달래는 친구로 담배가 등장한다. 하늘하늘 피어오르는 담배 연기는 가슴속 시름과 답답함을 태워서 날려 보내는 상징이다. 가사 작품 「연초가」에서도 "이팔청춘 소년 과부 독수공방 홀로 앉아, 만단수회萬端愁懷 첩첩할 제, 네가 나를 위로한다"라고 묘사한 것도 취지가 똑같다. 담배는 고독한 여성을 위로하는 유일한 기호품이라는 것이다.

사대부가 여성의 공공연한 흡연

흡연에 빠져 있기는 사대부가 여성들도 예외가 아니었다. 금도를 지녀야 할 신분이 높은 재상가 부인들도 흡연 유혹을 벗어나지 못했다. 다만 여성, 더욱이 양반가 여성의 흡연은 부덕婦德의 결함으로 받아들여질 수 있다는 점 때문에 실제로는 흡연자라고 해도 대개는 언급조차 되지 않는다. 사대부가 여성의 흡연은 대체로 은폐되어 있었고, 그 실상은 특별한 계기나 사건을 통해서 밝혀진다.

예컨대, 청맹과니라고 자칭하며 재상가 안방에 출입하던 점쟁이가 있었다. 그 장님이 부인에게 바짝 다가가서 점을 칠 때 마침 재상가 부인

고관의 성공한 삶을 묘사한 민화의 한 장면 (1), 소장처 미상. 안방에서 노부부가 맞담배를 피우고 있다. 상층 사대부 부부가 맞담배를 피우는 장면을 그린 경우는 극히 드물다.

고관의 성공한 삶을 묘사한 민화의 한 장면 (2), 소장처 미상. 안방에 부녀자들이 모여 있고, 나이든 할머니와 젊은 여성이 장죽을 물고 있다.

이 담배를 피워 물다가 실수로 치마에 불이 붙었다. 남들은 불이 붙은 줄을 몰랐는데 점쟁이는 불이 날까봐 다급해져서 "마누라님! 치마에 불이 붙었습니다!"라고 소리치는 바람에 장님이 아닌 것이 발각되어 처벌받은 사건이 있었다. 특이한 사건을 통해 재상가 부인의 흡연 습관이 외부로 알려졌다.

또 정조 순조 연간의 저명한 문인 심노숭은 애연가였는데 실은 그 어머니도 애연가였다. 1801년 유배지인 경상도 장기에서 심노숭은 고향 집으로 넋이 찾아가는 체험을 한 적이 있다.

> 눈을 감고 눕자 넋이 홀연히 스르륵 밖으로 나가서 수많은 물과 산을 넘어 마침내 고향 마을에 도착하였다. 담 안으로 들어가 우물가를 지나자 태첨泰詹, 동생 심노암沈魯巖이 창에 기대어 있고 이씨 노인이 그 옆에 누워 있으며, 원아遠兒, 조카 심원열沈遠悅가 마당에서 노는 모습이 보였다. 내당內堂으로 들어가자 어머님은 담뱃대를 물고 베개 위에 누워 계시고, 딸애는 마루 끝에 앉아 걱정이 가득한 표정을 하고 있었다. 여종은 물동이를 이고 있고, 남종은 땔나무 지게를 지고 있었다. 닭은 남새밭을 돌고 있고, 소는 마당에 누워 있었다. 또렷하기가 몸이 직접 가서 눈으로 보면서 함께 말을 나누는 듯하였다. 드디어 다시 홀연히 돌아왔다.[4]

정신이 유체 이탈하여 고향 집을 찾아가 가족들을 보고 왔다. 그가 본 모습은 평상시 생활을 그대로 보여주는 장면이다. 그런데 그의 어머니는 담뱃대를 물고 베개 위에 누워 있다. 그 어머니는 전형적인 명문 사대부가 부인인데 애연가였던 것이다.

그 점은 최창대崔昌大, 1669~1720 의 모친도 똑같다. 최창대는 인조 때의 정승 최명길의 증손이자 영의정을 지낸 최석정의 아들이다. 그 어머니는 좌의정을 지낸 이경억李慶億의 딸이므로 그야말로 명문가 중의 명문가 부인이다. 그런 어머니가 어린 최창대를 몹시 엄하게 키웠다. 놀기를 좋아해 글을 잘 읽지 않는 아들에게 자주 매를 댔는데 언젠가는 화가나서 연죽으로 아들의 머리를 쳐서 큰 부상을 입게 만들었다.[5] 최창대는 어머니의 엄한 훈육을 자랑삼아 묘사했으나 그 바람에 어머니의 흡연버릇과 무서운 성격까지 드러내고 말았다. 그 어머니가 아들을 친 연죽

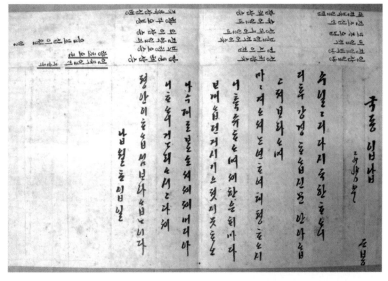

정조가 큰외숙모 여흥 민씨(驪興閔氏)에게 1795년 12월 10일에 보낸 어찰과 세찬(歲饌) 물목(物目), 국립한글박물관 소장. 물목의 끝 부분에 "연죽(煙竹) 일(一) 기(個) 구간죽(九間竹) 향초(香草) 오(五) 근(斤)"이 보인다. 선물로 늘 담뱃대와 담배를 보내되 특별하게 구간죽을 보냈다. 이는 설대의 마디가 아홉 개나 되는 고급스런 장죽이다. 국왕의 선물에서 담배와 도구가 빠지지 않았고, 최상류층 여성의 흡연이 자연스러운 현상임을 보여준다.

은 분명 자신이 쓰던 끽연구였을 것이다.

양반가 여성에게 이렇게 흡연이 일반화되어 있었다. 19세기 중반의 유학자 임헌회는 맏딸을 시집보내며 여섯 가지 조항을 들어 훈계했다. 그중 다섯번째가 담배를 피우지 말라는 것이었다.[6] 여성이 시집을 가면 많이들 담배를 피우기 때문에 일부러 경계한 것이다.

금연론자였던 이덕무가 여성의 흡연을 강도 높게 비판한 것은 말할 나위가 없다. 그는 『사소절』에서 다음과 같이 여성의 흡연 문제를 거론 했다.

> 흡연은 부인의 덕에 크게 해로우니, 정결한 습관이 아니다. 담배 연 기에 오래 젖어들게 되면, 흐르는 침을 제대로 거두지 못하기 때문이 다. 또 담배 가루가 음식에 한번 떨어지면 다 된 음식을 죄다 버려야 하니, 어찌 부인이 가까이할 물건이겠는가? 그래서 계집종이 담배 피 우는 도구를 가지고 가마 뒤에 따르는 것을 볼 때면 언제나 미운 마 음이 든다.

정결한 부인의 덕을 해치고 건강을 상하게 하고 음식의 불결을 초래 한다는 구체적인 피해를 들어 여성은 흡연해서는 안 된다고 했다.

아동의 흡연

아동의 흡연도 매우 심각한 수준이었다. 1653년 조선에 표류해온 네덜 란드 선원 하멜은 『하멜표류기』에서 "이 나라에서는 담배를 많이 피우는

데 여자들은 물론 네댓 살 되는 아이들도 담배를 피운다. 담배를 피우지 않는 사람은 거의 없다"[7]라고 아동의 흡연을 거론했다.

하멜이 말한 시기는 담배가 보급된 지 50년쯤 되는 초창기였다. 흡연 초창기에는 부모들이 아이들에게 치료 목적으로 담배를 피우게 하기도 했다. 아이들은 대개 열 살을 전후한 시기에 담배를 경험했다. 윤기는 열 살 남짓 되면 어른이 보지 않는 곳에 숨어 담배를 배운다고 우려했다.

「남초설南草說」을 쓴 애연가 황인기는 "나는 8, 9세 때 벌써 흡연을 흉내내어 늙어 머리가 허옇게 되도록 심하게 좋아한다"라고 하여 열 살도 안 된 나이에 담배를 배웠다고 밝혔다. 극단적인 사례로는 이옥이 『연경』 권4 7절에서 거론한 담배 고질병에 걸린 어린아이를 들 수 있다. 세 살 먹은 어린아이가 하루종일 담배를 멈추지 않고 피웠는데 그래도 한 번도 담배에 취하거나 현기증을 일으키지 않았다는 것이다. 상상하기 어려운 끔찍한 사례다.

시대가 흘러 아동들이 담배를 접하는 시기가 늦춰지지 않아 국왕 순조가 1808년 11월 19일 "겨우 젖먹이를 면하면 으레 횡죽으로 피운다"며 걱정하였다. 이희로는 가전 「남령전」 끝 대목에서 "지금은 7, 8세가 되면 남씨南氏. 곧 담배들과 어울려 논다. 그 아버지가 날마다 회초리를 때리며 금해도 막지 못한다. 오호라! 남초가 우대받는 바람이 분다"라고 했다. 흡연 광풍이 불어 아동의 흡연은 아버지도 막지 못하는 세상이었다.

10세를 전후한 아이들은 흡연 광풍의 풍속에서 혼자만 벗어나기가 쉽지 않았다. 윤기는 어른들이 없을 때 담배를 배우는 친구들을 보고도 자기만은 그 백해무익한 것을 한 번도 입에 대지 않았음을 자랑스럽게 생각했다. 비흡연자로 남아 있기가 정말 어려웠다는 이야기다. 정조 때 사람인 장환張瓛의 사례를 봐도 그런 고충이 엿보인다. 그의 묘지명에는 다음 사연이 등장한다.

장환이 열두 살에 장가를 들어 처가에 가자 처갓집에서 담뱃대를 내놓았다. 장환은 "저희 집 가법이 나이 스물이 된 뒤에나 담배 피우기를 허락하니 지금은 감히 피우지 못합니다"라고 하였다. 혼인을 했으니 열두 살이라도 성인이라 하여 처갓집에서 담뱃대를 내놓았으나 그는 가법을 들어 거부하였다.[8] 묘지명에서 하고많은 사연을 버리고 굳이 이 사연을 기록한 것은 그만큼 쉽지 않은 일을 했다고 평가한 때문이다. 대체로 남들은 그 나이면 흡연을 시작했다는 말이다.

이덕무가 아동의 흡연을 막아야 한다고 주장한 것은 당연하다. 그는 『사소절』 '동규童規'에서 다음과 같이 말했다.

어린이가 흡연하는 것은 아름다운 행동이 아니다. 골수에 연기를 쬐고 혈기를 마르게 하며, 독한 진이 서책을 더럽히고 불티가 옷을 태운다. 담뱃대를 물고 장난을 치고 다투다가 입술이 터지고 이가 부러진다. 심지어는 뇌수를 꿰뚫거나 목구멍을 찌르기까지 하니 어찌 두려운 일이 아닌가? 혹은 손님을 대하여 긴 담뱃대를 뽑아 물고 함께 불을 붙이기도 하는데 어쩌면 그리 오만불손한가? 또한 어른이 매까지 때리며 엄하게 금지하는데도 몸을 숨기고 몰래 피우면서 끝내 고치지 않는다. 또 간혹 어린이에게 담배 피우기를 권하는 부형父兄도 있는데 어쩌 그리 모자란가? 연초가 성행하는 것은 정말 아름다운 일이 아니다.

아동이 흡연할 때 발생할 수 있는 여러 가지 사고의 위험성과 흡연이 부추기는 오만불손한 태도의 만연을 이유로 들어 흡연을 해서는 안 된다고 반대했다. 아동이 열 살 이전에 자연스럽게 흡연자로 편입되던 상황은 시대마다 조금씩 편차는 있으나 17세기 초반부터 20세기 초반까지 유지되었다. 흡연의 광풍이 휩쓸고 가던 시대의 슬픈 풍경이다.

20. 기생의 흡연

기생의 손에는 왜 항상
담뱃대가 들려 있나

농부의 촌티 나는 흡연, 기생의 요염한 흡연

담배에는 남녀와 노소, 귀천과 직업의 차별이 없다고 한다. 그러나 담
배와 흡연도구의 품질에는 차이가 있었고, 흡연하는 방식이나 연출하는
멋도 많이 달랐다.

눈에 뜨이는 가장 뚜렷한 차이는 담뱃대 길이다. 그 길이는 흡연자의
신분에 따라 달랐다. 기준을 정해놓은 것은 아니다. 신분이 높은 이들
은 제 키에 닿을 만큼 긴 장죽으로 담배를 피웠고, 서민들은 작은 길이
의 연죽, 곧 곰방대를 피웠다. 예외가 있다면, 술집에서 일하는 기생이
었다. 그들은 양반이 하듯이 제 키보다 길쭉한 장죽을 사용해도 되었다.
그것은 특권이라기보다는 기생을 일반 여성과 다른 특수한 존재로 떼어
서 보는 사회 문화적 편견이 작동한 결과다.

한편, 이옥은 『연경』에서 계층에 따라 달라지는 흡연의 격조와 멋을 다섯 가지로 살펴보았다. 신분이 높은 관료들이 거드름 피우며 흡연을 즐기는 귀격貴格이 있고, 자손을 많이 둔 다복한 노인이 손자들을 거느리고 피우는 복격福格이 있으며, 결혼한 지 얼마 되지 않은 젊은 신랑이 생기 넘치게 피우는 묘격妙格, 예쁜 여인이 임 앞에서 애교를 떨며 피우는 염격艷格, 마지막으로 농사일하는 농부가 투박하게 피우는 진격眞格이 있다. 서로 다른 흡연 집단이 누렸을 법한 독특한 격식과 멋을 흥미롭고도 생생하게 묘사한 글이다. 그중에서 귀격과 염격, 진격은 다음과 같다.

지위가 높은 판서나 관찰사, 고을 원님은 사람들의 이목이 집중되는 분들이라, 그 앞에는 사령들이 수두룩하다. "담배를 대령하라!" 한마디만 하면, 어디선가 영리한 종이 나타나 서둘러 청동 담배합을 열어 황금빛 담뱃잎을 꺼내 관음자죽觀音紫竹, 담뱃대를 만드는 대나무 종류으로 만든 7척 길이의 장죽을 가져다 불을 붙이고, 중간쯤 타오면 소매를 뒤집어 닦아서 허리를 굽신 구부려 올린다. 그러면 화문석에 높다랗게 기대앉아 천천히 피워대니 이것이 귀격이다.

어리고 아리따운 미인이 임을 만나 애교를 떨다가 임의 입에서 반도 태우지 않은 은삼통銀三筒, 은삼동 구리 만화죽滿花竹을 빼낸다. 재가 비단 치마에 떨어져도 아랑곳하지 않고, 침이 뚝뚝 떨어져도 거들떠보지 않는다. 앵두 같은 붉은 입술에 바삐 꽂아 물고는 웃으면서 빨아대니 이것이 염격이다.

논에서 김을 매는 농부가 김매기를 잠시 쉬고 논두렁 풀밭에 풀썩 앉는다. 보리술을 한 순배 돌리고 나서 맨상투에서 가로 꽂은 곰방대를

신윤복, 〈연소답청〉, 간송 미술관 소장. 기생이 나귀 를 타고서 장죽을 물고 간 다. 뒤에 가는 기생도 남자 에게 장죽을 달라 하고 있 다. 기생 옆에는 대개 장죽 을 들고 다니는 연동(烟童) 이 따른다. 장죽을 무는 것 은 기생다움을 표현한다.

뽑아서 담배 잎사귀를 둘둘 말아 연통연烟洞烟처럼 만든다. 그것을 대통에 올려놓고 왼손으로는 대통을 받쳐 잡고 오른손으로는 불을 잡아 담뱃불을 붙인다. 담배 연기가 봉홧불처럼 피어올라 콧속으로 그대로 들어가니 이것이 진격이다.

마치 눈앞에서 사람들이 실제로 흡연하는 현장을 마주하는 듯 묘사가 생생하다. 고관과 미녀, 농부의 흡연은 저마다의 인생에 걸맞은 격식과 멋을 연출하고 있다. 이옥은 그것을 생생하게 묘사하고서 "사람마다 제각기 나름의 격식이 있고, 격식마다 나름의 아취가 있다. 남이 피우는 모습을 보고 비아냥거린다면 그대는 그 멋을 모르기 때문이다"라고 말했다.

이옥이 특별히 이 다섯 가지를 꼽은 것은 무엇보다 그들 흡연 집단이 연출하는 독특한 이미지가 있었기 때문이다. 특히 기생과 농부는 대조적인 이미지를 연출했다. 기생은 부유한 양반층과 함께 고급스런 흡연 문화를 화려하고도 퇴폐적으로 향유했다.

기생은 담배를 피운다

기생은 여성이고 신분이 낮은 천민이었다. 그러나 기생은 일반 여성이나 천민과는 차별화된 특별하고도 예외적인 존재였다. 예외적 존재로서 색다른 생활습관과 문화를 향유하며 살아가는 것이 허용되었다.

일반 여성은 담배를 공개적으로 피워서는 안 되고, 설사 흡연자라 해도 숨기는 것이 미덕이었다. 반면에 기생은 나이가 어려도 신분이 높은 사람들에게나 허용되는 장죽을 자유롭게 피웠다. 기생의 장죽은 제 키보다 더 긴 것을 사용해도 좋았다. 게다가 기생은 공개적으로 담배를 피울 수 있었다. 아니 오히려 공개적으로 피우는 것이 미덕이었다. 그처럼 관대했던 것은 그들을 우대해서가 아니다. 오히려 그 관대함은 기생을 차별하고 무시한 결과에 가깝다. 예법이니 관습이니 하는 도덕적 의무를 요구할 대상 바깥에 있다고 봤기 때문이다.

사회 질서 밖에 존재한 기생은 섹스와 음주, 흡연, 옷차림, 가무 등 많은 영역에서 특별한 자유를 누렸다. 기생은 옷차림이나 놀이, 음주, 연예에서 유행을 선도했는데 흡연에서도 그랬다. 기생의 흡연은 그들 직종의 정체성을 상징하는 이미지로 부각되었다. 조선 후기에 기생을 묘사한 그림에서는 거의 예외 없이 장죽을 물고 있거나 소지한 장면이 등장한다. 다른 어떤 집단도 기생만큼 빈번히 장죽을 들고 있지 않았다. 심지어는 양반 사대부도 그 비중을 따라갈 수 없다. 기생과 장죽은 뗄 수 없을 만큼 고착된 이미지였다.

기생의 흡연 이미지는 그들이 발산하는 성적 매력과 연결되어 있다. 화려한 의상을 입고서 유난스럽게 긴 장죽을 천천히 피우는 기생의 흡연 장면은 퇴폐적이고도 뇌쇄적인 요염함을 표현한다. 그런 모습이 사람들의 이목을 집중시켜 회화와 시문에 그 형상이 빈번하게 노출되었다. 위에 인용한 이옥의 글에도 미녀의 요염한 풍격, 염격을 내세웠는데 그가 말한 미녀는 기생이 틀림없다.

박사형朴士亨이 1666년에 지은 한글 가사 「남초가南草歌」는 청루靑樓, 기생집 기생의 흡연을 다음과 같이 묘사했다.

청루 밝은 달에

그리던 임 만나보니

부용장 적막한데

온갖 사연 다 하면서

침향沈香 나무 가는 도마를

등잔 앞에 내어놓고

은장도 잘 드는 날로

잎잎이 싸는 모습은

광한전 옥도끼 옆에

가는 서리를 뿌리는 듯.

주홍 궤짝 내어놓고

은죽銀竹을 자연스럽게 잡아

섬섬옥수로

넌지시 담는 모습

학산선인鶴山仙人. 신선 이름이

백옥적白玉笛을 비껴 쥔 듯.

황금 화로에 묻은 불을

은젓가락으로 집어내어

붉은 입술 흰 치아로

가는 연기 뿜는 모습은

적성赤城[1]의 밝은 날에

흰 안개가 흩날리는 듯.

청루에 간 남자 주인공이 기생이 담배를 직접 썰어 피우는 모습을 묘사했다. 기생은 기성 제품을 가져다 피우지 않고 직접 잎담배를 썰어서 대통에 넣고 화로에서 젓가락으로 불을 꺼내 붙여 연기를 뿜는다. 행동이 하나하나 세련되고 사용하는 담배와 도구는 고급스럽다. 마치 인스턴트 커피를 마시지 않고 원두를 볶아 내려 마시는 요즘의 고급스런 커피 마니아의 행동을 묘사한 듯하다.

아름다운 기생과 담배를 주고받는 것은 귀족과 부자의 담배 맛을 돋우는 장면으로 그림과 문학에 등장한다. 색향色鄕으로 유명한 평양에서 기생의 흡연은 빼놓을 수 없는 풍경이었다. 신광수의 명작 「관서악부關西樂府」와 장지완張之琬의 「평양죽지사平壤竹枝詞」는 모두 평양의 화려한 풍속과 명승을 묘사한 연작시다. 작품에는 기생이 손님에게 담배를 권하는 장면이 멋지게 묘사되어 있다. 또 젊은 시절 황해도 곡산부사로 재직하던 정약용은 옆 고을 서흥 부사에게 장난삼아 기생을 읊은 시를 지어주었다. 세 작품을 차례로 들어본다.

낮잠에서 막 깨고서 담바고를 찾았더니	午睡初廻索淡婆
백동 장죽이 키보다 한참 길다.	白銅長竹過身多
붉은 입술로 삼등초를 가늘게 빨고서	朱脣細吸三登草
올리려 하다 말고 네댓 번 어루만진다.	欲進飜成四五摩

향기로운 안개를 헤치고 부벽루가 펼쳐졌고	嚼破香煙碧樓開
성천의 남령초에 계산동의 담뱃대를 들었네.	成都靈草桂山杯
치마에 쓱 씻어서 자주 건네노니	羅裙拭過頻相贈

당신을 잡는 뜻이지 재촉은 아니라오.   故是留君不是催

서흥 부사님은 정말 바보 같은 사람   瑞興都護太憨生
조롱에 앵무새 키우듯 골방에 기생을 숨겨두고   曲房銷妓如籠鸚
금실 같은 담뱃잎에 반죽 설대 담뱃대로   金絲煙葉斑竹袋
기생 시켜 태워 올리며 풍정을 즐기시네.   倩妓燒進作風情

　세 편의 시는 내용은 조금씩 다르나 소재는 비슷하다. 기생이 명품 담
배로 유명한 성천초를 명품 장죽에 담아 불을 붙이고 치마에 잘 씻어서
피우라고 준다. 아름다운 기생이 피우라고 건네준 담배는 담배 맛 그 자
체에 머물지 않는다. 붉은 입술로 최고급 담배를 잘게 빨아들이는 요염
함, 물부리의 침을 치마에 살짝 닦는 행동, 기생으로부터 담뱃대를 받고
피우는 행동에는 자연스럽게 성적 흥분이 잠복해 있다. 다산의 언급처
럼 남녀 간 풍정風情으로 들어가는 과정에 흡연이 있기도 하다. 기생과
흡연하는 행위에는 그것을 즐기는 남자의 성적 관심이 투영되어 있다.
　세 편의 시에는 기생의 담배 건네기가 묘사되어 있다. 그 행동에는 손
님과 기생 사이에 존재하는 갑을의 권력관계가 끼어 있다. 그 점은 한글
가사인 「연초가」에도 잘 표현되어 있다.

　어와 이 풀이야 인간에 벗이로다.
　부마도위 귀인공자 팔도감사 육조판서
　안석에 빗겨 앉아 게트림 할 적에
　앵무 같은 수청 기생 한 대 피워 드릴 적에

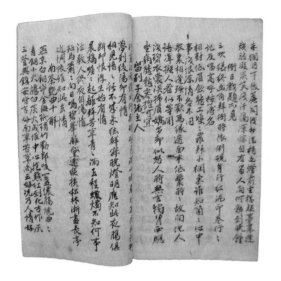

풍신은 있고 없고 없던 위엄 절로 난다.

부마도위부터 판서에 이르기까지 최고위직 벼슬아치가 나열된다. 그들은 수청 기생이 불을 붙여 바치는 담뱃대를 받아야 없던 위엄이 절로 선다. 양반의 권력과 기생의 성적 매력을 기생이 빨아서 바치는 장죽이 연결시킨다.

기생이 담배 피우는 사연

양반의 눈에 비친 기생의 흡연 풍속을 가장 잘 보여주는 것은 나운懶雲 신우상申禹相의 작품이다. 그는 석북 신광수의 장남으로 문과급제한 지식인이다. 1765년 전라도 능성의 과객이 되었을 때 기생들과 어울려 지

신윤복, 〈연당蓮塘의 여인〉, 국립중앙박물관 소장. 연꽃이 곱게 피어 있는 연못을 앞에 두고 고운 기생이 오른손에는 생황을, 왼손에는 긴 담뱃대를 들고 있다. 쓸쓸한 순간에는 잠시도 담뱃대를 손 에서 떼어놓을 수 없다. 담뱃대는 기생의 고독을 표현한다.

냈는데 그때의 경험과 견문을 시로 많이 남겼다.[2] 그때 지은 작품 중에
「남다염곡십해南茶艶曲十解」가 있는데 여기서 남다南茶는 남쪽에서 온 연다
라는 의미로 담배의 멋스런 명칭이고, 염곡艶曲은 염정艶情의 노래라는
의미로 여인의 연정을 읊은 노래임을 나타낸다. 십해十解는 열 편이라는
뜻이다. 곧 기생이 담배 피우는 요염한 사연을 담은 열 편의 시를 뜻한
다. 아래에 전문을 싣는다.

연경산燕京産 백동 담배합에	燕京白銅岱
김해산金海産 대모 담뱃대로	金海玳瑁竹
낭군님 한 대 피우시면	勸郎吸一盞
제 창자가 굽이굽이 타오르지요.	儂腸燒曲曲
작은 청동화로에	靑銅小火爐
백탄 불을 꾹 눌러놓았네.	白炭火成堆
중심에는 붉은 불씨 숨었으니	中心抱點紅
다 꺼져야 재가 되지요.	到死方作灰
삼등초와 진안초는	三登與鎭安
다들 좋은 담배라고 하지요.	皆言好南草
쓴 담배 맛도 좋다고 하니	苦草尙云好
착한 마음씨야 말해 무엇하나요.	況乃人情好
작고 네모난 비단 쌈지는	方紗小紬囊

노란 빛깔 가는 주름 잡았네.   細皺黃鵝色

그대 마음껏 뒤지세요.   深淺任君探

바닥이 나도 아끼지 않을 테니.   到底誰相惜

붉은빛 박혀 있는 부쇠에   嵌紅一放鐵

영롱하게 여섯 모가 난 부싯돌!   玲瓏六稜石

임의 수중에 손을 뻗어   親就郎手中

뺏어가지고 한번 쳐봐야지.   奪來要一擊

흰 연기가 하늘하늘 피어날 때면   靑烟何嫋嫋

제 마음은 한 올 한 올 엉켜요.   妾心何絲絲

한 올 한 올 입으로 들이쉬나니   絲絲吸在口

단지 쓴지는 당신이 잘 알지요.   甛苦君自知

동글동글 대통을 마주 대고   團團兩盞合

일부러 불을 느릿느릿 붙이네.   吹火故遲遲

느릿느릿 붙여도 좋기는 하나   遲遲尙云可

내 마음 모를까 그게 걱정이네.   但恐心未知

섬섬옥수로 물부리를 닦아서   纖手拭尖筒

임께 드려 입 벌려 물게 하지요.   與郎開口受

침을 서로 주고받도록 하는 것은   涎沫許相通

깊은 맛을 은근히 알기 때문이지요.   暗識滋味厚

등불 앞의 연죽 한 쌍을	燈前一雙竹
다른 것과 섞어놓고 찾아보라 했네.	雜置要郞辨
내 심중엔 꼭 집은 것이 있건만	儂意自有主
임의 눈에는 싫증이 나지 않을까?	郞眼能無倦

담뱃진이 눈물처럼 흘러나오면	流津如淚出
담배를 다 태웠다 말들 하지요.	道是燒盡時
다 태우면 또 다시 태우듯이	燒盡亦復燒
내 사랑은 그칠 때가 없어요.	此情無已期³

　서로 독립된 내용의 짧은 노래 열 편으로 구성되어 있다. 젊은 여성이 사랑하는 남자와 사랑을 나누며 담배를 피우는 내용이다. 주인공이 기생임을 밝히지 않았으나 이런 유의 사랑을 나눌 수 있는 존재로는 기생밖에 떠올리기 어렵다.

　장면마다 담배를 피우는 과정을 하나씩 노래하는데 흡연도구를 어루만지고, 불을 붙이고, 장죽을 건네고, 피우는 모든 과정마다 은근한 사랑의 감정이 녹아 있다. 혹시라도 임이 그 감정을 눈치채지 못할까봐 애태우는 심경이 느껴진다. 술이나 노래, 춤이 아니라 담배를 통해 은근하면서도 농염한 사랑을 전한다. 「남다염곡십해」는 담배가 왜 기생의 손에서 떠나지 않았는지를 잘 보여준다.

5부

담배와 경제

수지맞는 거래, 은밀한 협상

이곳(청나라 요동의 송산보)에서 양식과 사료, 잡화 구매에 필요한 용품과
뜻밖의 일에 필요한 용품으로 남초보다 나은 것이 없습니다. 은銀도
함께 쓸 수 있으니 은자와 남초를 넉넉하게 서둘러 들여보낼 것을 조
정으로 하여금 호조와 평안감사에게 분부하라고 해주십시오.

–「심양장계」, 1641년 9월 10일 송산보松山堡에서 한양의 승정원에 보낸 장계

17세기 조선 경제의 블루오션

동아시아 여러 나라가 차례로 흡연 습관에 급속하게 젖어들면서 담배는
국내 경제에서도, 국제무역에서도 막대한 비중을 차지하게 되었다. 담
배가 들어온 지 10여 년 만에 흡연자 수가 폭발적으로 늘어나면서 짧은
기간 안에 담배가 산업의 중추적 역할을 떠맡는 놀라운 현상이 일어났

다. 그 이후 20세기까지 우리나라 경제에서 담배는 한 번도 중추적인 역할을 놓아본 적이 없다. 17세기 초반부터 한 세기가 끝나갈 때까지 담배 산업은 급성장을 거듭하며 국가 경제를 지탱하는 구심적 역할을 했다. 국제무역에서는 한술 더 떴다. 국내의 폭발적 수요도 수요지만 청이라는 거대한 외국 시장을 개척해놓았기 때문이다. 명과의 전쟁에서 식량 및 다양한 군수물자가 필요했던 청나라는 조선과의 무역에 크게 기대었다. 그런데 흡연 인구의 폭증으로 무역에서 담배의 비중이 급격하게 높아져갔다.

청나라 동북부 지방의 거대한 담배 시장에서 흡연자의 입맛을 사로잡은 것은 조선에서 수입해간 담배였다. 수입량이 많아져 경제에 부담이 되자 청나라는 병자호란 이후 담배씨를 반출해 직접 재배함으로써 수요를 충당하려고 했다. 그러나 조선산 담배 맛에 깃들여진 흡연자들의 입맛이 금세 바뀌는 것은 아니었다. 담배 원초의 품질뿐만 아니라 가공 기술도 담배 맛을 크게 좌우했다. 그 수요가 엄청나서 조선의 생산량이 따라갈 수 없을 수준이었다.

17세기 조선에서는 일본이나 중국과는 달리 흡연과 담배 재배에 대한 금지령이 시행된 적도 없고 논의조차 되지 않았다. 많은 나라에서 전파 초기에 금지령이 내려졌던 점을 생각하면 이상한 현상이다. 그 이유는 담배 산업이 국제무역을 통해 막대한 이익을 창출하는 블루오션 역할을 했기 때문이다. 외국 물산이란 점, 건강과 예절 문제, 화재의 위험 따위를 이유로 들어 개인적으로는 금연론을 펼칠 수 있었으나 막대한 국가 이익 앞에서 그 주장은 우군을 얻을 수 없었다. 1625년 무렵에는 담배가 화폐 대용품으로 사용될 만큼 경제활동의 중추적 역할을 수행했다.[1]

더욱이 양란을 거치면서 피폐해질 대로 피폐해진 경제난 속에서 전쟁을 수행하고, 패전국으로서 청나라가 강제하는 물질적 요구를 충당하는 데 담배는 경제적 역할 이상의 역할까지 맡고 있었다. 17세기 조선에서 담배는 없어서는 큰일 날 보배 같은 생산품이었다.

현금보다 귀한 군수물자

담배 무역은 다양한 경로를 통해 전개되었다. 청나라와의 사절단 왕래, 심양에 머문 세자와 관료에 대한 물자 보급, 조선인 포로의 쇄환刷還, 청나라 군대와의 연합 전투, 사상私商의 교역에서 담배는 가장 주요한 거래 물품이었다. 가장 이른 시기의 현황을 1630년의 기록이 보여준다. 정묘호란 이후 청나라와 형제 나라의 맹약을 맺은 조선은 1630년 선약해宣若海를 심양에 위문사로 파견했다. 선약해는 그곳에서 겪은 일을 보고문 형식으로 기록했는데 4월 26일과 28일 기사에 다음 장면이 묘사되고 있다.

> 용골대 등이 칸汗의 뜻이라며 남령초를 독촉하여 가지고 갔습니다. 나중에 중남仲南이 칸의 가신으로 삼하드河라고 부르는 자를 데리고 와서 하는 말 가운데 "칸의 몽골 사돈이 남초를 사가려고 하니 넉넉한 수량을 바꿔주기 바란다"고 했습니다. 신은 남초 30근을 찾아가지고 와서 값을 받지 않고 보내주었습니다. 삼하라고 하는 자는 계산을 잘하기에 항상 매매를 주관한다고 들었습니다.[2]
> 용골대와 중남이 또 와서 우리 일행의 남령초를 샅샅이 뒤져서 가지

「보성선씨오현행적寶城宣氏五賢行蹟」에
수록된 선약해의 「심양일기瀋陽日記」.
1630년 4월 26일자 기사로 용골대에게
담배를 제공하는 대목. 1802년. 국립중
앙도서관 소장.

고 갔습니다. 뒤에 김남金男을 시켜 은냥銀兩을 보내 값을 치렀으나 신
은 사양하기도 편치 않아 돌려보내지 않다가 다시 돌려보냈습니다.[3]

1630년에 심양에서 있었던 일의 현장이다. 홍타이지는 몽골 지배층
을 회유하는 방법의 하나로 그들에게 지속적으로 선물을 하사했다. 담
배는 가장 좋은 선물이었는데 그 담배의 공급처가 조선이었다. 홍타이
지의 핵심 부하가 조선 사절단에게 담배를 구매하고 있다. 뒤에는 아예
강탈하듯이 담배를 가져가는 장면까지 연출하고 있다. 조선측으로부터
담배를 얻는 과정이, 일반적 상거래와는 달리 조선의 공급에 목을 매는
형편이다.[4] 직접 외교관계가 없는 몽골까지도 조선 담배가 공급되는 상
황을 분명하게 보여준다.

담배는 전략적으로 매우 중요한 군수물자로 취급되었다. 흡연에 중독되어가는 청나라 지배층과 군사를 대상으로, 조선의 당국자들은 그 희귀하고 비싼 담배를 대단히 요긴하게 활용했다. 그 중요한 사례의 하나가 임경업 장군의 출정이다.

병자호란 이후인 1640년 청나라는 명나라 금주위錦州衛를 공격하기 위해 조선에 원병을 요청했다. 조선은 마지못해 임경업을 파견했는데 그는 명나라와 밀통하며 소극적으로 전투에 임했다. 그는 출정할 때 특이하게도 담배를 가득 싣고 갔다. 그는 담배를 어디에 썼을까?

> 일찍이 수레에 싣고 갔던 연다를 사용할 틈이 없었는데 군량미가 벌써 다 떨어져 청나라 장수에게 보급을 요청했다. 청나라 장수가 허락하지 않자 임경업 장군께서 "군졸들이 모두 굶주리고 있는데 살릴 방도가 없소. 사업을 일으켜 군량미를 보충할 테니 금하지는 마시오"라고 하셨다. 청나라 장수가 그러마고 했다. 그래서 즉시 연다를 수만 금과 무역하여 군량미 보급을 계속했다. 또 1000금을 세자의 행궁에 진상했고, 500금을 대군大君에게 바쳤다. 또 3000금은 상부에 보고한 뒤 의주에 보냈다.[5]

보급품으로 싣고 간 담배를 팔아서 수만금을 얻어 군량미를 충당했다. 그러고도 남은 돈 일부는 억류된 소현세자와 봉림대군에게 바쳤고, 심지어는 본국에 송금까지 했다. 담배가 청나라와의 무역이나 인적 교류에서 은보다 더 귀한 화폐 노릇을 하는 장면을 잘 보여준다. 명청 교체기 전란 시국에서 담배는 조선 경제의 버팀목 역할을 했다. 담배 무역으로 조선에는 은화가 넘쳤다. 성해응은 초창기 조청 무역에서 담배가 얼마나 중요한 품목이었고, 그 덕분에 조선이 무역에서 어떻게 우위를 차지할 수 있었는지를 다음과 같이 정리했다.

> 임술년1622 이현영李顯英이 연경에 갔을 때 섬라暹羅, 태국 사신이 담배를 예물로 가져왔는데 그 잎이 소반보다 컸다. 사람들이 모두 돌려보면서도 먹지를 않았다. 청나라 사람들은 대단히 담배를 즐겼다. 우리 사신이 가면 사상私商이 끊임없이 이어졌다. 일찍이 그 때문에 불이 나서 사람이 많이 타 죽었다. 홍타이지가 처음으로 일절 금지하고서 문서를 보내 우리에게 책임을 돌렸다. 청나라 사람은 금지령을 무릅쓰고 몰래 담배를 샀기에 한 줌에 100금의 값이 나갔다. 그래서 우리나라는 은화가 지천이 되었다. 한 상인이 몰래 담배씨를 전해주어 마침내 천하에 두루 퍼졌고, 이후로 은화가 조선에 이르지 않았다.[6]

은밀한 요구

담배를 전략적으로 활용한 것은 민간에서도 마찬가지였다. 병자호란에서 항복한 이후 조선은 갖은 굴욕을 당해야 했다. 50만 명의 조선 사람이 청나라에 포로로 잡혀갔고, 세자와 대군이 심양에서 볼모로 지냈다. 몇 년 사이에 수많은 조선 사람이 굶주림과 살육에 죽어갔고, 선택받은 일부는 몸값을 지불하고 고국으로 데려왔다. 그에 들어가는 적지 않은 비용을 충당할 때 담배는 다른 어떤 화폐나 물품보다 큰 힘을 발휘했다.

볼모로 잡혀간 세자를 보위하는 시강원에서 고국의 승정원에 보고한 내용이 담겨 있는 『심양장계』에는 당시 상황이 매우 자세히 실려 있다. 지속적으로 등장하는 자금 조달 요구와 양국 간 사건 사고에는 담배의 보급과 무역에 관한 내용이 빠지지 않는다. 특히 청나라 조정과 관료 사회가 겉으로는 이런저런 이유를 대며 담배 무역을 금지하면서 속으로는 담배를 지속적으로 요구하는 모습이 인상적으로 묘사되었다. 1638년 승정원에 보낸 보고서를 보자.

> 청나라가 처음에는 비록 담배[의 수입]를 금하는 영을 내렸으나 바로 영영 끊겨서 오지 않을까봐 염려하였습니다. 전날 황제의 칙서에는 여행중에 쓰는 것은 금하지 말라는 말이 들어 있었습니다. 그 속내를 탐문해보니, 우리나라 사람들이 쓸모없는 물건[담배]으로 많은 사람들을 속환하는 것을 꺼려서 이 금지령을 내렸던 것입니다. 그러나 이 나라 시장에서는 유통과 사용을 금하지 않았습니다. 이 물건은 대중이 진정으로 좋아하는 것이라서 뒤에는 금지령을 완화하는 칙령을 내렸습니다. 뿐만 아니라, 장수들의 요구는 한결같이 예전과 똑같고, 아침저녁으로 음식을 올리는 자들까지도 모두 찾기 때문에 담배가 아니면 저들을 상대할 수 없습니다. 그런데 전날 들어온 것이 벌써 다 떨어져 형편상 부득이 들여보내달라는 취지로 호조에 공문을 보냈습니다.[7]

본국에 담배를 많이 공급해달라고 요청하면서 그 사유를 설명한 문서다. 1639년에 홍타이지가 금연령을 내리기 직전 조선으로부터의 담배 수입을 금지할 수도, 금지하지 않을 수도 없는 청나라 입장이 명쾌하게 밝혀진다.[8] 금연령은 대외적인 조치일 뿐이요 대중의 기호를 막을 도리가 없어 시장에서는 담배가 공개적으로 유통되도록 용인하고 있다. 뿐만 아니라 속으로는 조선에서 오는 담배 공급이 끊길까봐 염려하고 있다. 황제와 장군으로부터 음식 조달하는 일반 백성들에 이르기까지 담배만 주면 어려운 일이 해결되는 상황이라 묘사했다. "남초와 담뱃대는 모두 청인들이 간절히 구하는 물건이라 그들을 응대하는 물건으로 이보다 나은 것이 없었다"[9]라는 것이다.

결제 수단인 은보다 큰 힘을 발휘하는 담배의 위력을 상인들이 팔짱만 끼고 바라볼 리 없었다. 『심양장계』를 비롯한 각종 공식 기록에는 조선의 상인과 군사, 백성이 금지령을 어기고 국경을 넘어 담배를 판매하는 현황이 심심찮게 보고됐다. 『인조실록』에서는 "오랑캐 한汗은 토산물이 아니라서 재물을 소모시킨다고 하여 금지령을 내려 엄금했다고 한다"[10]고 밝혔다. 전쟁을 수행해야 하는 청나라로서는 은이 조선으로 흘러가는 것을 막아야 했다. 그러나 금지하려고 해도 담배 무역은 막을 수 없었다.

몽골에도 담배를 공급하다

조선은 주로 청나라를 상대로 담배를 수출했는데 청나라 역시 담배를 중원 지역과 몽골 등지로 다시 무역했다. 여기서 특별히 주목할 역사적 사건이 하나 일어났다. 조선 사절단이 만주를 통과하고 사막을 넘어 몽골까지 가서 조선의 담배와 몽골의 소를 물물교환해온 사건이다.

사건의 발단은 병자호란을 전후하여 만주에서부터 조선 전체를 휩쓴

소 전염병으로 팔도에 농우農牛의 씨가 마른 횡액이었다. 조선 당국자는 머리를 짜내어 몽골로부터 소를 수입하려고 1638년에 비변사 낭청郎廳 성익成釴을 수장으로 해 몽골에 상단을 파견했다. 조선시대 역사상 몽골과 조선이 직접 무역한 사례는 이것이 유일하다. 여러 달이 걸려 성공한 이 무역에서 181마리의 몽골 소를 거래하여 돌아왔다. 이때 소를 구매하는 결제 대금으로 여러 가지 현물을 가지고 갔는데 그 주축을 이룬 물품이 담배였다. 거액의 포목을 들여 동래의 왜관에서 사온 일본산 지사미와 조선산 담배로 구성된 고급품이었다.[11]

이때 수입한 소가 그 이후 전국으로 퍼져나갔는데 담배는 이 중차대한 역사적 거래를 성사시키는 핵심적 역할을 했다. 이 무역은 동아시아 무역의 역사에서 기억할 만한 사건이다. 대항해 시대의 총아 담배가 일본에 정착하여 동래 왜관을 통해 조선에 수출되고, 청나라 황제의 묵인 아래 담배 금지령이 내려진 만주를 거쳐 몽골 사막까지 들어가 소와 교환되었다. 근대 이전의 동아시아 세계에서는 거의 찾아볼 수 없는 중개 무역의 긴 사슬에서 조선이 핵심적인 고리가 되었음을 보여주는 상징적 사건이다.

누가 담배를 물리치랴

청나라가 마침내 명나라를 정복하여 중원의 패자가 된 이후 국제 정세는 차츰 안정을 찾아갔다. 이후에도 조선에 오는 청나라 칙사나 청나라에 파견하는 조선 사절단에게 담배는 여전히 가장 중요하고도 민감한 무역품이었다. 조선에 온 청나라 칙사들이 요구한 물품에는 인삼과 종이, 왜검倭劍, 우황청심원, 청서피靑鼠皮. 날다람쥐나 하늘다람쥐의 가죽 등이 있었는데 담배는 그중에서 가장 큰 비중을 차지했다. 칙사가 조선에 와서는 품질이 좋은 궤지삼櫃枝三. 궤짝에 담은 지삼을 판매하라고 하여 무려 3만 4000여 갑을 사가기도 했다. 조선에 궤지삼이 많다는 사실을 미리 파악하고 억지로 요구하여 사갔다.[12] 칙사가 올 때에는 많은 인원들이 지삼을 대량으로 사가는 탓에 그들의 요구를 채우느라 조정뿐만 아니라 시전 상인, 나아가 사행 경로에 있는 민간에서는 큰 곤욕을 치렀다. "근일에 칙사가 올 때 상평청常平廳. 곡물을 비축하던 관아에서 가장 견디기 힘든 것이 지삼입니다. 방승검 등 세 사람은 궤지삼 1만 갑을 바치고자 하였으니 포상하지 않을 수 없습니다"[13]라고 하여 담배 구매에 적극적으로 협조한 상인을 조정에서 포상할 만큼 칙사 일행은 대량으로 담배를 요구했고, 조선 정부는 그 요구를 맞추려고 큰 노력을 기울였다.

역으로 청나라로 들어가는 조선 사절단 역시 담배 공급에 특별히 신경을 곤두세웠다. 인조대부터 효종대까지 사절단은 황제뿐만 아니라 고위직에 막대한 양의 담배를 선물로 보냈다. 특히 실질적으로 황제의 권력을 행사한 도르곤은 골초로 유명했다. 1646년 북경에 간 동지사冬至使 사절단에게 용골대는 은밀하게 "이번에 쌀을 감면해준 것은 구왕九王의 힘이다. 구왕이 남초를 즐겨 피우고 또 좋은 매를 갖고자 한다. 남초와 좋은 매를 아울러 들여보내 사의를 표하라"고 귀띔을 하였다.[14] 구왕은 도르곤이다. 담배와 매를 선물로 달라고 요구한 것이다.

그 요구를 무시할 수 없었던 조선은 도르곤에게 특별히 일본산 궤지삼 작은 궤짝 3000갑을 관례적으로 보냈다. 1650년효종 원년 9월 도르곤에게 큰 궤짝에 담은 궤지삼 150갑을 예단으로 보냈다. 큰 궤짝은 작은

—— 청 태조의 열넷째 아들인 예친왕(睿親王) 도르곤(多爾袞, 1612~1650)의 초상. 조선을 굴복시키고 중국을 무력으로 평정하여 중국 지배의 기초를 다졌다. 그는 흡연을 즐겨 조선에서는 그에게 다량의 고급 담배를 선물했다.

궤짝의 열 배 정도이니, 이는 곧 작은 궤짝 1500갑에 해당한다. 본래는 100갑을 보내려다가 부족한 것 같아서 50갑을 더 보냈다.[15]

한편, 어느 해인가 강희제에게 담배 1만 갑을 선물로 보냈을 때 강희제는 "짐은 담배를 피우지 않는다"며 거절한 일이 있었다. 강희제 본인은 담배를 피우지 않아서 남들이 피우는 담배 연기조차 몹시 싫어했다. 반면에 그는 코담배를 즐겼다. 어차피 피우지도 않을 담배를 호기롭게 거절하는 것은 황제다운 훌륭한 자제력을 신료들에게 과시하고 동시에 조선산 담배에 대한 열기를 식히려는 포석이었다. 이는 강희제의 고매한 덕성을 보여주는 미담으로 찬미되었다. 저명한 시인 우통尤侗. 1618~1704이 그 일화를 다음 시로 묘사했다.

변방으로 나가는 이들이 추위를 잊는 데나 좋나니　只好驅寒出塞門

어찌하여 화려한 집에서 아침저녁으로 피우랴?　如何華屋供晨昏

그대는 보라! 일만 갑의 고려산 담배를　君看萬匣高麗種

깊은 궁궐 지존에겐 다가오지 못하게 하셨네.　未許深宮近至尊[16]

국경에서 추위와 싸우며 고생하는 군사들의 흡연에는 충분히 공감을 표시했으나, 강희제는 일반 귀족과는 달리 담배의 유혹을 끊을 수 있는 군주임을 과시했다. 신하들은 그 기회를 놓치지 않고 황제의 덕망을 호들갑스럽게 예찬했다. 역으로 그 예찬은 조선산 담배가 그만큼 거부하기 힘든 유혹이었음을 보여준다.

조선의 일본 담배, 중국의 조선 담배

무역의 구조

동아시아에 담배가 수입된 이후 세월이 흐르면서 나라마다 독특한 흡연
문화가 형성되었다. 또한 독자적 흡연 문화가 형성된 이후에도 무역과
외교를 통해 다른 나라의 담배를 접촉할 때마다 타국의 담배에 대한 색
다른 인상을 적지 않게 받았다. 이를테면 조선 담배가 중국이나 일본 담
배에 비해 매우 독하고, 그 때문에 조선 사람은 중국 담배를 피우면 맛
을 느끼지 못한다[1]는 식의 인상이 만들어졌다.

19세기에도 왜관이 있는 부산에서는 일본 담배를 맛볼 수 있었다. 심
노숭은 1801년 귀양지인 부산 옆 장기에서 일본산 담배 왜초를 선물받
아 맛을 본 적이 있다. 마치 서초처럼 빛깔이 노랗고 깨끗했으며 잎을
가지런히 엮어 첩을 만든 솜씨가 보기만 해도 정교했다. 담배 맛은 부산

지역 담배 맛과 비슷하여 몹시 매웠다.[2] 일본 담배 맛을 보고서 그는 중국 담배는 맛본 적이 없었으나 아마도 서초의 맛과 비슷하리라고 추정하였다. 다른 나라 담배를 쉽게 맛볼 수는 없었으나 이렇게 여러 경로를 통해 맛을 보거나 정보를 얻어서 비교하기도 했다.

무역의 실상을 보면, 일본으로부터의 담배 수입은 크게 줄어들어 통계에 잘 잡히지 않는 수준으로 낮아졌으나 중국으로는 19세기 후반까지 계속 담배가 수출되어 무역에서 지속적으로 큰 비중을 차지했다.

통신사와 담배의 교류

먼저 일본의 경우다. 부산 왜관을 통해 일본으로부터 담배와 흡연도구가 지속적으로 유입되기는 했으나 그 비중은 초기와는 비교할 수 없을 만큼 축소되었다. 그렇다고 일본 담배의 영향이 없었다고 볼 수는 없다. 통신사가 일본에 들어갔을 때 조선 사람은 일본의 담배와 흡연도구를 직접 확인했다. 그때에도 담배는 대개 일본측에서 조선측에 선물했다. 양측이 만나 서로 선물을 교환할 때에도 조선은 일본에 담배나 흡연도구를 선물하지 않은 반면 일본은 조선에 다양한 선물을 제공했다. 그 선물은 공식적이고 관례적인 것으로 1763년 계미통신사로 일본을 다녀온 성대중成大中은 『해사일기海使日記』에서 사절단 개개인에게 제공한 선물 내역을 자세하게 기록하는 중에 담배와 담뱃대 등 흡연도구의 수량을 밝혀놓았다. 조선은 일본 담배와 흡연도구를 필요로 했으나 일본은 그렇지 않았다는 것을 말해준다. 담배에서는 일본이 여전히 질적으로 우위에 있었다고 볼 수 있는 대목이다.

양측 지식인들은 사적으로도 자유롭게 만났다. 그러한 만남에서는 자연스럽게 흡연 문화가 교환되었다. 그들은 필담으로 의사소통했는데, 현재까지도 그 자료가 많이 남아 전한다. 담배를 주제로 필담이 오가기도 했다. 양측 모두 흡연자가 많아 자연스러운 현상이다.

서로가 상대방의 담배 맛을 보려고도 했고, 선물로 담배를 주고받기도 했다. 실례로 1748년 통신사 필담자료로 도호도東都의 의사인 노로 지쓰오野呂實夫가 쓴 『조선필담』에는 양측의 담배를 맛보는 대화가 오가기도 했다.[3] 노로 지쓰오의 호가 겐조元丈인데 그와 두 명의 조선 사람 사이에 이런 대화가 오갔다.

『메사마시소目さまし草』에 실려 있는 삽화, 1815년. 일본인 주인과 손님의 흡연 모습을 표현하고 있다. 그 옆에는 이수광의 『지봉유설』을 인용하여 일본에서 조선으로 담배가 전래된 사실을 설명하고 있다. 이 책은 담배에 관한 전문서로 『언록』을 바탕으로 평이하게 일본의 흡연 문화를 설명했다.

겐조: 공께서는 담배를 피우십니까? 이 나라의 담배도 좋으신지요?

한인韓人: 귀국의 담배 맛은 담박하여 사람을 상할 염려가 없으므로 우리나라 담배보다 나은 듯합니다. 이제 식사를 해야 하니 식사 뒤에 피워야겠습니다. (그때 마침 식사가 나왔다.)

한인: 마침 회가 나왔군요. 공께서도 드시지요. (…)

겐조: 이 나라의 담배도 시험 삼아 피워보시지요. 귀국 담배도 조금 주시기 바랍니다.

탐현探玄: 지금 막 떨어졌습니다. 다음에 찾아서 드리겠습니다.

겐조는 손님에 대한 예의로 일본 담배를 권하면서 그 맛이 어떤지를 물었다. 조선 사람은 양국의 맛을 비교하고 있는데 조선의 담배 맛이 독하다는 상식을 그의 말에서 다시 확인할 수 있다.

1711년 통신사 사행에는 조태억趙泰億이 정사正使였고, 임수간이 부사였다. 조태억은 비흡연자였고 임수간은 흡연의 멋을 절묘하게 묘사한 「연다부」를 지을 만큼 담배를 사랑한 애연가였다. 그들이 에도에 묵고 있을 때 아라이 하쿠세키新井白石가 찾아와 필담을 나누었다. 하쿠세키는 근세 일본을 대표하는 학자이자 정치가다. 임수간이 정리한 필담에는 다음 장면이 보인다.

인사를 끝내고 나서 평천平泉. 조태억의 호이 "붓끝에 절로 혀가 있어 말을 통할 수 있거늘 굳이 통역을 빌릴 필요가 있겠습니까?"라고 하자 하쿠세키가 "삼가 의향을 따르겠습니다"라 했다. 그가 평천에게 "어째서 연다를 태우지 않으십니까?"라 묻자 평천이 "평생 이 물건을 즐

기지 않는답니다"라 했다. 하쿠세키가 "옛사람은 주장酒腸, 술 들어갈 창
자이 없다 하더니 공께서는 연장煙腸, 담배 들어갈 창자이 없나봅니다"라
했다. 평천이 "심장心腸이 절로 비단이거늘 담뱃불 연기로 더럽힐 수
있나요?"라 하며 드디어 서로 한바탕 크게 웃었다.

필담을 나누기 시작하자 바로 하쿠세키가 담배를 화제에 올린 것은
일본의 손님맞이 예절 때문이다. 조선의 대객초인사처럼 일본 역시 손
님을 맞이할 때 담배를 권하는 규칙이 있었다. 그런데 맞상대인 정사가
비흡연자이므로 하쿠세키는 흡연하지 않는지를 확인한 것이다.

이렇게 담배를 피우는 것으로 농담을 주고받는 자리의 인물은 범인이
아니다. 하쿠세키는 다방면에서 뛰어난 인재로 제일가는 정치가이자 학
자이고, 그를 상대하는 조태억이나 임수간 역시 마찬가지다. 수준 높은
인물들이 흡연을 놓고 정취가 넘치는 대화를 이어가고 있다. 한참 대화
를 나누다가 하쿠세키가 담배를 피우고 싶어 "정사께서 비단 같은 심장
이라 담배 연기로 더럽히지 않는다 하시니 제 철석鐵石 심장을 담뱃불로
시험해보면 어떻겠습니까?"라는 농담을 건네고 연다를 피웠다.

양측 인사들이 우아한 대화를 주고받는 장면은 다른 필담에도 더 나
온다. 계미통신사에 참여한 문인인 남옥南玉은 일본 문사들을 상대하여
엄청난 분량의 시문을 창작하고 돌아왔다. 그 생생한 자료가 한일 양측
에 상당수 남아 있다. 1764년 정월 25일에는 도리야마 스가쿠鳥山崧岳와
시를 주고받았다. 그날 남옥은 마침 식사를 하지 못한 스가쿠에게 음식
을 나눠주었다. 그러자 스가쿠는 답례로 담배를 선물하고 시를 바쳤다.
스가쿠 시집에는 그 사연을 담은 시가 실려 있다.

1863년 1월 북경 러시아 공사관에서 조선 사신을 찍은 사진. 러시아 사진가가 찍은 사진인데 여행중에도 담뱃대를 물고 있는 모습이 인상적이다. 다만 그들의 담뱃대는 비교적 짧다. 조선 사람을 찍은 사진으로는 최초다. 최근 박주석 명지대 교수가 입수해 공개했다.

뽕나무 아래에서 쉬던 선비가 아니래도	雖非翳桑士
공교롭게 어르신의 은덕을 입었네.	適受趙宣憐
제게 은실 같은 회를 나눠주시니	分我銀絲鱠
그대에게 금실 같은 담배를 드리노라.	謝君金縷蔫
굶주린 창자가 맛좋은 식사로 불렀으니	饑腸飽美饌
고운 입술은 푸른 연기를 피우셔야죠.	繡口吸靑煙
숙소에서 술 한 잔도 금지하니	賓館禁盃酒
이것으로 술을 대신하시구려.	聊將代聖賢[4]

앞 대목은 춘추시대에 조선자趙宣子가 사냥하다가 뽕나무 아래에서 쉬고 있을 때 사흘을 굶은 영첩靈輒을 보고서 불쌍히 여겨 음식을 준 옛 사연을 빌려서 둘 사이에 있었던 일을 표현했다. 그 답례로 일본 담배를 선물하니 금주령 내린 여관에서 피우기를 바란다고 했다. 금실 같은 담배란 표현은 잘게 썬 기사미를 가리킨다.

흡연 전성기에 담배는 외교의 첨병 역할을 제대로 했다. 사적 만남에서도 대체로 조선 사람이 일본의 담배와 흡연도구를 받았다. 조선에서는 여전히 일본 담배에 대한 기호가 남아 있었고, 일본 사람은 조선 담배를 그리 찾지 않았다. 아마도 조선의 서초는 맛이 강렬하여 일본인 입맛에는 맞지 않았을 것이다.

중국의 흡연 문화

중국과의 교류는 일본과는 비교할 수 없을 만큼 더 빈번하였고 영향이 컸다. 사교의 첫 장면에는 차와 함께 담배가 등장하기 일쑤였고, 사적으로 담배를 주고받기도 했다. 그에 대한 기록이 풍성하게 남아 있다.

중국에서 조선은 담배 수출국으로서의 역할을 구한말까지 유지했다. 조선 담배의 품질은 정평이 나 있었고, 흡연도구도 우수하여 귀족이나 일반인까지도 조선 담배를 많이 찾았다. 한편, 조선에서는 중국 담배를 그리 좋아하지 않았다. 독한 맛을 좋아하는 조선 사람에게 맛이 부드러운 중국산 담배는 인기가 없었던 것으로 보인다.

조선의 담배와 흡연도구는 17세기에는 폭발적인 수요가 있었고, 18세기와 19세기까지 여전히 중국인에게 인기를 얻었다. 1808년 조선 후기의 재정과 군정을 총괄하여 정리한 『만기요람萬機要覽』에서는 연행하는 사신이 공식적으로 청나라에 가져갈 예단 물품 목록을 다음과 같이 규정했다.

> 장지壯紙 825권, 백지 1760권, 소갑초小匣草 2732갑, 봉초封草 1475봉, 청서피靑黍皮 378장, 각종 담뱃대 1032개, 부시 550개, 칼 721개, 부채 9054자루, 환도環刀 10자루, 다리 98부部, 붓 42자루, 먹 42정, 대구大口 190마리, 문어 7마리, 전복 13첩, 해삼 20말.

소갑초와 봉초, 각종 담뱃대와 부시의 수량은 예단에서 담배와 흡연도구가 차지하는 비중이 얼마나 큰가를 보여준다. 이 규정은 19세기 말엽까지 대체적으로 지켜졌다. 1712년에 북경을 다녀온 기록인 『노가재연행일기老稼齋燕行日記』와 1832년의 『연원직지燕轅直指』에서 기록해놓은 것을 가지고 비교해봐도 담배와 관련 물품의 종류와 수량이 대체로 유지

된다.

이는 최소한의 공식적인 예단일 뿐이다. 『연원직지』에서는 공식 예단을 기록해놓고 담배에 대해 "왕래하는 아문衙門의 갑군甲軍 및 사관에 머물 때 각처의 그날그날 행차에 쓰이는 갑초와 봉초의 수량이 또한 수천이 되지만 다 기록할 수 없다"고 밝혔다. 1804년에 이루어진 사절단의 기록에 따르면, 북경 사람들은 서양 담배의 품질이 좋다고 평가하면서도 실제로는 조선 담배를 유난히 진귀하게 여긴다고 보고하고 있다.[5]

한편, 조선 여행자는 북경까지 여행하면서 중국인의 흡연 풍속을 빼놓지 않고 거론했다. 특히 조선과 차이를 보이는 흡연 문화에 관심을 가지고 이를 기록해놓았다. 『노가재연행일기』에서는 남녀노소 가릴 것 없이 모두 담배를 피우고, 손님을 접대할 때 차와 함께 담배를 내어놓으며, 담배를 가늘게 썰어 완전히 마른 것을 즐긴다고 했다. 담배 맛이 순하다는 평가가 지배적이었다. 『경자연행잡지庚子燕行雜識』에서도 중국인들에게 우리나라 남초를 피워보도록 하면 한 대를 피우지도 못하고 이맛살을 찌푸리며 맵고 독하다 한다고 밝혔다. 그들이 보고한 사실은 다른 연행록에도 흔히 등장한다. 1777년 『연행기사』에는 다음 기록이 보인다.

연초는 상하노소 피우지 않는 이가 없다. 네댓 살을 넘기기만 하면 벌써 담배를 피우고, 어른이나 관원의 앞이라도 피하지 않는다. 손님을 접대할 때가 되면 연초를 반드시 차와 함께 내어놓으므로 연다라 부른다. 흡연도구와 부쇠를 차고 다니지 않는 이가 없다. 화재가 자주 일어나므로 자금성 안에서 흡연을 엄금한다. 궐내만 그런 것이 아니라 수도와 지방을 가리지 않고 관아에서는 금연 방문을 모두 붙여

놓았다.[6]

그는 비교적 세심하게 관찰한 내용을 기록했는데 주목할 점은 조선과 다른 특징이다. 그 하나는 연장자나 관원 앞에서도 거리낌 없이 담배를 피운다는 점인데 조선의 흡연 문화에 길들여진 사람의 눈에는 대단히 거북한 장면이었을 것이다. 다음으로는 모두 흡연도구를 담은 주머니를 차고 다닌다는 점이다. 그것이 유난스럽게 눈에 뜨인 이유는 조선에서는 신분이 높은 사람은 주머니를 차지 않았기 때문이다. 그 사실이 조선에도 널리 알려져 이옥은 『연경』에서 다음과 같이 말하고 있다.

> 중국 사람은 주머니를 차고 다니면서 향과 차, 약과 담배를 가리지 않고 넣어 다닌다. 주머니를 네 개도 차고 여섯 개도 찬다. 그러나 동방 사람들은 그런 행태를 부끄럽게 생각하여 쌈지를 차고 다니지 못한다. 쌈지를 차고 다니는 사람은 시골 사람이거나 가난뱅이거나 신분이 천한 사람이다.

조선의 그림에서 양반이나 기생 옆에 반드시 담뱃대와 흡연도구를 들고 있는 연동烟童이 따로 그려진 이유가 이 때문이다. 그리고 자금성을 비롯한 관아에 금연의 팻말이 모두 붙어 있다는 사실도 특징으로 묘사했다. 중국의 흡연 문화를 접하면서 조선의 흡연을 되돌아보는 계기가 되고 있다. 이런 흡연 장면은 모두 일반 담배를 대상으로 한 것이고, 18세기부터 조선 사람은 중국 상층인들의 코담배를 접하면서 관심이 그쪽으로 쏠리게 된다.

23. 생산과 판매

곤궁한 선비가 끼니를 잇는 법

제일가는 특용작물

이덕리의 「기연다」에는 18세기 중엽 사람들이 담배농사를 어떻게 봤는지 그 시각이 드러나 있다.

> 쓰러져가는 초가집에 사는 고단孤單한 사내의 경우를 보자. 송곳 꽂을 땅조차 없는데도 관아의 부역과 끌어다 쓴 사채는 아무리 해도 대책이 없다. 쟁기를 들고 산에 들어가 따비밭에 불을 지르고 흙덩이를 부숴 개간한다. 게알같이 작은 담배씨를 뿌리자 봉황 꼬리 같은 담뱃잎이 쭉쭉 커나간다. 오곡은 아직 다 자라지도 않았지만 이것은 벌써 시장으로 내간다. 손대중으로 근량을 따져서 금전을 얻는 사람이 많다. 등짐으로 져 나르고 머리에 이고 와서 파는 물건치고 이 담배

보다 이익이 큰 것이 없다. 빚진 것을 갚아주고 밀린 세금을 내고 나선, 의기양양하게 집으로 돌아온다. 처자식은 기뻐 죽겠다는 얼굴빛이고, 난폭한 아전은 공갈치던 위세를 잃는다. 더이상 다른 곡식을 심지 않고 거두지 않아도 한 해가 다 가도록 죽은 끓여 먹을 수 있다. 이것이 담배농사 짓는 이로운 점이다.

특용작물로서 담배의 위력을 설명하고 있다. 담배는 전국적으로 널리 재배되고, 바로 시장에 내다 팔면 농민에게 목돈을 쥐여주는 훌륭한 농산물이었다. 농토의 크고 작음에 관계없이 재배가 가능하며, 흉년에는 막대한 이익도 챙길 수 있는 밭농사 작물이 담배였다.

담배는 판매용으로 널리 재배했으나 자신이 피우기 위해 화단이나 울타리 주변에 재배하기도 했다. 양반들도 흔히 담장 밑에 직접 담배를 심는 경우가 적지 않았다. 18세기의 양반인 학고鶴皐 김이만金履萬은 뜰 한쪽에 작은 땅을 파서 담배를 심었고, 서울 남산 아래에 살던 임천상任天常이란 딸깍발이 선비는 담장 안에 아욱, 오이와 함께 담배를 심었다. 순조의 외조부인 박준원朴準源도 뜰에 담배를 심고서 그 잎에 시를 쓰는 운치를 즐겼고, 정조는 비원에서 담배를 재배하여 수확한 것을 신하들에게 선물하기도 했다. 파초나 삼태기와 모양이 비슷한 담뱃잎은 파초 잎에 대한 낭만을 갖고 있는 사대부들에게는 멋진 풍경을 선물하기도 했다.

담배는 처음 들어온 동래 지방을 중심으로 재배가 시작되었다. 영의정 이산해의 아들인 이경전李慶全. 1567~1644은 동래부사로 부임하는 사람을 배웅할 때 담배를 부쳐달라고 하면서 "그 지역 전답에서는 남령초의 재배를 즐긴다"라고 밝혔다.[1] 담배가 도입된 17세기 초반 동래 지역을 중심으로 담배가 재배되기 시작했음을 확인해주는 기록이다. 다른 지역에서는 아직 담배 재배가 널리 확산되지 못했기에 이경전은 특별히 그에게 부탁한 것이다.

연초 재배

담배 재배는 도입 초기인 17세기부터 급속도로 확산되었다. 이수광이 1614년광해군 6에 완성한 『지봉유설』에서 약초로 남령초를 소개하고 "지금 사람들이 많이 심는다"라고 말한 것을 보면 알 수 있다. 담배가 들어온 지 몇 년 지나지 않은 시기의 상황이다. 또 이수광은 순천부사로 부임하여 순천의 지방지 『승평지』를 편찬하고 그것을 1618년에 간행하였다. 그 책에는 순천 지역에서 남령초가 약초로 재배되고 있다는 사실을 명확하게 기록해놓았다. 그 기록을 통해 도입된 지 10년도 채 되지 않은 시기에 동래로부터 멀리 떨어진 전라도 순천 지역에서 담배가 주요한 토산품으로 재배되었음을 확인할 수 있다.

급속한 재배지 확산의 정황은 여러 가지 증거로 나타난다. 17세기 중후반의 사례는 고산 윤선도가 보여준다. 고산은 전라도 해남의 연동蓮洞에 살았는데 그의 집안은 그 일대에 넓은 전장田莊과 현산면 백포리 일대에 해장海庄, 해안의 전답을, 그리고 보길도, 죽도, 맹골도, 곽도를 비롯한 여러 섬에 전장을 두고 노비를 부려 경영하였다.[2] 해남 윤씨가의 전장 경영은 근대까지 지속되었는데 특히 담배가 중요한 작물로 재배되었다. 윤선도 당대부터 담배를 벌써 왕성하게 재배하였고, 후대에 이르기까지 담배밭에서 수확한 작물을 도지로 받았다.

그 증거가 1660년 윤선도가 맏아들에게 보낸 편지인데 현재까지 집안
에 「충헌공가훈忠獻公家訓」이란 이름으로 전한다. 예전부터 원근의 노비
들이 담배 가격 문제로 힘들어했다고 말하고 앞으로는 담배를 시장 가
격에 맞춰 값을 매겨서 값을 받는 사람이 손해가 나지 않도록 할 것이며
이 뒤에도 똑같이 하라고 분부하였다. 노비가 재배하여 공물로 바치는
담뱃값을 시장 가격에 맞춰 지급함으로써 손해를 입히지 않도록 조처하
라는 것이다.

이는 1660년 무렵 해남 지역의 농장에서 벌써 상당한 수준으로 담배
재배와 매매가 진행되었음을 보여준다.[3] 1653년 제주도에 도착하여
1666년에 조선을 떠난 하멜 역시 조선 사람들 사이에 흡연이 성행하
여 어린아이들을 포함하여 남녀노소 모두 피워댄다고 기록했는데 그가 거
쳐간 전라도 지역에서는 벌써 담배 재배가 널리 확산되었다는 증거이다.

1725년부터 1762년 사이에 작성된 경상도 양반 부농의 일기인 『승총
명록勝聰明錄』과 예천에 살던 양반 박득녕朴得寧이 1834년부터 1881년까

지 쓴 일기 『저상일월滯上日月』에도, 담배 재배와 판매에 관한 장기간에 걸친 기록이 실려 있다. 박등녕은 일기에 담배씨를 뿌리고 모종하며 김을 매고 잎을 따서 건조하는 과정과 시기, 빈도까지 자세히 기록했다.[4] 양반가 농업 경영에서 담배가 상당히 큰 비중을 차지했음을 보여준다.

또한 전라도 장흥의 선비 원취당願醉堂 위도순魏道純은 천관산 아래에 터를 잡고 학당을 만들어 학생들을 가르쳤는데, 1780년 산 아래 자갈밭 1경頃을 개간하여 담배를 심고서 담배농사의 동기와 과정을 상세하게 적은 장편의 글 「남초전기南草田記」를 남겼다. 위도순은 밭을 개간하고 나서 무엇을 심을까 고민하다가 남초가 제일이라는 농부의 추천에 따라 담배를 심기로 했다. 좁쌀은 자기만을 살찌우는 곡물이고, 콩은 부인네가 마음대로 쓰는 곡물이지만 남초는 만인의 입을 즐겁게 하고 시절 풍속에도 알맞으며, 크게 쓸모도 있다는 것이 그 이유였다. 그는 늙은 농부로부터 담배씨를 받아서 2월 상순에 뿌리고 날마다 물을 뿌려 온갖 정성을 기울였다. 그러나 3월 말 4월 초에 가뭄이 크게 들어 농사를 포기하려다가 노력하면 되리란 생각에 관개하기로 했다. 학동 여러 명과 함께 물동이 하나로 남초 열 개, 표주박 하나로 남초 한 개를 관개했다. 그 덕분에 가뭄을 이기고 한여름에 큰 수확을 거두었다. 산승山僧에게 맛을 보게 했더니 50년 동안 담배를 피웠으나 이렇게 쓰고도 단 담배 맛은 처음이라며 명품 담배 진안초나 상관초 못지 않다는 평가를 들었다.[5]

구한말의 애국지사인 매천 황현도 담배농사를 지었다. 구례에서 소작농으로 생계를 이어가던 빈한한 선비 황현이 담배농사를 지은 뒤로는 경제적 안정을 이루었다. 술도 독주를 즐겼고, 담배도 독한 것을 즐겼던 애연가 황현은 나이 41세 때 「담배 심는 노래種菸謠」라는 장편시도 남겼다. 전체를 인용한다.

밤새도록 큰비 내려 홍수가 내려가고	大雨一夜川流洪
사흘 동안 뭉게구름에 가랑비는 자욱하다.	靃靈三日因濛濛
모내기는 화급하고 마을에는 일꾼도 없거늘	秧務如焚村無傭
그 누가 구름 낀 산속으로 홀로 들어가나?	何人獨向山雲中

꿩은 놀라 퀑 퀑 울며 풀숲에서 튀어오르고	雉驚格格叢莽翻
주렁주렁 산딸기 송이 진주처럼 붉구나.	蓬虆萬朶眞珠紅
한 짐 지고 가서 솔뿌리 위에 받쳐놓으니	一擔就安松根上
담배 모종이 푸른 대바구니에 가득하네.	猫耳毿毿靑筠籠

자갈밭 비탈밭은 밭이랑과 분간 안 되고	石崖坡坨不辨畎
기왓골 같은 천 겹 두둑은 도랑과 헷갈리는데	瓦壟千疊迷溝縫
소매도 없는 속적삼에 잠방이만 걸치고	無袖布襦半膝褌
나 홀로 흥얼흥얼 방아타령을 부르네.	嗚嗚獨自歌相舂

맘은 바쁘고 손은 익숙해 호미도 쓰지 않고	心忙手嫻不用鋤
손으로 잡고 주먹으로 다지니 솜씨도 좋네.	指夾拳築何精工
때가 지났으니 약한 뿌리를 어찌 골라내랴	過時寧揀根苗脆
잘 사는 풀이라 푸석한 모래땅도 걱정 없네.	善生不怕沙土鬆

바다처럼 너른 밭에 뿌리마다 손이 가기에	一根一手田如海

처음엔 아득하여 끝내지 못할 것 같았지.   始起杳然如難終
내 손끝의 예리함을 반평생 다져온 터라   半生蓄我爪甲利
어느새 담배 모종 바구니가 텅 비어버렸네.   頃刻見此籃子空

두꺼비가 야금야금 둥근달을 갉아먹듯   蝦蟆吞月輪蝕入
게가 옆걸음으로 진흙탕 다 뒤지듯 했지.   郭索奔泥旁行窮
땅은 검고 잎은 푸르러 점점 더 푸르러가니   地黑葉靑靑漸多
수많은 나비 날개가 봄꽃에 달라붙은 듯   蝶翅萬片粘春叢

백 년 묵은 고목에선 산까치가 울어대는데   百歲枯樹山鵲噪
중천에는 햇살 터 나오고 갠 바람 솔솔 부네.   午日微綻來霽風
바람결에 가는 목청 간장이 끊일 듯해라   風便細喉悄欲斷
동서남북 원근이 온통 농부가 소리로다.   農謳遠近無南東

나 또한 십 년 동안 소작인으로 살면서   我亦十年爲佃客
남들처럼 때맞춰 모 심고 보리 갈고 하는데   秧秧麥麥人之同
추수하여 세금이랑 소작료랑 다 내고 나면   秋熟要盡公私稅
텅 빈 곳간 그대로라 풍년도 풍년이 아니었지.   罄室依舊豐非豐

그러다가 산밭에 담배농사 지은 뒤로는   自種菸艸田於山
늙은 개가 사립에서 꼬리를 막 흔들어대네.   柴門犬老髳蒙茸
해마다 담뱃값이 오르기만 해준다면   但得年年菸價翔
삼백 개의 노적가리 부러워할 일 없다네.   肯羨三百囷塵崇

백성은 굶지 않는 게 진정 좋은 팔자니　　　　　　痴氓免餓眞好命

논농사하는 이들 밭농사를 비웃지 마소.　　　　　水田莫笑山田農

산비탈 밭에 담배 모종하는 농사일을 자세하고도 생생하게 묘사했다. 10년 동안 소작농으로 농사를 열심히 지어도 가난뱅이 신세를 벗어나지 못했으나 담배농사를 짓고부터는 잘살게 되었다고 자랑했다.

담배농사는 입신출세의 터전

황현의 경우에서 알 수 있듯, 많은 이익을 남기는 담배는 포기할 수 없는 특용작물이었다. 정조의 최측근 무인으로서 어영대장을 비롯한 요직을 두루 역임한 장수 서유대徐有大는 가난뱅이 고아였지만 담배 경작을 통해 경제적 기반을 쌓아 입신양명의 길에 들어섰다. 심노숭은『자저실기自著實紀』에서 그의 출세 과정을 다음과 같이 묘사했다.

> 판서 서유대는 젊어서 외롭고 곤궁했다. 충청도 덕산德山. 지금의 예산에 살았는데 가난해서 끼니를 해결할 수 없자 손수 남초밭을 일구었다. 얼음이 녹기 시작하면 볕이 잘 드는 땅에 씨를 뿌렸다. 남초가 땅에서 나오면 밤에 서리가 내릴까 염려하여 저녁마다 마을을 돌아다니며 사기그릇 수백 개를 빌려다 남초를 덮었다. 아침이 되어 돌려줄 때 조금도 그릇을 훼손하거나 잃지 않았으므로 이웃들이 꺼리지 않고 빌려주었다. 5월 초 남초가 크게 잘 자라서 내다 팔 정도가 되었다. 다른 품종보다 몇 달 앞선 시기라 곱절의 값으로 팔렸다. 해마다

그렇게 하여 준비하여 밭 갈고 농사지어 재산에 조금 여유가 생겼다. 그는 문장을 써서는 합격하지 못한다고 판단해 경서를 읽었으나 얼마 못 가 그만두고, 마침내 활쏘기를 배웠다. 여러 해 지나는 동안 솜씨가 크게 늘었다.[6]

양반가 도령이 끼니를 굶을 정도로 가난하자 그 해결책으로 담배를 재배하여 팔기로 작정했다. 일반 농부의 농법과는 다르게 새로운 경작법을 도입했다. 남보다 먼저 심고 일찍 수확해 몇 달 앞서 시장에 출하함으로써 곱절의 가격을 받고 파는 것이었다. 동네 사람들로부터 사기그릇을 빌려 싹을 덮어서 따뜻하게 보온하였다. 현대의 비닐하우스 경작과 같은 방법이다. 앞서 언급한 경상도 예천 박득녕의 경우 7월에서 10월까지 잎을 땄는데 서유대는 그보다 위도가 높은 충청도 예산에서

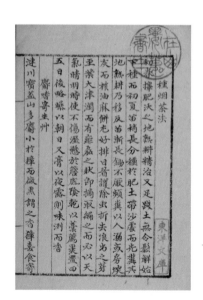

—— 저자 미상, 『박물잡지博物雜誌』, 일본 동양문고 소장 사본. 조선 후기의 저작으로 연초 재배법을 자세하게 수록하고 있다. 이처럼 연초 재배법을 소개한 저작이 다수 출현했다.

두세 달이나 앞서 잎을 따 시장에 출하했다. 그리하여 부자가 되어 한양에 가서 과거를 볼 수 있었다.

서유대는 농법 혁신을 꾀하여 성공을 거둔 사례인데 그와는 조금 다른 방법을 사용한 사연이 야담에 다수 등장한다. 『동패낙송』을 비롯해 『청구야담』『동야휘집』『계서야담』 등 많은 야담집에 두루 실려 있는 유명한 치산治産 사연 가운데 가난뱅이 선비 허공許拱이 열심히 농사를 지어 큰 부자가 되는 이야기가 있다. 그는 남의 손을 빌리지 않고 모든 농사를 직접 열심히 지었는데, 담배를 다음과 같이 경작했다.

> 밭에는 담배모를 옮겨 심기 위해서 거름을 두껍게 깔고서 이랑 위에 무수히 구멍을 뚫고 비 오기를 기다렸다. 한편 가뭄이 들어 담배 모종이 시들까 염려하여 이른 봄에 길게 시렁을 매고 그 아래 담배씨를 파종하여 자주 물을 주었다. 그해 마침 크게 가물어 도처에 담배 모종이 전부 말라 죽었으나, 공의 담배 모판은 유독 무성했다. 비가 오자 즉시 옮겨 심었더니, 오래지 않아 담배 잎사귀는 파초처럼 너푼너푼 땅을 덮었다. 담배가 독성이 차기도 전에 마포의 연초 상인이 찾아와서 담배밭을 통째로 200꿰미에 흥정해 샀다. 담배장수는 잎사귀를 따서 모래사장에 말려가지고 가더니 후에 다시 100냥을 가지고 와서 그 순도 사갔다.[7]

서유대와 방법은 다르지만 기울인 노력이나 경작법의 혁신은 비슷하다. 담배는 알맞은 방법을 써서 정성 들여 경작하면 그에 상응하는 수확을 거둘 수 있었다. 허공은 가뭄에도 모를 죽이지 않고 재배해 밭떼기로 팔아서 무려 300냥이란 거금을 손에 쥐었다. 담배는 다른 어떤 작물보다도 가격 변동 폭이 컸기 때문에 때로는 뜻밖의 큰 이익을 남길 수 있는 매력적인 작물이었다. 허공이 그런 행운을 거머쥐었는데, 우연이 아니라 미리 준비한 덕분이었다.

많은 야담에 대동소이하게 전하는 사연은 담배라는 작물의 상업성에 대한 당시 사람들의 인식과 기대를 대변하고 있다. 다시 말해, 현실성이 없는 허구가 아니라 현실을 충실하게 반영하거나 그 시대 사람의 욕망이 반영된 이야기이다. 경주에 거주한 성리학자 화계花溪 유의건柳宜健, 1687~1760도 담배를 재배하여 보관했다가 담배가 품귀를 빚을 시기에 이를 팔아 검은 소를 샀다. 그는 기쁨에 겨워 시를 지었는데[8] 허공과 같은 사례가 언제 어디서든 있을 수 있었음을 보여준다.

담배 재배 금지론

상품작물로서 담배가 전국적으로 널리 재배되면서 다양한 부작용이 발생했다. 다른 곡물의 재배지를 담배 재배지, 곧 초전草田으로 전용함으로써 곡물의 재배가 줄어들었다. 그에 따라 금연론자는 물론이고, 흡연자 중에서도 농업을 걱정한 이들이 담배밭 확장을 막아야 한다고 주장했다.

학유學諭의 자리에 있던 전의채田義采는 "저 남초는 (…) 먹는 사람이 많으므로 심는 사람이 따라서 많아집니다. 그 때문에 최상의 기름진 농토가 모조리 남초밭이 되어 팔도를 합하여 계산하면 몇 경頃이 될지 알 수가 없습니다"라 건의하였고, 김상휴金相休는 "관서로부터 삼남에 이르기까지 비옥하고 기름진 토지가 갈수록 담배밭으로 변하여 나라 반을 차지할 지경입니다"[9]라 하였으며, 홍직필은 "우리나라 옥토는 모두 담배밭으로 변한다"고 개탄했다. 1786년 정월 정조의 지시에 따라 올린 내금위 출신 김경중의 소회 가운데 다음과 같은 내용이 보인다.

> 공적 사적으로 폐단을 끼치는 물건으로 남초 같은 것이 없습니다. 추위도 막아주지 못하고 요기도 안 되면서 경작하는 땅은 반드시 기름진 곳을 택해야 하고, 김매는 노동은 농사나 누에치기의 두 곱절 네 곱절이 들어갑니다. 온 나라의 좋은 전답과 팔도 백성의 노동력을 앉은 채로 10분의 1을 잃게 합니다. 쓸모없고 이익이 되지 않는 물건 때문에 공적으로는 팔도의 옥토를 잃고, 사적으로는 농군의 인력을 잃게 만듭니다. 이것이 어찌 극심하게 헛되이 쓰는 것이라 하지 않겠습니까?[10]

담배 생산이 농업에 끼치는 막대한 폐해를 조목조목 제시했다. 김경중은 이같은 분석을 근거로 담배 재배를 법적으로 금지할 것을 제언했다. 그에 대해 정조는 폐해의 실상을 인정하면서도 법으로 금지할 수는 없다는 입장을 밝혔다. 법적으로 담배 재배를 금지할 수 없다는 원칙은 정조만이 아니라 역대 군주들이 견지해왔다. 담배가 나라 경제에서 차지하는 막대한 비중을 모르지 않았던 국왕들은 가볍게 손을 댈 수가 없었다. 그 때문에 생산과 유통의 즉각적인 금지를 주장한 사람들이 적지 않았으나 우리나라에서는 한 번도 금연령이나 담배 재배 금지령이 시행된 적이 없었다.

담배의 재배와 유통에 대한 지식인의 태도는 크게 둘로 갈렸다. 전면적 금지론이 하나이고, 부분적 보완책 제시가 나머지 하나다. 다음에 서로 다른 주장을 살펴본다. 강경론과 온건론으로 각각 1725년 9월 24일자 이태배李泰培의 상소와 1798년 곡산부사로 있던 정약용이 올린 상소의 일부다.

신이 가장 개탄하는 것은 남초란 물건은 본래 사람에게 아무 이익도 없는데 (…) 매매하는 이익이 곡식을 판매하는 것보다 훨씬 낫습니다. 담배를 심는 땅은 반드시 지극히 비옥해야 잘 자랍니다. 따라서 팔도의 옥토 중 많은 부분이 남초밭으로 들어가고 군현에서는 전세田稅만 거둘 뿐 무엇을 심는지는 묻지 않습니다. 우리나라는 곡식을 심을 토지가 귀한데다 조세를 거둘 원장부가 본래 적습니다. 쓸모없는 곡물이 그 사이에 끼어들면 주식을 해치고 백성의 먹거리를 줄이는데 그런 곡물로 남초보다 더 심한 것은 없습니다. 이 물건을 영구히 금단하는 정책은 어려운 일이 아닙니다. 무릇 팔도의 남초밭에는 일절 담배를 심지 못하도록 금하고 금령을 범하는 자는 그 밭을 몰수해버립니다. 곡식 가운데 섞어서 심는 자는 그 밭의 절반을 몰수합니다. 그러면 누가 감히 심겠습니까? 만약 성안에서 유통되는 물건을 갑자기 금하기 어렵다면 특별히 중과세하여 담배에는 쌀의 열 배가 되는 세금을 내게 하여 이익을 내지 못하도록 한다면 남초밭은 점점 사라질 것입니다.[11]

농업이 침해를 받는 까닭은 연다가 번성하기 때문입니다. 일절 엄금해야 한다고 주장하는 사람도 있습니다만, 장개빈 같은 근래의 의원은 담배를 좋은 약이라고 크게 치켜세워서 담을 다스리고 장기를 막으며, 속을 덥게 하고 벌레를 죽이는 효과에는 담배가 빈랑보다 낫다고 합니다. 진실로 이와 같다면 금할 수 없습니다. 그러나 좋은 밭과 옥토가 담배밭으로 변한다면 이것도 피폐한 풍속입니다. 신이 일찍이 호서湖西의 여러 고을을 살펴본 적이 있었습니다. 담배를 모두 산에 심어 옛날의 등전磴田 제도와 같이 하였는데 맛도 품질도 좋았습니다. 이제 마땅히 약조를 엄하게 세워 팔도의 담배농사는 모두 산에서 짓게 하고, 평야에 담배를 심는 자는 모두 엄중히 금지시키십시오. 오로지 삼등현三登縣 한 곳만은 평야에 심도록 허가하여 진상하게 한다면, 백성들의 기호품도 끊어지지 않고 농사의 이익도 더욱 후해질 것입니다.[12]

두 편의 주장은 모두 임금에게 올린 상소문으로 조정에 대책으로 제시된 것이다. 이태배는 무익한 담배가 농지까지 침탈하므로 재배와 유통 모두를 전면적으로 금단할 것이며, 그런 강력한 금연 정책은 국왕이 단안만 한다면 쉽게 성공할 수 있다고 주장했다. 이태배와 같은 강경한 주장을 펼친 지식인들이 대단히 많았으나 그들의 주장은 조정에서 받아들이기에는 지나치게 현실을 단순하게 본 면이 있다. 기호의 세계를 압도적으로 장악한 담배를 왕명으로 금지하면 근절할 수 있다고 본 것 자체가 그렇고, 담배가 농업과 상업에서 창출하는 이익은 이미 국가가 포기할 수 없는 부분이라는 점 또한 놓쳤다. 더욱이 역대 조정에서 한 번도 금연책을 내놓지 않은 전례를 깨는 것은 굉장한 모험이다.

그런 점에서 정약용의 주장은 온건하고 실질적인 대안책이다. 정약용 자신이 애연가였기에 마냥 흡연을 부정하고 혐오하는 이들과 달리 금연 정책을 쉽게 실시하기 어렵다는 사회상을 충분히 이해하고 있었다. 다만 장개빈의 주장을 인용한 것은 터무니없는 것으로 역시 애연가였던 정조의 생각을 적극적으로 편든 혐의가 있다. 그러나 농업에 끼치는 담배의 막대한 피해를 그도 무시할 수 없어 대안으로 산악지대에 제한적으로 담배 재배를 허용하자고 한 주장은 충분한 설득력을 지닌다. 많은 이들이 그의 의견에 동조했다.

그러나 산악지대에만 재배를 허용하자는 정약용의 주장도 실제로는 무위에 돌아갔다. 담배의 생산과 유통에 대한 국가의 대책은 수많은 논의에도 불구하고 시장의 논리에 따라 전개되었다.

24. 거래와 유통

담배 가게 아저씨는 부자라네

남초에 드는 비용은 아무리 가난뱅이라도 무슨 수를 써서라도 큰
부자와 똑같이 장만합니다. 그래서 남초를 파는 자는 팔리지 않을
까 걱정하는 일이 없고, 남초를 쓰는 자는 집안을 일으키는 자가 많
으며, 남초 행상과 좌판이 시장의 절반을 차지하고, 남초를 등에 지
거나 실어 나르는 자가 길에 줄을 잇습니다. 본래 쓸모없는 잉여
의 물품이던 것이 하나의 요긴하고 주력해야 할 상품이 되어버려
그에 드는 노동과 비용은 이렇듯이 우려할 단계 이상입니다.

−부호군 이상건의 상소문[1]

시장에서 팔리는 최고의 상품

담배밭이 쌀을 심는 논과 같은 비중으로 전국의 농토를 차지했다고 우려할 만큼 전국 시장에서 담배는 미곡에 견줄 만큼 큰 위상을 차지했다. 19세기 전기에 팔도 시장의 현황을 밝힌 서유구의 『예규지』「팔역장시八 域場市」는 시장에서 팔리는 중요 상품을 제시했는데 담배는 팔도의 거의 모든 시장에 주요 상품으로 올라 있다.

담배를 부정적으로 보는 이들은 먹는 것도 아니고 입는 것도 아닌 기 호품이 어째서 미곡과 비슷한 수준에서 판매되는지 의아해했다. 담배는 시장에서 팔리는 주요 상품 가운데 가장 새로운 것에 속하면서 가장 많 은 사람이 찾아와 구매하는 물건이었고, 상인에게는 고수익을 안겨주는 상품이었다. 담배 가게는 늘 사람들로 북적댔다. 담배는 300년 동안 수 많은 생산자와 운송업자, 수공업자, 판매 상인을 거느려, 쌀을 제외하곤 그 위상에 대적할 것이 없던 최고의 상품이었다. 담배는 조선 경제의 혈

김홍도, 〈담배 썰기〉, 「단원풍 속도첩」, 국립중앙박물관 소 장. 담배를 가공하는 모습을 담은 명작이다. 작두로 담배를 가늘게 썰고 있는 사람이 있고 그 옆에서 한 남자가 담배를 보관하는 궤짝에 기댄 채 그 모습을 지켜보고 있다. 아래 쪽 오른편에서는 담뱃잎을 갈 라 가운데 줄기를 빼내는 작 업을 하고 있고, 왼편 사람은 부채를 부치면서 수확량과 가 격 등이 적힌 장부를 뒤적이고 있다. 그러므로 이는 한양의 절초전(折草廛)을 묘사한 그림 이다.

맥을 돌게 만들었다.

당시 시장에서 담배가 핵심 상품으로 거래되는 현장을 보여주는 흥미로운 기록이 적지 않다. 산문과 부賦와 시를 차례로 들어본다.

> 작은 고을의 가난한 장사꾼은 장사 밑천이 너무 적다. 비싼 물건을 매매하자니 돈이 없고, 싼 물건을 무역하자니 들어가는 품이 아깝다. 싸지도 않고 비싸지도 않은 물건을 찾으니 바로 연초잎이 있다. 진안과 삼등에서 나는 담배는 품질이 관서와 남도에서 으뜸인데 썰어놓은 연초 궤짝 하나의 값이 서울의 절반이다. 등급을 매기고 값을 정하며, 잎의 빛깔을 살피고 맛을 식별한다. 물량이 조금 되면 바리에 싣고, 전대가 비었으면 등과 어깨에 짊어진다. 장사를 못해도 입에 풀칠하기는 가능하고, 솜씨가 좋으면 부자가 될 수 있다. 이것이 담배 장사를 하는 이로운 점이다. 놀고먹는 무리는 멀리 다니며 장사하는 것을 꺼린다. 인적이 많은 대로와 나루터를 차지하고 높은 언덕에 올라가 살피다가 꾀 많은 토끼처럼 기회를 틈타 달려와 싼 물건을 내놓고서 달라붙어 판다. 하루 사이에도 통하고 막혀 자주자주 변하고, 장사 수완의 발휘가 뛰어나기도 형편없기도 하다. 양을 덜어내고 나쁜 것을 끼워넣는 수단이 입신의 지경에 이르러 귀와 눈으로 가려내기 어렵다. 게다가 다시 패거리를 결탁하는 꾀를 내어 우수리를 줍고 찌끄러기를 모으면 술도 한 차례 마실 수 있다. 어쩌다 운수가 트이면 기막힌 이익이 남기도 한다. 이것이 좌판을 벌여 담배 장사를 하는 이로운 점이다.
>
> —이덕리, 「기연다」

먼 옛날 건계建溪와 양선陽羨 땅의 차는

伊昔建溪之茶·陽羨之茗

한 시대에 맛과 값이 최고였다 하지만　　　　雖擅美價於一世

아무래도 담배에는 미치지 못하리라.　　　　殆不及矣

사통팔달 고을과 큰 도회지에서　　　　若乃通邑大都

열을 지어 상점이 연달아 있고　　　　分隊列肆

집 안에 쌓아두고 사람마다 보관해두니　　　　家積人藏

노을처럼 현란하고 구름처럼 쌓여 있네.　　　　霞駁雲委

소매를 걷어붙인 채 칼을 잡고 있는 자는　　　　攘袂按刀者

다들 담배 써는 정교한 솜씨를 으스대는 이들이요

皆誇揮霍之精切

손에는 지폐를 쥐고 가슴에는 돈꿰미를 안은 자들은

持鈔抱緡者

어수선하게 사려고 다투는 자 아닌 이 없네.　　　　無不雜沓而爭市

멀고 가까운 곳에서 몰려드는 이들이　　　　遠近之所湊集者

과일전, 포목전보다 많고　　　　夥於果布

장사치들이 매매하는 자금은　　　　駔儈之所居積者

금붙이나 비단보다 윗길이네.　　　　尙乎金綺

어떤 자는 매점매석으로 값을 좌지우지하여　　　　或籠取低昂

매매의 이익을 독점하기도 하니　　　　獨擅其利

거부와 겨룰 만한 재력가도　　　　富埒素封者

가다가는 나타나네.　　　　往往有之

이제 알겠네. 산동 땅 대추나무 천 그루나　　　　乃知山東千樹棗

진중秦中 땅 치나무 천 이랑만이　　　　　　　秦中千畝荳

부자로 만들어줄 상품은 아니라네.　　　　　　非獨爲富給之資

-임수간, 「연다부」

동방의 상품 중에 제일로 치는 남초는　　　　東方物貨第一件

진안과 삼등의 밭에서 흘러온다.　　　　　　南草流傳鎭三時

고을마다 마을마다 절초전이 으뜸이라　　　　坊坊行首折草廛

보통 물건 평범한 가게야 뉘 감히 맞서랴?　　各肆凡廛誰敢企

위로는 정승판서부터 아래로는 가마꾼까지　　上自卿宰下輿臺

안으로는 규방서부터 외방 고을의 기생까지　　內至閨房外邑妓

입을 가진 이라면 그 누가 즐기지 않으며　　　人之有口孰不嗜

귀천과 현우賢愚를 가리지 않고 한결같이 휩쓸리네.

　　　　　　　　　　　　　　　　　　　　　貴賤賢愚一色靡

손님 맞는 첫 예절로는 이 물건을 못 빼놓고　　賓筵初禮不外斯

비변사의 공무는 흡연밖에 하는 것이 없네.　　備局公事無過彼

연다와 술은 어느 것이 더 좋은가?　　　　　煙茶孰如麯糱好

큰 상인은 당당하게 거부에 비견되네.　　　　大醊居然巨富擬

-신택권申宅權, 「성시전도城市全圖」, 『저암만고樗庵漫稿』

　　작자마다 담배의 위상과 유통을 보는 시각이 조금씩 다르기는 하나
시장에서 담배가 가장 비중이 큰 상품으로 대접받는다는 점에는 의견이
똑같다. 신택권은 한양 풍경을 다루는 장편시에서 특별히 담배 시장을
부각했다.[2] 한양 시장을 언급하면서 담배를 가장 먼저 앞세우지 않으면

안 된다는 판단 때문이다. 그는 우리나라 상품 가운데 첫번째 꼽아야 할 것이 담배이고, 점포 가운데 가장 목 좋은 곳을 담배 가게가 차지한다고 보았다.

경제가 활성화하는 데 담배가 워낙 큰 역할을 한 탓에 시장에서 화폐가 부족해진 돈가뭄(錢荒) 현상이 담배 매매 때문이라는 진단까지 제기되었다. 1786년 정월 김경증이 국왕에게 상소한 글에서 밝힌 사실이다. 상소문에서는 조선 후기에는 만성적으로 화폐 부족에 시달렸는데 그 문제를 해결하려면 화폐가 담배 매매로 흘러들어가지 않아야 된다고 보았다.

담배 가게와 행상

담배와 흡연도구를 판매하는 가게는 크게 연초전烟草廛 또는 남초전南草廛이라 하는 담배를 파는 가게와, 연죽전烟竹廛이라 하는 담뱃대와 담배합을 파는 가게로 나뉜다. 담배 가게는 파는 물건에 따라서 엽초전葉草廛과 절초전折草廛, 또는 切草廛으로 나뉜다. 엽초전은 썰기 이전의 가공하지 않은 담뱃잎을 팔고, 절초전은 담뱃잎을 작두로 잘게 썰어서 바로 피울 수 있도록 가공해 판다. 절초전에 엽연초葉煙草를 공급하는 도매상이 엽초전이었다. 엽초전이 도매점이라면 절초전은 소매점인 셈이다.

가장 큰 시장인 한양의 종로 시전에 연초전이 새로이 등장한 것은 17세기 전기다. 『동국여지비고東國輿地備考』에는 연초전 도가都家, 동업자들이 모여 상의하는 곳가 하량교河良橋 남쪽에 있고 국역國役, 시전에 부과한 부담으로 열 개 등급(分)이 있음을 5분分 담당하며, 연죽전 도가는 군기시軍器寺 앞과 약현藥峴

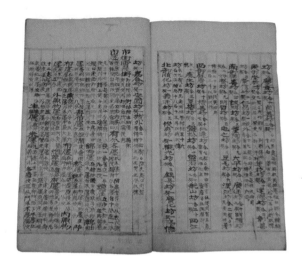

「동국여지비고」, 성
균관대학교 존경각
소장, 사본. 사전의
각종 점포의 위치와
취급 품목, 국역을
제시했다.

두 곳에 있고 국역을 1분 담당한다고 했다. 하량교는 청계3가 센츄럴 호
텔 지점에 있던 다리이고, 군기시는 서울시청과 서울신문사 자리에 있
었다. 국역을 5분이나 지는 연초전은 포전이나 내어물전과 같은 높은
수준의 국역을 담당하였다. 그 시전은 조선 초부터 국역을 담당하는 거
상인 육의전六矣廛에 포함된 점포였다. 새로 등장한 물품임에도 다른 업
종의 시전 상인에 비해 큰 부담을 지는 것은 담배의 상품 거래가 그만큼
막대했던 탓이다.

한편, 연초전이 설립된 이후 담배 판매를 둘러싸고 각 시대마다 첨예
한 갈등이 빈번하게 노출됐다.[3]

영조 임금 초년에 평시서 제조平市署提調를 지낸 김동필金東弼과 조상경
趙尙絅은 연초전이 100년 이전부터 설립되어 국역을 담당했고, 절초 상
인이 소매를 담당한 것이 오래된 관례라고 하였다.[4] 적어도 17세기 전반

부터 연초전이 독점적 판매권을 가지고 있었고, 소매상인 절초 상인은 도시민들에게 판매하는 관례가 유지되었음을 알 수 있다. 그런데 숙종 말엽부터 영조 초년 사이에 담배를 썰어 파는 절초전 상인들이 자신들도 국역을 부담하는 의무를 지겠으니 연초전이 독점해온 권리를 공유하겠다고 요구해왔다. 거의 20여 년 동안 지속적으로 요구한 결과 절초전도 시전의 일부로 편입되었다. 영조 5년¹⁷²⁹ 7월 12일 국왕에게 김동필이 보고한 내용에 그런 사실이 등장한다.

> 대개 절초전은 도성 안팎의 할 일 없는 한인閑人 잡인雜人과 군병軍兵 마후배馬後陪 무리들이 제각기 점포를 차려 잎담배를 썰어서 팔아먹는 가게입니다. 그 수효가 천이나 백이라 해도 모두 아침에 모였다가 저녁이면 흩어져서 이문이 많지 않습니다. 따라서 평시서에서 12개 패牌. 무리를 정하여 삭미朔米. 매달 공물로 바치는 쌀 몇 말씩만 거두고 등급을 매겨 국역에 응하지 않아도 되도록 했습니다. 이들은 담배를 썰어서 생계나 유지하는 정도에 지나지 않습니다. 이른바 엽초전은 선혜청에서 값을 받아들이는 시전으로서 그 물품은 잎담배 한 가지이지만, 칙사가 피우는 청봉靑封 지삼과 왜갑倭匣 지삼 등 세절초까지 담당하여 모두 바칩니다. 그것이 마치 공물과 같아서 상구등이분역上九等二分役에 편입되어 국역에 응합니다. 엽초전에서는 잎담배의 판매를 맡고 절초切草 상인은 엽초전에서 담배를 구해다가 썰어서 파는 것으로 직업을 삼는 것은 그 유래가 이미 오랩니다. (…) 절초 상인이 만약 잎담배의 이권을 넘보고 빼앗으려는 길을 한번 열어줄 경우 시장이 혼잡하고 난전이 어지러이 늘어나는 폐단을 막을 길이 없어질 것

입니다.[5]

　절초 상인들이 지속적으로 엽초전의 이익을 나눠 가지려고 애쓴다는 사실이 설명 중에 엿보인다. 도시 소시민이 절초 상인으로 등장하였고, 그 직업군이 세를 불려 기왕에 큰 권한을 가진 연초전의 권한을 분산하려는 시도가 설명된다. 실제로 그들의 노력은 성사가 되었다가 다시 원상 복귀되는 과정을 거쳤다.

　그러나 위에 등장하는 연초전과 절초전, 연죽전은 정부의 인정을 받은 공식적 루트를 통한 거래였다. 현실에서는 공식 루트가 아닌 다양한 루트를 통해 매매가 이루어졌다. 서울과 지방의 부유한 상인들이 사사로이 담배를 판매하여 많은 이익을 차지했고, 매점매석을 이용하여 막대한 이익을 얻기도 했다. 자주 품귀 현상을 빚는 담배는 뜻하지 않은 거대한 부를 형성시켜주는 기화奇貨로 인식되었다. 야담에 담배를 미리 사두었다가 담배가 귀할 때 팔아서 거금을 손에 쥐는 이야기가 자주 등장하는 이유가 여기에 있다. 결국에는 1791년 신해통공을 거쳐 시전의 독점권을 풀고 자유롭게 판매할 수 있는 제도로 바뀌었다. 이후에는 사상私商들이 담배 매매의 주축을 이루었다.

담배 가게가 시장의 중심을 차지하는 상황은 서울뿐만 아니라 지방의 주요 도회지에서도 똑같이 벌어졌다. 평양만 해도 연광정을 그린 그림을 보면 가장 목이 좋은 요지에 담배를 썰어서 파는 절초전이 두 군데나 있다. 통제사영이 있는 경상도 고성에도 남문 밖에 남초전이 있었는데 5일장이 열릴 때면 별다른 가게가 없는데도 영남 담배 상인 수백여 명이 와서 거래를 했다. 『통영지統營志』에서는 시장 현황을 설명하며 싸전과 함께 연초전을 크게 다뤘다.[6] 통영의 풍물을 108수의 시로 묘사한 『통해백팔사統海百八詞』에서는 담배를 파는 도시 아이들의 풍물과 이 지역에서 높은 평가를 받는 하동산 담배가 맛이 그다지 좋지 않음을 묘사했다.[7]

한편으로 도회지 시장의 점포를 가지지 못한 소상인들은 행상을 하며 담배를 팔았다. 예컨대, 18세기 중엽 경기도 안산의 문인 유경종柳慶種은 담배 상인에 관한 시를 몇 수 지었는데 1751년에 다음 시를 지었다.

연초 장수 지나가자 불러놓긴 했으나	煙草商過且一呼
시골집이라 동전 한 푼 없는 것 생각도 않았네.	村家不顧一錢無
계란 몇 알 주고서 물물교환한 뒤에	數枚鷄卵成和買
삼 그늘에 앉아서 화로를 끌어당기네.	却坐麻陰引火爐

—「이날 한낮이 뜨거웠다. 깊은 잠을 자고 일어나 짓다是日午熱, 熟睡睡起作」 제7수

───── **담배 가게. 〈연광정연회도〉(부분). 국립중앙박물관 소장.** 행인이 많이 오가는 평양 연광정의 읍호루 (挹灝樓) 입구 번화한 거리의 목 좋은 곳에 절초전이 보인다. 가게에서 상인이 작두로 담배를 썰어 손님에게 판매하고 있다. 오른쪽에도 절초전 한 곳이 더 보인다. 평양은 조선 후기 담배 산업의 중 심지로서 질 좋은 담배와 화려한 담배용구를 만들었다.

도회지가 아닌 농촌 지역을 다니며 담배를 파는 행상이 그의 집에 나타나자 물물교환한 일을 시로 읊었다. 보부상이 취급하는 가장 중요한 상품의 하나가 담배였다. 담배는 가장 인기 있는 행상 물품의 하나였으므로 담배 행상은 어디서든 쉽게 찾아볼 수 있었다.

구한말에서부터 일제강점기까지 〈담배장사 흉내〉라는 재담소리가 유명한 레퍼토리로 인기를 끌었다. 그 공연은 바로 담배를 팔려고 애를 쓰지만 노련하고 완벽한 상술에도 불구하고 번번이 실패하는 담배 행상을 흉내내는 스토리다. 이 공연에서는 특유의 목소리로 "담배 사려"를 외쳐대는 것이 특징이었다. 각색 장사치를 흉내내는 중에 담배 행상이 유독 인기를 얻은 것은 상품으로서 담배의 인기와 무관하지 않다.

담배 가게는 대중의 집합소

담배 가게에서 "담배 사려!" 외치니   賣烟舖子叫烟賣
수각교 다리 앞에는 행인도 많다.   水閣橋頭行客多
"이리 좋은 평양의 진품 양초兩草를   如此浿西眞兩草
돈 아껴 사지 않으면 무얼 사시려우?"   愛錢不換欲如何[8]

딸랑딸랑 방울 소리 대로에 가득하고   郎當征鐸滿通衢
주막집 새벽닭은 꼬끼오 울어댄다.   店舍晨鷄喔喔呼
오정문 이편에는 등불이 어지러운데   午正門東燈影亂
아이들은 "담바고 사려!" 외치누나.   小兒叫賣澹婆姑[9]

18세기와 19세기의 시인 신위와 유득공이 지은 시다. 각각 서울과 개성의 시장 풍경을 묘사했다. 수각교는 중구 남대문로4가 1번지 청계천 지류인 창동천에 있던 다리로 현 신한은행 남대문지점 앞이고, 오정문은 개성의 남대문이다. 당시 가장 번화하고 행인이 많은 곳에서 무엇보다 크게 들리는 소리가 바로 담배 가게에서 들려오는 "담배 사려!" 호객 소리였음을 보여준다. 시는 장면이 또렷하게 떠오를 만큼 생생하다.

한양 담배 가게의 번화한 풍경은 이옥이 『연경』 권4에서 다음과 같이 묘사했다.

> 한양은 큰 도회지다. 동북쪽 지방에서 소와 나귀에 실어서 운송하고, 서남쪽 지방에서 배를 띄워서 개천이 구불구불 모이고 구름이 뭉게뭉게 몰려들듯이 수송되는 것이 모두 담배다. 한양성 안팎에 문을 연 점포에는 궤짝에 기대앉아서 칼을 가는 소리가 곳곳에서 들린다. 아이들이 땅바닥에 무릎을 꿇고 앉아 담장처럼 길게 늘어서 "서초연西草烟 사오!" "홍연紅烟 사오!" 외치는 소리가 사람의 귀를 소란스럽게 한다. 가슴 앞에 둘러메고 다니면서 팔아달라 소리치는 사람들이 서로 발을 밟을 지경이다. 그러나 붉은 대문이 높은, 화려한 저택은 선물로 바치는 담배가 날마다 들어오기에 저잣거리에 나가 담배를 찾는 일이 한 번도 없다.

전국에서 한양으로 담배를 운송해오고, 도성 안팎의 수많은 점포에서 담배가 매매되는 광경을 묘사했다. 유통과 거래의 활력이 생생하게 다가오는데 담배가 발산하는 상품의 힘이 느껴진다.

도회지에서 담배 가게에 사람이 몰려드는 구체적인 정황은 특별한 사건에서도 드러난다. 1790년정조 14 8월 10일 전라도 장흥에서 형제가 싸우는 것을 보고 참다못한 이웃집 사람이 그중 한 사람을 발로 차서 죽인 살인 사건이 발생했다. 그 사건의 판결문에서 정조는 이렇게 특이한 사건을 거론했다.

> 세상에는 이런 이야기가 떠돈다. 종로의 담배 가게에서 전기수가 소설을 읽다가 영웅이 크게 실의失意한 대목에 이르렀다. 청중 가운데 한 사람이 눈꼬리를 찢고 입에 거품을 물더니 담배 써는 칼을 잡아 곧장 앞으로 나가 소설책 읽는 사람을 쳐서 그 자리에서 죽였다. 왕왕 이처럼 맹랑하게 죽는 일과 우스꽝스럽게 죽는 사건이 발생하곤 한다.[10]

예상치 못한 살인 사건의 하나로 국왕이 언급한 이 사건은 이덕무와 정약용, 심노숭도 비슷하게 기록하고 있어서 당시에 매우 유명했던 실화임을 알 수 있다.[11] 심노숭은 전기수가 읽고 있던 책이 『임경업전』으로 간신배 김자점이 영웅 임경업을 모함하여 죽이려는 순간 담배 써는 칼로 내리쳤다고 했다. 이 희한한 사건에서 청중을 모아놓고 소설책을 읽던 장소가 다름 아닌 종로의 담배 가게였다. 전기수가 그 장소에서 소설책을 구연한 이유는 사람들이 가장 많이 모이는 장소라서 청중을 불러 모으기 쉽기 때문이었다. 조선 후기 300년 동안 사람들이 가장 자주 드나들고 모여든 시장의 목 좋은 상점은 바로 담배 가게였다.

출렁이는 담뱃값과
담배에 세금 매기기

조선 후기 담뱃값은 얼마였나

300여 년 동안 담뱃값은 시기와 품질, 지역과 단위에 따라 변동이 상당히 컸기 때문에 이를 명확한 수치로 보여주기가 쉽지 않다. 그래도 가격을 제시한 기록이 상당수 남아 있어 변동의 폭과 과정을 파악할 근거가 충분하다. 담뱃값은 쌀값이나 주택 가격만큼이나 일반 민중의 생계와 밀접하게 관련된 주요 물가지수의 하나였다. 따라서 담배의 가격 변동은 조선 후기 물가와 경제 상황을 파악하는 중요한 실마리가 된다.

처음 담배가 들어왔을 때는 가격이 높게 형성되었을 뿐만 아니라 초기부터 담배는 거의 현금처럼 쓰이는 은이나 포목과 바로 맞바꿀 수 있을 만큼 환금성이 뛰어났다. 품질과 지역에 따라 가격 편차가 심한 현상도 담뱃값의 특징이다. 이옥이 밝힌 바에 따르면, 최고급 품질로 꼽히

는 서초는 1칭秤. 무게 단위로서 저울 눈금이 한 자리 움직일 정도의 작은 양을 말하는 듯하
다에 70전까지 나가고 평양감사만이 맛본다고 했다. 그보다 더 극단적으
로 비싸기로는 한양 시장에서 동전 1문文. 10전으로 담배의 잎을 반쪽으
로 갈라서 잎이 아닌 줄기를 가루로 내어 겨우 대통에 한 번 담는 양을
사는 경우였다. 그와 반대로 가장 싼 값은 1전錢에 두 구붓(把)을 넉넉하
게 주는 것이었다. 값 차이가 현격하게 난다. 그 차이는 생산량과 수급,
품질이 큰 요인으로 작용했다.

그렇다면 흡연자 한 사람이 하루에 피우는 담배의 값을 평균 잡아 계
산해본다면 대략 어느 정도가 될까? 18세기 초인 1709년을 기준으로 여

— **이교익, 〈휴식〉, 국립중앙박물관 소장.** 여름날 나무 그늘 아래 쉬어 가는 세 명의 남자가 막 담뱃
불을 붙이려 하고 있다. 한 사람은 쌈지에서 담뱃잎을 꺼내고, 한 사람은 대통에 잎을 꾹꾹 눌러 담
고, 한 사람은 부시를 쳐서 불을 붙이고 있다.

넓 명의 식구가 있는 집에서 하루 동안 최소한 10문文의 금전이 담뱃값으로 지불되었다.[1] 앞에서 살펴본 대로 당시 흡연율이 25퍼센트라는 추정치를 적용하면 두 명이 담배를 피워 한 사람당 하루에 5문씩 지출하는 것이다. 18세기 후반에 이현목이 당시 현실을 감안하여 대략 추정한 수치로는 흡연자 한 사람이 하루에 많게는 수십 문文에서 최소 2문 내지 3문 정도를 지출한다는 추정과 부합한다.

그런 추정을 바탕으로 비슷한 시기에 이덕리는 담뱃값에 대한 흥미로운 분석을 내놓았다. 흡연자 한 사람당 하루에 지출하는 담뱃값을 1문으로 계산한다. 전국이 360개 군현이고, 매 군현당 흡연자 수가 적어도 1만 명 이상이다. 전국 흡연자의 총수는 360만 명이다. 1년 360일 동안 매일 1문어치씩 담배를 피운다면 조선 전체의 흡연자가 피우는 1년 담뱃값의 총액은 360만 명×360일×0.01냥(1문)=1260만 냥이라는 계산이 나온다. 1260만 냥이란 액수는 평년에는 전체 백성이 입고 먹는 비용의 절반에 해당하고, 전국적인 흉년에 전 백성을 살릴 수 있는 재물에 해당하는 금액이다.

이덕리가 하루 담뱃값을 1문으로 계산한 것은 이현목이 추정한 최저 가격의 20퍼센트에도 미치지 못한다. 앞에서 살펴본 대로 이덕리는 조선의 흡연율을 25퍼센트로 간주하여 크게 축소해 이해했다. 그럼에도 불구하고 1년간 전국 담뱃값의 총량은 막대한 경제적 가치를 지녔다.

한편, 가격 흐름을 거시적 관점에서 검토해볼 필요가 있다. 일례로 18세기 중엽에서 19세기 후반까지 경상도 경주 지역의 물가 동향을 분석해보면, 담뱃값은 18세기 중엽부터 100년 동안 약 2배 정도로 아주 완만하게 상승했고, 19세기 후반에는 4, 5배 정도 급상승했다.[2] 거시적 흐름을 놓고 보면 담뱃값은 안정된 추세를 보였다. 그러나 각 시기를 좁혀서 보면 가격 변동이 다른 상품에 비해 상당히 심했다.

담배의 실제 가격 정보와 변동 사항은 다양한 물가 사료에 구체적으로 등장한다. 그중에서 18세기 경상도 고성 지방 사대부 구상덕具尙德. 1706~1761이 수십 년 동안 쓴 일기『승총명록』은 좋은 사례다. 담뱃값의 변동을 정리해보자.[3] 담배의 매매 단위는 보통 100개의 잎(葉)을 엮은 1구붓(把)으로 이루어지거나 10개의 잎을 엮은 1묶음(束)으로 이루어졌다. 그런데 가격이 비쌀 때에는 잎 하나에 5푼(0.005냥)이 되어 잎 단위로 매매가 이루어졌다. 값이 몹시 비싸진 1726년 6월에는 전해에 상평통보 1푼에 3속 3엽, 즉, 33엽 하던 가격이 3, 4엽으로 급등했다. 무려 10배로 가격이 상승했다. 1727년 봄 구상덕은 담배 1구붓을 약 1푼씩에 사서 5월에는 같은 물건을 3푼씩 받고 팔았다. 3, 4개월 만에 3배의 이익을 남긴 것이다. 담배의 가격 변동 폭이 매우 컸고, 그것을 이용하여 농부와 상인이 큰 이익을 남긴 실정을 분명히 보여준다.

담뱃값 변동과 매점매석

이옥이『연경』에서 "때에 따라 값이 비싸기도 하고 싸기도 한 것이 물건의 실상이지만 담배는 유난히 다른 어떤 물건보다 그 차이가 심하다"고 지적한 까닭이 여기에 있다. 1849년에 쓰인『죽교편람竹僑便覽』에서는 간지에 '신辛' 자나 '병丙' 자가 들어간 해, 또는 '인寅' 자나 '자子' 자가 들어간 해에는 담배가 품귀 현상을 빚기 쉽다는 말이 떠돌고, 그 소문이 대체적으로 정확하게 들어맞는다고 했다.[4] 그 규칙이 아주 정확하다고 할 수는 없으나 앞에 제시한 구상덕의 경우에도 일정 정도 부합한다.

담배가 주기적으로 극심한 품귀 현상을 보이고 그에 따라 담뱃값이 크게 출렁이는 현상은 담배 상인에게는 막대한 이익을 가져다주는 매점 매석의 호기인 반면, 흡연자에게는 큰 고통을 안겨주는 것이었다. 문학 작품에도 담배 품귀 현상이 자주 등장하는데 그것은 현실의 반영이다. 게다가 우연의 일치인 양 그런 사건은 위에서 말한 특정한 간지의 해에 잘 벌어졌다.

영조 무인년1758경에 담뱃값이 폭등하여 한 번 정도 피울 담배의 가격이 3푼이나 되었다. 그때 경상도 칠원 사람이 농토를 몽땅 팔아 500냥어치의 담배를 사서 말 세 마리에 나눠 싣고 한양에 팔러 왔다. 그는 한양에서 사기꾼에게 속아 담배를 몽땅 빼앗겼다가 의인의 도움을 받아 거액을 손에 쥐었다. 그가 겪은 사건을 묘사한 야담이 『청구야담』에 수록된 「연초 장사를 불쌍히 여겨 고상한 의리를 발휘하여 재물을 양보하다矜草商高義讓財」이다. 그 장사는 우여곡절을 겪은 끝에 3000여 냥을 벌었는데 거의 여섯 배에 이르는 이익을 남긴 것이다.

1840년에 창작된 『북상기北廂記』는 18세 기생 순옥과 61세 선비 김낙안의 그로테스크한 사랑을 그린 희곡인데 19세기 전반 사회상과 제도, 인정물태를 생생하게 표현한 작품이다. 이 희곡에는 경자년에 김낙안이 친구와 500근의 담배를 걸고 내기 바둑을 두는 장면이 등장한다. 마침 그해 담배가 크게 품귀 현상을 빚는 바람에 돈이 있어도 담배를 구할 방법이 없었다. 결국 김낙안이 담배 빚을 갚을 길이 없어 순옥을 팔아 값을 치르는 상황에 내몰린다. 내기에 져서 담배를 갚아야 하는 김낙안에게 친구 이화양은 당시 실정을 다음과 같이 묘사한다.

동고어초(東皐漁樵), 「북상기」, 「남초를 빌리다典草」 부분, 사본, 필자 소장. 남자 주인공 김낙안이 친구와 담배 500근 내기 바둑을 두어 졌다. 마침 담배가 품귀 현상을 빚어 산지에서도 담배를 구하지 못하고 돈도 변통하지 못해 김낙안이 담뱃값 대신 애인을 친구에게 노비로 주는 사연이 펼쳐진다.

올해 담배 한 근 값이 평년의 대여섯 곱절이라서 시가로 싸게 사더라도 그 액수가 적지 않습니다. 뿐만 아니라 평소에 담배 산지로 명성이 높은 저 진안, 청양, 삼등, 금성 같은 곳에서도 열댓 근을 사기가 거북이 등껍질에서 털 깎아내기 같다 하더군요. 제 어리석은 생각으로는 손을 써볼 데가 정말 없습니다.[5]

당시 유명한 산지에서도 담배를 구하기 힘들고, 대략 대여섯 곱절로 가격이 급등한 현실을 지적함으로써 남자 주인공을 괴롭히고 있다. 희곡에서 이렇게 품귀 현상을 묘사한 것은 과장이 조금 가미될 수는 있으나 허구가 아니라 실상이었다.

구한말 정부에서 연초세를 징수하기 전까지 300년 동안 담배의 생산과 유통에서 공식적으로는 세금을 부과하지 않았다. 담배를 재배하는 농토에 농지세가 부과되고, 연초의 판매 독점권을 가진 한양의 시전 연초전과 절초전이 국역을 차등 있게 부담하는 것이 일종의 준조세에 해당할 뿐이었다. 국가 경제에서 큰 비중을 차지하는 담배에 세금을 부과하지 않는 것은 조세 체계의 큰 결함이었다. 하지만 이는 연초세에만 해당하는 문제가 아니라 당시 조세 체계 자체의 근본적 결함이었다. 그 문제점을 지적하며 담배에 세금을 부과해야 한다고 주장하는 이들이 나타났다.

서유구는 큰 이익이 남는 술과 함께 관서산關西産 연초가 팔도에 넘치도록 팔려나감에도 불구하고 유통 과정에 아무도 관여하지 않고 세금을 매기지도 않는 문제점을 지적했다. 연초세를 부과하지 않는 것이 국가의 재정 고갈을 초래하는 원인이라고 비판했다.[6]

한 걸음 더 나아가 일부 학자들은 담배에 무거운 세금을 물림으로써 금연의 효과까지 거둘 수 있다는 주장을 펼치기도 했다. 그 주장에 앞장선 사람은 비슷한 시기에 활동한 두 명의 학자였다. 죽수竹樹 구완具梡. 1680~1756이 그 첫번째 인물이고, 농객聾客 유수원柳壽垣. 1694~1755이 그다음이다. 구완은 자신의 경륜을 녹여낸 『죽수폐언竹樹弊言』이란 저작을 남겼다. 현재는 사라지고 없는 그 저작에는 혜안이 돋보이는 주장이 여럿 등장하는데 그중 하나가 소금과 술과 담배의 전매제를 실시하여 국가의 재정을 튼튼히 확충하자는 것이다.[7] 그가 설파한 주장은 『오주연문장전

산고』에 분산되어 실려 있다. 담배 전매제를 주장한 대목만 보면 다음과
같다.

> 우리나라는 좋은 논밭이 모두 담배를 심는 데로 들어간다. 그 값이
> 미곡과 같다. 따라서 흉년이 들면 이 물건도 흉년이 들어 한 구붓의
> 가격이 거의 동전 300문에 근접하는데 그래도 얻기가 힘들다. 평년
> 에는 한 구붓의 가격이 적어도 30문 아래로는 내려가지 않고 50문
> 이나 60문에 이르기까지 한다. 장사를 잘하는 이들이 그 담배를 기화
> 奇貨. 진기한 재물이나 보배로 여긴다. 사람 중에는 종일토록 굶주리고도
> 담배는 사서 피우기도 한다. 그 이익을 따지자면 소금이나 철과 비등
> 하다. 당연히 전매를 해야 하는데도 그렇게 하지 않는데 후세에는 반
> 드시 이에 대해서 논의할 자가 나타날 것이다.

구완의 주장은 전매제 전반에 관한 논의에 불을 댕기는 선도적인 역
할을 했다. 이후로, 소금이나 차, 담배의 전매를 통해 국가의 재정을 튼
튼히 하자는 선구적 학자들의 제안이 이어졌다. 위의 글에서는 담배의
가격 동향과 당시 담배가 경제에서 차지하는 위상 등을 설명하며 전매
제를 시행해야 하는 이유를 제시했다. 지금은 누구도 자기 말에 귀를 기
울이지 않으나 결국에는 전매제가 논의될 것이라고 예상했다. 그의 예
상대로 담배 전매제는 구한말부터 논의되기 시작해 일제강점기 때 일본
제국주의자들에 의해 실현되어 현재까지 이어지고 있다.

이규경은 구완의 정책 제안을 높이 평가하며 그의 의견에 찬동했다.
조선 팔도의 경제 문제를 논하는 자리에서 구완의 정책안을 다시 거론

하고 있다. 즉, 농업을 해치고 재산을 낭비하는 상품으로는 남초가 으뜸인데 모두 귀중한 보물로 여겨 금지할 수가 없다. 그러면 차라리 소금이나 철, 차, 향처럼 전매를 통해 이익을 창출할 수 있을 텐데 우리나라에서는 논의조차 없다고 개탄했다.[8]

다음으로 연초세를 징수하자고 주장한 인물은 유수원이다. 유수원은 국가의 세금 징수에 대해 가장 체계적인 정책안을 제시했으며 그의 사상이 담긴 위대한 저술이 바로 『우서迂書』다. 제8권에서는 재정을 확충하기 위한 공정한 세금제도에 대한 생각을 밝혔는데 그중에서 특별히 연초세의 징수 문제를 다루고 있다.

> 연다도 몇 근당 세금 몇 문을 부과해야 한다. 이 물품은 중국인이 마시는 차보다 더욱 무익하고 유해한 것이므로 먼저 명령을 내려 엄히 금지해야 한다. 다음에는 각 이의 이갑里甲에 영을 내려 이里 내의 재배자 가구와 경작 면적을 책자로 작성하여 보고하게 한다. 그리고 관원이 돌아가며 불법을 살피되, 만약 금령을 어기고 보고한 책자에 들어간 자가 있으면 세금을 곱절로 늘려 일등전一等田보다 더 내게 한다. 이를 영구히 부과하는 액수로 삼음으로써 감히 재배하지 못하도록 한다. 게다가 연다를 판매하는 점포에도 세금을 무겁게 부과하여 남기는 이익으로 본전을 찾지 못하도록 해서 재배를 완전히 포기하도록 유도해야 할 것이다.[9]

경제활동이 있는 곳에는 당연히 세금을 부과하여 재정을 확충해야 한다는 것이 유수원의 생각이었다. 따라서 연초에는 당연히 세금을 부과해야 한다. 그런데 연초는 다른 물건과는 차등을 두어야 한다. 연초가 무익하고 유해한 상품이기 때문이다. 그래서 재배 단계에서부터 관리하여 재배지를 새로이 늘리지 못하도록 하고 법을 어기는 자는 중과세함으로써 확산을 방지한다. 재배자에게 세금을 부과할 뿐만 아니라 판매자에게도 중과세함으로써 결국에는 이익을 남기지 못하게 해 재배와 판매를 포기하도록 유도하자고 했다.

그의 정책안은 대단히 선진적이면서도 효율적인 것이었다. 국세의 부과로 담배의 생산과 유통, 그리고 금연 문제까지 해결하려 한 시도는 매우 참신하고 실현 가능한 것이었다. 그의 정책안은 담배에 무거운 세금을 물려 세수도 늘리고 금연도 촉진하는 현대의 정부 정책과 매우 유사하다. 그러나 유수원이 을해옥사의 역적으로 몰려 처형당함으로써 그의 제안은 실현되지 못했다.

6부

예술 속 담배

춘향이 옥수로 담배를 권하노니

흡연 장면이 등장하는 서사물

최고의 문학성과 대중성을 지닌 고전으로 『춘향전』을 꼽는 데 망설이는 사람은 별로 없을 것이다. 이 소설의 가치는 다방면에 걸쳐 있다. 조선 후기의 현실과 풍속을 당대인의 정서를 담아 생생하게 묘사했다는 점을 그중 하나로 꼽을 수 있다. 더욱이 100종이 넘는 이본에는 그 이본이 생겨난 시대와 지역의 생활상까지 녹아 있어 줄거리가 같아도 색다른 개성을 보여준다. 흡연 문화의 측면에서도 『춘향전』은 문학 작품이자 사료로서 새롭게 주목해볼 가치가 있다.

조선 후기에는 수많은 소설이 창작되어 읽혔으나 영웅소설을 비롯한 많은 소설은 당대 조선의 현실 생활을 묘사하기보다는 더 앞선 시대나 중국의 시공간으로 회귀하는 길을 택했다. 당연히 현실에서 흔하게 접할 수 있는 흡연이 묘사될 여건이 만들어지지 않았다. 전근대 사회 예술에서 현실의 비속하거나 천근한 실상을 작품에 첨가하는 시도는 모험에 속했다. 고상한 미학을 추구하는 예술가는 일부러 그런 소재를 배제하고자 했기에 많은 서사물은 현실을 직접 반영하기를 꺼렸다. 흡연의 전성기에 나온 『구운몽』이나 『유충렬전』 『창선감의록』을 비롯한 대다수 소설에서 흡연 장면을 찾아볼 수 없는 이유다.

반면에 『춘향전』과 『토끼전』 『게우사』 『이춘풍전』 등 판소리계 소설에는 담배를 태우는 묘사가 등장한다. 앞에서 말한 작품들과는 다른 미학을 추구했기 때문이다. 담배와 흡연 장면이 등장하는 서사물은 그 점만으로도 현실을 충실하게 반영하려 했다고 소박하게 평가할 수 있다. 『춘향전』은 이본에 따라 흡연하는 사설이 상당한 차이가 난다. 그중 신학균본 『별춘향가別春香歌』는 유난히 흡연 사설이 많다. 이도령, 춘향, 월매 등도 모두 애연가로 설정되었다. 특히 이도령은 "은수복 부산대며 향기로운 성천초를 천은 설합 가득 넣어 통인 들려 뒤세우고" 광한루에 올라 "담배 피어 입에 물고 뒷짐 지고 배회하며" 풍경을 감상한다. 일관되게 흡연 사설이 소설의 전개에 개입한다.

춘향전은 흡연 문화의 보고

『춘향전』 곳곳에는 흡연하는 장면이 등장한다. 흡연자도 이도령, 방자, 월매, 농부, 사령, 시골 할머니 등 많다. 흡연 양상은 이본에 따라 차이가 크다. 변학도의 명령으로 춘향을 잡으러 집에 온 패두에게 춘향이 뇌물로 서초를 준다든지, 어사 상차림 대목에서 비렁뱅이 행색을 한 어사

의 돌통대에 기생이 말똥을 싼 서초를 건네는 행패를 부린다든지 하여 흥미를 더한다.[1]

그중에서도 흡연이 꼭 등장하는 유명한 장면이 두 군데 있다. 하나는 이도령이 밤에 춘향의 집을 찾아가 첫날밤을 보내는 대목에서 춘향이 이도령에게 담배를 내놓는 장면이다. 다른 하나는 과거에 장원급제하여 암행어사가 된 이도령이 남원을 향해 가는 도중에 농부들과 수작하는 대목에서 흡연하는 장면이다. 이 두 장면에서 흡연은 사건의 전개와 인물의 성격, 그리고 현장 묘사의 생생함을 전달해주는 중요한 소품이다. 먼저 앞 대목부터 살펴보자.

춘향 집을 밤에 찾아가기로 약속하여 책방을 떠난 이도령은 호사스럽게 차려입고 나간다. 이팔청춘 16세 이도령은 흡연자로 묘사되어 "평양 대동문 두루마리 쌈지 한 돈 팔 푼어치 사서 서문 밖 네거리 삼등초 반 근 떼어 꿀물에 촉촉이 축여 쌈지에 넣어 돌돌 말아 도포 소매에 넌짓 넣고 은수복銀壽福 부산대에 넘치도록 담배 붙여 물고 방자 뒤를 따라간다"[2]라 묘사하였다. 외출할 때 부자들은 어떤 담배를 어떻게 피웠는지 생생하게 묘사되어 있다. 특히나 고급 담배를 파는 평양 대동문의 담배 가게 위치까지 제시하고 있다.

춘향의 집에 들어간 이도령은 화려한 집과 정원을 구경하고 난 뒤 춘향과 대면한다. 이어서 방으로 들어가 세간기물을 살펴보는 대목이 펼쳐진다. 화려한 세간살이를 두루 묘사하고 난 뒤 흡연도구를 줄줄이 묘사하고 춘향이 이도령에게 담뱃불을 붙여준다. 이본에 따라 춘향과 함께 방안에 들어가자마자 먼저 흡연도구를 묘사하기도 한다.

이 장면에서 담배가 등장하는 데는 어떤 의미가 있을까? 당시 방안

세간에서 흡연도구는 빠질 수 없었기에 방치레 사설에 이것이 포함되는 것은 매우 자연스럽다. 설사 주인이 비흡연자라도 손님을 접대하기 위해서 차려놓는 것이 담배였다. 또 춘향이 이도령을 방에서 맞을 때 첫인사로 담배를 내놓는 장면은 당시의 접대 예절을 보여준다. 이른바 대객초인사라는 접대 장면으로 이야기를 자연스럽게 옮겨가고자 할 때 흡연도구를 묘사하는 것은 대단히 효과적인 장치다.

『춘향전』의 대객초인사 장면은 이본에 따라 큰 차이가 있다. 이 장면을 간단하게 묘사하고 넘어가거나 경판본 18장본처럼 아예 생략한 이본도 있다. 이본 중 30장본 경판본京板本, 남원고사본南原古詞本, 고대본, 이고본李古本 등에서는 상세하게 묘사되고 있다. 사설을 차례로 살펴보자.

> 춘향의 거동 보소. 섬돌 아래에 바삐 내려 옥수를 덥석 잡고 방으로 들어가 좌정한 후, 대객초인사는 강수복 헌수복의 부산죽, 서천작 소상반죽, 양칠간죽, 각죽, 칠죽, 서산용죽, 백간죽이 수수하다. 이름 좋은 금성초金城草며, 장광長廣 좋은 직산초稷山草며, 수수하다 영월초며, 향기롭다 성천초요, 불 자라는 남의초요 빛이 좋은 상관초며, 서초 양초兩草 장절초長切草며, 숭숭 썬 풋담배를 넘치도록 붙였구나.
>
> ―경판본[3]

> 얼싸! 좋을시고. 춘향의 거동 보소. 용두龍頭머리 장목비를 섬섬옥수로 내려서 이리저리 쓸어 치우고 붉은 담요 한 겹을 떨쳐 깔고서 "도련님! 이리 앉으시오." 치마 앞을 부여안고 은침銀針 같은 열쇠 내어 금거북 자물쇠를 떨컥 열고 각색各色 초草를 다 내어온다. 평안도 성

천초, 강원도 금성초, 전라도 진안초, 양덕陽德 삼등초 다 내어놓고
경기도 삼십칠 관官 중에 남한산성 초를 한 대 똑 떼어내어 꿀물의 훌
훌 뿜어 왜간죽倭簡竹 부산대에 넘치도록 담아 들고, 단순호치 담뿍
물어 청동화로 백탄 불에 잠깐 대어 붙여내어 치마꼬리 휘어다가 물
부리 씻어 둘러 잡아 들고 나직이 나아와서 "도련님! 잡수시오." 이도
령 허겁지겁 감지덕지하여 두 손으로 받아 들고 젖먹이 송아지 어미
젖 물듯이 덥썩 물고 모깃불 피우듯이 피우면서 (…)

-남원고사본[4]

도련님이 기생의 집이 처음이라 사당에 간 듯이 꿇어앉으니 무론毋論
아무 집이라도 손님이 오시면 담배부터 대접하겠다. 이때 춘향이 온
갖 담배 다 드릴 제, 전라도 흥천초, 충청도 수성초, 경상도 안동초,
경기도 금광초, 강원도 횡성초, 함경도 갑산초, 평안도 삼등초, 팔도
담배 다 드린다 하되 그게 다 거짓말이었다. 전라도 사람이니 그 도
담배지. 저 여인 거동 보소. 진안초 넓은 잎새 그중에 골라내어 마
디를 빼어서 접첨접첨 발밑에 넣었다가 잠이 꼭 잔 연후에 산유자
목침 내어놓고 벽에 걸린 오동 철병鐵柄 반 은장도 옥수로 덥석 빼
어 한 허리를 선뜻 잘라 터럭같이 잘게 썰어 은수복 백통대에 장가락
으로 눌러 담아 청동화로 백탄 불 이글이글 불붙는데 춘향 키는 작고
담뱃대는 길기로 두 무릎 꿇어앉아 옥수로 덥뻑 잡고 빠끔빠끔 빠는
대로 입술 새로 파란 연기가 몽기몽기. 항라亢羅 치마에 아드득 씻어
"도련님! 잡수시오." 도련님이 두 손으로 받더니라.

-고대본[5]

재떨이 유경촛대 청동화로 백탄 피우고, 은수복 부산대 김해간죽 길게 맞추어 죽으로 세워놓고 희禧 자 새긴 오동 서랍에 평안도 성천초를 꿀물에 촉촉이 축여 가득하게 넣어두고, (…) 춘향이 거동 보소. 붉은 담요 떨쳐서 펼치고 "도련님! 이리 앉으시오." 이도령이 황송하여 두 무릎을 공손히 꿇고 앉았으니 춘향이가 담배를 담아 백탄 불에 잠깐 대어 홍상 자락 부여잡아 뽀도독 씻어 둘러 잡고 "담배 잡수시오." 이도령이 두 손으로 공손히 받아들고 "춘향아! 손님 대접하느라고 수고가 대단하다." 춘향 어미가 노랑머리 빗겨 꽂고 곰방대 빗겨 물고 춘향 곁에 앉아 딸 자랑 하여가며 횡설수설 잔소리로 밤을 새우려 드는구나.

−이고본[6]

똑같은 장면이지만 사설이 하나도 똑같지 않다. 대체로 춘향의 방을 대갓집의 화려한 방으로 꾸며놓았고, 내놓은 담배를 당시 전국적 명성을 얻은 최고급품으로 미화했다. 춘향이 이도령을 접대하고 이렇게 호사스러운 담배를 나열해도 어울리는 것은 기생이라는 신분이기 때문이다.

판소리 사설은 관련되는 소재를 두루 나열하는 특색을 지니고 있다. 그로 인해 전국적 명성을 얻은 팔도 담배의 명품에 어떤 것이 있는지를 명쾌하게 알려준다. 구체적인 품목은 지역과 사람, 시대에 따라 달라질 수 있는데 그렇기는 해도 대체로 어떤 담배가 명품으로 인정받았고, 또 명품이 시대에 따라 어떻게 달라졌는지를 대강 짐작할 수 있다. 서초라 불리는 평안도 성천초와 삼등초, 그리고 전라도 진안초와 경기도 남한산성초(이것은 금광초와 같은 담배다) 등은 자주 언급되는 편이고, 그 밖

『춘향전』을 소재로 한 10폭의 민화 병풍
가운데 이도령이 춘향의 집을 찾아가는
장면. 구한말~일제강점기 초엽, 경희대
학교박물관 소장. 월매가 방안에서 장죽
을 물고 있다. 이 병풍에는 담배가 다수
그려졌다.

에 팔도 담배는 들쭉날쭉하다. 한편, 경판본에서는 다른 이본에 비해 생소한 담배가 언급되고, 또 19세기 이후에 등장하는 양초兩草가 언급되고 있으므로 19세기 중반 이후의 상황을 반영한 판본임을 등장하는 담배 품명으로도 짐작할 수 있다.

다른 사료에서는 『춘향전』만큼 다양한 명품 담배를 거론하지 못하기에 위에 보인 사설은 중요한 의미를 지닌다. 비록 소설이기는 해도 당대 흡연 문화를 추정하는 데 요긴한 사료가 된다. 역사적 사료보다 실상을 더 잘 드러내기까지 한다. 그 점은 담배뿐만 아니라 담뱃대와 쌈지, 화로와 같은 흡연도구에도 똑같이 적용된다. 당시의 고급 담뱃대와 담배합에는 어떤 장식이 있었으며, 그것들은 어떤 재질로 만들어졌는지를 알려준다. 최고급 담뱃대로 부산죽이 언급되는데 이는 동래죽 또는 김해죽 등으로도 불리며 명품으로 인정받았다. 현재 전해오는 유물과 당시 실상을 전하는 기록과 견주어볼 때 어긋나는 점이 없다. 또한 고급 담배에 꼭 꿀물을 축여서 불을 붙이고 있는데 이는 최상층 흡연 문화다.

게다가 기생이 흡연하는 방식을 분명하게 보여준다. 춘향이 이도령에게 담뱃불을 붙여주는 것은 기생 신분에 어울리는 자세다. 『춘향전』에서 이도령이 양반으로 행세할 때는 모두 남이 담뱃불을 붙여주고, 거지로 행세할 때는 돌통대에 스스로 담뱃불을 붙인다. 신분에 맞게 흡연 자세를 바꾸고 있다.

농부의 투박한 흡연

대객초인사 장면이 상류층의 호사스러운 흡연 문화를 보여준다면 농부들과 수작하는 장면에 나오는 흡연은 정반대로 농민들의 질박하고 꾸밈 없는 흡연 문화를 보여준다. 상류층의 흡연은 글을 읽고 쓸 줄 아는 지식층에 많이 노출되는 덕분에 기록되기가 쉬운 반면 서민층의 흡연 문화는 남아 있는 기록이 많지 않다. 그 점에서 『춘향전』 중 농부들 수작 장면의 흡연 묘사는 소중한 가치를 지닌다.

이 장면 역시 이본에 따라 차이가 상당히 크다. 대부분 간단하게 농부들의 흡연 장면을 묘사하고 넘어가지만 신재효본 『춘향가』와 『열녀춘향수절가』에는 농부의 흡연 모습이 생생하게 묘사되어 있다. 차례로 보면 다음과 같다.

> 논 가는 농부 하나 한 쟁기에 두 소 매어 논을 한참 갈아가다 논두렁에 쉬어 앉아 옆구리에 돌통대를 쑥 잡아 빼 떨어서 헛김나는 아래통을 아드득 바싹 돌려 개가죽 찰쌈지의 가루담배 한 줌 내어 맑은 침 흰 가래침 와락 툭 탁 뱉어서 손 위에 도두 놓고 이 손 사이 저 손 사이 싸그락 싹 비비어서 돌통대에 되게 담아 엄지가락 힘써 눌러 저리 좋은 담뱃대를 누가 앗아가는지 열 손가락으로 우더쥐고 겻불에 푹 찔러서 두 눈이 우묵, 양 볼이 쪽쪽 쥐 소리 나게 뿍뿍 빨아먹는구나.
> —신재효본 『춘향가』[7]

> 한참 이리할 때 한 농부 썩 나서며 "담배 먹세, 담배 먹세" 갈멍덕 숙여 쓰고 논두렁에 나오더니 곱돌조대 넌짓 들어 꽁무니를 더듬더니 가죽 쌈지 빼어놓고 세우 침을 뱉어 엄지가락이 자빠라지게 비빗비빗 단단히 넣어 짚불을 뒤져놓고 화로에 푹 질러 담배를 먹는데, 농

—— 담배 말리는 풍경과 점심참에 피우는 담배. 1910년에 찍은 사진. 오른쪽 사진은 농부들이 점심을 먹고 이야기를 나누면서 담배를 피우는 장면을 포착한 것이다.

—— 〈경직도〉(부분), 국립민속박물관 소장. 쟁기로 밭을 가는 농부. 상투 꼭지에 곰방대가 꽂혀 있다. 사설시조에 "논밭 갈아 김매고 베잠방이 다임쳐 신들메고 (…) 점심 도시락 부시고 곰방대를 톡톡 털어 입담배 피워 물고 콧노래 졸다가 석양이 재 넘어갈 적에 어깨를 추스리며 긴 소리 짧은 소리 하며 어이 갈고 하노라"란 가사가 있다. 농부의 삶에 깊이 침투한 담배의 실상을 보여준다.

군이라 하는 것이 대가 빡빡하면 쥐새끼 소리가 나겠다. 양 볼때기가
오목오목 콧구멍이 발심발심 연기가 홀홀 나게 피워 물고 나서니, 어
사또 반말하기는 공성이 났제.

−「열녀춘향수절가」[8]

농부가 논일을 하다가 논두렁에 앉아서 담뱃불을 붙여 피우는 모습을
장난스럽게 묘사했다. 일부러 양반이나 기생과 다른 농부의 특징을 드
러내느라 과장되게 촌티 나는 모습을 부각시킨 혐의가 있기는 하나 농
부의 투박한 흡연을 진정성 있게 묘사했다. 농부가 침을 탁 뱉어 잎담배
를 비벼서 나무나 흙으로 만든 담뱃대인 돌통대에 단단히 채워넣는 모
습이나 남이 뺏어가기라도 할 듯이 꼭 잡고 담배를 빠는 모습은 과장이
라 하기에는 눈앞에 보이듯이 생생하다.

담배를 빡빡 빨아서 양 볼이 들어가는 모습도 서민의 전형적인 모습
이다. 박지원은 「양반전」에서 "담배를 피울 때 양 볼이 들어가지 않도록
피우라"고 양반의 예법으로 제시하였다. 실제로 양반의 흡연 모습을 그
린 그림에는 양 볼이 들어가는 그림이 없다. 반면에 서민의 흡연 장면에
서는 양 볼이 들어간다. 두 이본의 묘사가 농부의 흡연 모습을 제대로
그려냈다는 점을 잘 알 수 있다. 이옥이 『연경』에서 농부의 흡연 모습을
제시하고 진격眞格이라 했는데 그 진격이란 평가에 걸맞은 묘사를 바로
『춘향전』 사설에서 찾아볼 수 있다.

『춘향전』에서 농부들의 흡연을 묘사한 장면이 빼어나다는 것은 다른
기록과 비교해보면 잘 알 수 있다. 한글 가사 「연초가」에서는 농부의 흡연
을 이렇게 묘사했다.

춘향의 편지를 읽
고서 우는 이도령.
경희대학교박물관
소장 병풍. 장죽을
내려놓고 편지를 읽
고난뒤에울고있다.

앞 논에 김매고 뒷논에 모심을 때

밥고리에 밥을 담고 서산 사발 절인 김치

흐린 탁주 걸러놓고 농부한農夫漢의 큰 입으로

다 쑤셔 운친 후에 반측측이 담바귀절

허리로부터 빼어내어 두 손으로 싹싹 비벼

곰방대에 담아 물고 다묵다리 되시리고

용트림이 절로 날 때 백초百草 중에 제일미第一味라.

　농부의 흡연 모습을 핍진하게 묘사하고 있다. 점심을 먹고 난 후에 곰
방대에 담배를 맛나게 피워대는 투박한 장면이 잘 나타나 있다. 그러나
이 글도『춘향전』에 묘사된 것에 비하면 소략하다. 지식인의 눈에 비친
농부의 흡연 모습도『춘향전』처럼 상세하거나 인상적이지 않다.[9]

가전 「남령전」의 세계

나무불(南無佛)이 영산靈山에서 삼천三千 세계의 한량없는 중생을 두루
살펴보셨다. 모두들 마음이 어지러운 병마에 시달리고 있었다. 널리 구
제해야겠다는 자비심을 크게 일으킨 부처님께서 억만 개의 화신化身을
만들어 사방에 흩뿌렸다. 화신의 찌꺼기 터럭은 일반 꽃들에 달라붙었
으나 향기로운 정기는 따뜻한 풀로 모여들었다. 사람에게 조금이라도
이익을 준다면 제 몸을 불사른다 해도 후회하지 않겠다는 마음이었다.
사람들은 그 전신前身을 따라 성을 남南이라 불렀고, 현재의 몸을 따라
이름을 초草라 불렀다. 남녀노소와 귀천을 가리지 않고 모두들 이 풀을
피웠다. 심란할 때 가장 영험한 효과를 보인 덕분이었다. 다만 불도를
닦는 사람은 부처를 모시는 탓에 피우지 않았고, 선비는 부처를 미워하
는 탓에 배척하였다. 나무불의 도를 배척하는 자는 성인의 무리이다.

－박영석. 「남초설南草說」[1]

가전의 전통

박영석의 「남초 이야기」는 남초를 의인화하여 표현한 글이다. 나무불이 성은 남, 이름은 초라 불리는 화신이 되었다고 했다. 그 화신이 바로 담배다. 마음이 괴로운 모든 인간을 제 한 몸을 불살라 치유해주는 절대적 이타주의의 화신으로 승화시켰다. 다만 마지막에 선비라면 남초를 배척해야 한다고 금연론의 입장에 섰다. 길이는 짧지만 완결된 우언이자 가전假傳의 형식을 갖춘 흥미로운 글이다.

옛 문인들은 일상생활에서 동반자 노릇을 하는 소중한 물건을 가전이란 독특한 형식의 작품으로 형상화하여 그 물건에 대한 애정을 표현했다. 그 소재는 돈, 지팡이, 종이, 붓, 벼루, 먹, 죽부인 같은 생활의 도구나 문방구에서부터 온갖 꽃과 매화, 소나무, 대나무 같은 화훼와 식물, 고양이나 개 같은 동물과 기호 음식, 그리고 마음이나 남녀의 성기까지 다양했다.

생명이 없고 말을 하지 못하는 사물에 문인들은 생명을 불어넣고 인격을 부여했다. 그것이 바로 가전이다. 마치 아끼는 사물이 인간의 역사에서 큰 족적을 남긴 위인이기라도 한 것처럼, 그들 사물의 기능을 인간의 한평생을 기록한 전기로 재구성했다. 사물을 인간으로 묘사한 상상력과 허구의 창작물이기에 진지한 사고보다는 희작戲作의 성격이 강하다. 그러나 그 안에 작자의 독특한 주장과 사유가 담겨 있다.

가전의 전통에서 가장 늦게 등장한 사물이 바로 담배다. 담배는 어떤 사물보다 후대에 출현한 것이지만 문인들이 가장 아끼는 기호품이었다. 지금까지 담배를 소재로 지어진 가전으로는 임상덕과 이희로, 이옥

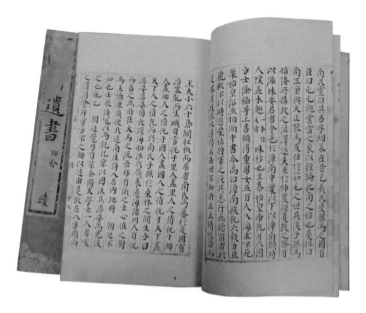

───── 이희로, 「남령전」, 「섬재집繪齋集」, 성균관대학교 존경각 소장 사본. 「섬재집」에는 부록으로 이영옥의 「남령전후서」와 이만영의 「남령가」가 실려 있다.

의 작품이 알려졌다. 필자가 조사한 결과, 세 편의 작품을 새롭게 그 목록에 추가할 수 있었다. 신혼과 이영옥, 이정순 세 명의 작가가 지은 작품이다. 일본에는 가와구치 세이사이川口靜齋가 지은 「상사군전相思君傳」이 있고, 중국에서는 왕로王露가 담뱃대를 묘사한 「연선생전菸先生傳」이 주목할 만하다. 창작된 연대순으로 정리하면 다음과 같다.

신혼申混, 1624~1656의 「남생전南生傳」(1640년 전후)

임상덕林象德, 1683~1719의 「담파고전淡婆姑傳」(1705년)

이희로李羲老, 1760~1792의 「남령전南靈傳」(1790년 이전)

이영옥李英玉, 1742?~1805년 이후의 「남령전후서南靈傳後敍」(1790년 이전)

이옥李鈺, 1760~1815의 「남령전南靈傳」(1791년 6월)

이정순李靖淳, 1908~1956의 「남령군전南靈君傳」(1920년대)

　그동안 첫 작품으로 알려졌던 임상덕의 작품보다 무려 60여 년이나 앞서 신혼이 「남생전」을 창작했다. 정조 후반기인 1790년을 전후한 시기에 세 편의 작품이 집중적으로 나타났다는 사실도 주목할 만하다.

신혼의 「남생전」

신혼의 「남생전」은 담배 가전 중에서도 가장 먼저 지어졌고, 구조가 단순하다. 큰 줄거리는 대략 다음과 같다.

> (1) 남령南靈은 남방 사람이다. 선조는 불이자佛耳子로 염제炎帝 때 발탁된 인재로 사직한 뒤 머리털을 자르고 문신을 하는 남방 땅에 숨어들어서 성을 남씨라 했다.
>
> (2) 후한 마원馬援이 남방 땅 교지交趾를 정벌할 때 발탁되어 공훈을 세웠다.
>
> (3) 40세대가 흐른 뒤 남령이 태어나 일본으로 이주했다. 신선술을 배워 연기를 피우는 능력을 갖췄다.
>
> (4) 몇 년 뒤 해상을 따라 조선 동래로 와서 시장에 머물렀다. 민가에 머물렀으나 사대부에게 인정을 받았고, 시간이 흘러 천하 사람들이 그 이름을 칭송했다.
>
> (5) 명성이 중국 황제에게까지 알려져 측근에서 모시는 신하가 되었

다. 황제의 속병까지 치료하여 사랑을 받았다.

⑹ 남령이 성품은 독하나 한번 사귄 사람들은 종신토록 사랑하였다. 남녀노소와 귀천을 가리지 않고 청하면 찾아가 만나므로 서민들로부터 칭송이 끊이지 않았다.

⑺ 나이가 들어 벼슬에서 물러나 죽었다. 그 자손들이 중국과 조선과 일본에 흩어져 살면서 조상의 생업을 물려받았는데 일본에 사는 이들이 가장 널리 알려졌다.

⑻ 논평: 특이한 오랑캐족으로 재야에서 일어나 지푸라기 줍듯 쉽게 군君에 봉해졌고, 공훈을 이루고 은퇴하였다.

내용을 정리하면, ⑴과 ⑵는 한중일 3국에 담배가 등장하기 이전 선조의 역사다. ⑶과 ⑷는 남령이 일본에서 조선으로 이주한 과정을, ⑸와 ⑹은 중국 황제의 측근까지 되고 천하의 명사로 활약한 사실을 묘사했다. ⑺은 남령이 은퇴하고 난 뒤의 후일담이고, ⑻은 작자의 논평이다. 세부에서는 차이를 보이지만 다른 작품도 기본 구조와 이야기 전개 방식은 유사하다.

신흠의 「남생전」은 조선에 유입된 지 30년 정도 지난 1640년대 흡연의 실상을 인간 세계의 현상으로 각색했다. 여기에는 담배가 일본에서 조선 동래를 거쳐 중국에 퍼진 동아시아 유통의 역사가 정확하게 반영되어 있다. 후일담에서 남령의 후손이 3국에 널리 퍼졌지만 일본에 사는 이들의 명성이 제일 높다고 했는데 1640년대에 일본이 최상품 담배를 생산한 실상을 반영한다.

임상덕의 「담파고전」

1705년에 지어진 임상덕의 「담파고전」은 몇 가지 점에서 독특하다. 한국의 담배 가전은 주인공 이름이 모두 남령이고, 성별은 대개 남성이다. 담배의 일반 명칭이 남초이고, 고아하게 남령초로 불렸기 때문이다. 남씨가 흔한 성씨이므로 친숙한 느낌마저 들게 했다. 그런데 임상덕은 담배의 이칭인 '담파고'를 택했고, 그를 남만 땅의 비구니로 각색했다. 불교의 담박한 가르침을 익혀 득도한 뒤 자신을 불태워서 향기를 발산한다. 그 향기가 사람의 코와 입으로 들어가 가슴속의 더러운 찌꺼기와 근심 걱정을 제거한다. 담파고는 그 술법을 모든 중생에게 베풀어 사람을 깨끗하고 걱정 없게 만드는 것을 자신의 소명으로 삼았다. 수많은 애연가의 흡연을 비구니가 불법을 보시한 행위로 해석했다.

그의 설정은 담배는 여신의 선물이며, 남자의 병을 고치려 환생한 이국 공주의 화신이라는 전설에 바탕을 두고 있다. 담파고를 시대와 국경을 초월해 만인에게 무한한 사랑을 베푸는 존재로 설정함으로써 만인의 기호품으로 확고한 자리를 잡은 담배의 위상과 기능을 드러냈다.

이희로, 이영옥, 이옥의 「남령전」

1790년을 전후하여 세 편의 가전이 출현하였다. 정조가 통치하던 시대에는 담배와 관련한 논쟁이 다양하게 벌어졌다. 담배를 소재로 한 가전이 같은 시기에 출현한 현상에는, 국왕을 비롯한 지식인들이 담배에 깊은 관심을 갖고 다양한 의견을 표출했다는 배경이 있다.

이희로와 이영옥의 작품은 비슷한 시기에 지어졌다. 이희로가 「남령전」을 짓자 이영옥이 그것을 흥미롭게 여겨 부족한 내용을 보완하는 차원에서 「남령전후서」를 지었다. '후서後敍'란 제목은 「남령전」 뒤에 붙이는 서문이라는 뜻으로, 이영옥은 "섬재 이희로가 남령을 위해 전기를 지었다. 내가 또 전기의 후서를 지어 그가 빠트린 것을 보완한다. 그가 이미 말한 것은 다시 언급하지 않는다"라고 글의 끝에 밝혔다.

이영옥은 이희로보다 한 세대 앞서는 아버지뻘이나 둘은 의기투합하여 문장을 서로 품평하는 사이였다. 훨씬 젊은 이희로가 33세에 사망하자 이영옥은 그를 기리는 제문을 짓기도 했다.[2] 두 사람의 작품은 분량이 많아 큰 줄거리만 간략하게 정리한다.

이희로는 『서경』에 등장하는 중국 고대의 인물 남정중南正重을 남령의 시조로 삼았다. 그 선조가 진시황 때 서복徐福을 따라 삼신산을 찾아 나섰다가 일본에 가서 살게 되었다. 임진왜란을 전후하여 그 후손인 담파가 해상을 따라 조선의 영남에 왔고 이후 팔도에 널리 퍼졌다. 담파가 낳은 아들이 남령이다. 남령은 임경업 장군의 휘하에서 중국 전투에 참가하고, 청나라 황제의 부름을 받아 최측근이 되어 공훈을 세운다. 그뒤 많은 활약을 하고 죽는다.

한편, 이영옥은 남령의 선조를 흉노의 일종인 남훈육南薰鬻의 별종으로 설정하여 제갈량 휘하에서 공훈을 세우고 뒤에 여송呂宋으로 이주하여 남령을 낳은 것으로 그렸다. 남령이 상선을 타고 일본에 갔다가 임진왜란 때 일본 승려 겐소(玄蘇)를 따라 조선에 귀화하여 그 종족이 크게 번창하였다.

이희로와 이영옥 작품의 줄거리는 신혼의 작품과 유사하지만 세부 묘사에서는 큰 차이를 보인다. 큰 줄거리는 남령이 중국에서 고대에 출현했다가 어떤 사건을 계기로 일본으로 이주했다가 조선에 유입되었고, 다시 중국으로 가서 크게 활약한다는 과정을 밟고 있다. 담배가 동아시아 3국을 유전하며 각 나라에 널리 퍼지는 과정을 모두 다뤘다. 임경업 장군을 따라 전쟁에 참여한 것이나 겐소를 따라 조선에 귀화했다는 설정은 역사적 사실과 허구적 진실을 절묘하게 결합시킨 설정이다.

반면에 이옥의 「남령전」은 다른 작품과 완전히 구도가 다르다. 담배가 각 나라에 전파되는 과정을 역사적으로 추적해가는 가전의 일반적 공식을 무시하고 태생을 매우 간략하게 처리한다. "천군天君이 나라를 다스린 지 32년째 되는 해 여름 6월의 일이다"라 하여 작자가 32세 6월 여름에 한 달째 계속 되는 장맛비 때문에 마음이 우울하자 담배를 피워 우울함을 몰아낸다는 온전히 개인적인 체험에 초점을 맞추었다. 여기서 천군은 작자의 마음을 의인화한 것이다. 천군이 주재하는 마음의 나라를 추심秋心, 곧 수愁와 우심憂心이 공격하자 남령이 그 공격을 효과적으로 막아서 천군으로부터 표창을 받는 과정을 전쟁 상황에 빗대어 전개했다. 우울함을 달래기 위해 담배를 피우는 애연가의 심경을 재치 있게 묘사했다.

28. 끽연시와 노래

오직 '너'뿐인 담배를 노래하다

오호라, 남령초여!	吁嗟南靈
하늘은 왜 너를 더 일찍 내보내지 않았나?	天胡不使汝早生
안회가 어찌 요절했겠으며	回也奚夭
염우冉牛가 어찌 병들었겠나?	牛也奚病
오호라! 남령초여! 어째서 늦게 생겨났나?	吁嗟南靈何晩生

－「남초찬南草贊」

끽연시를 짓다

이름을 알 수 없는 17세기 문인이 영탄조로 담배를 예찬한 「남초찬」의
일부다. 더 일찍 담배가 세상에 출현했다면 요절하는 이도 병드는 이도
없었을 것이라며 담배가 너무 늦게 세상에 나타났다고 푸념했다. 극단

적 흡연 예찬이다.

담배가 유행한 이래 많은 문인들이 담배를 다룬 시를 썼다. 시의 갈래로 본다면 사물을 읊는 영물시詠物詩의 범주에 든다. 옛날에는 새롭게 출현한 사물이 문학의 소재로 각광을 받기가 쉽지 않았다. 그러나 담배는 다른 어떤 사물보다 시의 소재로 인기가 있었다. 시인들이 창작의 동반자로 애용하는 기호품이란 점이 창작욕을 자극했다. 이래저래 담배는 문학의 주요한 소재로 부각되었고, 끽연시喫煙詩가 많이 창작되었다.

흡연의 풍속과 멋을 장편으로 묘사한 시들

먼저 장편 작품부터 살펴본다. 담배를 부賦의 형식을 갖추어 묘사한 작품이 여러 편 출현했다. 본래 부는 사물을 다각도로 묘사하기에 적절한 양식이다. 임수간의 「연다부」, 유희柳僖의 「담파초부淡巴草賦」, 이상적의 「담파고부淡巴菇賦」가 보인다.

장편 고시古詩의 형식도 많이 활용했다. 길이가 길고 작품성이 뛰어난 작품만을 꼽아보면, 신망규申望奎, 1641~1701의 「남초음南草吟」, 윤기의 「연초가」[1]와 이정익李鼎益, 1753~1826의 「남초음南草吟」, 능산菱山 김봉회金鳳會의 「연죽烟竹」이 있다.[2] 그 밖에 수백 자에 이르는 장편은 일일이 들기 어렵다.

길이가 긴 작품들은 흡연의 낭만뿐 아니라 담배에 관한 지식과 정보, 그리고 작가의 생각을 풍부하게 담고 있다. 그중에서도 임수간의 「연다부」는 담배의 도입과 전설, 성질, 재배, 판매, 흡연의 풍속, 애연가의 심리를 상세하게 다뤘다. 특히 애연가의 심리를 잘 파악하여 빼어나게 묘사

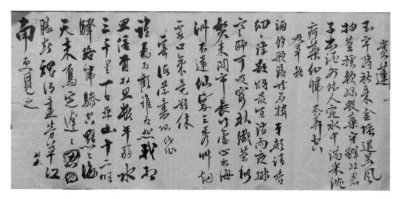

했다. 그 마지막 대목은 다음과 같다.

아무리 위천渭川의 대나무를 다 쓰고 　　　　　　　　雖復罄渭川之竹

중산中山의 토끼털을 모조리 가져다가 　　　　　　　　殫中山之兎

왕포王褒와 양웅揚雄을 시켜 빼어난 글솜씨를 발휘하게 하고

　　　　　　　　　　　　　　　　　　　　使嚴樂盡其筆精

엄안嚴安과 서락徐樂을 시켜 신비한 상상력을 펼치게 해도

　　　　　　　　　　　　　　　　　　　　淵雲騁其秘思

이 연다의 아름다운 미덕만은 　　　　　　　　惟此烟茶之爲美

낱낱이 헤아려 남김 없이 기록하기에 턱도 없이 부족하리라.

　　　　　　　　　　　　　　　　　　曾不足以縷數而殫記

게다가 나는 본래 들에 사는 사람이라 　　　　　　　　而況僕本野人

콩잎이나 먹는 것을 편안히 여겨서　　　久安藿食

비린내 나는 음식에는 이맛살 찌푸려도　　色難腥腐

담박한 음식은 맛있게 즐기네.　　　　　味甘淡薄

멥쌀을 먹고 고기를 먹는 것은　　　　　持粱食肉

내 원하는 바가 아니요　　　　　　　　非所願也

물동이 안고 채소밭에 물주는 일이　　　抱甕灌園

내 분수에 어울리네.　　　　　　　　　乃其分也

몇 뙈기 밭이 있거니　　　　　　　　　有田數畝

이 연다를 심기에 알맞네.　　　　　　　宜此茶也

이에 광을 하나 가득 채워　　　　　　　爰收一囷

일 년 동안 쓰려고 계획했네.　　　　　　爲歲計也

연기를 먹고 향기를 품어　　　　　　　飡烟龔馨

나 자신을 고결하게 하네.　　　　　　　聊自潔也

달도다! 향기와 맛이여!　　　　　　　旨哉氣味

내 입에 딱 맞는구나!　　　　　　　　適吾口也

제아무리 상산商山의 지초로　　　　　雖商嶺之芝

멋지게 굶주림을 모면하고　　　　　　燁燁可療飢也

봉래섬의 영약으로　　　　　　　　　蓬島之藥

찬란히 세상을 벗어난다 해도　　　　　煌煌可度世也

나는 이 연다를 소중히 여겨   伊茲茶之可珍

그것들과 바꾸려 하지 않노라.   吾不欲以易彼也

인용한 대목은 작가 자신이 담배에 바치는 송가다. '어떤 문학적 재능으로도 표현할 수 없을 만큼 담배는 위대하다!'면서 담배를 향해 최상의 찬사를 바치고 있다. 영생을 얻을 수 있는 지초나 영약이 있다 해도 싫고, 오로지 담배를 인생의 동반자로 삼아 생애를 함께하겠다고 다짐했다.

한편, 유희의 「담파초부淡巴草賦」는 또다른 점에서 흥미롭다. 이는 작자가 1802년 담배를 끊기로 다짐하면서 쓴 작품이다. 줄담배를 피우는 작자에게 친구가 금연을 권했다. 그러자 작자는 담배를 피울 수밖에 없는 고통스러운 인생을 자세하게 묘사했다. 이유를 듣고 나서 친구가 그럴 법하다고 인정했으나 작자는 되레 앞으로 금연하겠다고 다짐한다. 담배를 피울 수밖에 없는 이유를 흥미롭게 묘사한 것이 묘미다.

담배와 서정시

짧은 길이의 끽연시도 많이 창작됐다. 당대를 대표하는 문사들은 새롭고 특이한 사물이 들어와 겪게 되는 문화 충돌 현상을 두려움과 호기심의 시선으로 묘사했다. 그중에서 최효건崔孝騫, 1608~1671은 이 물건이 들어온 지 50년이 되었다고 하면서 「남초가南草歌」에서 이렇게 묘사한다.

하늘은 어째서 이 한 가지 요물을 만들어내   天何生此一妖物

사람들이 미혹되어 한평생을 마치게 할까?   使人迷惑終其身

혹시라도 말희末喜나 달기妲己의 고혹적인 혼령이　　却疑末姐蠱惑魂

바닷속으로 날아가 괴상한 풀뿌리가 된 게 아닐까?　飛入海中成怪根

그게 아니면 삼천동녀가 진시황을 속이고도 모자라서

　　　　　　　又疑三千童女旣惑秦皇帝猶不足

요초로 변신하여 천하 사람을 기망하는 것이 아닐까?

　　　　　　　　　　　化作妖草欺誑天下人

하늘도 그 요망함을 금하지 못하고　　　　天亦不能禁其妖

대지도 그 싹을 끊어버리지 못하네.　　　　地亦不能斷其蘗

그에게 담배는 사람을 혹하게 만드는 요물이다. 담배는 악명 높은 요부가 환생한 풀일지도 모른다고 했고, 진시황을 우롱한 삼천동녀의 화신이 요초로 변신하여 천하 사람을 기망한다고도 했다. 하늘도 대지도 담배 앞에서는 힘을 잃기에 담배가 퍼져나가는 것을 막을 수 없다. 시는 일찍이 인류가 경험하지 못한 특별한 사물에 대한 당혹감과 두려움을 표현한다.

그러나 담배를 바라보던 초기의 시선은 시대가 흘러가면서 경탄과 찬미로 바뀐다. 어느 순간 흡연 예찬이 대세가 되었고, 심지어는 애연가가 아닌 사람도 호감을 갖고 담배를 묘사했다. 비흡연자인 청운거사靑雲居士 이해가 지은 두 편의 시에서 그런 흐름이 분명히 보인다. 그는 18세기의 대표적 금연론자 성호 이익의 맏형이다. 열두 살 때인 1658년 담배를 피우지도 않으면서 「남초가」를 지어 흡연을 찬미했다. 끝 대목은 다음과 같다.

묻노라! 어데서 이 물건이 생겨났나?	借問何處産此物
남만 배를 타고 남방에서 처음 출현했네.	初從蠻舶來南方
오랑캐 나라에 이런 풀이 있기에	蠻邦有草乃如此
그곳에 살아도 괜찮다고 공자께선 아셨던 게지.	孔子居夷知不妨
몇 해 동안 이름 숨기고 바닷가에서 늙어가다	幾年藏名老海隅
어느 날 바다를 건너와 팔도에 두루 퍼졌네.	一日渡海遍八荒
마치 영웅이 때를 기다려 출현한 듯	亦如英雄待時見
강태공도 위수에서 늙어가다 문왕을 만나셨지.	渭陽白首遭文王
이 풀이 중원으로 흘러들어간 뒤로	自從此草入中原
중원의 모든 풀은 빛을 잃었다네.	中原萬草無輝光

모르겠네, 하늘에도 이 풀이 있을는지. 不知天上亦有此草無

내 이걸 가지고 가서 옥황상제를 뵈어야겠네. 我欲携之朝紫皇

　영웅이 때를 기다려 나타나 위기에 처한 세상을 구하듯이 오랑캐 나라에 숨어 있던 담배가 세상에 나타났다. 담배가 한번 모습을 보이자 세상의 모든 풀은 빛을 잃었다. 지상의 모든 풀을 압도했으니 이제는 옥황상제에게 바쳐야 할 차례다. 혹시라도 하늘에는 없을지도 모르기에. 담배를 아낀 이 시대 사람들은 옥황상제에게까지 그 맛을 보이고 싶어했다. 그는 뒤에 「후남초가後南草歌」를 써서 담배의 해악을 묘사하기도 했으나, 그럼에도 여전히 담배에 우호적인 논조를 유지했다.

　이후에도 애연가의 담배 찬미는 계속되었다. 서계西溪 박세당朴世堂, 1629~1703이 지은 「계곡谿谷의 영물시에 차운하다」를 본다.

지초에 아홉 개 마디가 있는 것을 누가 믿으랴? 誰信華芝擢九莖

육우陸羽의 『다경茶經』을 펼쳐서 알아봐야지. 唯憑陸羽訂茶經

근래에 본 이 약초는 보통 품종과는 달라서 近看藥草超常品

상선에 실려 멀리 까마득한 바다를 건너왔네. 遠逐商船跨絕溟

파초보다 거친 잎에 울금처럼 작고 蕉葉全麤鬱金小

달래보단 조금 맵고 박하처럼 향기 나네. 蒜頭微辣薄荷馨

단사丹砂는 본래 화로 속에서 달인다고 하니 丹砂本自爐中煉

한 오라기 담파고의 신령한 향에 비교하랴! 豈比仙姑一炷靈

　학자답게 담배의 연원과 생김새와 성질을 묘사했다. 그런 다음 선약인 단사보다 더 신비롭고 향기롭다고 찬미했다. 이 시는 제목에서 밝힌 것처럼 계곡 장유가 1623년에 지은 시를 모델 삼아 지었다. 다음은 도운 陶雲 이진망李眞望, 1672~1737이 지은 「담배 연기詠南草烟. 用前韻」다.

한 줄기 실오라기 같은 푸른 연기	一條靑似縷
하늘하늘 느리게 허공에 오르네.	裊裊御風遲
잡으려 해도 손아귀에 차지 않고	把攬難盈手
빙빙 맴돌며 나를 그리워하는 듯	盤回若有思
구름을 품어낸다는 한유의 비유가 떠오르고	噓雲感韓喩
전서체篆書體를 만든 진나라가 생각나네.	造篆憶秦時
들이마실 때면 좋은 맛을 선사하니	吸處還佳味
그윽한 정을 너를 통해 아노라.	幽情賴爾知

자신을 그리워하는 듯 맴도는 연기를 보면서 그윽한 정을 느끼는 애연가의 심리를 표현했다.

담배를 노래한 한글 노래

담배는 민요나 가사와 시조 등의 한글 문학 작품으로도 불렸다. 민요에도 담배는 흔히 소재로 나온다. 구한말 이전부터 서울과 지방에서 널리 불린 노래가 "매-ㅁ 매-ㅁ. 고초 먹고 매-ㅁ 매-ㅁ, 담배 먹고 매-ㅁ 매-ㅁ"이란 동요다. 고추와 담배를 먹으면 현기증이 나듯이 맴돌기 하면서 부르는 동요인데 1920년대에 윤석중이 이 노래를 바탕으로 새 동요를 썼다.[3] 그 동요가 교과서에 실리면서 아동 흡연을 조장할 수 있다 하여 "고추 먹고 맴맴, 달래 먹고 맴맴"으로 수정되었다.

"담배 망한 것 장수 담배, 친구 망한 것 진안 친구"란 민요는, 진안 옆의 담배 산지인 장수 담배는 진안과 달리 맛이 없다는 내용이다. "깜둥 부시 딸각 쳐서, 담배 한 대 먹어보세. 담배 맛이 이러하면, 쌀밥 맛은 어떠할꼬"란 노래는 일하다가 쉴 때 부르는 노동요로 농민의 정서가 잘 드러난다. 그 밖에도 담배를 노래한 민요가 적지 않다.

가사로는 박사형朴士亨. 1635~1706이 1666년 무렵에 지은 「남초가南草歌」가 있다. 그는 전남 보성 사람으로 담배를 피워서 고질병을 고쳤다며 약효를 예찬했다. 거기에 더해 우환을 잊게 하는 효력을 내세워 담배를 전설에 나오는 불사약이라 치켜세웠다. 담배를 옥황상제께 진상하고, 상제는 이를 다시 우리 임금님께 상으로 주어서 모든 백성이 천년만년 질병 없이 살기를 기원했다. 그에게 담배는 '태평연월太平烟月에 수민단壽民丹'이었으므로 모든 사람에게 피우도록 권해야 할 풀이었다.

또 「남초탄南草嘆」과 「남령초탄南靈草嘆」이란 가사 두 편이 고려대본 『악부樂府』에 실려 있다. 서로 긴밀한 관련성을 지닌 작품이다. 앞의 가사는 담배의 해악을 두루 나열하여 금연을 권유하는 내용이고, 뒤의 작품은 그에 반발하며 흡연을 옹호하는 내용이다. 그런데 앞에서 소개한 청운거사 이해의 「후남초가」 서문을 보면 담배를 예찬한 「남초찬」에 대한 반발로 영남의 한 문사가 흡연자를 조롱하는 「남초탄」이란 가사를 지었다고 밝혔다. 「남초탄」에서는 담배의 해독을 골고루 비판하면서 "천지도 노망하여 요물을 만들었으니 이 역시 천수天數로다"라며 개탄하고 "요초가 소멸한 후라야 시절이 태평할까 하노라"라며 담배가 완전히 소멸할 것을 기대했다. 담배에 대한 혐오의 심경을 잘 표현한 작품이다.

그에 반해 「남령초탄」에서는 "뉘라서 남령초를 이대도록 헐뜯는고?"라면서 앞선 작품과 반대로 조목조목 담배의 유익함을 짚어낸다. 마지막 대목에서 "어와! 우순지고. 못 자시는 벗님네야, 효험을 모르거든 이 흥미를 어이 알까? 차라리 내버려두고 먹는 이나 금하지 마오. 우리도 이러구러 불사초를 삼노라"라며 담배 맛을 모르는 이들은 애연가의 흡연을 막지 말라고 내세운다. 이 작품은 직설적으로 비흡연자를 공격하는 것이라 문학성은 앞선 작품에 비해 떨어진다.

이후에 담배를 예찬한 노래로는 「연초가」가 대표적이다. 작자는 알 수 없고, 18세기 중후반 이후의 작품으로 추정한다. 부마와 귀족, 청상과부, 홀아비 노인, 귀양지의 벼슬아치, 과거장에서 답안을 고민하는 수험생들, 서울 근교 상춘객, 김매는 농부 등 다양한 인물군이 제각각 담배를 피우는 모습을 해학적으로 생생하게 묘사했다. 그중에서 홀아비 노인이 담배를 피우는 모습을 묘사한 대목이다.

> 노인이 상처喪妻하고 빈 사랑에 홀로 앉아
> 며느리에게 식객食客이요 손자놈의 스승이라
> 삼경에 못 든 잠을 오경에 일어나 앉아
> 두루룹 마주앉고 긴 한숨 짧은 탄식
> 질화로 모닥불을 수 깊이 묻어놓고
> 베개 밑에 돌통대를 밤새도록 힐난하니
> 종요로운 첩의 소임 네 아니고 뉘 당하리

잠을 못 이루고 뒤척이는 홀아비 노인네의 고독을 위로하는 담배를 마치 첩의 구실을 하는 것으로 묘사했다. 인정물태의 묘사가 생생하고도 흥미롭다. 가사의 마지막 대목은 다음과 같다.

> 하물며 날 같으니 강호江湖에 병객病客이라
> 무사無事키로 밥을 삼고 무심無心키로 옷을 삼아
> 친구는 돌아가고 사귀나니 너뿐이라
> 나도 너를 찾아가고 너도 나를 찾아오니
> 아마도 성세영초盛世靈草는 다만 너뿐인가 하노라.

모든 친구가 곁을 떠나도 마지막 순간까지 남아 있는 친구는 담배뿐이다. 나도 너를 찾고 너도 나를 찾는, 애연가와 담배의 떼어놓을 수 없는 친분을 말했다. 담배는 물질이 아니라 인격을 갖춘 '너'다. 이 대목은 『청구가요』에 실려 있는 김우규金友奎의 시조와도 흡사하다.

> 늙도록 유신有信키는 아마도 남초로다.
> 추야장秋夜長 월오경月五更에 이 같은 벗이 없다.
> 아마도 내 마음 알 리는 너뿐인가 하노라.

깊은 밤 홀로 깨어 있는 노인의 마음을 아는 친구는 담배 '너'밖에 없다.

29. 담배와 회화

그림 속 담배

동아시아 회화와 흡연

문학이 흡연을 예찬하거나 비판하는 작품을 거침없이 내놓았으나 회화는 흡연자로 가득한 현실을 반영하지 않았다. 회화가 현실을 즉각 사실적으로 표현하지 않아서 담배와 같이 이국적이고 괴상한 사물은 아주 더디게 그림에 반영되었다. 19세기 초 나이 어린 국왕 순조를 마주하고서 홍면섭이 아뢴 말씀 가운데 "만약 남초를 횡죽으로 피우는 모양을 그림으로 그려서 본다면 어찌 해괴하지 않겠습니까?"라는 내용이 있다. 그림 속 인물이 담뱃대를 물고 있다면 몹시 이상하다고 느끼는 것이 상식이었다. 흡연이 한창 회화에 반영되던 시기임에도 궁정에서 감상하는 고급스런 회화에는 흡연 장면이 없었거나 있다 해도 마뜩하지 않게 생각했음을 알 수 있다.

그 이유는 회화가 지닌 보수성 때문이다. 감상용 그림에 등장하는 인물의 복장이나 소품은 현실을 있는 그대로 반영하지 않는다. 한국의 옛 그림에서 도포를 입고 갓을 쓴 모습보다 중국풍 의복이 더 많이 보이는 이유도 그 때문이다. 중국의 회화는 조선보다 더 보수성이 강했다. 산수화나 인물화, 풍속화에 흡연 장면이 거의 등장하지 않는다. 일본 회화에서 흡연이 자연스럽고 활발하게 그려졌던 양상과는 매우 다르다.

조선에서 초상화는 일정한 신분 이상이 되어야 그릴 수 있다. 신분에 어울리는 복장과 도구, 태도를 갖추고서 초상화를 그리므로 흡연이 끼어들 여지가 없다. 정조는 심한 애연가였지만 그의 어진에 담배가 등장할 수는 없었다. 사대부도 마찬가지였다. 담뱃대를 들고 자세를 취한 정

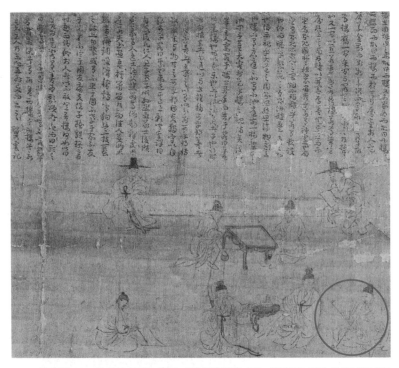

식 초상화는 한 폭도 없다. 회화에서 이국적이고 낯선 것은 그림의 예스 런 분위기를 해친다. 더욱이 기다란 담뱃대는 화면의 구도를 흐트러트 릴 위험성까지 있다.

흡연이 등장하는 그림의 출현

그렇다면 담뱃대와 흡연자의 묘사는 언제부터 등장할까? 그것은 대략

── 강희언, 〈사인시음士人詩吟〉, 개인 소장.

18세기 중반부터 본격화되었다. 그런데 17세기 후반에 특별한 예외적 그림이 하나 전해온다. 1686년에 그려진 〈을축갑회도〉는 충청도 청원 지방에 살던 을축년 동갑 선비들의 모임을 그린 계회도契會圖다. 병풍을 배경으로 앉은 일곱 명의 선비 가운데 오른쪽 한 명이 금빛 담뱃대를 들고 있다. 왼쪽의 소년도 같은 모양의 담뱃대를 들고 있다. 지금까지 알려진 조선시대 회화 가운데 담뱃대가 등장하는 최초의 그림이다.

특이하게도 그가 들고 있는 담뱃대는 장죽이 아니라 길이가 짧다. 모양도 후대의 장죽과는 조금 다르다. 17세기 후반만 해도 양반들이 사용

—— 강세황, 〈현정승집도玄亭勝集圖〉, 1747, 개인 소장.

한 담뱃대 길이가 그렇게 길지 않았다는 주장을 입증해주는 사료다. 이 계회도에 담뱃대를 들고 있는 모습이 그려진 것은 그림의 구도 덕분이다. 좌상객 7명이 각각 부채나 책, 술잔을 들고 있는 자세를 취하고 있기에 여러 소품 중 하나로 담뱃대가 그려질 수 있었다. 다만 이 그림은 예외적이다. 더구나 격식을 차리는 보수적인 계회도에 담뱃대가 표현된 것은 파격이다. 그 이후 얼추 80년 이상 담뱃대를 그린 그림은 나타나지 않는다.

담뱃대를 그림에 그려넣기 시작한 시기는 영조 말엽인 듯하다. 그 물꼬를 튼 화가가 담졸澹拙 강희언姜熙彦과 표암 강세황姜世晃이다. 강희언은 연대 미상의 〈사인시음〉에서, 강세황은 1747년에 그린 〈현정승집도〉에

서, 그리고 앞에서 제시한 〈안산균와아집도〉에서 흡연자를 그려넣었다. 이들 그림에서는 선비들이 담뱃대를 물고 있거나 바닥에 내려놓고 있다. 양반 사대부의 고상한 모임에 흡연 장면이 비로소 등장한 것이다. 다만 그림 안에서 담뱃대가 그리 부각되지 않아 흡연을 다루는 데 조심스러워하는 태도가 엿보인다. 현실에서는 폭발적 인기를 얻으며 사대부의 곁을 떠나지 않던 담배가 그림 속 형상으로 등장하기까지는 무려 150여 년이 걸렸다.

이후 담뱃대는 선비의 아회를 그린 아회도雅會圖나 조정 관료집단의 공식적인 계회도, 사대부와 중인의 사적 계회도에 자주 등장한다. 18세

━━━ **작자 미상, 〈수갑계첩修甲稧帖〉(부분), 1814, 국립중앙박물관 소장.**
좌상객이 담뱃대를 물고 있거나 들고 있다. 잔치 자리의 실제 모습이다.

기 말 이후의 계회도에는 흡연 장면이 점차 확대되고, 나중에는 참석자
의 절반 정도가 담뱃대를 물고 있는 장면을 그리기까지 한다. 작자 미상
의 〈수갑계첩〉(1814), 유숙劉淑의 〈수계도권修稧圖卷〉(1853), 작자 미상의
〈금란계첩金蘭稧帖〉을 보면 흡연하는 장면이 크게 부각되어 있다. 나이
든 벗들의 단란하고 격의 없는 모임을 드러내는 데 장죽을 길게 물고 연
기를 뿜어내는 모습이 매우 효과적이다. 그것을 동일한 소재를 그린 정
선의 〈북원수회도北園壽會圖〉(1716), 작자 미상의 〈이원기로회도〉(1730)와
비교해보면 큰 차이가 드러난다. 흡연 장면이 전혀 없다가 과반수가 넘
는 사람이 흡연하는 장면을 그린 현격한 차이가 있다. 이제 그림에서도

흡연은 그리지 않을 수 없는 대세로 굳어졌다는 인상을 준다.

하지만 18세기 화가들이 모두 그랬던 것은 아니다. 여전히 산수와 전원, 아회를 보수적으로 그리는 그림이 대세였다.

김홍도가 그린 담뱃대

흡연은 정조가 왕위에 오른 이후, 풍속화와 인물화에서 본격적으로 회화에 등장하였다. 정조 등극 이전에는 담배가 공식적 의례에서 여전히 금기의 대상이었고, 점잖은 예술에는 끼어들지 못했다. 애연가 정조가 등극하면서 그런 금기로부터 훨씬 자유로워졌다. 사회적 정치적 자유를 예술적으로 최대한 활용한 화가가 바로 김홍도와 신윤복이다. 그들이야말로 조선 사회의 소소한 일상을 본격적으로 생생하게 담아낸 화가들이다.

전원의 목가적 풍경에 집착했던 화단에서, 두 사람은 시정의 일상과 도회지 사람들의 세속적 삶을 화폭에 옮겼다. 어떤 화가들과도 비교할 수 없을 만큼 많은 흡연 장면을 회화에 담은 것 또한 자연스러운 귀결이다. 먼저 단원 김홍도부터 살펴본다.

국보로 지정된 『단원풍속도첩』에는 25폭의 그림이 실려 있는데 그중 9폭에 흡연 장면이나 담배, 담뱃대가 등장한다. 흡연자인 의녀醫女의 뒤를 좇으며 여종이 장죽을 들고 가고(〈사당社堂〉), 나룻배 위에서 휴식하고 조망하는 여유를 표현한다(〈나룻배〉). 식후에 한 대 뽑아 피우는 만족감(〈주막〉), 나뭇짐을 지고 가다 등걸에 기대 피우는 안식(〈고누놀이〉), 머슴들의 타작을 지켜보는 마름의 허세(〈벼타작〉), 담뱃불을 끄고 과거 답안지를 살피는 초조함(〈서화 감상〉), 어선에서 짬을 내어 잠깐 피우는 여유와 기쁨(〈고기잡이〉), 말 위에서 한 모금 빠는 즐거움(〈장터길〉) 등 그림 속 흡연에는 각양각색의 인간 군상이 내뿜는 서로 다른 삶의 색깔과 표정이 녹아 있다. 많은 생활 현장에서 흡연은 각인의 직업이나 신분, 더 중요하게는 인물의 심경과 내면을 적절하게 표현한다. 김홍도가 18세기 사회상을 포착할 때 흡연 장면을 빠뜨리지 않은 이유다.

고위직 사대부의 화려한 인생을 재현한 〈삼공불환도三公不換圖〉와 〈기로세련계도耆老世聯契圖〉, 〈담와평생도〉를 비롯한 몇 종의 그림에도 흡연 장면이 실려 있다. 담와淡窩 홍계희洪啓禧, 1703~1771의 평생을 그린 그림에서도 주인공은 담배를 물고 있다. 최고위층 사대부의 생활 모습에서 흡연은 그 위엄과 위계를 점잖게 표현하기에 유용하므로 이를 그려넣은 것이다.

뿐만 아니라 〈평양감사향연도〉에 포함된 〈연광정연회도〉와 〈부벽루

김홍도, 〈담와평생도淡窩平生圖〉(부분), 국립중앙박물관 소장. 홍계희의 평생을 묘사한 그림이다. 평상복을 입고서 주인공 혼자 장죽을 물고 있다. 장죽을 지닌 자는 좌중의 중심인물로서, 장죽은 인물의 권위와 위엄, 여유로움을 표현한다.

김홍도, 〈부벽루연회도〉, 국립중앙박물관 소장. 화면 왼편 하단의 군졸이 연회는 아랑곳하지 않고 쉬면서 담배를 피우고 있다. 중심에서 멀리 떨어져 있는 군졸의 흡연은 큰 행사 속 작은 인물의 개성과 자유로움, 이완의 멋을 표현한다.

연회도〉에서도 한두 명의 군졸이 담배를 피우고 있다. 연회의 중심에서 멀리 떨어진 곳에 군졸이 앉아 등을 돌린 채 담배를 피우고 있다. 그 장면은 긴장된 구도를 이완시키는 동시에 어지럽고 틀에 박힌 행사를 향한 심드렁한 태도를 표현한다.

신윤복 그림 속 여인과 담뱃대

혜원 신윤복도 흡연 장면을 그림 속에 많이 묘사하는 애착을 보였다. 그는 도회지 유흥가와 시정 사람의 화려한 일상과 에로티시즘을 즐겨 묘사했다. 국보인 『혜원전신첩蕙園傳神帖』에 수록된 그림을 비롯해 현재 전해오는 작품들은 여성, 그중에서도 상류층과 기녀의 색정 세계를 다수 표현했다. 그림 속 흡연 장면은 색정을 효과적으로 표현하는 요긴한 소재다.

　『혜원전신첩』에 수록된 몇몇 그림은 담뱃대가 연출한 가장 아름다운 명장면으로 기억될 만하다. 기방에서 술을 기다리며 남녀가 처음 대면했을 때의 서먹서먹하고 무료한 분위기를 담배로 달래는 〈홍루대주紅樓待酒〉, 기방 앞에서 벌어진 고객의 난투극을 기녀가 장죽을 물고 관망하는 〈유곽쟁웅遊廓爭雄〉, 기녀가 장죽을 물고 아무런 거리낌 없이 통금을 뚫고 밀회하러 가는 〈야금모행夜禁冒行〉, 부귀한 남자들과 기녀가 함께 어울려 장죽을 물고 당당하게 맞담배 피우는 〈청금상련聽琴賞蓮〉〈상춘야흥賞春野興〉〈쌍검대무雙劍對舞〉, 길을 가는 젊은 여인에게 평민 청년이 담뱃대를 문 채 추근거리는 〈노중상봉路中相逢〉, 젊은 양반이 뱃놀이하며 기녀에게 장죽을 물려주는 〈주유청강舟遊淸江〉 등이 있다. 그 밖에도 흡연 장면이 나오는 그림이 여러 폭이다.

남성이나 여성이 장죽을 물고 있거나 손에 들고 있는 자세는 상징하는 바가 있다. 때로는 도발적 성욕이나 유혹을 상징하고, 때로는 무료함이나 위세를 표현한다. 흡연자의 내면에서 꿈틀거리는 욕망과 자신감, 유혹과 갈등이 긴 담뱃대 끝에서 표출되어 나온다. 신윤복 그림 속 담뱃대는 김홍도와는 또다른 도시 풍정을 표현하는 도구다.

김홍도와 신윤복의 풍속화에 흡연 장면이 대거 등장한 이후 18세기 말엽의 풍속도와 인물 그림에는 흡연 장면이 어색하지 않게 들어간다. 김득신金得臣, 백은배白殷培, 권용정權用正, 유숙劉淑 등 18세기 후반과 19세기 초반의 화가들은 제각각 인물화와 풍속화, 산수화에서 흡연 장면을 포함시켜 인물의 감정을 살리는 데 활용했다. 그 전통은 구한말의 기산 김준근에게까지 이어져 흡연 장면이 풍속 묘사의 한 요소로 굳어졌다.

민화 속 흡연

담배와 흡연 장면은 위에서 살펴본 화가들만이 아니라 민화 등 대중적 수요를 반영한 그림에도 흔히 나타난다. 예컨대 정조 시대 이후 널리 퍼진 책거리 그림冊架圖에는 담뱃대와 연초합 등이 새로운 소재로 첨가된다. 책거리 그림에는 포갑에 쌓인 서책을 중심으로 붓과 먹, 연적 등의 고급 문방구와 도자기나 청동기, 화병 등이 배치된다. 여기에 여가생활의 도구인 술병과 악기, 도검이 포함되기도 한다. 이러한 물건은 사대부의 고아한 생활에 필요한 사랑방의 일상용품이다. 벼루나 붓, 거문고와

신윤복, 〈휴기답풍携妓踏楓〉, 「혜원전신첩」, 간송미술관 소장. 사인교를 타고서 기녀가 장죽을 호기
롭게 물고 있다. 봄철 야유회를 묘사한 〈연소답청年少踏靑〉에서도 두 명의 기녀가 장죽을 물고 있거
나 물려고 한다.

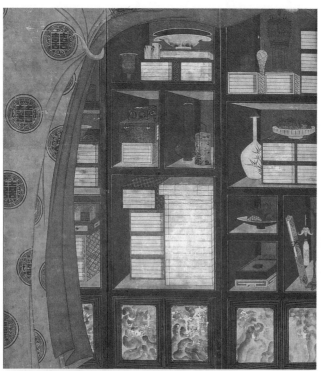

—— 전(傳) 장한종(張漢宗), 책거리 8폭 병풍(부분). 경기도박물관 소장. 수복(壽福) 무늬
를 넣고 은입사 장식을 한 철제 담배서랍이 서책 포갑 위에 놓여 있다.

퉁소, 찻그릇이나 학은 사대부의 고아한 벗으로서 그림 속 단골 소재가 되었다.

후대가 되면 그 대열에 새 물건이 추가되는데 부귀한 이들이 소유하고 즐기는 안경이나 시계가 그것이다. 그런데 거기에 담뱃대와 담배합이 포함된다. 고급 취향을 대변하는 소재에 최신의 수입품인 시계, 안경과 함께 담뱃대와 담배합이 포함됐다는 것은 부귀한 사람들의 인식이 바뀌었음을 말해준다. 담배가 세련되고 고급스런 문화적 향유의 대상이 되었음을 과시하듯이 드러낸 것이다. 많은 책거리 그림에는 다른 물건의 앞자리에 대각선으로 장죽과 그 아래에 담배합이 그려진다. 장한종張漢宗, 1768~1815이 그린 것으로 추정하는 빼어난 책거리 병풍에도 고급스런 담배합이 포갑 위에 놓여 있다.[1]

이 외에도 민화에는 흡연 장면이 자주 등장한다. 사시사철 농부들의 생활을 묘사한 〈경직도〉에는 서민들이 쓰는 곰방대가 자주 등장한다. 불교 회화인 감로탱에도 인간의 생활을 묘사할 때 흡연하는 사람들의 모습이 곧잘 그려졌다. 보성 대원사 시왕도 중 오관대왕도는 1766년에 제작된 감로탱인데 그중 확탕지옥鑊湯地獄, 쇳물이 끓는 솥에 삶기는 고통을 받는 지옥 앞에 장죽을 든 중생이 떨고 있는 장면이 묘사되어 있다. 욕망이 난무하는 현세를 묘사하면서 흡연자를 그리지 않을 수 없었을 것이다.

호랑이 담배 먹던 시절

전설의 유래

옛이야기를 꺼낼 때는 으레 "옛날 옛적 호랑이 담배 먹을 적에……"로
시작한다. 지금부터 하는 이야기는 사실이 아니고 꾸며낸 것임을 미리
밝히고 시작하는 것이다. 그 말은 지금과는 형편이 다른, 아주 까마득한
옛날을 가리킨다. 참 흥미로운 말인데 이 관용어구가 생긴 유래나 시기,

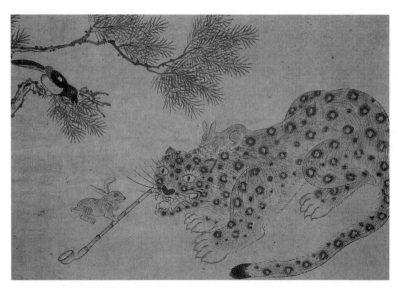

── **호랑이 그림, 19세기 말, 개인 소장.** 호랑이 입에 토끼가 장죽을 물려주고 있다. 조선 사회의 위계
질서를 상징하는 그림으로 호랑이가 산군(山君)임을 표현한다. 비슷한 내용의 민화가 더 있다.

의미는 분명하지 않다.

그 유래를 설명한 사람이 없지는 않으나 믿을 만한 근거를 뚜렷하게 제시한 경우는 거의 없다. 그렇다고 외국에서 들어온 말도 아니다. 이영학 교수는 이 표현을, 가장 오래된 시절을 뜻하고, 아주 먼 옛날에는 신분이 없어서 평등하고 자유스러운 시기였다는 의미를 담고 있는 말로 보았다. 호랑이가 담배를 피우는 민화 그림 역시 그런 이상향을 그리워한 그림이라고 보았다.[1] 흥미로운 해석이나, 근거가 명확하지는 않다.

호랑이가 담배를 먹는다는 전설은 조선 말기부터 현대까지 널리 퍼져 있었다. 무사가 호랑이로 변신한 배선달裵先達 전설이 대표적인데,[2] 충청북도 영동군 양강면에서 1982년에 채록한 전설을 요약하면 다음과 같다.

> 양강면 거칠미에 사는 조생원이 저녁만 먹으면 사라졌다가 새벽이면 돌아왔다. 부인이 의심스러운 나머지 미행을 했는데 달빛 아래서 이상한 책을 읽고 범이 되는 것이었다. 그 책이 없으면 둔갑하지 못하리라 생각하여 불에 태우자 그날부터 남편이 돌아오지 않았다. 그 뒤 장성한 아들이 여물통 옆에서 울고 있는 호랑이를 봤다고 말하자 그 부인은 자기가 책을 태워버려 다시 인간이 되지 못한다고 후회했다.

흥미로운 동물 변신 이야기다. 다른 지역 전설에는 호랑이로 변신한 조생원이 친구를 만나서 담배를 달라고 하여 피웠다는 삽화가 들어가기도 한다. 변신하기 이전에 피웠던 담배가 그리웠던 까닭이다. 이 이야기를 호랑이가 담배를 먹는다는 말의 유래로 보기도 한다.[3]

그러면 호랑이가 담배를 먹는다는 기발한 설정이 어떻게 나왔는지 추적해보자. 100여 년 전 중국이나 일본의 자료에도 원숭이가 담배를 먹느니, 개가 담배를 피하느니 하는 기록이 보인다. 정조 때 궁궐 안에 있는 사슴이 담배를 잘 먹는다는 소문이 났다는 기록도 보인다. 한편, 박제가는 함경도에 유배 가 있던 시절, 독특한 소재로 시를 썼다.

산에는 사람처럼 생긴 짐승이 있는데	山有如人獸
그 이름 혹시 산삼山獳이 아닐까?	其名無乃獳
큰 대통에 담배를 즐겨 피워서	大杯耽火飲
담배를 던져주면 산삼으로 보답한다네.	投菸或報蓡

이 시는 사람처럼 생긴 짐승이 큰 대통에 담배를 듬뿍 담아 피운다는 민담을 소재로 썼다. 한술 더 떠 담배를 주면 산삼을 답례로 준다는 재미있는 여담까지 넣었다. 호랑이가 담배를 먹는다는 말이 나올 법한 이야기 환경이 충분히 갖춰져 있음을 보여준다.

호랑이가 담배 먹던 시절

박제가의 시를 제외하면, 앞에서 소개한 여러 민담과 전설은 모두 호랑이 담배 먹던 시절이란 말이 유행한 뒤에 그 말을 설명하기 위해 만들어진 것으로 보인다. 그런 유형의 이야기는 대체로 구한말에 형성되어 1910년대와 1920년대에 널리 퍼졌다. 구한말 이전에는 호랑이 담배 먹던 시절이란 표현이 사용된 사례가 보이지 않기 때문이다.

—— 「호끽연시화虎喫烟時話」, 「불교진흥회보佛敎振興會月報」 제1권 제2호, '잡조(雜俎)', 1915년.

그 표현이 가장 처음 나타난 것은 불교진흥회에서 1915년에 발간한 「불교진흥회월보」 제1권 제2호에 실린 '호끽연시화'라는 제목의 연재글 이다. 이 기사의 하단에는 "현재 풍속에 까마득한 옛날을 호랑이 담배 먹던 시절이라 한다俗謂古昔黑暗之時代曰虎喫煙時"라고 설명해놓았다. 당시 세간에 이 말이 널리 유행했기 때문에, 옛일을 빌려서 현재의 문제를 분석하려는 차고풍금借古諷今의 논평이나 기사에 매우 적절하다고 생각해 제목으로 삼았을 것이다.

그렇다면 왜 다른 동물이 아닌 호랑이일까? 짐작건대 호랑이가 한국 사람에게 그만큼 친숙한 동물이기 때문이 아닐까 한다. 호랑이는 단군 신화에도 등장하는데다 민담과 전설에서도 가장 많이 의인화되어 등장 한다. 백수를 지배하는 제왕이지만 저보다 약한 동물이나 인간에게 속 아넘어가는 어리숙한 면모도 지녔다. 한편으로는 구한말까지도 호랑이

수원 팔달사와 서울 화계사 벽화. 권중서 사진. 호랑이 입에 토끼 두 마리가 장죽을 물려주고 있다. 호랑이의 위엄과 토끼의 고분고분함이 대조적이다. 팔달사 용화전이 1920년대에 세워졌고 화계사 는 그보다 뒤에 세워졌으므로 이 벽화 역시 호랑이 담배 먹던 시절이란 말이 널리 유행하던 시대의 이야기를 회화로 그린 것이다.

가 인가에 나타나는 호환虎患이 빈번해 호랑이는 두려움과 공포의 대상 이기도 했다. 신령한 동물인 동시에 살살 달래서 피해를 입지 않도록 조 심해야 할 동물이다. 그러니 동물이 담배, 그것도 장죽을 피운다면 호랑 이가 어울린다.

인간이 담배를 피우기 이전, 백수의 제왕만이 담배를 피우던 시대는 정말 까마득한 옛날일 것이다. '호랑이 담배 먹던 시절'은 동물이 인간처 럼 말도 하고 담배도 피우던 태곳적 사회에 대한 상상력이 만들어낸 대 단히 멋진 표현이다. 특히, 흡연자에게는.

민화 가운데 호랑이가 장죽을 물고 있는 그림이 몇 종 있다. 나는 이들 그림에 반영된 당대의 현실을 읽는다. 대체로 구한말에 그려져 역사가 그리 오래지 않은 민화들인데, 그 내용은 위계질서가 엄격하던 조선시대의 흡연 문화를 뚜렷하게 보여준다. 호랑이는 점잖게 앉은 채 토끼가 굽실굽실하면서 물려주는 장죽을 물고 있다. 호랑이는 지배자요 상관이자 양반이고 노인이다. 반면 토끼는 피지배자요 하급자이자 천민이고 어린 사람이다. 그것이 조선 후기부터 구한말까지 지켜지던 흡연 질서였다. 민화는 그런 현실의 질서를 은유적으로 표현한다.

그 표현을 민요에서도 찾아볼 수 있다. 담배 명산지로 유명한 평안남도 양덕에서 채록한 「청ㅅ개굴」이란 제목의 민요다.

> 개굴개굴 청ㅅ개굴
> 담배 한 대 먹다가
> 가투리한테 들켜서
> 담배 한 대 못 먹고
> 개굴개굴

김소운이 1920년대 말에 수집하여 도쿄 다이이치쇼보第一書房에서 1933년 간행한 『언문 조선구전민요집』에 실려 있는 민요다. 자그마한 청개구리가 담배를 한 대 먹고 있는데 가투리(가투리는 그 지역 사투리로 뱀이다)한테 들켰다. 청개구리와 뱀은 약자와 강자의 전형이다. 청개구

리는 담배를 먹지 못하고 그 설움에 개굴개굴 울고 있다. "청개구리가
왜 개굴개굴 우는지 아나요?"라는 우스꽝스러운 질문에, 먹고 싶은 담
배를 뱀 때문에 먹지 못해서 개굴개굴 운다는 답이다. 천진한 동심에서
우러나온 동요처럼 보이나, 여기서도 강자 앞에서 약자는 담배를 피우
지 못한다는 흡연 상식이 반영되었다.

다른 한편으로 생각해본다면, 호랑이와 토끼의 권력관계는 식민지 지
배자 일본과 피지배자 조선의 관계로도 이해할 수 있다. 호랑이에게 장
죽을 물려줘야만 하는 토끼의 처지는 어쩌면 조선과 그 백성을 은유하
는 것은 아니었을까. 지나친 비약이라 여길 수도 있겠지만 그림이 그려
진 시대를 염두에 둔다면 그리 동떨어진 해석만은 아닐 것이다.

7부

구한말 흡연 문화의 격변

나라를 위해 담배를 끊다

19세기 중반 이후 서양 여러 나라와 일본을 비롯한 제국주의 세력은 조선에 실질적 위협을 가해왔다. 1800년 정조가 사망한 이후 정권을 장악한 세도정권은 국가의 위기 상황에 유연하게 대처하고 개혁에 나서기보다는 국가를 사유화하여 부패를 가중시켰다. 이어서 등장한 고종과 그 대리인 대원군, 명성황후 세력 역시 내부 모순을 해결하지 못했을 뿐 아니라 제국주의 침략에 무기력했다. 조선은 끝내 일본 제국주의의 희생양으로 전락했다.

혼돈과 변화와 위기의 구한말 사회에서 담배는 그 변화의 중심에 놓였다. 막대한 흡연자 수를 무기로 구한말 사회에서 담배는 이전과는 사뭇 다른 역할을 맡게 된다. 가장 눈에 뜨이는 현상은 국권과 경제 침탈을 막는 사회운동으로서 금연운동이다. 1860년대부터 위정척사파 운동의 일환으로 금연운동이 전개되고, 1907년 단연斷煙함으로써 성금을 모

장죽을 물고 있는 우체부 사진, 1910년. 머리에는 비를 피하는 갈모를 쓰고 손에는 우산을 들었다. 어깨에는 편지를 담은 행낭을 메고서 입에는 장죽을 물고 있다. 전통 문물과 신문물이 한데 섞여 있는 우스꽝스러운 구한말 모습이다.

아 국채를 갚자는 국채보상운동이 펼쳐졌다. 구한말에서 일제강점기까지 금연과 금주를 통해 절약하고 건강을 지키려는 노력이 계속되어 금연은 근대적 사회운동의 모태가 되었다.

금연을 주도하는 세력은 시기마다 달라졌으나 운동의 저변에는 민족주의와 애국계몽주의가 깔려 있다. 의식 혁명과 사회개조운동으로서 금연운동은 구한말 이래 사회 변혁의 주요한 주제로 부상한다.

성리학자들의 금연운동

위정척사파는 서구 열강의 종교 침투와 정치 군사상 침략에 대한 위기의식에서 싹텄다. 위정척사衛正斥邪는 올바른 것을 지키고 사악한 것을 막는다는 뜻으로 정도正道와 정학正學인 유학을 기반으로 이단異端과 사학邪學인 서양 문화를 물리치려는 운동이다. 그 이념은 천주교가 세력을 확장하던 1790년대에 정조가 내세운 논리와 크게 다르지 않다. 위정척사 이념은 성리학을 사상적 기반으로 삼아 1860년대에 이항로李恒老와 기정진奇正鎭 등이 사상적 체계를 확립했고, 김평묵金平默·유중교柳重教·이진상李震相·최익현崔益鉉·유인석柳麟錫 등이 계승하여 발전시켰다.

위정척사파는 모든 외세와 외국 문물을 배타적으로 거부하여 조선의 전통과 국권을 지키려 했다. 그들이 전개한 운동에서 외국 물산을 완강히 배척하는 것이 주요 항목으로 들어간 것은 자연스러운 귀결이다. 담배는 외국 물산에 준하는 것으로 강력히 배척해야 할 대표적인 물건이었다.

그들이 담배를 배척한 데에는 뿌리 깊은 연원이 있다. 17세기 이래 성리학자들은 근엄하고 청결한 윤리적 생활을 지키려는 청교도적 태도를 보였다. 금욕과 절제를 생활 윤리로 삼은 그들에게 담배는 배격해야 할 기호품의 상징이었다. 담배가 들어온 이래 흡연을 가장 강하게 거부한 집단이 바로 성리학자들이었다. 그들은 유교의 절대적 우위를 믿고, 유교 문화의 순수성을 지키는 소중화小中華 문명국인 조선을 청결하게 지켜야 한다는 사명감에 불타 있었다. 그들에게 담배란 어떤 물질이었을까?

그들이 볼 때 담배는 오랑캐 땅에서 수입되어, 근본 자체가 돼먹지 못한 불량하고 사악한 요물이었다. 성리학자들은 담배가 올바른 도리(正學)를 방해하고, 고요한 도덕적 수양의 시간을 흡연으로 채우게 한다 하여 담배를 더욱 증오했다. 18세기 이후 근재近齋 박윤원朴胤源은 「초설草說」을 지어 금연을 주장했고, 그 제자 홍직필 역시 글을 지어 금연론을 체계화

했다. 이 두 학자의 금연론은 애국계몽기 금연론의 모태가 되었다.

제국주의 열강의 침략과 담배

조선 후기 정치계와 학계의 주류였던 낙론洛論 학맥을 이끈 임헌회는 서양의 침투를 막기 위해서 일체의 외국 물건을 배격하자는 운동을 펼쳤다. 특히, 서양 옷감 불매를 주장하고 담배를 피우지 않는 절제된 생활을 자진하여 실천하며 제자들에게도 이를 권유했다. 본래 금연은 박윤원, 홍직필을 비롯한 낙론 학파의 오랜 전통이었으나 임헌회는 유독 통렬하게 금연을 주장했다. 더욱이 외국 권연의 수입으로 조선 담배 산업이 심각한 타격까지 받게 되자 담배 자체에 대한 혐오감이 더욱 강해졌다.

그들의 금연은 개인에 국한되지 않고 사회적 실천운동 차원으로 전개되었다. 위정척사파 학자들이 금연을 실천한 사례 중 한두 가지를 살펴보면, 임헌회는 신재혁申在爀에게 시집간 딸 임맹순任孟順을 위한 계녀서誡女書를 써주었는데 거기에는 "서양 옷감을 사용하지 말라"라는 경계와 함께 "연다를 피우지 말라"는 경계가 포함되어 있다. 유중교는 집안의 가법을 규정한 『유씨가전柳氏家典』을 지었는데 거기에서 집안 전체가 담배를 피우지 않는 것을 원칙으로 하되 손님이 찾아와 대접해야 할 경우에만 일시적으로 준비해둔다고 규정했다.

그들은 담배를 서양 세력의 침투를 상징하는 서양 물건의 대명사로 받아들였다. 또한 불의 정기로서 강한 독기를 품고 있는 담배 연기를 들이마시면, 장부에 담뱃진이 들어가 사람의 지력과 기백이 약화되고 혈

맥이 녹아버린다고 생각했다. 지난날 강건한 기백을 지녔던 이들이 흡연이 일반화된 이후 모두 기력 없는 나약한 존재로 전락해버렸다. 서양이나 일본이 조선에 이런 해독을 끼치고자 담배를 전파했다고 본 것이다. 그래서 위정척사파는 조선 사람의 역량과 건강을 회복하기 위해 금연을 적극적으로 실천해야 한다고 역설했다.

국채보상운동회의 단연운동

국채보상운동은 통감부 통치 아래 국권과 재정이 일본에 넘어가는 과정에 있던 1907년 대한제국의 1년 예산에 육박하는 차관을 국민의 의연금으로 갚으려 일어난 자발적 시민운동이었다. 1907년 1월 29일 대구 광문사의 부사장 서상돈徐相敦. 1851~1913은 2000만 동포가 담배를 석 달만 끊고 그 대금으로 한 명당 20전씩 거두면 나랏빚을 갚을 수 있다면서 자기부터 800원을 내겠다고 제안했다. 그 제안에 사장 김광제金光濟가 즉시 호응하여 연죽과 초갑草匣을 없애고 담뱃값 60전과 의연금 10원을 냈다. 함께 있던 회원 모두가 의연금을 내자 즉시 2000여 원이 모였다.

대구에서 시작된 운동은 각종 언론에 소개되면서 곧 전국적 호응을 얻어 수많은 사람들이 자발적으로 담배를 끊고 그 비용을 의연금으로 냈다. 각지에서 단연회斷煙會가 결성되었고, 의연금을 내기 위한 단주회斷酒會 등으로 확산되었다. 황제도 그 소식을 듣고 2월 26일 금연에 동참하면서 "신민臣民이 나라를 근심하여 이런 일을 하는데 짐이 어찌 모르는 척하겠느냐"면서 궁중에서도 금연하도록 칙명을 내렸다.

일반 평민과 여성, 걸인, 해외동포 가릴 것 없이 각계각층이 단연운동에 자발적으로 동참했다. 4월 30일까지 모금한 의연금 총액은 14만 3542원 33전이었다. 장지연은 『대한자강회월보』 3월 25일자(제9호)의 '단연상채문제斷烟償債問題'란 제목의 기사에서 "또 시정의 상황을 물었더니 근일에 외국 권연 종류는 피우는 자가 거의 없어 사는 사람이 드문 고로 연초 상점은 대부분 썰렁하다 한다. 또 고관 집안도 많이들 흡연도구를 버려서 전혀 담배를 피우지 않는다 하니 이것이 비록 작은 일이나 인심이 격발되었음을 볼 수 있다"라며 당시 금연운동이 얼마나 뜨거운 열기로 진행되었는지 소개했다.

이 운동은 여름이 지나면서 지지부진해졌다. 시민운동의 파급력을 두려워한 일제의 집요한 방해공작 탓이었다. 이토 히로부미가 국채보상운동을 확산시키는 원동력이었던 언론계를 탄압함으로써 운동은 동력을 잃고 흐지부지되고 말았다.

여기서 주목할 것은 술을 끊거나 금붙이를 모아 의연금을 만들지 않고 왜 하필이면 담배를 끊고 담뱃값을 모으려 했느냐는 점이다. 이 발상의 근원은 조선 후기 선각자들에 의해 일찍부터 제기되었다. 이덕리를 비롯한 여러 학자들은 국민 한 사람당 흡연량과 담뱃값을 추정하여 전국민의 1년 담뱃값을 추정함으로써 한 가지 기호품에 허비되는 재물의 양을 계산했고, 이를 재정이나 군사력 확충에 전용하는 문제를 논의한 바 있다.

그런 발상의 연장선상에서 1906년 6월 9일 황성신문에는 청예생清嚔生이란 지식인이 「단연斷烟의 이利」라는 기고문을 게재했다. 청예생은 구한말의 지성인 지석영의 필명으로, 그의 기사는 몇 달 후 일어난 국채보상운동의 기폭제가 되었다. 그의 관점이 시민운동으로 확산되자 그의

대한매일신보 1907년 2월 27일자에 실린 「국채보상기성회취지서國債報償期成會趣旨書」. 취지서의 마지막 대목에서 "나라가 망하면 인민도 망하나니 힘쓸지어다 우리 동포여! 얼마간의 시간을 기다려 국채를 청산한 뒤에 세계에서 제일가는 향기 좋은 담배 수천만 줄기를 사서 국내 모든 남녀노소가 드러내놓고 한번 피워서 우리의 맑은 기분을 개운하게 푸는 것이 어떠하겠는가?"라며 낭만적으로 묘사했다.

글은 1907년 3월 25일자 『대한자강회월보』 제9호에 「양단일착론兩斷一着論」이란 제목으로 다시 게재됐다. 단연斷烟과 단발斷髮 두 가지를 실행하고, 품이 큰 옷을 좁게 만들자는 주장이다.

그는 단연의 결과를 각종 통계치로 제시하며 담배를 끊으라고 권했는데 그중 금전적 통계는 이렇다. 흡연자 1인의 하루 담뱃값이 2푼으로 1년이면 7원 20전이다. 전국 흡연자 수를 1000만으로 계산하면 1년에 7200만원의 금전이 허비된다. 서상돈의 단연 제안은 그와 같은 단연의 금전적 추정 위에서 나왔다. 오랫동안 제안에만 그쳤던 금연을 거국적으로 실천에 옮긴 것이다.

국채보상운동은 1860년대 이후 위정척사파의 금연운동이 대중적 시민운동으로 확대된 성격을 지닌다. 상층 지식인들이 중심이 되어 대중적 지지를 획득하지 못했던 위정척사파의 운동은 단연의 방법을 선택함으로써 대중성을 얻어 성공할 수 있었다. 또한 단연운동이 큰 호응을 얻은 것은 구한말 외국산 담배가 담배 시장을 잠식해간 데 따른 위기의식과 관련이 깊다. 대한매일신보 1907년 2월 27일자에는 「국채보상기성회 취지서」가 실려 있다. 서울 지역 단연회의 취지서로, 그중 "금연을 한다고 하면 우리 토산품도 경계해야 할 것이다. 하물며 이집트나 필리핀과 같이 수만 리 먼 나라로부터 온 가격이 높은 것이나 맛이 없는 청나라 담배야 말해 무엇하리오"라 하여 외국산 담배에 대한 거부감을 표현했다.

들판을 태우는 불길처럼 전국적으로 번져간 단연의 시민운동은 애국계몽운동의 역사에서 가장 뚜렷한 성과의 하나였다. 겉으로는 일제의 방해공작으로 실패한 것처럼 보이나 실제로는 전국적인 단연회로 지속되었다.

서재필, 엽서에 그린 곰방대와
연기. 국사편찬위원회 소장. 갑
오년(1894) 미국에서 귀국하여
고종을 알현했을 때, 안경을 쓰
고 궐련을 입에 물고 뒷짐을 지
고 나오는 무례를 범해 온 조정
신하들이 통탄하였다.

일제강점기 사회운동으로서 단연운동

한편, 19세기 중반 이후 초기 기독교 교단에서는 담배를 피우는 것을 죄
악시하며 금연을 종교적 금기로 내세웠다. 금연운동은 기독교 신자의
절제운동에 국한되지 않았다. 1923년을 전후하여 전국적으로 단주·단
연 운동이 확산되어 각지에 단연회가 결성되었다.

  구한말 조선에서 선교를 시작한 기독교계에서는 술을 마시지 않고 담
배를 피우지 않는 절제운동을 적극적으로 전개했다. 조선을 방문한 선
교사를 비롯한 외국인들은 조선 사람들이 술을 과다하게 많이 마시고
담배를 피우는 생활에 놀라워했다. 선교사들은 술과 담배, 노름을 조선
사람의 병폐로 진단하고 금주와 금연을 강조하였다. 특히, 미국 청교도
에 크게 영향을 받은 기독교 교단에서는 금주·금연의 문제를 신앙인의
금욕적 생활 태도와 연결시켜 엄격하게 규제하였다.

  『죠션크리스도인회보』는 미국 북감리회 선교사 아펜젤러가 창간한 신
문으로 한국의 첫번째 기독교 신문이다. 창간된 해인 1897년 6월 2일자
에 '담배의 해로움이라'라는 기사가 실렸는데 그중 다음과 같은 내용이

보인다.

> 누구든지 담배를 도무지 먹지 아니하는 것이 유익하니 흔히 담배를
> 먹는 사람은 그 입맛이 담배를 먹지 아니하는 사람보다 좋지 아니하
> 고 죽을 때까지 평안치 못한 것이 많으니라. 이런 담배를 과히 먹는
> 사람은 여러 가지 병이 있나니 힘줄이 약하고 가슴이 답답하고 염통
> 이 더 벌덕벌덕하고 수전증이 나고 안력에 대단히 해롭고 여러 가
> 지 병이 많으니라. 담배 중에 외국 지권紙卷 연초는 해로움이 더욱
> 많으니 그 담배 마는 종이를 뜰 때에 비상과 다른 독한 것을 놓고
> 하는 연고니라. 아무튼 담배를 많이 먹어 이런 독함이 있는 사람이
> 이것을 해독하려 하면 매우 힘 있고 검은 가피차를 먹으면 좋으니라.
> 도무지 세계상에 누구든지 다 담배를 끊으면 유익한 것이 매우 많을
> 줄 아노라.[1]

　주로 건강과 위생상 흡연의 해악을 들어 금연을 권하고 있고, 특히 새
롭게 유행한 외국산 권연의 해독을 강조하였다. 본래 술과 담배가 기독
교 교리와 배타적 관계라고 보기는 힘들다. 그러나 구한말부터 일제강
점기 기독교 교단에서는 술과 담배와 아편의 금지를 신자의 기본적 의
무로 삼았다. 역사적으로 볼 때, 기독교 교단의 금주·금연은 19세기 위
정척사파의 금연운동과 의식 면에서 매우 밀접한 관련을 맺는다. 절제
운동은 이른바 반봉건적 폐습을 제거하려는 근대주의적 계몽주의와 결
합하여 더 큰 동력을 얻었다.

31. 전통 흡연 문화의 소멸

장죽의 슬픈 운명,
침투된 평등으로서의 권연

급변의 시대

구한말에 이르러 조선의 제도와 문화는 급격한 변화에 직면한다. 300년 동안 유지되어온 흡연 문화도 예외일 수 없었다. 흡연 문화는 다른 무엇보다 더 급격한 변화의 파도에 내몰렸다. 담배가 경제와 사회, 문화에서 차지하는 위상이 워낙 컸던 탓이다.

담배가 유입된 17세기 초부터 거의 3세기 동안 담배 시장은 외부로부터의 큰 자극이나 압박 없이 성장하고 유지되었다. 일본이나 중국을 위주로 수입과 수출이 이루어졌다. 흡연 문화의 유입과 전파가 진행되었으나 그것도 대부분 17세기에 큰 교섭이 진행되었다. 그 이후에는 각 나라마다 국내 위주로 생산과 소비가 이루어졌고, 대부분의 변화는 국내 요인에 의해 일어났다.

—— 『더 그래픽*The Graphic*』 1888년 12월 22일자 삽화, 영국. 권연을 물고 성냥으로 불을 붙이는 서양인을 부러움과 놀라움의 시선으로 바라보고 있는 조선 사람들을 그렸다.

구한말에 개항이 되고 외국과 무역이 점차 확대되었다. 여러 나라에서 외국인이 조선에 들어왔고, 서양과 일본 제국주의의 침략이 점차 가속화되었다. 열강의 침략 경쟁에서 마지막으로 일본이 승리하면서 조선의 식민지화가 빠르게 진행되었다. 그 과정에서 담배와 흡연 문화는 굳게 지켜오던 많은 것들을 잃고서 새로운 모습으로 바뀌었다.

그 변화를 한마디로 설명하자면 세계 체제로의 편입이다. 그 변화는 자발적인 것이라기보다는 제국주의의 강압에 따른 측면이 크다. 조선은 장기간에 걸친 동질적이고 폐쇄적인 문화의 느린 변화에 익숙해져 있다가 갑작스럽게 이질적 문화가 침투하면서 충격적인 변화를 겪게 되었다. 그렇다고 전통이 한순간에 다 무너진 것은 아니지만 그동안 살펴본 역사와는 질적으로 다른 변화가 나타났다.

권연의 등장

눈에 뜨이는 가장 큰 변화는 외국산 담배의 유입이다. 개항 이후 무역을 통해서 외국산 담배가 들어왔다. 일본과 중국, 미국과 이집트 등 각국의 담배가 골고루 수입되었다. 외국산 담배의 유입은 흡연자들에게 흡연법의 다양함과 품질의 다양성을 제공하면서 큰 충격과 변화를 야기했다. 기호품이기에 그 다양성과 이질성은 새로운 자극제가 되었다. 가장 큰 변화는 권연卷烟의 등장이다.

권연은 종이에 만 담배로 보통 지권연紙卷烟으로 불렸다. 그동안은 담뱃대를 사용하여 썬 담배에 불을 붙여 피우던 흡연법이 지배했다. 과거에도 담뱃잎을 둘둘 말아 피우는 방식이 없지는 않았으나 무시해도 좋을 수준이었다. 서양의 권연을 도입하면서 간편하고도 색다르게 담배를 피우는 방식이 점차 담뱃대로 피우는 방식을 밀어냈다. 새로운 물건은 낡은 것들을 물리치며 자기 영역을 만들었다. 함께 수입된 성냥은 어렵게 불을 붙여야 하는 부시보다 훨씬 편리했다. 서양인이 입에 권연을 물고 성냥으로 불을 붙이는 모습은 조선의 흡연자에게 선망의 대상이었다. 다음은 1901년과 1902년의 상황을 일본인이 기록한 것이다.

한인은 남녀노소의 구별 없이 연초를 즐긴다. 내지 한인이 주로 피우는 것은 수제의 엽연초인데 한번 지권연을 사용하면 그 맛을 잊지 못한다. 8, 9세 아동조차 그것을 피우므로 가게 어디서나 볼 수 있다.

원래 한인의 습관에는 어린아이는 연장자 앞에서 끽연할 수 없기 때문에 담뱃대를 휴대할 수 없으므로 자연히 권연초를 사용하게 된다. 그 종류는 무라이제村井製 '히로'가 널리 보급되어서 권연초라 하면 '히로'라고 생각할 정도다.[1]

한인은 장연관長煙管, 장죽을 제1의 필수품으로 여겼으나 점차 불편을 느껴 장연관을 폐기하고 권연초를 사용하는 유행이 생겼다. 그 경향은 중등 사회는 물론 차차 하등 사회까지 보급되고, 근래는 노동자까

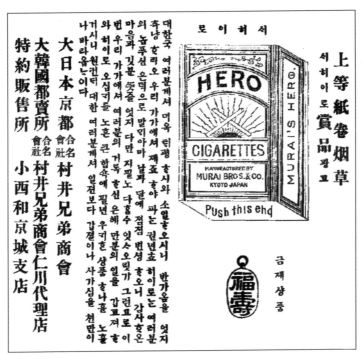

───── 일본 무라이(村井) 형제상회의 지권연 '히로' 광고. 1899년 7월 1일자 독립신문. 독립신문과 황성신문을 비롯해 구한말 각종 신문과 잡지 광고의 가장 큰 고객이 담배회사였다.

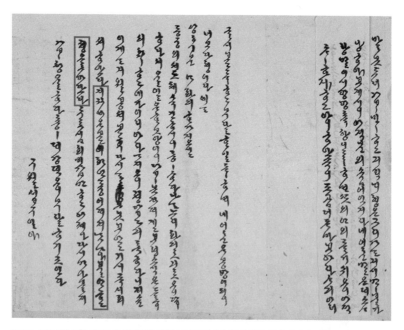

1894년 9월 19일 명성황후가 민병승(閔丙承)에게 보낸 한글 편지. "지권연을 보았는데 이 환난 중에 어디서 났느냐? 불안하고 정으로 받았다"라고 썼다. 동학농민전쟁과 청일전쟁의 와중에 일본 군대에 궁궐이 포위된 상황에서 명성황후에게 지권연이 바쳐지는 편지다. 명성황후는 서양 권연을 즐겨 피웠다.

지도 때때로 '히로'를 피우면서 일하는 자가 생겼다.[2]

권연은 일반 담배에 비해 고가여서 아무나 피울 수 없었다. 초기에는 고종이나 명성황후, 조정의 귀족과 부유층이 이국산 권연의 주 고객층이 되었고, 점차 도시 하층민까지도 사로잡았다. 장죽과 곰방대로 나뉜 담뱃대의 위계질서는 낡은 봉건적 유물로 치부되었다. 권연은 사서 피우는 누구에게나 평등하여 새로운 문명의 상징이란 이미지를 얻었다. 위계질서의 아래쪽에 위치한 사람들도 즐겨 피웠다.

권연이 등장하자 천하에 적수가 없다는 칭송을 받던 삼등초니 금광초니 진안초니 하는 썬 담배의 화려했던 명성은 차차 큰 연초회사에서 나오는 브랜드에 가려 빛을 잃어갔다. 그 브랜드 가운데 최고는 바로 위 인용문에 나오는 무라이제 '히로'였다.

흡연법의 일대 변혁이 일어나 구한말부터 20세기 중후반까지 거의 1세기에 걸쳐 파이프와 권연이 서로 경쟁했다. 그러나 파이프는 권연의 상대가 되지 못했다. 권연이 지배적 흡연법으로 대체되는 과정이 시작되었다.

새로운 흡연법이 등장한 뒤에 흡연자에게는 큰 변화가 왔다. 소설 『별주부전』 이본에는 토끼가 자라를 만나 담배를 나눠 피는 장면이 보인다.

> 두 귀를 쫑그리고 사족四足을 자주 놀려 가만히 와서 보니, 둥글 넙적 거뭇 편편하거늘 고이히 여겨 주저할 즈음에 자라가 연하여 가까이 오라 부르거늘, 아모커나 그리하라 하고 곁에 가서 서로 절하고 잘 앉은 후에, 대객待客의 초인사로 당수복唐壽福 백통白筒대와 양초兩草 일초日草 금강초金剛草며 지권연紙卷煙 여송연呂宋煙과 금패 밀화 금강석 물부리는 다 던져두고 도토리통에 싸리순이 제격이라.

조선 후기의 흡연 장면 묘사와 상당히 비슷하다. 하지만 삼등초와 진안초 같은 전통 명품 담배가 사라진 자리에 19세기 이후 고급 담배를 재는 단위인 양초가 등장하고 일본 담배인 일초와 지권연 여송연이 비집고 들어왔다. 역시 당시의 제일가는 제품을 두루 제시하고 있는데 토산품 흡연도구에 신식 담배가 함께 열거되고 있다. 옛것과 새것의 공존,

이 『별주부전』은 분명 당시의 흡연 상황을 충실하게 반영하는 구한말 필사본임을 담배 제품이 입증하고 있다.

생산과 공급의 혁신

다음으로 겪게 된 큰 변화는 생산과 공급 방식이 완전히 달라진 것이다. 크고 작은 연초회사가 전국 생산지에서 공급받은 담배를 가공하고 제조하여 상점에 공급하는 방식으로 전환되었다. 전통 방식으로 만든 담뱃잎이나 썬 담배보다 상표를 달고 나온 회사 제품이 고가로 팔렸다. 소규모의 전통적 재배 농가와 상인은 점차 설자리를 잃고 말았다.

변화에 일찍 눈을 뜬 선각자들은 조선 연초의 품질이 우수하다는 평가를 바탕으로 매매를 위한 상업적 연초 재배를 독려하고,[3] 개화파 인사들이나 상인이 중심이 되어 제조기술을 개선하려고 노력했다. 1883년에서 1884년경에 집중적으로 권연국卷烟局, 영원연무국永源烟務局, 연무국烟務局을 비롯한 많은 연초 제조소와 판매소가 설립되었다.[4] 민족 자본도 연초회사를 설립하여 권연을 제조하기도 했다.

1894년 갑오개혁 이후 권연의 소비가 급격히 늘어나자 외국 상인들은 외국 상품을 많이 수입하는 동시에 회사를 설립하여 권연 제품을 생산했다. 외국 자본이 본격적으로 조선에 투자하기 시작한 품목의 하나가 바로 담배였다. 회사 설립의 주도권을 쥔 나라는 일본이었다. 점차 일본의 세력이 강해지면서 다른 외국 회사들은 경쟁에서 버티지 못하고 거의 철수했다. 일본이 세운 대표적인 회사가 바로 동아연초주식회사였다. 1906년 일본 정부의 지원 아래 조선과 만주의 연초 기관을 통합하여

— 『한국연초조사서韓國煙草調査書』에 실린 전통적인 살담배 제조 작업(위)과 새로 도입된 권연 제조 작업(아래) 사진, 1910, 연활자본. 서울 부근 주택과 시내의 공장에서 작업하고 있는 사진으로 신구 제조법이 공존함을 보여준다. 이 조사보고서는 탁지부(度支部) 임시재원조사국이 세원(稅源)을 조사하기 위해 전국의 연초를 광범위하게 조사한 결과다. 조선 정부의 문서지만 일본어로 되어 있고, 경작·제조·판매·소비·함양(涵養)의 5장으로 구성되어 있다. 조선 연초 산업을 장악하여 세원을 확보하고 전매제로 이행하기 위한 목적으로 만들어져 상당히 치밀하다.

설립되었다. 조선총독부의 지원 아래 이 회사는 1918년 당시 조선 담배 생산량의 80퍼센트를 차지할 정도로 독점적인 지위를 누렸다.

담배의 공급에서 또다른 큰 변화는 전매제도로의 전환이다. 본래 조선은 담배의 재배와 판매 등에 직접적인 세금을 부과하지 않았다. 그 때문에 유수원, 구완, 정약용, 이규경 등 경세학자들은 담배세의 징수와 전매제도를 실시하자고 주장했으나 실현되지 않았다. 구한말에 들어와 담배에 세금이 부과되기 시작했는데 본격적으로 세금을 부과하고 전매제도를 실시한 것은 일본이었다.

일본에서는 이미 1896년에 엽연초를 전매하고, 1904년부터 권연초를 전매했다. 일본은 자국에서 실행한 전례를 조선에 적용해 전국 단위의 연초 재배와 판매 상황을 조사한 뒤 1914년에 「연초세령」을 반포하여 1921년 전매제도를 도입했다. 연초세는 조선총독부가 조선에서 거둬들인 세액 가운데 1, 2위를 차지할 만큼 비중이 컸다. 일본은 전매제를 통해 막대한 세금을 거둬들이며 조선을 수탈하고 민족자본을 약화시켰다. 전매제 시행은 담배의 역사에서 가장 큰 사건의 하나다.

전통 흡연 문화의 소멸 과정

구한말에서 일제강점기를 거치면서 담배의 제도와 문화, 인식과 소비 등 온갖 측면에서 급격한 변화가 진행되었다. 변화의 큰 방향은 옛 흡연 문화의 소멸이다. 그 이유와 진행 과정은 크게 보아 두 가지다. 국내 제품의 경쟁력 상실과 흡연법의 다각화, 국제화, 우수한 제조법 도입 등으로 자연스럽게 소멸된 측면이 하나다. 다른 하나는 제국주의자들이 강압적 방법으로 전통 흡연 문화와 제도, 소비 형태를 말살한 측면이다. 일본은 담배만이 아니라 다른 부문에서도 조선 전통을 의도적으로 말살하는 정책을 통해 한국에 일본 식민 통치에 적합한 제도와 문화를 이식해갔다. 300여 년이나 지속된 장죽의 흡연법이 지금은 자취도 없이 사라진 이유는 그 흡연법이 지닌 결함 탓만은 아니다. 그 강압적 말살 과정을 보자.

1894년 갑오개혁 때 김홍집 내각에서는 장죽의 사용을 법으로 금지했다. 그 이전에 대원군이 장죽의 길이를 제한한 법령을 더 강화해서 실행한 결과다. 김홍집 내각이 물러났어도 장죽의 사용을 금하는 법령은 계속 존속하였다. 법령이 시행된 여부와는 상관없이 장죽의 사용을 봉건적 잔재로 비판하는 신문물 추종자의 주장이 널리 퍼졌다. 그들의 주장에 편승하여 일본 연초회사와 전매당국은 권연을 판매하려는 흑심을 공공연히 드러냈다.

구한말에는 경찰력을 이용하여 장죽을 뺏는 일이 빈번했고, 일제강점기에 전매국 직원이 조선 사람의 담뱃대와 쌈지를 뺏는 일이 잦았다. 1923년 평안도 강서군에서 그런 사건이 일어나자 군민이 들고일어나 아예 단연회를 결성하기도 했다. 3월 7일자 동아일보에 기사가 실려 있다. 담뱃대를 뺏는 이유는 권연을 피우도록 하여 조선 토착 농민과 상인의 생산과 판매를 약화시키려는 술책이었다. 장죽의 슬픈 운명은 식민지 조선 사람의 운명과 다를 바 없었다.

구한말 담배 산업과 흡연 문화는 1910년 일제가 강압적으로 조선을 합병하면서 완전하게 일본의 의도대로 개조가 진행되었다. 1609년 일본으로부터 들어온 담배는 조선의 기호품 세계를 완전히 장악했다. 이후

300년 역사 내내 담배는 조선의 경제와 사회, 문화에 엄청난 변화를 가져왔고 큰 영향을 끼쳤다. 담배를 말하지 않고 그 300년을 말하는 것이 가능할까?

안타깝게도 구한말 이후 일본 제국주의가 조선을 침략하여 담배의 모든 것을 완벽하게 장악하여 그들의 틀대로 바꿔놓았다. 이후의 담배 문화는 그 틀에서 벗어나기 힘들었다. 구한말 일본 담배가 온 조선을 장악해가던 1902년 무렵 갑작스럽게 「담바고타령」이란 노래가 크게 유행했다.

> 담바구야 담바구야 동래나 울산의 담바구야
> 너의 국國은 어떻길래 대한의 국을 구경을 나와
> 은을 주러 나왔느냐 금이나 주려고 나왔느냐
> 은도 없고 금도 없고 담바구 씨를 가지고 나와
> 저기저기 저 담 밑에 담바구 씨를 술술 뿌려
> 낮이며는 냉수를 주고 저녁이 되면 이슬 맞아
> 겉의 겉잎 다 젖히고 속의나 속잎을 곱게나 길러
> 네모반듯 은장도로 어슥비슥에 베어다놓고
> 처녀 쌈지 한 쌈지요 총각의 쌈지도 한 쌈지라 (…)

이 서정적 노래 속에는 전통적 담배농사꾼으로 일하며 담배로 시름을 푸는 조선 사람의 애환이 스며 있다. 일본이 부산과 인천을 통해 권연이란 새 상품을 침투시키듯 들여왔을 때 농촌에서는 금은이란 경제적 이득도 얻지 못하며 무기력하게 생산의 수족으로 내몰리는 처지였다. 담

Kuja, Kuja, Tampa kuja
Tongnä Ulsan, Tampa kuja

Diese erste Strophe wird von einem Vorsänger vorgesungen und dann vom ganzen Chor nach jeder Strophe, die gleichfalls vom Vorsänger allein gesungen wird, wiederholt.

1. O Vögel, o Vögel, Tampa-Vögel
   Von Tongnä Ulsan (ein Stadtnamen), Tampa-Vögel.

2. Ist euer Land so arm,
   daß ihr nach Korea gekommen seid?

3. Unser Land ist auch schön,
   Wir sind nach Korea gekommen, es anzuschauen.

4. Habt ihr Gold, es uns zu geben?
   Habt ihr Silber mitgebracht?

5. Gold fehlt uns und Silber auch,
   Nur Tampa-Eier haben wir mitgebracht.

6. Dort droben am Fuße jenes Berges
   Haben die Tampa-Vögel ihre Eier niedergelegt.

7. Wenn wir am Morgen kommen, kommt frischer Regen,
   Wenn am Abend, erquickender Tau.

노르베르트 베버, 「고요한 아침의 나라」에 채록된 「담바고 타령」의 악보와 독일어 가사. 1911년 조선을 여행한 독일인 신부는 여행기에서 당시 이 노래가 가장 널리 유행하였다고 밝혔다.

배농사 덕에 어린 처자에게 연애감정이라도 가져볼 수 있는 것이 그나마 위안거리다. 1911년 한국 땅을 밟은 독일인 신부 노르베르트 베버는 아이들로부터 이 민요를 들었다. 그는 강제로 퇴위당한 순종의 애창곡이라서 삽시간에 전국에 퍼졌다는 소문을 첨부하였다. 담바고의 운명은 나라 잃은 황제나 민중에게 동병상련의 마음을 한없이 불러일으키는 것이었다.

담배 문화 연구가 이옥과 그들

담배 연구의 의미

담배는 수백 년 동안 사람들의 일상을 지배했다. 그렇다고 해도 담배가 지적 탐구의 영역으로 들어오기까지는 많은 걸림돌이 있었다. 서양에서는 일찍부터 담배를 다각도로 연구해 이에 관한 저작이 방대하게 축적되어 있다. 그러나 서양과 달리 동아시아에서는 19세기까지 담배를 학문적으로 깊이 연구한 사람이 손에 꼽을 정도로 적었다.

담배 같은 사소한 주제를 굳이 연구할 필요가 있겠느냐는 지적 무관심이 그 이유였다. 그러나 『연경』을 쓴 이옥은, 옛사람은 음식과 같은 일상생활의 사소한 사물도 저술의 대상으로 삼았다는 사실을 주목하고 왜 담배를 연구한 전문서가 출현하지 않는지에 의문을 표시했다. 『연경』 서문에는 이런 대목이 보인다.

이옥, 「연경」 서문 끝과
권1 서문, 영남대학교
중앙도서관 소장.

꽃이 필 때 연기를 내뿜고 달이 뜰 때 연기를 들이마시노라면, 담배
는 술을 마실 때의 오묘한 맛을 겸비하였다. 파란 연기를 태우고 붉
은 연기를 피워내노라면, 담배는 향을 사를 때의 깊은 멋까지 갖추고
있다. 담뱃대를 은으로 만들고 담배통을 꽃무늬로 아로새겨 즐기노
라면, 차를 마시는 멋진 풍치까지 간직하였고, 담배 꽃을 가꾸고 담
배 향을 말리노라면, 진귀한 열매와 이름난 꽃에 비교해도 부끄러울
것이 전혀 없다. 그렇다면 200여 년의 역사 속에서 문자를 이용하여
담배를 기록한 책이 있을 법도 하건만, 그것을 기록으로 남긴 저술가
가 있다는 이야기를 아직 들은 바 없다. 담배가 보잘것없는 물건이
고, 흡연이 중요치 않은 일이라서 굳이 붓을 휘둘러 야단스럽게 저술
할 필요가 없다고 생각한 것일까?

담배는 사람을 매료하는 술이나 차에 결코 뒤지지 않는 뛰어난 기호품이다. 조선에 들어온 지 200년이 넘었고, 수많은 사람들이 날마다 즐기는 기호품이므로 기록할 만한 가치가 충분하다. 그러나 담배는 무엇때문에 학자의 관심을 끌지 못할까? 담배를 하찮게 여겨 연구할 대상으로 여기지 않는 것은 고루한 사람의 좁은 소견이다. 나라도 연구하여 저술을 남겨야겠다. 이옥은 담배 전문서를 저술한 동기를 이렇게 감개한기분으로 밝혀놓았다.

청나라 조고농趙古農이 『연경菸經』을 저술하고 붙인 서문도 비슷하다. "유자儒者는 한 가지 사물이라도 모르면 부끄러워할 일이다. 따라서 옛사람은 작은 사물 하나 명칭 하나 미세한 풀 하나 나무 하나도 근본을찾아가 끝까지 연구하였다"라고 밝히면서 인간이 잠깐도 곁에서 떼놓지않는 담배야말로 학문적 연구의 대상이라 하였다.[1]

담배 전문가 이옥

20세기 이전 한중일 3국의 담배 전문가는 세 사람을 꼽을 수 있다. 조선의 이옥李鈺, 일본의 오스키 겐타쿠大槻玄澤, 청나라의 진종陳琮이다. 차례로 『연경』 『언록薩錄』 『연초보烟草譜』란 담배 전문서를 저술했다. 세 사람을 다루지 않고서는 동아시아의 담배 문화사를 제대로 이해할 수 없다. 먼저 이옥을 살펴본다.

이옥李鈺, 1760~1815은 18세기 후반에서 19세기 전반에 활동한 문인이다. 본관은 전주全州이고 자는 기상其相이며, 문무자文無子, 매화외사梅花外史, 화석산인花石山人을 비롯한 많은 호를 사용했다. 한평생 소품문 창작에 전념하여 발랄하고 흥미로운 작품을 많이 남겼다. 성균관 유생으로 있던 1792년 국왕이 출제한 문장 시험에 소품체를 구사하여 불경스럽고 괴이한 문체를 고치라는 왕명을 받았고, 그 벌로 경상도 삼가현에서 군역에 복무해야 하는 징벌을 받았다. 그로 인해 관계 진출이 막혀버렸고, 이후 문학 창작에만 매달리며 인생을 보냈다.

이옥은 서문에서 "나는 담배에 대한 고질병이 심하다"라 밝힐 만큼 애연가였다. "담배를 사랑하고 즐기기 때문에 남들의 비웃음을 두려워하지 않고 망령을 부려 저술한다"라 하여 애연이 연구로 이어졌다고 했다. 게다가 그는 재배에도 일가견이 있었다. 고향인 수원 남쪽 남양南陽 바닷가 집에는 5묘畝 넓이의 담배밭이 있었다. 스스로 "나는 시골에 사는데다 담배를 많이 심어도 봤다. 그래서 늙은 농부에게 들은 내용이 적지 않다"라고 밝혔다. 그는 담배를 사랑했고, 담배를 잘 알았다.

담배에 대한 관심은 일찍부터 표현되었다. 32세 되던 1791년에 담배를 의인화한 가전 작품 「남령전」을 지었다. 또 1795년에는 전주 부근의 사찰 법당 안에서 담배를 피운 사연을 소재로 하여 「연경烟經」이란 빼어난 소품문을 쓰기도 하였다. 1803년에는 새, 물고기, 짐승, 벌레, 꽃, 곡식, 과일, 채소, 나무, 풀 등 열 가지 사물을 소재로 『백운필白雲筆』을 저술했는데 그 책에서도 담배를 비중 있게 서술했다. 담배는 늘 그의 관심 한편에 도사리고 있었다. 1810년 5월 담배를 향한 그의 오랜 애정은 마침내 단행본 저술 『연경』으로 결실을 보게 되었다. 서문 외에 4권까지의 내용을 정리하면 다음과 같다.

1권: 담배씨를 거두는 내용인 '수자收子'에서부터 담배 뿌리를 보관하는 '엄근罨根'에 이르기까지 담배의 재배법과 과정을 17조에 걸쳐 상세하게 기록했다.

2권: 담배의 원산지와 전래, 담배의 성질과 맛, 담배를 쌓고 자르는 방법, 태우는 방법 등을 19조에 걸쳐 소개했다.

3권: 흡연도구를 12조에 걸쳐 상세하게 설명했다.

4권: 흡연의 멋과 효용, 품위와 문화를 10조에 걸쳐 다각도로 묘사했다.

담배의 재배와 가공, 유통과 흡연도구, 향유의 구체적 실상을 체계와 계통을 갖추어 조목조목 상세하게 기록했다. 실무적이고 사실적인 내용이 풍부하게 담겨 감상을 적은 일반 시문에서 찾아보기 힘든 내용이 많다. 특히, 1권에서 3권까지의 내용이 그렇다. 현재 남아 있는 흡연 관련 자료가 대부분 문학작품이므로 이런 내용은 주목하지 않았다. 그 점에서 대단히 뜻깊은 저술이다.

그러나 흡연 문화를 다룬 4권이 가장 흥미로운 부분임을 부정하기는 어렵다. 흡연의 문화적 측면을 골고루 다뤄서 매우 문학적일 뿐만 아니라, 묘사와 표현이 아름답다. 이옥이 작심하고 쓴 문예적인 글이다. 애연가들이 담배를 피우는 갖가지 장면을 묘사해 인정물태를 눈앞에 선연하게 그려냈다. 빼어난 소품문으로 높이 평가할 만한 매력을 발산한다. 『연경』이 문학적으로 성공한 작품이라는 평가는 이 4권 덕분이다.

더욱 높이 평가할 점은 이옥이 이전에 나온 문헌의 도움을 크게 받지 않았다는 것이다. 대부분 직접 경험하거나 견문한 것을 바탕으로 서술하려 했다. 옛 문헌을 인용한 것은 극히 제한적이다. 실제 체험과 독특한 감상에서 우러나온 살아 있는 지식의 체계적 서술과 아름다운 산문은 다른 어떤 저술보다 뛰어난 개성을 드러낸다.

오스키 겐타쿠의 『언록』

조선에 이옥이 있다면 일본에는 오스키 겐다쿠大槻玄澤, 1757~1827가 있다. 그는 저명한 난학자蘭學者이자 의사였다. 의사 집안 출신으로 에도에서 네덜란드어를 배워 난학의 태두로 성장했다. 센다이仙臺에서 난학을 배우는 지란당芝蘭堂이란 의숙義塾을 열어서 100명이 넘는 제자를 양성했다. 네덜란드어 사전과 네덜란드 번역서 다수, 그리고 인체 해부학 저서로 유명한 『해체신서解體新書』를 교정한 『중정해체신서重訂解體新書』를 간행하였다. 에도시대를 대표하는 난학자다.[2]

그는 어려서부터 담배를 즐겨 피웠던 애연가로 유명하다. 난학과 의학을 연구하는 과정에서 담배를 깊이 연구해 대략 1789년에서 1801년경에 『언록』을 편찬했다. 1809년에 자신의 지란당에서 3책으로 간행했다. 일본과 중국, 네덜란드의 담배 관련 문헌을 두루 참고해 담배의 기원, 담배의 이칭, 재배법, 명산지, 일본 담배의 성질, 효용, 해독법, 흡연도구, 담배를 표현한 시문 등의 항목으로 서술하였다. 자신의 견해를 주관적으로 직접 서술하기보다는 주요 문헌을 인용하고 자신의 견해를 첨부하는 재인용과 실증의 방식을 택하였다.

이 책은 동아시아 담배 관련 저술 가운데 대단히 특별한 의의가 있다. 무엇보다 난학자답게 네덜란드 저서에서 서양 제국의 담배 관련 저작을 번역하여 소개했다. 당시 일본에서도 일부 난학자만이 알고 있던 내용

일 뿐만 아니라, 중국이나 조선에서도 매우 접하기 힘들었던 지식과 실물 도판이 보인다.

게다가 다양한 문화권의 흡연 장면과 흡연도구를 세밀하고 정교한 도판으로 그려 소개했다. 동아시아와 서남아시아, 러시아뿐 아니라 서양서를 통해 아메리카와 유럽의 것까지 소개하였다. 또한 의사답게 담배의 치료 효과(主治)와 담배의 해독법(解烟毒)을 중국, 일본, 네덜란드의 경우로 상세하게 나누어 다뤘다.

여기에 더욱 흥미롭게도 하권에 '아상雅賞' 편을 두어 청나라, 일본, 조선의 문인들이 담배를 소재로 쓴 시문을 수집하여 수록했다. 선집의 분량이 많지는 않으나 흥미로운 작품이 적지 않다. 조선 문인의 작품도 포함되었다. 통신사 서기로 일본에 간 동곽東郭 이현李礥은 저명한 시인 도미다富田. 入江若水, 1671~1729가 선물한 담배를 피우고 시를 주고받았다.

─── 오스키 겐타쿠, 「언록」 초고본, 와세다 대학 도서관 소장, 일본 중요문화재. 아메리카 원주민의 흡연모습과 담배 풀의 모습을 세밀하게 그렸다. 오른쪽은 네덜란드 문헌에서 번역한 내용이다.

두 시인의 시를 한 편씩 실어놓았다.

이규경이 『시가점등詩家點燈』에서 조선과 청, 일본의 끽연시와 흡연도구를 설명할 때 자료의 일부를 『언록』에서 가져왔다. 한편, 이수광의 『지봉유설』을 인용 전거로 사용했고, 두 나라 사이의 담배 전래 문제도 몇 곳에서 서술했다.

『언록』은 19세기 전반 조선에 들어와 지식인들 사이에서 읽혔다. 많이 활용한 사람이 바로 이규경과 이상적이다. 이규경의 『오주연문장전산고』와 『시가점등』에서는 담배와 서양 문물에 관한 내용을 많이 다뤘는데 『언록』을 크게 참고했다.

이상적은 『언록』을 읽고서 「『언록』을 읽다讀薦錄」란 독후감을 쓰기도 했다. 그 글에서 자기가 일본인의 저술을 적지 않게 보았는데 전후 100년 사이에 문풍文風이 크게 변하고 있고, 근대에 가장 번성한 정황이라고 밝혔다. 『언록』을 보고서 중국의 최신 서적과 지식 정보가 시차 간격 없이 바로 일본에 수용되고, 그래서 인문人文이 갈수록 발달하는 상황이라 하였다. 일본 지식인의 견문과 정보의 습득이 이전과 비교할 수 없이 신선하고 방대해지는 상황을 『언록』을 통해 확인하고 놀라워했다.

아마도 이상적은 담배라는 주제 하나로 서양과 중국의 최신 정보와 도판까지 활용한 것에 지적 충격을 받았으리라. 당시로서 충분히 그럴 만했다. 이상적이 훗날 조선의 흡연 문화를 묘사한 「담파고부淡巴菰賦」를 쓸 때에도 『언록』을 언급하면서 담배에 관한 저술이 드문 실정에서 '연보(菸譜)'를 저술한 공로를 높이 치켜세웠다.

청나라 진종의 『연초보』

청나라의 담배 전문가로는 진종陳琮, 1761~?을 꼽아야 한다. 그는 1815년에 『연초보』 8권을 간행했다. 청나라도 담배 전문서가 많이 나온 편이 아니다. 진종 이전에 중요 저작으로 왕사한汪師韓의 『금사록金絲錄』, 육요陸燿와 채가완蔡家琬이 각각 지은 『연보烟譜』, 주이중朱履中의 『담파고백영淡巴菰百詠』 등이 있다. 진종 이후로 작자 미상의 연초 재배 전문서 『연경菸經』과 조고농趙古農이 쓴 『연경』(전하지 않음) 등이 있다. 수량으로는 적지 않으나 대부분 내용이 소략하고 시문 선집이거나 관련 문헌을 초록하여 체계적 저술로 높이 평가하기가 어렵다. 어떤 것도 진종의 『연초보』처럼 담배를 포괄적이고도 체계적으로 연구한 수준에는 도달하지 못한다.

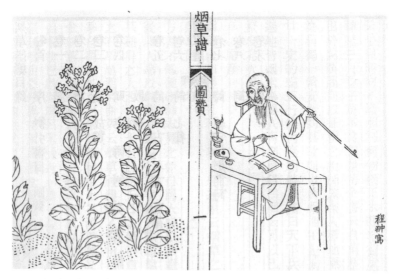

烟草譜 圖贊

程翀寫

—— **진종의 초상화, 정충(程翀) 그림, 상하이도서관 소장.** 긴 담뱃대를 들고 붓을 들어 저술하는 모습이다. 1822년에 간행된 『연초보』 1면에 수록되어 있다.

진종은 학자이자 문인으로 시문의 창작과 저술 작업에 전념했다. 1815년에 쓴 「자서自序」에서 "나는 본래 산사람으로 세상에서 연객烟客이라 부른다. 옛 인연을 담배 향기로 맺어서 내 지혜를 치아에 나눈다. 담배의 아름다운 이름을 품평하여 각 지역의 품종을 살폈다. 전해오는 견문과 잡다한 이야기를 두루 채집하고 아름답고 청아한 시구를 함께 수집했다"라고 밝혔다. 애연가로서 담배와 인연을 맺어서 20여 년 동안 담배와 관련한 많은 저술과 시문을 수집하여 책을 엮었음을 밝히고 있다. 실제로 그는 200여 종에 이르는 문헌을 조사하여 담배와 관련한 종합 연구를 수행했다.

전체는 8권으로 1권에서 3권까지는 담배의 기원, 명칭, 종류, 재배, 가공, 흡연도구, 유통, 역사, 흡연 문화를 간명하고도 요령 있게 서술했다. 4권 이후로는 끽연문학을 집성했다. 4권에서는 부賦와 서序, 전傳을 비롯한 담배를 묘사한 대표적 산문작품을 수집하여 실었고, 5권 이하로는 다양한 운문을 수집했다. 당시까지 창작된 끽연문학의 앤솔러지로서 이보다 더 충실한 책은 없다. 담배와 관련한 온갖 문제를 망라하여 다룬 백과전서적 내용을 갖추고 있고, 체계를 갖추어 서술한 점에서 『연초보』는 청나라 담배 저술의 최고봉에 자리잡고 있다.[3] 다만 이옥의 『연경』처럼 자신의 체험과 감상을 문학적으로 묘사한 독창성은 조금 부족하다.

지식의 변방에서 학문의 새로운 대상으로

담배 연구가들은 담배가 지적 관심의 대상에서 멀찍이 떨어져 있는 것을 안타깝게 생각했다. 사실 담배는 보수적 학자들의 눈에는 지성을 발휘하여 연구할 만한 대상이 아니었다. 그러나 이옥을 포함한 세 명의 연구가는 담배가 인간의 일상을 지배한다는 점만으로도 연구할 의의가 있는 작물이라고 인정했다. 하지만 담배를 연구한 저술가 대부분은 남들의 도움을 크게 받지 못한 채 외롭게 저술에 몰두했다.

공교롭게도 지금까지 언급한 한중일 3국의 3대 저술은 1810년을 전후하여 완성되고 간행되었다. 모두 당시 동아시아 공통 문어文語인 한문 고문古文으로 쓰였고, 상호 참조하지 못한 채 독립적으로 지어졌다. 동일한 주제를 다루어서 비슷한 내용도 적지 않지만, 사는 나라가 다르고 체험이 다르기 때문에 각기 다른 개성과 내용을 보이고 있다. 우연의 일치라고 하기에는 너무나 비슷한 시기에 나왔다. 어느 누구도 비슷한 생각을 가진 동년배 학자가 먼 타국에서 유사한 연구를 하고서 붓을 들고 써내려간 것을 꿈에도 알지 못했다.

　20세기 이전에는 이 3대 저술이 거의 인정을 받지 못했다. 이옥의『연경』은 간행도 되지 못한 채 최근에야 발굴되어 번역 소개되었다. 진종의『연초보』도 두 차례 간행되기는 했으나 거의 세상에 알려지지도 읽히지도 않다가 20세기 들어서야 가치를 인정받았다. 오스키 겐타쿠만이 큰 행운을 누렸다. 그의『언록』은 간행도 여러 차례 이루어지고 19세기 조선 학자들에게 지적 자극까지 주었다. 세 학자의 저술은 동아시아의 담배 문화사에서 탁월한 저술일 뿐만 아니라 당시 지성사에서도 의의를 인정해줄 만한 선구적 의의를 지녔다.

1. 이름의 기원: 담바고, 그 연기의 이름

1) 서명응(徐命膺), 『노훈필爐薰筆』, 고려대학교 소장 필사본.

2) 유희(柳僖)의 『물보物譜』와 저자 미상의 『광재물보廣才物譜』에서는 담파 또는 담파고라는 이름이 유구국(琉球國)의 담파도(淡巴島)에서 나왔다고 설명했다.

3) 1636년에 쓰인 『병자일기』에 "심양 갈 유무 담바괴 다섯 뎡이 포육 두 뎝"이 보인다.

4) 선문대학교 박재연 교수가 편찬한 『중조대사전』과 편찬 과정에 있는 『옛말 큰사전』을 확인하면 담배의 다양한 한글 어휘가 등장한다. 18세기 문헌인 『몽어유해』(상47b)에 '煙 담빈, 煙俗 담빗대, 吃煙 담비 먹다'로 나타나고, 낙선재필사본 『무목왕정튱녹』팔(1760)과 『한불자전』(1880), 19세기에 필사된 『광재물보』에는 '담빈 煙草'로 풀이하여 완전히 담배로 굳어진 모습을 보여준다. 18세기 일부 문헌에는 담바로 나타나기도 한다. 정승혜, 「낙하생 이학규와 물명유해」, 『문헌과해석』 38호, 2007.

5) 이옥(李鈺) 지음·안대회 역주, 『연경, 담배의 모든 것』, 휴머니스트, 2008, 61~63쪽. 이후로 이옥의 『연경』은 이 책을 인용하고 따로 인용처를 밝히지 않는다.

6) 중국에서 사용된 담배의 별명에 대해서 왕원위(王文裕)의 『명청明清의 연초론煙草論』(국립타이완사범대학 역사연구소 박사학위논문, 2002, 13~15쪽)에서 자세하게 밝히고 있다. 일본에서 사용한 명칭에 대해서도 역시 여러 편의 논문이 있다.

2. 담배의 유입: 신세계 향초의 도래

1) 일본에 담배가 전해진 과정과 시기는 매우 중요한 학문적 관심거리다. 스즈키 다쓰야(鈴木達也)의 『끽연전래사의 연구喫煙傳來史の研究』(시분카쿠출판思文閣出版, 1999)에 중요한 논의가 정리되어 있다.

2) 첫번째 설은 동시대 사람인 유몽인과 이수광이 1610년대에 쓴 저술에서 주장하고 있다. 두번째 설은 『인조실록』의 인조 16년(1638) 8월 4일 기사에서 "남령초가 병진·정사 연간에 바다를 건너 들어왔는데 피우는 자가 있기는 하나 많지 않았다. 신유·임술년 이래로는 피우지 않는 사람이 없다"라는 기록에 근거를 두고 있다. 1616~17년에 들어와 1621~22년 사이에 대유행했다는 정부 차원의 보고다. 이 설은 조경남(趙慶男, 1570~1641)의 『속잡록

續雜錄』에서도 지지하고 있다.

3) 신망규(申望奎), 『송와일고松窩逸稿』 6, 「남초음南草吟」, 국립중앙도서관 소장. "安知島夷心, 陰圖伺釁發. 故遣此妖卉, 愚我聾瞽俗. 待其財力盡, 得逞猖然醫."

4) 김동철, 「17세기 일본과의 교역·교역품에 관한 연구―밀무역을 중심으로」, 『국사관 논총』 61, 국사편찬위원회, 1995, 245~280쪽. 이 논문 등에 따르면, 무역에서 담배의 수출입에 관한 공식적 기록은 거의 나타나지 않는다.

5) 김봉조(金奉祖), 『학호집鶴湖集』 권2, 「왜정장계倭情狀啓[삼계三啓]」, 한국문집총간 80집.

3. 중국으로 전파: 황제도 못 말린 청나라 군대의 망우초 사랑

1) 우한(吳晗), 『등하집燈下集』, 싼롄서점(三聯書店), 23~32쪽.

2) Carol Benedict, *Golden-Silk Smoke: A History of Tobacco in China, 1550—2010,* University of California Press, 2011.

3) 『승정원일기』, 정조 21년(1797) 7월 8일.

4) 병자호란의 침략을 주도한 여진족 장수 타타라 잉굴다이(Tatara Inggūldai, 1596~1648) 로 조선에 악명을 떨친 자다.

5) "烟葉出自閩中, 邊上人寒疾, 非此不治, 關外人至以匹馬易烟一觔."

6) 저봉춘(褚逢椿)·고록(顧祿), 『연초록煙草錄』(양귀안楊國安 편저, 『중국연업사회전中國烟業史匯典』, 광밍일보출판사光明日報出版社 2002, 22쪽). 진원룡(陳元龍, 1651~?)은 흡연 풍속을 읊은 시의 제목을 '흡연의 풍속이 변새 밖에서 전파되어 현재 중국에서 성행하여 즐기지 않는 이가 없다(喫煙之風, 傳自塞外, 今中華盛行, 無不嗜之)'라고 하였다.

7) 티머시 브룩, 『베르메르의 모자』, 박인균 옮김, 추수밭, 2008, 202~203쪽.

8) 유정기(劉廷璣), 『재원잡지在園雜志』 2권.

[깊이 읽기 2] 담배의 전설

1) 저봉춘·고록, 앞의 책, 22쪽.

2) 조던 굿맨, 『역사 속의 담배』, 이학수 옮김, 다해, 2010, 28~31쪽.

3) 이덕리, 『금연책을 제안한다記烟茶』(안대회 역주, 『연경, 담배의 모든 것』, 164~179쪽).

4) 신녀(神女)가 죽은 뒤에 풀이 되어서 사람을 유혹한다는 신화로 진(晉)나라 장화(張華)가 지은 『박물지博物志』에 나온다. "우첨산(右詹山)에는 황제의 딸이 첨초(詹草)로 변신한 풀이 있다. 그 잎은 무성하고, 그 꽃은 노란색이며, 열매는 콩과 같다. 이것을 먹은 사람은 남의 눈에 매혹적인 사람으로 보인다."

5) 소래섭, 「1920~30년대의 문학과 담배」, 『한국현대문학연구』 제32집, 2010, 329~331쪽.

6) 『한국구비문학대계』 4집 6책, 공주군 유구면 이정순씨의 구연.

7) 조정철(趙貞喆), 『처감록處坎錄』, 「탐라잡영耽羅雜詠」 27수. "生平赤憎淡婆鬼, 化作南方一
妖卉. 島俗不知廉恥重, 尋常逢處輒搖尾."

8) 채가완(蔡家琬), 『연보烟譜』, (양귀안 편저, 『중국연업사회전』, 16쪽). 이 내용은 오스키 겐
타쿠의 『언록薦錄』 상권에도 전재되어 있다.

9) 이광사, 『원교집선圓嶠集選』 권2, 「연초烟草」, 한국문집총간 221집. "比有中國人, 妝辭足本
草. 鬼國無倫彛, 乃在東海表. 不分君親尊, 無得室廬妖. 人病命垂絶, 擔擡棄山嶺. 國王有女病,
如是使自勤. 三日遽還來, 容色更嬌姣. 擧國盡驚怪, 鬼物故訌援. 自言經一昔, 知覺忽了了. 異
馨搶鼻聞, 開眸試轉瞭. 有草葉如席, 叢蔚若羽葆. 猗儺彌山阿, 遲馥淸髓腦. 一薰一回蘇, 氣體
漸和佼. 移身臥其中, 飫香達昏曉. 朝來益強直, 所以歸來早. 國人感且歎, 往驗傾鶩老. 賜名曰
反魂, 家家傳栽肇."

4. 고급 담배 지사미: 지사미 전성시대

1) 서호수(徐浩修)는 『해동농서海東農書』 권3에서 "연초는 남번(南蕃)에서 나왔기에 세상에서
남초라고 하는데 그중에서 가늘게 썬 것을 지삼이(枝三伊)라 한다. 이는 왜어(倭語)다"라 했
다.

2) 신유한, 『청천선생속집靑泉先生續集』 권7, 「해유문견잡록海游聞見雜錄」 상, '음식(飲食)',
한국문집총간 200집. "我國所謂南草, 本自東萊倭館而得來. 俗諺呼爲淡麻古, 卽倭音多葉粉
之訛也. 倭人所呼, 亦如我國之諺, 而其義, 則取多葉草而細粉故云爾. 觀其蒸乾殺毒, 細切如
絲. 每人必具煙管二枚, 遞易而吸之, 不令熱氣逼喉吻, 食物之致精如此."

3) 『승정원일기』, 인조 16년(1638) 2월 10일.

4) 왜역이 일본 무역으로 막대한 부를 축적하는 이야기는 오재순(吳載純, 1727~1792)의 『순
암집醇庵集』에 실린 「기박역사記朴譯事」를 통해 짐작할 수 있다.

5) 신흠(申欽)의 「왜적에 대비하자는 주장備倭說」(『상촌고象村稿』 권33)에 1610년대 왜적과
의 관계, 동래의 중개무역 현황이 잘 묘사되어 있다.

6) 『승정원일기』, 인조 25년(1647) 3월 8일. "李時楷, 以戶曹言啓曰: 第三使, 令李馨長傳言曰:
'俺等還歸之後, 攝政王及諸王處, 多有所獻之物, 三使欲爲各得枝三一千匣, 啓知覓給, 鄭使又
欲倍數以得'云. 曾於冬間, 聞有勅行之期, 貿來于東萊矣. 以此所儲, 準數入給之意, 敢啓."

7) 석루(石樓) 이경전(李慶全, 1567~1644)은 동래부사에게 동래에서 남령초를 즐겨 심으므
로 보내달라 부탁하고 있다. "東萊古鎭城如斗, 汀籠蒼茫浦澆多. 橘柚林邊無積雪, 女墻壕外
有人家. 商蠻鎭館稀開市, 戍卒嚴番解替衙. 且說閑田饒藥草, 可能封寄遠相誇."(『석루유고石
樓遺稿』 권1, 「동래부사를 배웅하며送東萊府使」, 한국문집총간 73집.)

8) 세자시강원(世子侍講院), 『심양장계瀋陽狀啓』, 1643년 5월 14일 기사. 경성제국대학법문학부, 1935, 576~578쪽.

9) 성백인, 「『구만주당舊滿洲檔』의 jisami와 『만문노당滿文老檔』의 kijimi」, 『알타이학보』 6집, 1996, 37~46쪽.

10) 한편, 『구만주당』은 1775년에서 1778년 사이에 『만문노당滿文老檔』으로 수정하여 베끼는 과정을 거쳤다. 그런데 새로 베끼면서 무슨 이유에선지 jisami란 말이 kijimi로 수정되었고, 한자로는 해삼(海參) 또는 해서(海鼠)로 표현되었다. 잘못 바뀐 것이 분명한데 그렇게 된 이유가 궁금하다. 아마도 새로 베낀 건륭제 시대에는 담배를 자급하기도 하고 기호도 달라져서 더이상 조선으로부터 지사미를 수입하지 않았기 때문에 지사미 제품과 그 이름을 전혀 몰랐을 것이다. 따라서 그 말을 조선의 주요한 무역품 가운데 하나였던 해삼(kijimi)의 또다른 표기로 이해하고 수정했으리라 추측할 수 있다.

11) 이해응, 『계산기정薊山紀程』 권5, "人無男女老少, 皆吸烟箱, 細切極乾, 盛以囊. 吸時以烟杯納于囊, 盛茶而傳火, 俄吹卽熱盡. 蓋洋烟稱佳品, 而我國之烟, 尤爲彼人所珍."

12) 유득공, 『고운당필기古芸堂筆記』 권5, 「담파고淡婆姑」, 아세아문화사, 128쪽.

5. 말세의 취미: 술과 차를 뛰어넘는 기호품 세계의 새 왕좌

1) 버튼 홈스, 『1901년 서울을 걷다』, 이진석 옮김, 푸른길, 2012, 162~165쪽.

2) 이면승(李勉昇), 『감은편感恩編』, 「금양의禁釀議」, 규장각 소장 사본.

3) 윤기, 『무명자집無名子集』 시고 책1, 「연초가在泮, 有人以烟草歌命題, 賦百韵押烟, 以速爲善, 余亦走筆.」, 한국문집총간 256집. "是以四海內, 無人不流涎. 上自貴公卿, 下而曁執鞭. 遂成嗜同口, 莫不交如孿. 乃至婦若孺, 無分越與燕. 遍及襁褓野, 不離綺羅筵."

4) 신망규, 『송와일고』, 「남초음」. "不嗜凡有幾, 嗜者十過八."

5) 이영구·이호철, 「조선시대의 인구규모추계」 I, 『경영사학』 2집, 1987, 183~210쪽.

6) 장유(張維), 『계곡집谿谷集』, 「만필漫筆」 권1, '南草之用於世殆將如中國之茶'. "余謂南草之用於世, 殆將如中國之茶. 茶自魏晉始著, 盛行於唐宋, 至於今日, 遂爲天下生民日用之須. 與水穀同用, 國家至榷賣收利. 今南草之行甫數十年耳, 其盛已如此, 百年之後, 將必與茶爭利矣."

7) 이덕무, 『청장관전서青莊館全書』, 「한죽당섭필寒竹堂涉筆」, '담배, 고기, 술의 우열(煙肉酒)'. "偶與諸客, 各言所欲. 有一客曰: '僕所嗜, 烟·肉·酒三物.' 余問: '三者如俱不得, 當去何物?' 客曰: '先去酒, 其次肉.' 余問其次, 客瞠然曰: '如去烟, 雖生何樂.'"

8) 이규경(李圭景), 『오주연문장전산고五洲衍文長箋散稿』, 「물극생변증설物極生變辨證說」, http://db.itkc.or.kr.

9) 이희경, 『북학 또 하나의 보고서, 설수외사』, 진재교 옮김, 성균관대학교출판부, 2011, 64쪽.

6. 애연가의 계보: 골초의 탄생

1) 『순조실록』, 순조 8년(1808) 11월 19일.

2) 『인조실록』, 인조 6년(1628) 8월 19일 이오(李晤)의 상소문. "諸臣之會備局者, 詼諧吸南草而已; 閫帥之倚轅門者, 擁妓縱酒肉而已."

3) 허필, 「임경관의 집에서 임위와 함께 시를 짓다任司諫鏡觀光甫家, 與任景潤同賦」, 『허필시전집』, 조남권·박동욱 옮김, 소명출판, 2011, 121~122쪽.

4) 이성원(李性源), 『잡고雜藁』, 「연객에게奉烟客」 제2수, 국립중앙도서관 소장.

5) 신광수, 『석북집石北集』 권3, 「남초를 준 홍생에게 사례하고 또 보내주기를 청하다謝洪生惠南草, 仍乞又寄」, 한국문집총간 231집.

6) 신광수, 위의 책 권13, 「평양감사 번암에게 답하다答樊巖箕伯」.

7) 구희서(具義書) 편, 『해동명가척독海東名家尺牘』, 「한산군수에게與韓山倅」, 광동서국(光東書局), 1914, 8쪽.

[깊이 읽기 3] 용고뚜리, 철록어미

1) 장승욱, 『도사리와 말모이, 우리말의 모든 것』, 하늘연못, 2010, 84~87쪽. '불겅이와 막초'라는 소제목 아래 담배와 관련한 우리말을 모아 설명했는데 요령 있게 풍부한 어휘를 수록해놓아 참고가 된다.

7. 금연론자의 계보: 금연을 실천한 명사들

1) 유몽인(柳夢寅), 『묵호고黙好稿』 「담파귀설膽破鬼說」, 조선인쇄주식회사, 1937.

2) 허돈(許燉), 『창주집滄洲集』 권2, 「남령초를 경계하는 글戒南靈草說」.

3) 안민수(安敏修), 『수오재유집守吾齋遺集』 권2, 「담배의 경계南草戒」.

4) 김광환, 『수북유고水北遺稿』 권4, 「정축송원소丁丑訟寃疏」, 한국문집총간 21집. 같은 내용이 『승정원일기』에도 실려 있다.

5) 이유원, 『임하필기林下筆記』 제31권, 「순일편旬一編」.

6) 『양원유집陽園遺集』 권12, 「임선생시장贈正二品資憲大夫內部大臣行嘉善大夫吏曹參判兼侍講院贊善成均舘祭酒經筵官書筵官全齋任先生謚狀」, 한국문집총간 348집.

7) 홍직필, 『매산집梅山集』 권30, 「근재 선생의 초설 뒤에 쓰다書近齋先生草說後 己酉」, 한국문집총간 296집.

8) 이강회(李綱會), 『운곡잡저雲谷雜著』 2, 김형만·김정섭 옮김, 신안문화원, 2006, 27~28쪽.

9) 허훈(許薰), 『방산집舫山集』 권4, 「훈몽25칙訓蒙二十五則」, '금남초(禁南草)', 한국문집총간 327집.

10) 이윤영, 『단릉유고丹陵遺稿』권13, 「건지연초궤명健之烟草横銘」, 한국문집총간 속82집.

8. 흡연의 이유: 아는 사람만 아는 담바고 '땡기는' 순간

1) 민노행(閔魯行), 『명수지문名數咫聞』권10, 장서각 소장 사본.

9. 남령초 책문: 애연가 정조의 흡연 권장

1) 이시원, 『사기집沙磯集』책2, 「남초가. 과거 시험장의 시체를 모방하여 아이들에게 보인다 南草歌, 效塲屋體, 示兒曹」, 한국문집총간 302집.
2) 『홍재전서弘齋全書』권178, 「일득록日得錄」18, '훈어(訓語)' 5. "南草之益於人. 當暑滌暑, 氣自降, 故暑自退, 當寒禦寒, 涎自溫, 故寒自防. 飯後賴以消食, 便時能使辟臭, 欲睡而睡未至, 吸此則睡來. 以至吟詩做文與人語及静坐時, 無不有益於人者. 古人惟張新豐稍解此趣味者."
3) 유만주, 『흠영』, 1783년 10월 5일의 일기, 규장각 영인본, 5책 67쪽. "或言御苑鹿喜食煙草, 羔羊亦嗜之, 如馬驢之嗜菊也."
4) 『정조병오소회正祖丙午所懷』, 「내금위 출신 김경증 소회正月二十二日朝參入侍時內禁衛出身金慶曾所懷」. "所陳諸條中, 南草之弊, 果如爾言, 而設法禁之, 亦似騷擾."
5) 『홍재전서』권46, 「비국 공주 유학 임박유 농서 회계비備局公州幼學林博儒農書回啓批」.

10. 조선의 명품: 테루아르의 맛 '진삼미'

1) 최남선 교, 『고본古本춘향전』, 신문관, 1913, 49쪽; 이윤석, 『향목동 세책 춘향전 연구』, 경인문화사, 2011, 78~79쪽.
2) 이유원(李裕元), 『임하필기林下筆記』권32, 「순일편旬一編」, '금광초(金光草)'; 이유원, 『가오고략嘉梧藁略』책14, 「옥경고잉기玉磬觚滕記」, 한국문집총간 315집.
3) 이규경, 『시가점등詩家點燈』, 「끽연시와 끽연구喫煙詩兼烟具」, 아세아문화사 영인, 128쪽.
4) 조수삼, 『추재집秋齋集』권5, 「선생이 금촌의 새 담배를 주다宣生餽金村新菸」, 한국문집총간 271집.
5) 성대중(成大中), 『청성잡기靑城雜記』권3, 「성언醒言」.
6) 『승정원일기』, 영조 8년(1732) 7월 21일.
7) 신위, 『경수당전고警修堂全藁』책4, 「대신 청양 원님에게 답하다代書答靑陽守」, 한국문집총간 291집.

11. 담뱃대 미학: 장죽의 품격, 곰방대의 다정함

1) 타이먼 스크리치, 「에도의 유흥가 요시와라의 필수품, 담배」, 샌더 L. 길먼·저우 쉰 외, 『흡

연의 문화사』, 이마고, 2006, 52~165쪽.

2) 심우성 편저, 『한국의 민속극』, 창작과비평사, 1980, 236쪽.

3) 임옥수·이채원, 『백동연죽장』, 국립문화재연구소, 민속원, 2006.

4) 서유구, 『임원경제지』, 「섬용지贍用志」3, 기거지구(起居之具), '연배(烟盃)'.

5) 이유명(李維命), 『동포재초東圃齋草』, 「대선달대待先達」2, 장서각 소장 사본.

6) 홍인모, 『족수당집足睡堂集』 권2, 「연다烟茶」, 한국문집총간 속103집.

7) 이학규(李學逵), 『낙하생집洛下生集』 13책, 「해류암집海榴菴集」, '금관기속시(金官紀俗詩)', 한국문집총간 290집.

8) 신광수, 『석북집』 권5, 「여강록驪江錄」, '김해 객지에 있는 허필에게 부쳐 연통대를 구하다簡許子正金海客中, 兼求烟筒竹', 한국문집총간 231집.

9) 이규경, 『오주연문장전산고』, 「목연통변증설木煙筒辨證說」.

12. 흡연도구와 공예예술: 궁극의 사치

1) 이소정, 「朝鮮朝 時代의 喫煙具에 대한 研究」, 숙명여자대학교 석사학위 논문, 1984.

2) 윤기, 『무명자집』 문고(文稿) 책14, 「주금酒禁」, 한국문집총간 256집.

3) 안대회, 「조선 후기 취미생활과 문화현상」, 『한국문화』 제60호, 2012.

4) 조병현(趙秉鉉), 『성재집成齋集』 권7, 「연대烟臺」, 한국문집총간 301집.

5) 유득공, 『경도잡지京都雜志』 권1, '다연(茶烟)', 조선광문회, 1911, 2~3쪽.

6) 김려(金鑢), 『담정유고藫庭遺藁』 권4, 「만선와잉고萬蟬窩賸藁」, '중기오절衆器五絶 四十二首', 한국문집총간 289집 [청주연갑靑紬烟匣]. "烟匣頃靑紬, 裁縫何太巧. 黃翁手法佳, 眞箇羅敷爪. 〔주〕黃上舍基泳, 善造甲紬烟匣".

7) 이삼현(李參鉉), 『종산집鐘山集』, 「부령의 설향이 초갑을 만들어 보내주었는데 대단히 정교했다富寧雪香裁送草匣, 製甚精細, 以眞梳贈之, 伴贈二絶.」. 이 자료는 성균관대학교 한문학과 김용태 교수가 제공해주었다.

13. 의학적 효용: 약초, 독초 혹은 취미의 문제

1) 정병욱, 『시조문학사전』, 신구문화사, 1970, 410쪽.

2) 신정(申晸), 『분애유고汾厓遺稿』 권1, 「남령초를 심고 장난삼아 읊다種南靈草戲吟」, 한국문집총간 129집.

3) 이수광, 『지봉유설』 권19, 「식물부食物部」, '약(藥)'조.

4) 이식, 『택당선생집속집澤堂先生續集』 권2, 「남령초가南靈草歌」, 한국문집총간 88집.

5) 이규경, 『오주연문장전산고』.

6) 이종덕, 「조용선 소장 원 상궁의 한글편지와 순원왕후의 한글편지」, 『문헌과해석』 발표문, 2012. 4. 11.

7) 서유구, 『임원경제지』, 「섬용지」 3, 복식지구(服飾之具), 관건(冠巾) '가죽을 좀 슬지 않게 하는 법(收皮物不蛀法)'.

[깊이 읽기 5] 담배 먹고 자결하다

1) 김원학 외, 『독을 품은 식물 이야기』, 문학동네, 2014, 245~254쪽.

2) 브라이언 마리너, 『독살의 기록』, 정태원 옮김, 이지북, 2007, 227~237쪽.

3) 성해응, 『연경재전집研經齋全集』 권12, 「삼열부전三烈婦傳」, 한국문집총간 273집.

4) 홍직필, 『매산집梅山集』, 권43, 「열부유인김씨묘지명烈婦孺人金氏墓誌銘」, 한국문집총간 296집.

5) 김덕겸金德謙, 『청륙집青陸集』 권6, 「고오수재굉처윤씨전故吳秀才浤妻尹氏傳」, 한국문집 총간 속7집.

14. 코담배: 가루를 마시고 재채기를 하다

1) 이언 게이틀리, 『담배와 문명』, 정성묵·이종찬 옮김, 몸과마음, 2003, 141~143쪽.

2) 몰리에르, 『타르튀프』, 신은영 옮김, 열린책들, 2012, 171쪽.

3) 김창업, 『노가재연행일기』 권4, 1713년 1월 25일조.

4) 원정식, 「18세기 中國社會의 吸煙文化 研究」, 『明清史研究』 29집, 176쪽.

5) 신익철 편저, 『연행사와 북경 천주당』, 보고사, 2013, 49쪽.

6) 박지원, 『열하일기』 1, 김혈조 옮김, 돌베개, 2009, 289~290쪽.

7) 조지겸(趙之謙), 『용로한힐勇盧閑詰』(양귀안 편저, 『중국연업사회전』, 109쪽).

8) 유득공, 『열하를 여행하며 시를 짓다熱河紀行詩註』, 실시학사 고전문학연구회 옮김, 휴머 니스트, 2010, 74~75쪽.

9) 박제가, 『정유각집貞蕤閣集』 권4, 「연경잡절燕京雜絶」 74, 한국문집총간 261집.

10) 박제가, 위의 책, 「다시 유위위의 시에 차운하다再次柳衛尉」.

11) 이학규, 『낙하생집』 18책, 「감사34장感事三十四章」, 한국문집총간 290집.

15. 흡연논쟁: 담배는 불온하다

1) 이해(李瀣), 『청운거사유집青雲居士遺集』, 「후남초가後南草歌」, 국립중앙도서관 소장 사본.

2) 이익(李瀷), 『성호전집星湖全集』 권12, 「정여일과 농포문답을 논하다與鄭汝逸論農圃問答 甲子」, 한국문집총간 198집. "南草之害, 極數之而猶有所漏, 人無無本, 事重追遠, 越宿交神,

燻穢之氣, 不啻茹葷, 一也. 人生世間, 事夥蝟毛, 朝晝猷爲, 猶恐不瞻. 嗜此物者, 終歲終日, 種之養之, 蓄之到之, 潤之焫之. 行必帶之, 居必傍之, 未曾有一念之不在此. 苟使移此功力, 則子必孝稱, 臣必忠傳, 學可大賢, 文可鉅匠. 顧不用於此而費於彼, 二也. 煙火之氣, 無物不透, 箱匧奩藏, 亦必透煤. 况此物之毒, 齒爲之黔黑, 其必精神魂魄, 被佗壞損於不覺之中, 三也. 此意添入如何?"

3) 송시열(宋時烈), 『송자대전宋子大全』 권42, 「이정백에게 답하다答李靜伯」, 한국문집총간 109집.

16. 미풍양속의 파괴자: 이성을 유혹하고 부모를 멀리하게 하는 요물

1) 기우만(奇宇萬), 『송사집松沙集』 권34, 「부호군 김공 묘갈명副護軍金公墓碣銘」, 한국문집 총간 346집. "中歲斷所嗜菸曰: '親老傍側, 不可無人, 少輩每離親側, 職由於此.'"

2) 이명배(李命培), 『모계문집茅溪文集』 권3, 「가훈家訓」, 한국문집총간 속58집.

17. 이덕무의 흡연 예절: '식후 땡'에도 예의가 있어야지

1) 이규경, 『오주연문장전산고』, 「손님과 주인이 담배를 피우는 예절 변증설賓主吃煙之儀辨證說」.

2) 이덕무, 『아정유고雅亭遺稿』 11, 서(書) 5, 「유혜보柳惠甫 득공得恭에게」.

[깊이 읽기 6] 이옥과 이규경의 흡연 에티켓

1) 서영보(徐榮輔), 『죽석관유집竹石館遺集』 책7, 「교민 5칙敎民五則」, 한국문집총간 269집.

2) 총 안에 화약을 장전하고 도화선에 불을 붙여 안에 넣은 화약이 폭발하여 총탄을 쏘는 구식 총.

3) 이 내용은 『청장관전서』에 수록된 『한죽당섭필』에는 누락되어 있고, 이규경의 『오주연문장전산고』, 「손님과 주인이 담배를 피우는 예절 변증설」에 인용되어 있다.

4) 양귀안, 앞의 책, 13쪽.

5) 원정식, 앞의 논문, 178~179쪽.

18. 흡연 규범의 확립: '맞담배'와 교내 흡연을 불허하노라

1) 유혁연, 『야당유고野堂遺稿』 권2, 「행장行狀」(유득장柳得章 저), 한국문집총간 122집.

2) 탁지부임시재원조사국 편, 『한국연초조사서』, 1910년. 이영학, 『한국 근대 연초산업연구』, 신서원, 2013, 333~334면 재인용.

3) 필자 미상, 『조선인정풍속』, 일본 동양문고(東洋文庫) 소장 사본, 5~6장.

4) 심노숭, 『자저실기自著實記』, 안대회·김보성 외 옮김, 휴머니스트, 2014.

5) 최홍원, 『백불암집百弗菴集』 권14, 「평거강어平居講語」, 한국문집총간 222집.

6) 임헌회, 『고산문집鼓山文集』 권8, 「거상의居喪儀」, 한국문집총간 314집.

7) 김원행, 『미호집渼湖集』 권14, 「석실서원학규石室書院學規」, 한국문집총간 220집.

19. 여성과 아동의 흡연: 장죽 문 아이, 부뚜막에 걸터앉은 계집종

1) 이용기(李用基) 편, 정재호 외 주해, 『주해악부註解樂府』, 고려대 민족문화연구소, 1992, 375쪽.

2) 에른스트 폰 헤세-바르텍, 『조선, 1894년 여름』, 정현규 옮김, 책과함께, 2012, 87쪽.

3) 초나라 산의 구름은 운우지정을 비유하고, 복사꽃 밭은 아가씨가 시집가는 것을 상징한다.

4) 심노숭, 『남천일록南遷日錄』 1책, 국사편찬위원회, 2011, 1801년 3월 13일 기사.

5) 최창대, 『곤륜집昆侖集』, 「선비유사先妣遺事」, 한국문집총간 183집.

6) 임헌회, 『고산속집鼓山續集』 권1, 「계녀맹순성女孟順」, 한국문집총간 314집.

7) 하멜, 『하멜표류기』, 김태진 옮김, 서해문집, 2003, 133쪽.

8) 박제가, 「장환 묘지명」, 『궁핍한 날의 벗』, 안대회 옮김, 태학사, 2000, 44~48쪽.

20. 기생의 흡연: 기생의 손에는 왜 항상 담뱃대가 들려 있나

1) 중국 천태산의 남쪽 산 이름으로 흙과 바위가 붉고 성곽의 모양을 하고 있는 곳.

2) 김동준, 「懶雲 申禹相과 그의 詩文에 대하여」, 『돈암어문학』 제25집, 125~159쪽.

3) 신우상(申禹相), 「남다염곡십해南茶艶曲十解」, 『나운고懶雲稿』, 「능성록綾城錄」, 안대회 소장 사본.

21. 17세기의 국제 담배 무역: 수지맞는 거래, 은밀한 협상

1) 『승정원일기』, 인조 3년(1625), 6월 19일 윤방(尹昉)의 건의문. "前者行錢之議, 亦中止不施, 而開城用銅行器, 卽今用南靈草, 則錢何獨不可行乎? 第試用錢, 以爲通貨之具, 似可矣."

2) 선약해(宣若海) 지음·신해진 편역, 『심양사행일기』, 보고사, 2013, 43쪽.

3) 같은 책, 47쪽.

4) 그로부터 30년 뒤의 상황도 비슷했다. 강백년(姜栢年)은 1660년 북경에 다녀왔는데 거기서 "三日玉河館, 已如經十年. 繚垣疑畫地, 窺牖僅觀天. 蠻草傾千匣, 溪藤費萬牋. 悄然無意緖, 排悶強詩篇"(『설봉유고雪峯遺稿』, 「연경록燕京錄」 '고민을 풀고자 시를 읊다遣悶有吟', 문집총간 103집)란 시를 지었다. 그는 이 시 5, 6구에서 "남만초를 일천 갑이나 쏟아내고, 종이를 일만 장이나 낭비한다"라고 괴로움을 토로했다. 청나라 사람들이 날마다 담배와 종이

를 달라고 요구했기 때문이다.

5) 정조(正祖), 명편(命編), 『임충민공실기林忠愍公實紀』 권2, 「연보年譜」. "曾所載往煙茶, 無隙可用, 而軍粮已盡, 請餉於虜將. 虜將不許, 公曰: '軍卒盡飢, 無計可活. 將欲興辦以繼之, 請勿禁.' 虜將從之, 卽以煙茶換貿累萬金, 以繼軍餉. 又以一千金進于世子行宮, 五百金進于大君, 又以三千金啓聞, 付之灣府."

6) 성해응, 『연경재전집硏經齋全集』, 「외집外集」 권59, '난실담총蘭室譚叢', 〔연엽烟葉〕, 한국문집총간 278집.

7) 세자시강원, 『심양장계瀋陽狀啓』, 1638년 4월 26일, 경성제국대학법문학부, 규장각총서 제1권, 1935, 73쪽.

8) 그 상황은 왕선겸(王先謙)의 『동화록東華錄』에 실린 1635년 홍타이지와 대신 사이에 흡연 금지를 놓고 나눈 대화에도 잘 나타난다.(위의 책 169~179쪽)

9) 『승정원일기』, 인조 15년(1637) 윤4월 5일.

10) 『인조실록』, 인조 16년(1638) 8월 4일.

11) 이용범, 「成釴의 蒙古牛 貿入과 枝三·南草」, 『진단학보』 28집, 1965, 38~71쪽.

12) 『승정원일기』, 효종 2년(1651) 10월 26일. "迎接都監啓曰, 今此發賣, 當初書出者凡十種, 而水獺皮三千令內, 九百四十令, 青黍皮一萬令內, 九百九十五令, 白綿紙一千塊內, 六十五塊, 櫃枝三, 則初不定數, 而彼以爲此物, 則已知本國之多儲, 不可不優數許貿云, 故雖多般防塞, 漸至滋蔓, 以三萬四千餘匣許貿."

13) 『승정원일기』, 효종 원년(1650) 10월 13일. "刑曹判書所啓, (…) 又所啓頃日勅使時, 常平廳最難支者, 枝三, 而有方承儉等三人, 欲納櫃枝三一萬匣, 似不可無賞."

14) 『인조실록』, 인조 24년(1646) 2월 4일.

15) 『승정원일기』, 효종 원년(1650) 9월 11일. "李稢, 以戶曹言啓曰: '傳曰, 攝王前所送別禮單櫃枝三, 雖曰大櫃, 百匣之名, 似爲略少, 斟酌量加其數, 似當. 此意言于該曹事, 傳敎矣. 大櫃一匣, 各入小櫃十匣所盛, 則百匣, 便是千匣, 且所見, 頗勝於小匣加數, 故曾以百數啓下矣. 下敎如此, 五十匣加磨鍊以送, 何如?' 傳曰, 依啓."

16) 우동(尤侗), 『간재권고艮齋倦稿』, 「희영끽연시 5수戱詠喫烟詩五首」 제3수.

22. 동아시아 3국의 담배 교류: 조선의 일본 담배, 중국의 조선 담배

1) 유만주(兪晩柱), 『흠영欽英』 제5권, 서울대학교 규장각 영인본, 1997, 66쪽.

2) 심노숭, 『남천일록』 상, 88쪽.

3) 김형태, 「1748년 제10차 戊辰通信使 醫員筆談의 성격 변천 연구: 『對麗筆語』와 『朝鮮筆談』을 중심으로」, 『한국한문학연구』 제46집, 2010, 287~320쪽.

4) 도리야마 스카쿠(鳥山崧岳), 『수가시고垂葭詩稿』 권2, 「삼한 손님과 만나 학사 남추월에게 바치다 寶曆十四年甲申正月念五日, 會韓客, 呈南學士秋月」.

5) 이해응(李海應), 『계산기정薊山紀程』 권5, 「음식飮食」. "蓋洋烟稱佳品, 而我國之烟, 尤爲彼人所珍."

6) 이압(李岬), 『연행기사』, 「문견잡기聞見雜記」 상.

23. 생산과 판매: 곤궁한 선비가 끼니를 잇는 법

1) 이경전, 『석루유고石樓遺稿』 권1, 「동래부사를 보내며送東萊府使」, 한국문집총간 73집.

2) 정윤섭, 「조선후기 海南尹氏家의 海堰田개발과 島嶼·沿海 經營」, 목포대학교 박사학위 논문, 2011; 김현영, 「전근대 해남윤씨가의 맹골도 지배와 주민들의 稅貢 회피」, 『고문서연구』 제39집, 2011, 213~236쪽.

3) 윤선도, 『고산유고孤山遺稿』 권5, 「큰아들에게 부치는 편지寄大兒書」, 한국문집총간 91집. "一. 自前遠近奴婢每以貿販爲悶, 僧奴處簡在時力言於我, 而我不卽令改, 悔吝可勝. 吾所命南草之販, 自前從時直, 俾無所損於受者, 後亦當然. 而今玆若得送京, 則尤無授受之弊也. 此外一應貿販, 汝先勿爲, 而以我言痛禁諸子弟家, 一切勿爲, 汝須勿爲兄弟而欺父兄也."

4) 김건태, 「19세기 집약적 농법의 확산과 작물의 다작화」, 『역사비평』 101호, 2012, 280~312쪽.

5) 위도순, 『원취당유고願醉堂遺稿』(『위씨세고魏氏世稿』 권7), 「남초전기南草田記」, 국립도서관 소장 목판본.

6) 심노숭, 『자저실기』, 안대회·김보성 외 옮김, 휴머니스트, 2014, 560~561쪽.

7) 이우성·임형택 역편, 『이조한문단편집』 상, 일조각, 1984, 12~17쪽.

8) 유의건, 『화계집花溪集』 권1, 「오랫동안 소가 없어서~ 久無耕牛, 値南草踊貴. 出所藏得錢, 買一黑牛戲吟」, 한국문집총간 속68집. "春寂桃林影久寒, 破槽空廐悄相看. 南姿借與吹噓力, 生出欄邊黑牧丹."

9) 김상휴, 『초천유고蕉泉遺稿』 권6, 「농서農書」, 서울대학교 규장각 소장 사본.

10) 승정원, 『정조병오소회등록正祖丙午所懷謄錄』, 서울대학교출판부, 1971, 150~152쪽.

11) 서울대학교 규장각 소장 「공거문公車文」 제7책

12) 정약용, 『여유당전서』 제1집 시문집(第一集 詩文集) 제9권, 「응지논농정소應旨論農政疏」, 한국문집총간 281집.

24. 거래와 유통: 담배 가게 아저씨는 부자라네

1) 『승정원일기』, 숙종 35년(1709) 1월 15일.

2) 안대회, 「성시전도시城市全圖詩와 18세기 서울의 풍경」, 『고전문학연구』 35권, 2009, 213~249쪽.

3) 이영학, 앞의 책, 62~75쪽.

4) 조상경(趙尙絅), 『학당유고鶴塘遺稿』 책6, 「걸체평시제조소乞遞平市提調疏」, 한국문집총간 속63집; 이최중(李最中), 『환범옹만록換凡翁漫錄』, 「남초도고혁파南草都賈革罷」, 한국문집 총간 속83집.

5) 『비변사등록』, 영조 5년(1729) 7월 12일, 평시서 제조(平市署提調) 김동필(金東弼)의 상소. http://db.history.go.kr

6) 『통영지統營志』, 국립중앙도서관 소장 사본.

7) 남일원(南一元), 『통해백팔사統海百八詞』, 장서각 소장 사본. "城市小兒賣淡婆, 靑烟細吸舌 如鯊. 玆鄕縱道河東艸, 不及關西一分賒."

8) 신위, 『경수당전고』 28책, 「장난삼아 두 동자를 읊다戲詠二童子」, '담배 시장에서 담배 사 라 외치는 동자(烟市叫烟童子)', 한국문집총간 291집.

9) 유득공, 『영재집泠齋集』 권1, 「송경잡절9수松京雜絶九首」, 한국문집총간 260집.

10) 『정조실록』, 정조 14년(1790)년 8월 10일.

11) 안대회, 「인기 만점, 낭독의 달인—책 읽어주는 전기수」, 『조선을 사로잡은 꾼들』, 한겨레 출판, 2010, 75~90쪽.

25. 담뱃값과 전매제: 출렁이는 담뱃값과 담배에 세금 매기기

1) 『승정원일기』, 숙종 35년(1709) 1월 15일 부호군(副護軍) 이상건(李尙建)의 상소문.

2) 박기주, 「재화가격의 추이, 1701~1909」, 이영훈 편, 『수량경제사로 다시 본 조선후기』, 서 울대학교출판부, 2008, 195~197쪽.

3) 다음 표는 전성호 교수의 『장서각 수집 물가사 자료 해제 및 통계』(민속원, 2008, 53~59 쪽)를 참조하여 작성했다.

연도	월(음력)	수량	계량단위	가격(상평통보), 단위(兩, 錢分)	비고
1725	11	1	구붓 (把)	조(租)7되	구붓은 잎담배를 엮은 두름의 단위로서 파(把)의 번역어로 쓴다.
1725	12	1	구붓	조5되	
1726	3	10	묶음 (束)	조4되	1구붓(把)=10묶음(束)=100엽(葉)
1726	6	1	구붓	0.09	
1726	6	3~4	엽 (葉)	0.01	이해 남초 극히 귀함
1727	1	100	구붓	1.100	이해 봄에 1구붓=0.011
1727	5	1	구붓	1.100	
1728	1	1	구붓	0.11	1전 1푼에 남초 한 구붓임
1746	4	3~4	구붓	1.00	1구붓=0.250~0.333 이해에 남초 극히 귀함
1752	12	1	구붓	0.085	
1754	4	2	엽	0.010	1구붓=0.50 시장에서 가장 귀한 것이 남초이다.
1756	12	2	엽	0.010	
1757	4	1	구붓	0.350	

4) 한석효(韓錫斅), 『죽교편람竹僑便覽』, 서울대학교 규장각 소장 사본.

5) 동고어초(東皐漁樵) 지음, 안대회·이창숙 역주, 『북상기北廂記』, 김영사, 2011, 178쪽.

6) 서유구, 『풍석전집楓石全集』 권12, 「의상경계책擬上經界策[下]」, 한국문집총간 288집.

7) 이종묵, 「구완의 『죽수폐언竹樹弊言』에 대하여」, 『문헌과해석』 64호, 2013, 179~220쪽.

8) 이규경, 『오주연문장전산고』, 「팔로이병변증설八路利病辨證說」.

9) 유수원, 『우서迂書』 제8권, 「상판의 사리와 액세의 규제를 논의함論商販事理額稅規制」, 한영국 옮김, 민족문화추진회, 1986, 141쪽.

26. 춘향전과 담배 문학: 춘향이 옥수로 담배를 권하노니

1) 최남선 교,『고본춘향전』, 신문관, 1913, 106~114쪽; 219~220쪽.

2) 구자균 교주,『춘향전春香傳』, 민중서관, 1973, 325~326쪽. 현대어는 필자. 이하 같음.

3) 같은 책, 243쪽.

4) 김동욱 외,『춘향전 비교연구』, 삼영사, 1979, 134~141쪽.

5) 구자균 교주, 앞의 책, 331~332쪽.

6) 김준형 편,『이명선 구장 춘향전』, 보고사, 2008, 41쪽.

7) 강한영 교주,『신재효판소리사설집』, 보성문화사, 1978, 57쪽.

8) 구자균 교주, 앞의 책, 179~180쪽.

9) 임광택(林光澤),『쌍백당유고雙柏堂遺稿』 권2,「농가시農家詩」, 한국문집총간 속82집. "隣人乘夕至, 露坐桑麻傍. 三寸烟竹短, 一尺草屨長. 約日借鉏耰, 視天討雨暘. 官糴探遠近, 畊牛誇馴强. 俄而進土爐, 榾火灰中藏. 蔫草互勸酬, 殷勤濁酒觴. 夜歸雙肝赤, 不愁露沾裳." 전라도 보성의 선비가 농가 사람의 생활에서 곰방대를 피워 무는 모습을 담아냈다.

27. 담배의 한평생: 가전「남령전」의 세계

1) 박영석,『만취정유고晩翠亭遺稿』,「남초설南草說」,『여항문학총서』 제2책, 376쪽.

2) 이영옥(李英玉),『실암유고實菴遺稿』, 天,「이원경 제문祭李元卿文」. 그 제문에서 "그대는 나를 선배로 대접했고, 나는 그대를 벗으로 보았네. 정서와 뜻한 바가 서로 부합하였고, 문사를 더불어 품평하였네(待予先進, 視子友生, 情志相浮, 文史與評)"라 하여 나이를 넘어선 문학적 동지로서 관계를 밝혔다.

28. 끽연시와 노래: 오직 '너'뿐인 담배를 노래하다

1)「연초가 烟草歌」의 원제목은「성균관에 머물 때 어떤 사람이 '연초가'란 제목을 가지고 일백 개의 운으로 시를 짓자고 했다. 연烟으로 운자를 정해 빨리 지을수록 좋다고 했는데 나도 붓을 휘둘러 지었다(泮, 有人以烟草歌命題, 賦百韵押烟, 以速爲善, 余亦走筆」(『무명자집無名子集』시고 책1, 한국문집총간 256집)이다. 1000자의 장편시다.

2) 김봉회의 시는 문일평의「담배고」에 소개되어 있으나 현재 소장처 미상으로 전모를 알 수 없다.

3) 김소운 편저,『언문 조선구전민요집諺文 朝鮮口傳民謠集』, 다이이치쇼보(第一書房), 1933, 449쪽.

29. 담배와 회화: 그림 속 담배

1) 장한종의 작품을 비롯해 몇 종의 책거리 그림에 담겨 있는 담배합 자료는 이화여자대학교

고연희 선생이 제공해주셨다.

[깊이 읽기 7] 호랑이 담배 먹던 시절

1) 이영학, 앞의 책, 336쪽.

2) 조희룡, 『추재기이』, 안대회 옮김, 한겨레출판, 2010, 200~202쪽.

3) 김정화, 『담배 이야기』, 지호, 2000, 98~101쪽.

30. 위정척사파의 금연운동: 나라를 위해 담배를 끊다

1) 윤은순·윤정란, 「초기 한국기독교의 금주금연 문제」, 『한국기독교와 역사』 제32호, 2010, 16~17
쪽 재인용.

31. 전통 흡연 문화의 소멸: 장죽의 슬픈 운명, 침투된 평등으로서의 권연

1) 「한국함경강원양도내지정황 韓國咸鏡江原兩道內地情況」, 『통상휘찬 通商彙纂』 193호
(1901. 6). 이영학, 앞의 책, 106~107쪽에서 재인용.

2) 「부산釜山 1901년年 무역연보貿易年報」, 위의 책 241호(1902. 11). 이영학, 앞의 책, 같은
곳에서 재인용.

3) 정병하(鄭秉夏), 『농정촬요農政撮要』 하, 1886, 4쪽. 활자본, 국립중앙도서관 소장.

4) 이영학, 앞의 책, 94쪽.

[맺음말] 담배 문화 연구가 이옥과 그들

1) 양귀안, 앞의 책, 145쪽.

2) 담배와 소금 박물관, 『네덜란드를 즐기는 법, 에도의 박래문물과 언록おらんだの楽しみ方,
江戸の舶来文物と蔫録』, 2008, 89~111쪽.

3) 다지리 도오루(田尻利), 『청대 다바코사의 연구清代たばこ史の研究』, 쓰쿠바쇼보(筑波書
房), 2006, 309쪽.

강명길(康命吉) 편,『濟衆新編』, 국립중앙도서관 소장, 활자본, 1799.

강한영 교주,『신재효판소리사설집』, 보성문화사, 1978.

강흔(姜俒),『三當齋遺稿』, 사본, 연세대학교도서관 소장.

구자균 교주,『春香傳』, 민중서관, 1973.

구희서(具羲書) 편,『海東名家尺牘』, 光東書局, 1914.

규장각,『公車文』, 규장각 소장 사본.

기우만(奇宇萬),『松沙集』, 한국문집총간 346집.

김광환,『水北遺稿』, 한국문집총간 21집.

김덕겸(金德謙),『靑陸集』, 한국문집총간 속7집.

김동욱 외,『춘향전 비교연구』, 삼영사, 1979.

김려(金鑢),『藫庭遺藁』, 한국문집총간 289집.

김소운 편저,『諺文 朝鮮口傳民謠集』, 東京, 第一書房, 1933.

김원행(金元行),『渼湖集』, 한국문집총간 220집.

남일원(南一元),『統海百八詞』, 사본, 장서각 소장.

도리야마 스가쿠(鳥山崧岳),『垂葭詩稿』, 日本, 国立国会図書館 소장.

동고어초(東皋漁樵) 지음, 안대회·이창숙 역주,『북상기北廂記』, 김영사, 2011.

문일평(文一平),「담배고」,『湖岩史論史話選集』, 현대실학사, 1996.

민노행(閔魯行),『名數咫聞』, 사본, 장서각 소장.

박영석(朴永錫),『晩翠亭遺稿』(『여항문학총서』제2책), 여강출판사, 1991.

박제가(朴齊家),『정유각집』, 정민·이승수·박수밀 외 옮김, 돌베개, 2010.

박제가 ,『궁핍한 날의 벗』, 안대회 옮김, 태학사, 2000.

박제가,『貞蕤閣集』, 한국문집총간 261집.

박지원,『열하일기』, 김혈조 옮김, 돌베개, 2009.

비변사,『비변사등록』. http://db.history.go.kr.

서명응(徐命膺),『爐薰筆』, 사본, 고려대 소장.

서영보(徐榮輔),『竹石館遺集』, 한국문집총간 269집.

서유구(徐有榘), 『楓石全集』, 한국문집총간 288집.

서호수(徐浩修), 『海東農書』, 사본, 성균관대학교 존경각 소장.

선약해(宣若海) 지음, 신해진 편역, 『심양사행일기』, 보고사, 2013.

성균관대학교 대동문화연구원 편, 『燕行錄選集補遺』, 성균관대학교출판부, 2008.

성대중(成大中), 『국역 청성잡기』, 김종태 외 옮김, 2006, 한국고전번역원.

성해응(成海應), 『研經齋全集』, 한국문집총간 278집.

세자시강원(世子侍講院), 『瀋陽狀啓』, 경성제국대학법문학부, 규장각총서 제1권, 1935.

승정원(承政院) 편, 『承政院日記』. http://sjw.history.go.kr/main/main.jsp.

승정원, 『正祖丙午所懷謄錄』, 서울대학교출판부, 영인본, 1971.

신광수(申光洙), 『石北集』, 한국문집총간 231집.

신우상(申禹相), 『懶雲稿』, 사본, 안대회 소장.

신위(申緯), 『警修堂全藁』, 한국문집총간 291집.

신유한(申維翰), 『靑泉集』, 한국문집총간 200집.

신택권(申宅權), 『樗庵漫稿』, 사본, 서울대학교 규장각 소장.

심노숭(沈魯崇), 『自著實記』, 안대회·김보성 외 옮김, 휴머니스트, 2014.

심노숭, 『南遷日錄』, 국사편찬위원회, 2011.

심우성 편저, 『한국의 민속극』, 창작과비평사, 1980.

안민수(安敏修), 『守吾齋遺集』 목판본, 국립중앙도서관 소장.

양귀안(楊國安) 편저, 『中國烟業史匯典』, 光明日報出版社, 中國 北京, 2002.

엄경수(嚴慶遂), 『孚齋日記』, 사본, 서울대학교 규장각 소장.

오스키 겐타쿠(大槻玄澤), 『蔫錄』, 간본, 일본 와세다 대학 소장, 1809.

오재순(吳載純), 『醇庵集』, 한국문집총간 242집.

위계룡(魏啓龍) 편, 『魏氏世稿』, 목판본, 국립중앙도서관 소장, 1933.

유득공(柳得恭), 『열하를 여행하며 시를 짓다熱河紀行詩註』, 실시학사 고전문학연구회 옮김, 휴머니스트, 2010.

유득공, 『古芸堂筆記』, 아세아문화사 영인.

유득공, 『京都雜志』, 조선광문회, 1911.

유득공, 『冷齋集』, 한국문집총간 260집.

유만주(俞晚柱), 『欽英』, 서울대학교 규장각 영인본.

유몽인(柳夢寅), 『默好稿』, 조선인쇄주식회사, 1937.

유수원(柳壽垣), 『迂書』, 한영국 옮김, 민족문화추진회, 1986.

유의건(柳宜健), 『花溪集』, 한국문집총간 속68집.

유혁연(柳赫然), 『野堂遺稿』, 한국문집총간 122집.

윤선도(尹善道), 『孤山遺稿』, 한국문집총간 91집.

이강회(李綱會), 『雲谷雜著』 2, 김형만·김정섭 옮김, 신안문화원, 2006.

이경전(李慶全), 『石樓遺稿』, 한국문집총간 73집.

이규경(李圭景), 『詩家點燈』, 아세아문화사 영인.

이규경, 『五洲衍文長箋散稿』, 교감본. http://db.itkc.or.kr.

이덕무(李德懋), 『青莊館全書』, 한국문집총간 257~259집.

이면승(李勉昇), 『感恩編』, 사본, 서울대학교 규장각 소장.

이명배(李命培), 『茅溪文集』, 한국문집총간 속58집.

이사질(李思質), 『翁齋稿』(『韓山世稿』 수록), 1935.

이삼현(李參鉉), 『鐘山集』, 사본, 장서각 소장.

이상적(李尚迪), 『恩誦堂集』, 한국문집총간 312집.

이성원(李性源), 『雜藁』, 사본, 국립중앙도서관 소장.

이수광(李睟光), 『芝峯類說』, 목판본, 국립중앙도서관 소장.

이식(李植), 『澤堂集』, 한국문집총간 88집.

이옥(李鈺), 『이옥전집』, 실시학사 고전문학연구회 옮김, 휴머니스트, 2009.

이옥 지음·안대회 역주, 『연경烟經, 담배의 모든 것』, 휴머니스트, 2008.

이용기(李用基) 편·정재호 외 주해, 『註解樂府』, 고려대학교 민족문화연구소, 1992.

이우성·임형택 역편, 『이조한문단편선』, 일조각, 1984.

이유명(李維命), 『東圃齋草』, 사본, 장서각 소장.

이유원(李裕元), 『林下筆記』, 성균관대학교 대동문화연구원 영인.

이윤영, 『丹陵遺稿』, 한국문집총간 속82집.

이익(李瀷), 『星湖全集』, 한국문집총간 198집.

이학규(李學逵), 『洛下生集』, 한국문집총간 290집.

이해(李瀣), 『青雲居士遺集』, 사본, 국립중앙도서관 소장.

이희경, 『북학 또 하나의 보고서, 설수외사雪岫外史』, 진재교 외 옮김, 성균관대학교출판부, 2010.

이희로(李羲老), 『蟾齋遺稿』, 사본, 성균관대학교 존경각 소장.

임광택(林光澤), 『雙柏堂遺稿』, 한국문집총간 속82집.

임헌회(任憲晦), 『鼓山文集』, 한국문집총간 314집.

장유(張維), 『谿谷漫筆』, 1635년 간본, 필자 소장.

장유, 『谿谷集』, 문집총간 92집.

정병욱, 『시조문학사전』, 신구문화사, 1970.

정병하(鄭秉夏), 『農政撮要』, 활자본, 국립중앙도서관 소장, 1886.

정약용(丁若鏞) 지음·다산학술문화재단 편, 『정본여유당전서』, 2012.

정약용, 『與猶堂全書』, 한국문집총간 281~286집.

정조 명편(命編), 『林忠愍公實紀』, 간본, 국립중앙도서관.

정조, 「남령초 책문」, 『전책제초殿策題草』, 사본, 서울대학교 규장각 소장.

정조, 『健陵聖製』, 간본, 개인 소장.

정조, 『弘齋全書』, 한국문집총간 262~267집.

정하영 외 옮김, 『심양장계─심양에서 온 편지』, 창비, 2008.

조병현(趙秉鉉), 『成齋集』, 한국문집총간 301집.

조상경(趙尙絅), 『鶴塘遺稿』, 한국문집총간 속63집.

조수삼(趙秀三), 『秋齋集』, 한국문집총간 271집.

조정철(趙貞喆) 『靜軒瀛海處坎錄』, 김익수 옮김, 제주문화원, 2006.

조희룡(趙熙龍), 『추재기이』, 안대회 옮김, 한겨레출판, 2010.

지규식(池圭植), 『하재일기荷齋日記』, 서울특별시사편찬위원회, 2005~2009.

진종(陳琮), 『烟草譜』, 續修四庫全書 1117책, 上海古籍出版社, 2001.

최남선(崔南善) 교, 『고본古本춘향전』, 新文館, 1913.

최창대(崔昌大), 『昆侖集』, 한국문집총간 183집.

최흥원(崔興遠), 『百弗菴集』, 한국문집총간 222집.

탁지부임시재원조사국 편, 『한국연초조사서』, 1910.

편자 미상, 『統營志』, 사본, 국립중앙도서관 소장.

필자 미상, 『조선인정풍속』, 사본, 일본 東洋文庫 소장.

하멜, 『하멜표류기』, 김태진 옮김, 서해문집, 2003.

한석효(韓錫斅), 『竹僑便覽』, 사본, 규장각 소장.

한원진(韓元震), 『南塘集』, 한국문집총간 201~202집.

허돈(許燉), 『滄洲集』, 간본, 국립중앙도서관 소장.

허필(許佖), 『허필시전집』, 조남권·박동욱 옮김, 소명출판, 2011.

허훈(許薰), 『舫山集』, 한국문집총간 327집.

홍대응(洪大應), 『警齋存藁』, 사본, 홍대용 후손가 소장.

홍직필(洪直弼), 『梅山集』, 한국문집총간 296집.

황도연(黃度淵) 편, 『醫宗損益』, 1868, 목판본, 국립중앙도서관 소장.

황윤석(黃胤錫), 『頤齋亂藁』, 韓國學資料叢書, 한국학중앙연구원.

황인기(黃仁紀),『一水然語』, 사본, 국립중앙도서관 소장.

Carol Benedict, *Golden-silk Smoke: A History of Tobacco in China, 1550—2010*, University of California Press, 2011.

たばこと塩の博物館,『おらんだの楽しみ方, 江戸の舶来文物と蔫録』, 日本, 2008.

김건태,「19세기 집약적 농법의 확산과 작물의 다작화」,『역사비평』101호, 2012.

김동준,「懶雲 申禹相과 그의 詩文에 대하여」,『돈암어문학』제25집.

김동철,「17세기 일본과의 교역·교역품에 관한 연구―밀무역을 중심으로」,『국사관 논총』61, 국사편찬위원회 1995.

김원학 외,『독을 품은 식물 이야기』, 문학동네, 2014.

김정화,『담배 이야기』, 지호, 2000.

김종서,「옛사람들의 담배에 대한 애증」,『문헌과해석』18호, 문헌과해석사, 2002.

김현영,「전근대 해남윤씨가의 맹골도 지배와 주민들의 稅貢 회피」,『고문서연구』제39집, 2011.

김형태,「1748년 제10차 戊辰通信使 醫員筆談의 성격 변천 연구:『對麗筆語』와『朝鮮筆談』을 중심으로」,『한국한문학연구』제46집, 2010.

다지리 도오루[田尻利],『淸代たばこ史の硏究』, 日本 東京, 筑波書房, 2006.

몰리에르,『타르튀프』, 신은영 옮김, 열린책들, 2012.

박재연 편,『중조대사전』, 선문대출판부, 2002.

버튼 홀스 지음, 이진석 옮김,『1901년 서울을 걷다』, 푸른길, 2012.

브라이언 마리너 지음, 정태원 옮김,『독살의 기록』, 이지북, 2007.

서신혜,「林象德의 淡婆姑傳에 나타난 思惟」,『어문연구』34권 1호 통권129호, 2006.

성백인,「『舊滿洲檔』의 jisami와『滿文老檔』의 kijimi」,『알타이학보』6집, 1996.

소래섭,「1920~30년대의 문학과 담배」,『한국현대문학연구』제32집, 2010.

스즈키 다쓰야(鈴木達也),『喫煙傳來史の硏究』, 日本 京都, 思文閣出版, 1999.

신규환·서홍관,「조선후기 흡연인구의 확대과정과 흡연문화의 형성」,『醫史學』10권 1호, 2001.

신익철 편저,『연행사와 북경 천주당』, 보고사, 2013.

안대회,「담배 문화사의 시각으로 본 담배 가전假傳의 세계」,『한국한문학연구』55집, 2014.

안대회,「성시전도시城市全圖詩와 18세기 서울의 풍경」,『고전문학연구』35권, 2009.

안대회,「조선 후기 취미생활과 문화현상」,『한국문화』60집, 2013.

안대회,『조선을 사로잡은 꾼들』, 한겨레출판, 2010.

에른스트 폰 헤세-바르텍, 『조선, 1894년 여름』, 정현규 옮김, 책과 함께, 2012.

왕문유(王文裕), 『명청明淸의 연초론煙草論』, 타이베이, 臺灣師範大學 歷史研究所 박사학위논문, 2002.

우한(吳晗), 『등하집燈下集』, 베이징, 싼롄서점(三聯書店).

원정식, 「18세기 中國社會의 吸煙文化 研究」, 『明淸史研究』 29집, 2008.

윤은순·윤정란, 「초기 한국기독교의 금주금연 문제」, 『한국기독교와 역사』 제32호, 2010.

이소정, 「朝鮮朝 時代의 喫煙具에 대한 研究」, 숙명여자대학교 석사학위 논문, 1985.

이언 게이틀리, 『담배와 문명』, 정성묵·이종찬 옮김, 몸과마음, 2003.

이영구·이호철, 「朝鮮時代의 人口規模推計」 I, 『경영사학』 2집, 1987.

이영학, 『한국 근대 연초산업연구』, 신서원, 2013.

이영훈 편, 『수량경제사로 다시 본 조선후기』, 서울대학교출판부, 2008.

이용범, 「成釟의 蒙古牛 貿入과 枝三·南草」, 『진단학보』 28집, 1965.

이윤석, 『도남문고본 춘향전 연구』, 경인문화사, 2012.

이종덕, 「조용선 소장 원 상궁의 한글편지와 순원왕후의 한글편지」, 『문헌과해석』 발표문, 2012. 4. 11.

이종묵, 「구완의 『죽수폐언竹樹弊言』에 대하여」, 『문헌과해석』 64호, 문헌해석사, 2013.

이철성, 「조선후기 연행무역과 수출입 품목」, 『한국실학연구』 20호, 2010.

장승욱, 『도사리와 말모이, 우리말의 모든 것』, 하늘연못, 2010.

전성호, 『장서각 수집 물가사 자료 해제 및 통계』, 민속원, 2008.

정승혜, 「낙하생 이학규와 물명유해」, 『문헌과해석』 38호, 문헌과해석사, 2007.

정윤섭, 「조선후기 海南尹氏家의 海堰田개발과 島嶼·沿海 經營」, 목포대학교 박사학위 논문, 2011.

조던 굿맨, 『역사 속의 담배』, 이학수 옮김, 다해, 2010.

티머시 브룩, 『베르메르의 모자』, 박인균 옮김, 추수밭, 2008.

담바고 문화사

초판 인쇄　2015년 3월 18일
초판 발행　2015년 3월 31일

지은이 안대회　|　펴낸이 강병선
기획·책임편집 구민정　|　편집 오경철　|　독자모니터 김경범
디자인 엄자영　|　마케팅 정민호 이연실 정현민 지문희 김주원
온라인마케팅 김희숙 김상만 한수진 이천희
제작 강신은 김동욱 임현식　|　제작처 한영문화사(인쇄) 경일제책사(제본)

펴낸곳 (주)문학동네
출판등록 1993년 10월 22일 제406-2003-000045호
주소 413-120 경기도 파주시 회동길 210
전자우편 editor@munhak.com　|　대표전화 031)955-8888　|　팩스 031)955-8855
문의전화 031)955-1933(마케팅) 031)955-2671(편집)
문학동네카페 http://cafe.naver.com/mhdn　|　트위터 @munhakdongne

ISBN 978-89-546-3561-5 03900

www.munhak.com